FUTURE

FUTURE

FUTURE

FUTURE

The Wisdom of the Enneagram

The Complete Guide to Psychological and Spiritual Growth for the Nine Personality Types

全／九型人格書

善用你的性格型態、微調人際關係，活出全方位生命力

Don Richard Riso
唐‧理查德‧里索

&

Russ Hudson
拉斯‧赫德森

著

張璨文 譯

謹將此書獻給
一切存在之根基，
我們從其而生之處，
也將回歸到那裡，
智慧之源頭、啟發的明燈，
創造者、更新者及萬物的保存者。
願來自我們內心的這本書，
能夠打動所有讀者的心靈。

CONTENTS
目錄

前　　言　生命之光　　　　　　　　　　7

PART 1　內在旅程

第 1 章　確認人格類型　　　　　　　17
第 2 章　古老的根基，現代的洞見　　30
第 3 章　本性和人格　　　　　　　　39
第 4 章　培養意識　　　　　　　　　50
第 5 章　三元的自我　　　　　　　　65
第 6 章　驅動機制與變項　　　　　　87

PART 2　九型人格

第 7 章　類型一：改革者　　　　　　119
第 8 章　類型二：助人者　　　　　　153
第 9 章　類型三：成就者　　　　　　185
第 10 章　類型四：自我者　　　　　　218
第 11 章　類型五：探索者　　　　　　252
第 12 章　類型六：忠誠者　　　　　　285
第 13 章　類型七：熱情者　　　　　　318
第 14 章　類型八：挑戰者　　　　　　351
第 15 章　類型九：和平者　　　　　　383

PART 3　自我的改造方法

第 16 章　九型人格與精神實踐　　　　417
第 17 章　精神之旅──活在當下　　　445

前言
生命之光

　　每個人內心深處都有一股不安的力量，而我們的許多行為選擇，正是受此不安所驅使。我們可能會覺得，這種不安是來自於內心的不足，覺得自己在人際關係、工作、外型、車子等方面都還能擁有更好的選擇，卻又很難具體說明想要什麼？到底要多好才能滿足？我們相信，只要能擁有更完美的關係、更好的工作，或是更棒的新「玩具」，內心深處的不安便會消失，進而感到心滿意足。但經驗顯示，買新車所帶來的快樂只是一時的；展開一段新關係或許很美好，但始終不如預期般令人滿足。那麼，我們究竟在尋找什麼呢？

　　若能靜下來想想，或許就會意識到，我們內心想知道的，是**知道自己是誰**以及**我們為何在此**；然而，我們身處的社會文化，鮮少鼓勵大家去尋找這類重要問題的答案。長期以來，大家所接受的觀念是：只要有形資產增加，生活品質也會隨之改善。然而，我們遲早會發現這些身外之物即便再寶貴，都無法安撫靈魂深處的不安。

　　那麼，答案在哪兒呢？

　　現今市面上有許多關於如何改變人生的書籍，以打動人心的口吻，勾勒出讀者期待透過改變而能擁有的理想特質。這些書都強調同情、歸屬感、溝通與創意的重要性。可是無論上述（及其他）特質聽起來多麼美好、如何吸引人，我們終究會發現，要長期維持這類美好特質或將其落實在每日生活之中，都不是一件容易的事。我們內心渴望提升，卻總是

每種生物身上都有一部分的狀態想要變成完整的自己，就像蝌蚪變成青蛙、蛹化為蝴蝶，而經歷破壞者方能健全成長。這就是精神。

——埃倫・巴斯
（Ellen Bass）

被恐懼、自我挫敗及無知的情緒所擊敗；更多時候，所有美好動機與高尚期待，最終都成了失望之源。於是，人們選擇放棄自我，回到熟悉的煩亂狀態，然後試圖忘記一切。

那麼，市面上鋪天蓋地的暢銷心理學書籍都是在誤導大眾或提供錯誤訊息嗎？人類就真的無法活得更完美、更滿足嗎？歷史上偉大的精神道德導師總是不斷強調，人類有讓自己變得更偉大的潛能。事實上，人類在某種程度上也算是一種具有靈性的崇高生物，那為何在日常生活中經常會覺得難以獲得、保持滿足感呢？

我們相信，大部分自助勵志的書不見得有錯，**只是不完整**而已。以減重為例，一個人出現體重或飲食問題的原因有很多，比如對糖敏感、飲食中脂肪過量、為緩解焦慮而導致緊張性飲食，或是其他情緒因素都有可能。如果無法找出問題的關鍵所在，那麼無論付出多少努力，都很難找到解決之道。

自助勵志類型書作者提出的方法，通常是基於對特定人士有用的方式，同時也反映出其自身的心理特質與個人經歷。若讀者碰巧有類似的心理特質，則該作者的方法就可能見效；但如果讀者與作者的方法「不來電」，前者便可能受到誤導，因而看不到成效。

因此，任何促進個人成長的方式都必須考慮到人的多樣性，即不同的**人格類型**。從歷史上來看，許多心理學和精神系統，例如：占星學、命理學、四種典型性格氣質（冷漠的黏液質、易怒的膽汁質、憂鬱的抑鬱質、樂觀的多血質）、榮格的心理類型系統（外向和內向分別搭配感官、直覺、情感和思考功能），以及其他等等的類似系統，都嘗試過探討人格類型此一關鍵問題。此外，近年來在嬰孩發育及腦部科學的相關研究都顯示，不同類型之人在性格上的根本差異是

在我看來，在我們動身尋找真相、尋找上帝之前，在我們採取行動之前，在我們與他人建立關係之前……最重要的是要先認識自己。
——克里希那穆提
（Krishnamurti）

無論你的年紀、家庭出身及教育背景為何，真正的你其實是由大部分未發揮的潛能所構成。
——喬治・倫納德
（George Leonard）

可以從生物學來解釋的。

上述差異說明了，為什麼對某個人有用的建議，在另一個人身上卻毫無作用。要求某些類型的人專注在自身的感受，可能無異於火上加油；要求某些類型的人去表現自己，就跟要求厭食症患者要節食一樣愚蠢。**在面對認識自我、人際關係、心靈成長以及其他許多重要事情時，我們會發現，人格類型的差異才是影響事情的關鍵，而不是性別、文化及世代差異。**

在許多工作領域中，包括教育、科學、人文、精神療法等，尤其是與精神和改變相關的領域，認識人格類型都有其重要性。儘管不安的渴望普遍存在，但它如何在生活中體現才是重點。事實上，人格類型正是我們在接觸生活事物時的「過濾機制」；我們用它來認識自己和周遭世界，藉此表達及保護自我，並與過去相處、預測未來，與它一起學習、一同喜樂，並且愛上它。

如果有一套系統能讓我們更好的洞察自己、認識他人，那會怎麼樣呢？如果有一套系統能幫助我們看清自己的過濾機制、對事物做出更恰當的評估呢？如果有一套系統，能讓我們看清自己的心理核心問題以及自己在人際關係上的優劣勢？如果有一套系統不需仰賴專家或大師的背書，也不需依靠出生日期、出生順序來判斷，而是依照個人的性格模式及誠實自我探索的意願呢？如果有一套系統，不僅可以揭示核心問題，還能指出有效的處理方法？如果有一套系統可以引導我們深入探索心靈？其實，這套系統是存在的，即：九型人格學說（Enneagram）。

從心理上來說，你所需要及渴望的東西始終存在，想要就可以獲得 —— 但僅限於對能夠看到的人而言。
——舒雅達
（Surya Das）

█ 生命之光

　　多年前，我在紐約上州參加為期一週的心靈靜修活動。那段期間發生了一件我人生中最重要的事情。當時我們一行約五十人，大家住在老師經營的旅店，由於老屋年代久遠，地板及內部都需要一番整理，是最適合做體力活的地點了——同時也可以觀察我們在勞動過程中的抵觸心理和反應。當時是夏天，天氣十分悶熱，而淋浴的地方有限，公共浴室外永遠都是大排長龍。我們心裡很清楚，這些物質條件及公共設施都是老師所策劃，為的是讓我們在高強度的生活環境中，更清楚去觀察自己所表現出來的人格「特徵」。

　　某天下午，一陣兵荒馬亂過後，我們難得有四十五分鐘的午休時間。當時我被分配去刮除旅店老舊外牆的油漆，沒多久，我從頭到腳都沾滿碎屑。工作結束之際，我已經滿頭大汗、疲憊至極，顧不得身上有多髒，只想好好睡一覺。任務一結束，我第一個上樓躺平休息，跟我同屋的其他人也陸續拖著疲憊的步伐回來，不到五分鐘大家都睡著了。

　　就在那一刻，最後進門的室友艾倫發出巨大聲響，他稍早前被派去照顧組員的小孩，從他扔東西的方式就可以感覺到他的怒氣，他不滿自己不能早點結束工作、沒時間早點回來睡覺。不過，他倒是有時間製造噪音，讓大家都不得安寧。

　　艾倫衝進屋裡不久，有一件神奇的事情發生了：我心中浮現一股負面情緒，猶如火車緩緩進站；然而，**我沒有上車**。那一瞬間，我清楚感受到艾倫的憤怒與沮喪——因為某種無需多加解釋的原因，我理解他的行為，也看到自己「滿載」的憤怒轉移到他身上——而我卻沒有絲毫反應。

　　當我觀察著自己對憤怒與自辯的反應，卻沒有採取任何行動反應時，感覺眼前的面紗突然被揭起，而我**開眼**了。長

精神是生活中無所不在的無形力量。
——馬雅·安傑洛
（Maya Angelou）

期以來阻礙我感知的東西瞬間消失，整個世界徹底鮮活起來。艾倫突然變得很可愛，其他人無論作何反應也都很棒。在驚嘆中我轉頭看向窗外，看見周圍所有的事物由內而外閃閃發光。樹上的陽光、風中擺盪的樹葉、老窗戶上嘎吱作響的玻璃，這一切都美妙得難以言喻。我沉浸在奇幻的萬物之中，一切是多麼的美好。

　　午後稍晚，我參加冥想活動時都還處在這股奇妙的迷幻狀態中。隨著冥想的深入，我隨即進入另一個世界，我睜開眼睛、環顧四周，只能說那是一種內在視野，而當下的畫面在我心頭縈繞多年，久久不能忘記。

　　那時，我看到的是「生命之光」。我清楚看見每個人都是由光所組成，而每個人都是不同形式的光，不過這道光受到黑硬殼阻擋，這層硬殼帶著如柏油般的彈性，遮蔽了生命之光——也就是最真實的內在自我。有些柏油疙瘩非常厚，也有些地方較薄且透明。如果是長期提升內在自我的人，身上的柏油會少一點，散發出的生命之光也較為明亮。某些人因為個人成長歷程，身上覆蓋的柏油更為厚實，需費一番功夫才能擺脫束縛。

　　約莫一小時後，眼前的幻境逐漸暗淡下來，最終趨於消失。冥想結束後，我們還有許多事情要做，而我搶下了一件大家避之唯恐不及的工作：在悶熱的廚房裡洗碗。由於幻境所帶來的飄然感仍未消失，工作過程倒也算開心。

　　我跟大家分享這段故事，不僅是因為它對我個人的重要性，更重要的是透過此一經驗讓我知道，本書中所談的一切，都是真實的。**如果我們能誠實且客觀地觀察自己、觀察人格的行為機制，那麼我們便能覺醒，而愛與喜悅也會跟著生命的腳步隨之展開。**

▌ **本書使用指南**

唯有在誠實面對自我的前提下，九型人格學說才能發揮
作用。因此，我建議將本系統的元素及本書視為自我洞察、
自我探索的指南方針。本書涵蓋許多實務特性，有助讀者理
解使用，包括：

◆ 各種人格類型的治癒態度、天賦，以及特定的轉變過程。
◆ 如何「觀察」並「摒棄」令人困擾的習慣與反應。
◆ 如何因應各種人格類型的動機。
◆ 未察覺的童年訊息。
◆ 各種人格類型的治療策略。
◆ 「展開精神刺激跳躍」，屬於各種人格類型的警鐘與示警。
◆ 如何培養日常生活的自覺意識。
◆ 各種人格類型提升內在自我的方法與練習。
◆ 如何藉由本系統持續提升心靈。

建議讀者準備筆記本或是活頁夾，以寫日記的方式來完
成本書中的各項練習；尤其是讀到自己的人格類型及其他八
種類型時，如果心中有任何想法，建議你記下來。大部分人
會發現，記下來的內容也會帶出相關的事件、記憶及具有創
造性的啟發。

記錄個人內心狀態的第一項練習，就是請以第三人稱寫
下個人成長介紹（請注意，不是寫自傳），也就是從「他」
或「她」的角度來描述，而不是以「我」的口吻。請說出你
生命中的故事，從有記憶之初（或者更早，從你所知的家族
歷史開始）講到現在，就像在說別人的故事一樣。在記錄個
人內心狀態的日記中，建議以十年為間隔單位，保留一頁空

白，方便之後回想時，補充相關的想法與觀察發現。你不用擔心筆下的文字優美或「正確」與否，重要的是，要像從他人口中聽到自己完整的生命故事。

你生命中最具決定性的時刻有哪些？你知道在面臨重大挫折或成就時，無論好壞，人生都再也不一樣的時刻有哪些？誰是你人生中最具重要意義的人？哪些人「見證」過你的奮鬥與成長過程？哪些人傷害過你？能懂你的朋友和心靈導師又是誰？盡可能詳細地寫下來。

在閱讀本書的過程中，如果你有任何新的想法或是想要補充上述的個人成長介紹，隨時都可以增加。當你越深入認識自己，你的人生故事就會變得更豐富、更具意義。

PART 1
內在旅程

第 1 章
確認人格類型

　　九型人格圖（ENNEAGRAM）是一種幾何圖形，標示著
人類九種基本人格類型的本性及其複雜的關聯性，它以各種
不同的古老傳統精神智慧為基礎，亦是現代心理學的發展成
果。ENNEAGRAM 一詞起源於希臘文，ennea 意為「九」，
grammos 意指「圖形」，合起來即為「由九個點構成的圖
形」。

　　現代的九型人格學說綜合許多不同的精神和宗教傳統概
念，內容都是普世智慧的精華，包括基督教、佛教、伊斯蘭
教（特別是蘇菲派）和猶太教（體現在卡巴拉）數千年來累
積的哲學。九型人格學說的核心就是一種普世洞見，認為人
類是物質世界中擁有形體的精神性存在，但又神祕地體現著
如造物者一般的生命與精神。在表面差異與外表背後，在幻
象的面紗後方，神性的光芒照耀著每一個人。然而，這道神
性光芒受到各種力量所遮蔽。各家精神傳統都以不同的神話
和學說，解釋著人類是如何斷了與神性之間的關聯。

　　九型人格學說最偉大的一點，即在於摒棄所有學說教條
間的差異，幫助每個人從各自的宗教信仰中，重新認識自己
做為靈性生物的根本。因此，九型人格學說是當今社會的寶
貴資產，幫助所有人知道──無論是黑人或白人、男人或女
人、天主教徒或新教徒、阿拉伯人或猶太人、異性戀或同性
戀、富人或窮人，如果能探索表面差異背後造成人與人之間
不同的真相，便能對人性有全新的認識。在九型人格學說的

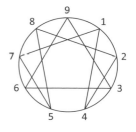

九型人格圖

來自所有精神傳統的偉大
隱喻，包括：榮耀、自
由、重生、從幻象中覺
醒，都證明了超越過去、
全新開始的可能性。
──山姆‧基恩
（Sam Keen）

莫哭泣，莫憤怒，要理解。
——史賓諾沙
（Spinoza）

幫助下，我們會發現，所有類型六的人都一樣，具有相同的價值觀；類型一的黑人與類型一的白人，兩人之間的相似性可能遠超過想像，以此類推。新層次的共通性與同理心於焉而生，進而消除舊時的無知與恐懼。

然而，九型人格學說並不是一種宗教，也不會干涉一個人的宗教傾向，更不會假裝是一條純粹的精神之旅。不過，它關乎所有精神之旅的根本：**自我認識**（self-knowledge）。

如果缺乏自我認識，我們在精神之旅這條路上是走不了多遠，而所獲取的進步也維持不久。個人改造工作最危險的事情就是急於達成卓越狀態，忽略了深入的心理工作才是重點，這是因為自我（ego）總是把自己想得比實際情況更「厲害」。試想：有多少剛入門的新人曾告訴自己，準備好要封聖了？又有多少剛開始學習冥想的學生，曾認為自己能打破頓悟時間的紀錄？

真正的自我認識是一個無價的保鑣，保護我們不被自我欺騙所蒙蔽。九型人格學說是以個人的真實情況做為改變的起點，因此有助於個人提升（帶來真正的進步）。它不僅揭示個人所能達到的精神高度，並且能幫助當事人以清楚且不帶批判的角度審視生活中的黑暗面與不自由之處。如果我們要在物質世界中活得像個有靈魂的生物，就必須深入探索這些領域。

存在感（意識、正念）、**練習自我觀察**（從自我認識中獲得），以及**認識個人經驗的意義**（在歸屬團體或精神系統下所賦予的正確詮釋）是改造工作所需的三大基本要素。**存在**是第一，**你**是第二，**九型人格學說**第三。當三者齊聚，很快就會發生轉變。

若無法跨越我們與真實自我之間的鴻溝，即便能登月又如何？
——托馬斯・默頓
（Thomas Merton）

▍九型人格介紹

　　在確認自己的人格類型並了解其主要內容的當下，你就已經開始進入九型人格學說的領域了。

　　我們或許會發現，自己或多或少都具備了九種人格類型的部分特質，但只有其中一種會最貼近實際特質。在本書第**24-25**頁是**里索—赫德森九型人格快速分類測驗**（Riso-Hudson QUEST），有助於讀者縮小基本類型的可能範圍。在各類型的每章開頭會有第二項測驗（**里索—赫德森人格類型態度分類測驗** Riso-Hudson TAS），幫助讀者確認初步測試結果。透過兩項測試及各章中的描述與練習，有助於讀者明確找到高度符合的所屬類型。

　　接下來，請閱讀以下各類型名稱及其相應的概述，看看是否能找出兩、三個最能打動你的描述。請記住，此處所列出的特質僅為部分重要特徵，並不代表各類人格特質的完整描述。

　　類型一：改革者（The Reformer）。這是具有原則性、理想化的類型。此類型者有道德感、良心感與強烈的是非感，是教師、是戰士，總是致力於改進，卻又害怕犯錯。他們有良好的組織能力、有條理且十分講究，總想保持高標準，卻又容易陷入吹毛求疵和完美主義。典型的問題是會壓抑怒火、情緒急躁。他們在最佳狀態下會表現出睿智、敏銳、務實、高尚的特質，並且是道德上的英雄人物。

　　類型二：助人者（The Helper）。這是具有關懷心、注重人際關係的類型。此類型者有同情心、真誠且熱心，他們非常友善、大方且願意犧牲奉獻，但有時也過於多愁善感、流於奉承與討好他人，總想親近別人，經常要求自己為他人所需而付出。典型的問題是會忘記照顧自己、忽略自身需求。

如果一個人能認識自己，上帝便會與他和解、原諒他。
——帕斯卡（Pascal）

此類型者在最佳狀態下會表現出無私、利他的特質,並且無條件地愛自己與他人。

類型三:**成就者(The Achiever)**。這是具有適應能力、以成功為導向的類型。此類型者有自信、吸引力且充滿魅力,他們極具野心、能幹且充滿活力,同時也具有身分意識,極力尋求個人提升,經常在意個人形象及他人看法。典型的問題是會過度投入工作、爭強好勝。他們在最佳狀態下會表現出自我接納、可靠的特質,並且事事扮演激勵他人的模範角色。

類型四:**自我者(The Individualist)**。這是具有傳奇性、懂得自省的類型。此類型者有自我意識、敏感、含蓄且安靜,他們具有表現欲、忠於情感且個人化,但同時也喜怒無常、感到難為情。由於情感上的脆弱與缺陷,他們選擇將自己與他人隔離,同時又鄙視、逃避普通的生活模式。典型的問題是容易陷入自我陶醉和自憐自艾。此類型者在最佳狀態下會受靈感支配,並且具有高度創造性,可以改造自我並轉變個人經驗。

類型五:**探索者(The Investigator)**。這是認真、理性的類型。此類型者相當機警、具洞察力與好奇心,他們能夠專心致力於發展複雜的概念和技巧,並且獨立工作、具有創造性,沉浸於個人的思緒及想像世界中。他們可以很超然,卻又容易神經緊張。典型的問題是孤僻、古怪,並且抱持虛無主義的心態。此類型者在最佳狀態下是充滿想像力的先驅,經常在時代中超前思考,並以全新的方式看待世界。

類型六:**忠誠者(The Loyalist)**。這是盡忠職守、力求安穩的類型。此類型者相當可靠、努力與負責,但也有防禦、推託的一面,並且極度焦慮,一邊抱怨壓力,一邊受其驅使前進。他們通常謹慎且猶豫不決,不過也會出現瞬間反應靈敏、反抗和叛逆的情況。典型的問題是自我懷疑和疑心太重。他們在最佳狀態下,會表現出內心平和穩定、充滿自信、自力更生

的特質，並且毫不退縮的支持弱勢。

　　類型七：熱情者（The Enthusiast）。這是時刻忙碌、富有生產力的類型。此類型者多才多藝、性格樂觀、自動自發。他們樂於嘗試、興致勃勃、非常實際，但有時也會過度嘗試、精力分散及缺乏規矩。他們不斷尋求新鮮刺激的體驗，卻也會在過程中分心、精疲力竭。典型的問題是膚淺與衝動。此類型者在最佳狀態下會將其聰明才智集中於值得投入的目標，會因此而開心、成果卓著且充滿感恩。

　　類型八：挑戰者（The Challenger）。這是力量強大、占據主導的類型。此類型者自信、強大且堅定，具有防護性、足智多謀且具有決斷力，但也會出現驕傲自負、盛氣凌人的態度。他們認為自己一定要掌控環境，因而容易產生衝突、令人懼怕。典型的問題是很難親近他人。此類型者在最佳狀態下懂得自我掌控，利用個人長處來改善他人生活，成為英雄人物、表現大度，甚至留名青史。

里索—赫德森
九型人格圖及其名稱

　　類型九：和平者（The Peacemaker）。這是隨和、不愛出風頭的類型。此類型者接受度高、信任他人且情緒穩定，他們本性純良、心地善良、個性隨和且樂於助人，但有時也會為了息事寧人而過於趨附他人。他們凡事都不希望發生衝突，但也會過於自滿，將所有的煩惱最小化。典型的問題是被動與固執。此類型者在最佳狀態下表現出不屈不撓、包容萬物的特質，並且能夠團結他人、消弭衝突。

▌人格類型測驗

　　第一項測驗是第 24-25 頁的**里索—赫德森九型人格快速分類測驗**。該測驗能在五分鐘之內縮小你所屬類型的可能範圍，準確率約為百分之七十。在此基礎之上，你應該可以找出最

有可能所屬的兩、三種類型。

第二項測驗是**里索─赫德森人格類型態度分類測驗**，即在本書第二部介紹各類型的九章中，每章的開頭所列出該類型典型特徵的十五項描述。讀者亦可在官網：www. EnneagramInstitute.com 進行九型人格自我測驗。**里索─赫德森九型人格類型指標測驗**（RHETI，2.5 版）涉及一百四十四組陳述的選擇，準確率約為百分之八十。除了指出主要類型之外，該測驗也會顯示在你的人格特質中，九型人格的各自相對優勢。完成**九型人格類型指標測驗**所需時間約為四十五分鐘。

如果你是初次接觸九型人格學說，就先從**快速分類測驗**開始，然後再做**人格類型態度分類測驗**確認是否符合。舉例來說，**快速分類測驗**的結果可能顯示你是類型六，你可以接著查看人格類型態度分類測驗描述類型六的十五項描述（第十二章），看看你在相對應的描述上是否也能獲得高分。若能符合，方向應該就沒錯了。

然而，希望你能保持開放的思維，繼續讀完類型六的整章內容（以便完成範例），對該人格類型有稍微完整的認識與掌握。如果你對該章的描述與練習產生巨大共鳴，那幾乎可以肯定你就是屬於類型六了。

我們對陳述內容會稍加調整修飾，因為個人的自我診斷有可能出錯──就像被「九型人格學說專家」帶往錯誤方向一樣容易。因此，請花點時間仔細閱讀本書、找出自己的類型；更重要的是，**要暫時接受所獲得的訊息**，並且與熟悉你的人互相討論。請記住，自我發現是一段過程，而該過程並不會隨著你發現自己的人格類型而終止──事實上，這才是一切的開始。

當你看到自己的類型，你會知道自己找到了。放鬆與尷

尬、快樂與懊惱的情緒都有可能席捲而來。有些關於自己而
你卻一直都沒發現的事情，會瞬間變得清晰，生活軌跡也會
隨之浮現。當這一切發生時，應該就可以確定你已經找到正
確的所屬人格類型了。

里索―赫德森九型人格【快速分類測驗】

注意事項：

為了保證測驗結果正確，受測者必須仔細閱讀並遵循以下事項：

◆ 在以下兩組陳述中，分別找出一段最符合你平時態度與行為的說法。

◆ 你不必完全同意選項中的字字句句，只要認同特定段落中百分之八十至九十的描述即可。然而，你要認同的是其基本基調及整體的「哲學」。你可能不同意該段中的某些說法，但不要因為一個字或一個詞就否定了全部！再次強調，要看整體情況。

◆ 不要過度分析你的選擇。你要選的是「直覺」就是它的選項，就算你不是百分之百同意其內容，你對該段整體的感覺比單一因素還重要。跟著直覺走吧。

◆ 如果你無法決定該段中的哪項描述最適合你，**你也可以在同一組中選兩個**，例如：第一組中的 C，第二組中的 X 和 Y。

◆ 最後，將你所選的該組字母填入方格中。

第一組

　　A. 我相當獨立和堅定。我認為唯有直接面對挑戰，生命才能發揮最佳表現。我會自己訂定目標、努力去做，並且達成心願。我不喜歡無所事事，我想要有所成就、發揮影響力。我不會自找衝突，但也不會任人擺布。大多時候我知道自己想要什麼，然後會努力追求。我總是努力工作，盡情玩樂。

　　B. 我傾向保持安靜、習慣獨處。我通常不太引人注意，很少大力堅持自己的觀點，也不習慣採取主導或爭強好勝。許多人可能會說我是個愛做夢的人，往往都是在想像世界中感到興奮。我相當容易滿足，不認為自己需要保持活躍狀態。

　　C. 我非常負責且盡心盡力。如果沒有履行承諾、達成他人期待，我會覺得很糟糕。我希望別人知道，我一直都在，而且我所做的都是

第一組字母

對他們最好的事情。我經常為了別人犧牲自己，無論他人知道與否。我對自己也不夠好，我會把該做的事情先做好，有時間才會休息（然後才去做真正想做的事情）。

第二組

X. 我會保持正面思考，相信事情會朝最好的方向發展。我通常會找到自己感興趣的事情，用各種方式保持充實。我喜歡跟大家在一起，幫助他人快樂——我喜歡與他人分享自己的快樂。（我不是時刻都處於正面狀態，但不開心時我也會努力不讓他人看出來！）然而，保持正面態度有時候意味著我已經很久沒有處理自己的問題了。

Y. 我的情感強烈，大部分的人都能看出來我因為某事不高興。我對人的防禦心很重，但我如果假裝沒事，反而會更敏感。我想知道該如何與別人相處、可以信任誰——而大多數人都知道該怎麼和我相處。當我對某事不高興時，我希望他能有所回應，並且動起來跟我一起努力。我知道規則，但我不想要別人告訴我該做什麼。我要為自己做決定。

Z. 我的自制力強，做事有邏輯，但不擅長處理情緒。我效率很高，甚至有些完美主義，更喜歡自己單獨工作。如果出現問題或衝突時，我會避免帶入個人情緒。有人說我太冷靜或太超然，但我只是不想讓情緒分散注意力，導致忽視真正重要的事情。當他人「接近我」時，我通常不會表現出情緒反應。

答案說明請見第 29 頁。

第二組字母

關於人格類型你需要知道的事情

◆ 整體來說，每個人的人格都會混合數種類型，不過一定會
有屬於「本質」的特定模式或風格一再出現；而基本類型
原則上會跟著我們一輩子。儘管人的一生會有各種不同的
改變及發展，但基本人格類型是不會變的。

◆ 對於人格類型的描述是一種通則，男女均適用。雖然男女
在相同的態度、特點及傾向時多少會有不同的表達方式，
但該基本類型的要素是一樣的。

◆ 關於你的基本類型描述內容，並非一直都適用。因為構成人
格類型的特質中，有健康的、一般的、不健康的特質，隨時
都會出現波動，關於發展層級（Levels of Development）的詳
情請見第六章。此外，日益成熟或不斷增加的壓力對我們
如何表現人格類型都有巨大影響。

◆ 儘管每種類型都有相對應的描述性標題（例如改革者、助
人者等），但在實務操作上，我們更傾向使用九型人格編
號。數字是價值中立的——它們以一種公平、速記形式來
代稱各類型。此外，對於各類型進行數字排序並無意義：
數字較大的類型並非就不如數字較小的類型（例如類型九
並非不如類型一）。

◆ 沒有哪種人格類型是比較好或比較差，每種類型都有獨特
的優點和缺點、長處和短處。然而，在某些特定文化或群
體中，有些類型會比其他類型更有價值。進一步了解所有
類型後，你會發現，每種類型有其獨特的能力，也都有其
侷限性。

◆ 無論你是屬於何種類型，在某種程度上，**你都具備了九種
人格類型中的一部分**。進行全面性的探索並觀察九型人格
在你身上的影響，就會發現全部的人性。此一發現有助於

你更了解他人、更具同理心，因為他人的許多特定習慣也都會反映在你身上。舉例來說，如果能了解自身的進取心與需求，就不會太苛責類型八的企圖心或是類型二的偽需求。如果能深入探索自身的九種人格類型，就會發現它們互相依存，正如九型人格學說的符號所代表的意義。

▋ 確認他人類型

我們深深覺得，利用九型人格學說來確認他人類型比確認自己的類型更加困難。每個人都有盲點，而各類型之間也可能存在變體，因此我們不可能熟悉一切，這是無法避免的現實情況。我們基於個人成見，也很有可能極度討厭某些類型的人。請記住，九型人格學說主要是用於發現自我與認識自我的。

此外，知道自己或他人的類型就像知道一個人的種族或國籍一樣，或許能掌握某些有效訊息，但並不代表一切。類型本身無法說明一個人的特殊經歷、智力、才能、忠誠、誠信、性格或其他事情。另一方面，類型卻又告訴我們許多事情，包括看待世界的方式、可能做的選擇、所堅持的價值、動機、對他人的反應、因應壓力的方式，以及其他許多重要的事情。當我們熟悉此學說系統所揭露的人格類型後，要欣賞與自己不同的觀點也就不是什麼難事了。

▋ 九型人格學說的深層目的

確認自己的人格類型會帶來革命性的效果，這會是你人生中首次看到這種模式，也是第一次看到自己過去生活與行為方式的原理。而在某個時間點上，「了解自己的類型」會

> 知人者智，自知者明。
> ——老子（Lao Tzu）

與自我形象進行整合，並且持續展開自我成長之路。

　　事實上，某些九型人格學說的學習者會過度執著於以人格類型為依歸，例如會說：「我當然會懷疑啊！畢竟我是類型六的。」或者「你知道我們類型七的都是這樣！就是要一直衝！」如果以此將有問題的行為合理化，或是從此貼上標籤，這都不是對九型人格學說正確的理解方式。

　　九型人格學說乃藉由幫助我們看清自己如何陷入迷茫的狀態，又是如何疏離了自己的本性，從而促使我們深入探究真實自我之謎。此一探索過程引導我們獲得關於自己以及在世界上所處之地更深刻的真相。然而，如果我們只將九型人格學說用於獲取更清晰的自我形象，發掘（或是恢復）真實本性的過程也就嘎然而止。雖然認識自己的類型有助於獲取重要訊息，但該訊息只是另一段偉大旅程的起點。簡單來說，**認識自己的人格類型並非最終目的。**

　　本書的目的是要透過認識人格，進而停止所謂的自然反應。唯有對人格機制有更多理解和清楚闡釋，我們才能真正醒悟──這也是撰寫本書的初衷。我們唯有深入認識自己所屬人格類型的反應機制，才不會被牽著鼻子走，也方能擁有更多的自由──此即九型人格學說的主要目的。

測驗說明：

　　你所選擇的兩個字母將會構成一組兩位代碼。舉例來說，選擇第一組的Ｃ段與第二組的Ｙ段所產生的兩位代碼即為ＣＹ。

　　若要查詢**快速分類測驗**的所屬基本人格類型，請見下圖代碼說明：

代碼	類型	類型名稱及主要特質
AX	7	熱情者：樂觀、有才、容易衝動
AY	8	挑戰者：自信、有決斷力、盛氣凌人
AZ	3	成就者：適應力強、有抱負、注重個人形象
BX	9	和平者：包容、可靠、自滿
BY	4	自我者：直覺強、有美感、自我陶醉
BZ	5	探索者：感覺敏銳、創新性強、不帶情感
CX	2	助人者：關心他人、慷慨、占有欲強
CY	6	忠誠者：投入、負責任、防禦心重
CZ	1	改革者：理性、有原則、自制力強

第 2 章

古老的根基，現代的洞見

了解你是誰，做你自己。
——品達（Pindar）

　　現代的九型人格學說並非源自單一學派，它起源於古老的智慧傳統，並與現代心理學結合，綜合許多學派的觀點。許多學者都曾探究過其起源，而此學說的愛好者更編造了不少關於該學說的歷史和發展過程，但流傳下來的說法多半有誤。舉例來說，早期許多學者認為九型人格學說的整套體系是起源於蘇菲派的大師，但我們現在知道事實並非如此。

　　要認識九型人格學說的歷史，就得先區分九型人格學說的**符號系統**與**九種人格類型**。九型人格學說的符號流傳已久，時間可追溯至兩千五百年前，甚至更早。同樣的，心理學領域中關於九種人格類型的發展源頭，最早可追溯至西元四世紀，或是更早。然而，這兩派學說是在近幾十年才擦出火花。

　　九型人格符號系統確切起源已不可考，我們不知道它從何而來，就像我們不知道是誰發明了車輪以及書寫文字的起源是一樣的。據說它是起源於西元前兩千五百年的巴比倫文化，但目前並沒有確切證據能證明。許多與九型人格學說相關的抽象概念，還包括幾何學與數學的起源，在在都說明這一切的根源可能是源自於古希臘思想。在畢達哥拉斯、柏拉圖與某些新柏拉圖主義哲學家的思想中，不難找到構成此一圖形基礎的理論。不管怎麼說，它確實是西方傳統的一部分，孕育了猶太教、基督教、伊斯蘭教以及赫密士哲學與諾斯底哲學，在後兩種哲學中，皆可看到前三種偉大先知宗教的影子。

　　不過，將九型人格符號系統引入現代世界的人是喬治・伊凡諾維奇・葛吉夫（George lvanovich Gurdjieff），這一點是毫無疑問。葛吉夫出生於一八七五年前後，是希臘亞美尼亞人。他年輕時便對神祕知識深感興趣，深信古人已經發展出一套關於人性的完整科學，只是早已失傳。葛吉夫和幾個有相同熱情的朋友努力尋找這項能夠改變人類的失傳科學，他早年曾試圖整合他所知的古代智慧，並與這群朋友組織了一個名為「真相追求者」（Seekers After Truth，SAT）的團體，各自探索不同的學說與思想體系，然後定期聚會分享所學。他們足跡遍布各地，曾經造訪埃及、阿富汗、希臘、波斯、印度和西藏，並待在寺廟或偏遠的教堂學習與古代智慧傳統相關的一切事情。

　　在葛吉夫旅行到某地時（可能是阿富汗或土耳其），他遇到了九型人格學的符號體系，之後便將自己與其他友人所發現的知識進行整合。在第一次世界大戰爆發前，他結束了多年的探索旅程，開始在聖彼得堡和莫斯科教學，迅速吸引許多感興趣的聽眾。

　　葛吉夫當時所提出的學說結合了心理學、靈學和宇宙學，內容廣泛且複雜，其目的是要幫助學生理解自己在宇宙中的位置以及生命的客觀目標。葛吉夫也指出，九型圖是他的哲學中最關鍵、最重要的符號。他認為一個人唯有真正理解九型圖，才算徹底明白一切事物；換句話說，就是要將過程中的某一元素放置在九型圖上的正確位置，進而看清在整體上各點相互依賴、相互支撐的現實狀態。因此，葛吉夫所教授的九型圖主要是**一種自然過程的模組**，而非是心理學中的類型學。

　　葛吉夫解釋，九型圖的符號體系可分為三部分，代表掌管所有存在的三大宇宙法則。第一部分是**圓形**，在所有文化

利用對東方的認識，結合西方的知識，然後開始尋找。
——葛吉夫（Gurdjieff）

無論何時何地，都要記得自己。
——葛吉夫（Gurdjieff）

中普遍可見，是宇宙的曼陀羅；圓代表著統一、圓滿和完整，並象徵**上帝是唯**一的觀念，此即西方主要宗教、猶太教、基督教和伊斯蘭教的鮮明特徵。

在圓內可見另一種符號：**三角形**。在基督教傳統上，三角形意指聖父、聖子、聖靈三位一體。同樣的，卡巴拉（猶太教的神祕哲學）認為造物主最初在宇宙間是將自己化為三溢流階段，是卡巴拉主要符號中的**質點**（王冠、理解、智慧），亦即生命之樹。其他宗教也有三位一體的概念：佛教的佛、法、僧；印度教的毗須奴、梵天、濕婆；道教的天、地、人。

令人驚訝的是，世界上的主要宗教皆認為，宇宙並非如西方**邏輯**所述之二元性呈現，而是三位一體的表現。通常我們在看事情是基於對立面，例如善與惡、黑與白、男與女、內向與外向等等。不過，古老的智慧所看到的並非是男與女，而是男人、女人、小孩；事物也不是非黑即白，而是黑、白、灰。

葛吉夫稱此現象為「三律」，並認為所有存在的東西都是此三種力量（無論是何種情況或維度）相互作用的結果，甚至連現代物理學的發現似乎都支持著三律的概念。以次原子來說，原子是由質子、電子和中子組成；而物理學早期認為自然界存在四種力量，但現在證實只有三種力量，即強核力、弱核力和電磁力。

此符號的第三部分是**六端**（即連結 1-4-2-8-5-7 六點的圖形）。此圖形象徵葛吉夫所主張的「七法則」，與時間的進程和發展相關。該觀點認為，沒有任何東西是靜止不變的，所有東西都會變化，終會變成他物，哪怕是岩石或星辰都不可能永恆不變。一切事物都在變化、循環、進化或退化，全都是依照本質及加諸在身上的力量，以符合規律、可預測的方法在進行，包括每星期的天數、化學元素週期表、西方音

樂的八度音階，皆是建立在七法則的基礎之上。

　　當我們將此三元素（圓、三角和六端）擺在一起，就會得出九型圖。此一符號展示了事物的完整性（圓）、該事物在三種力量交互作用之下所產生的特性（三角），以及它是如何隨著時間而發展或改變（六端）。

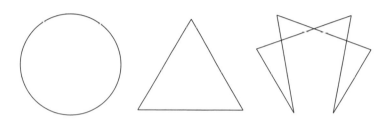

九型圖的三大符號

　　葛吉夫透過一系列的神聖舞蹈來教授九型圖。根據他的說法，九型圖並非一成不變，而是一套不斷變化、**活生生的符號**。然而，在葛吉夫及其學生的相關著作中，皆未曾提過九型人格學說。九型人格學說是結合近代兩大主流所構成的產物。

　　首先是奧斯卡・依察諾（Oscar Ichazo）。依察諾和葛吉夫一樣，年輕時就醉心於尋找遺失的知識，其舅舅藏書豐富，多為哲學和形而上學的書籍；而他從小憑藉過人智慧，在舅舅的圖書館中汲取大量知識。依察諾年紀輕輕就離開家鄉玻利維亞，到阿根廷首都布宜諾斯艾利斯旅行，之後還去了其他地方探索古老文明的智慧。足跡踏遍中東各地後，他回到南美洲，開始潛心鑽研所學。

　　在一九五〇年代初期，依察諾針對九型圖展開研究、進行整合，從中發現了符號與人格類型之間的關聯性。他將九型學的符號系統與九種人格類型進行連結，後者是一種古老

的傳統，意即：**記住反映在人性上的九種神聖特質**。這些概念源自於新柏拉圖學派，最早出現於西元三世紀普羅提諾的《九章集》中。他們在基督教傳統中找到了不同的說法，即：神聖的特質經過扭曲後，會變成七宗罪，再加上兩種私欲（恐懼和欺騙）。

　　九型學和七宗罪的共通點在於，兩者皆認為每個人身上都有相似元素，但其中某種特定元素會一再出現，此即導致失衡與陷入自我的根源。依察諾在追溯這九種神聖特質的源頭時，是從希臘開始，然後找到在四世紀身處沙漠的長老們，他們首先提出七宗罪，並由此進入中世紀的文學作品，包括喬叟的《坎特伯里故事集》和但丁的《煉獄》。

　　依察諾也探索過古代卡巴拉哲學的猶太人傳統，卡巴拉是十二世紀到十四世紀期間，在法國和西班牙的猶太社區發展出來的神祕分支；雖然它與古代猶太神祕傳統相關，但也受到諾斯底哲學和新柏拉圖主義影響。卡巴拉哲學的核心思想是一種叫做生命之樹的符號，它跟九型學一樣，包含了統一、三位一體以及涉及七個部分的發展過程概念。

　　在一九五〇年代中期，依察諾靈光乍現，首次將九型學符號按照正確順序，擺放在正確的位置上。直到那一刻，所有不同的訊息流匯聚在一起，形成今日大家所見的九型圖的基本模板。

　　一九七〇年，著名的精神病學家克勞迪奧·納蘭霍（Claudio Naranjo）在加州大蘇爾的依沙蘭學院研發格式塔療法；他與其他幾位研究人類潛能發展的思想家一起前往智利的阿里卡，跟著依察諾學習。依察諾當時在指導一項為期四十天的密集課程，其目的在於引導學生實現自我。他所教授的第一課便是九型圖和九種人格類型，他稱此為「自我固著」（ego fixations）。

**奧斯卡·依察諾的
九宗罪圖**

九宗罪		
如果要知道什麼是「罪」,首先要將此字理解為某種程度上的「偏離目標」,而非與壞或邪惡之詞劃上等號。這裡所指之罪(又稱「強烈情感」),意味著會讓人們失去重心,並在思想、情感與行為方面產生扭曲的九種方式。		
1	憤怒	此種強烈情感更準確來說,是**憎憤**。憤怒本身沒有問題,有問題的是憤怒之人因為壓抑怒氣而導致的挫敗感,以及對自己、對世界的不滿。
2	傲慢	傲慢指的是無法或不願意承認自己的痛苦。類型二之人會否認自己的需求,並試圖「幫助」他人。亦可將此種強烈情感形容為**自負**——因個人美德而備感驕傲。
3	欺騙	欺騙意味著欺騙自己,相信我們是只屬於自我的個體。如此一來,我們會將重心擺在發展自我,而非發展本性。亦可將此種強烈情感形容為**虛榮**,因為試圖讓自我感覺有價值,而不關注精神之源。
4	妒忌	妒忌是因為缺乏某種根本性的東西,導致類型四之人認為他人擁有自己所缺乏的特質。他們渴望自己所沒有的,卻忽略了生命中的許多福份。
5	貪婪	類型五之人會感到缺乏內部資源,與他人交流過多會導致災難性的損耗。此種強烈情感會讓類型五之人拒絕與外界接觸,並將自身資源緊握在手,將個人需求最小化。
6	恐懼	此種強烈情感更準確來說,是**焦慮**,因為焦慮導致害怕當下沒有發生的事情。類型六之人會處於不停憂慮的狀態,不停擔心未來可能發生的事情。
7	貪食	貪食指的是用經驗來「填滿」無止盡的欲望。類型七之人會試圖以追求各種積極、刺激的想法和活動來克服內心的空虛,但卻永遠不會感到滿足。
8	邪淫	邪淫並非單指性方面的色欲。類型八的「邪淫」是指不斷受到強烈情感、控制欲望與自我膨脹所驅動。邪淫會導致類型八之人不斷推進生活中的事情,一味地想要彰顯自己。
9	懶惰	懶惰並不單純指懶散,因為類型九之人也可能很積極、有目標性。此類型意指不想受生活影響的狀態,不願意全身心投入過生活。

九型圖隨即吸引了團隊中的某些人，尤其是納蘭霍。納蘭霍回到加州後，便開始將九型圖與他所學到的其他心理學系統做結合。納蘭霍對於將九種人格類型與他所熟悉的精神病學領域結合十分感興趣，於是進一步拓展依察諾對人格類型的簡要描述。他證實該系統有效性的方式之一，便是召集被判定為同一特定類型的人，或是將屬於相同精神病類型的人聚在一起，與他們進行交流，提取更多訊息並觀察其相似之處。舉例來說，他會召集具有強迫症人格的對象，觀察他們的反應與類型一描述的匹配度，以此類推。

納蘭霍利用分組來認識人格類型的方法，並非如某些人所說是一種古老的口述方法；九型人格學說也不是透過口耳相傳流傳至今。納蘭霍從一九七〇年代早期便開始利用小組方式進行研究，這也只是教導與闡明九型人格學說的方法之一。

納蘭霍開始在加州伯克萊向私人團體講授此一系統的初期版本，隨後該版本便由此迅速傳開。此學說的愛好者開始在聖地牙哥灣區，以及北美地區的耶穌會靈修中心傳授九型人格學說，本書作者之一的唐，當時還是耶穌會的神學院學生，就是在那裡學習的。自從依察諾和納蘭霍的基礎學說問世後，包括本書作者在內的許多人，不斷地延伸九型人格學說，並發現了許多面向。

本書主要是透過補充最初的簡易描述，並揭示九型人格學說與其他心理和精神體系的關連性，由此發展人格類型的心理基礎。唐一直堅信，如果沒有充分且準確理解人格類型的描述，九型人格學說對於任何人來說都沒有絲毫作用，而且還會誤導大眾，以錯誤的觀念來指導該學說的發展方向。

一九七七年，九型人格學說出現了重大突破，當時唐發現「發展層級」的概念。發展層級概念揭示了人們在生命中會經歷的發展和退化的等級，以及說明哪種特質和動機會與

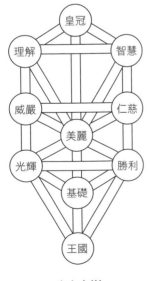

生命之樹

哪種類型的人相伴，還有為何如此。發展層級最重大的意義
莫過於說明我們對人格特質的認同程度，以及隨之而來、缺
乏自由的程度。他也強調，各類型的心理動機，明顯不同於
他剛接觸此領域時、廣為流傳的印象式描述。他發展出相關
的概念，例如與其他心理類型學的關連，並在《九型人格》
（一九八七年）及《九型人格 2》（一九九○年）二書中介紹
他的發現。

　　拉斯在一九九一年加入唐的團隊，一開始是協助發展九
型人格類型的調查問卷，此問卷最後發展成**里索─赫德森九
型人格類型指標測驗**（RHETI），隨後又致力於修訂《九型
人格》一書（一九九六年）。拉斯將自己對於九型人格學說
的理論傳統及對其實踐的理解和體會注入了這部作品之中。
之後，他進一步發展唐所創的理念，揭示了人格類型的深層
結構，以及這個系統對於個人發展的隱含義義。自一九九一
年以來，我們兩人在世界各地舉辦工作坊和研討會，本書中
的許多觀點都是來自於和學生共事的經驗。我們很榮幸有機
會能與來自世界各地的人、具備不同主流宗教背景的人共事。
九型人格學說的普遍性與實用性一直都令人刮目相看、留下
深刻印象。

▎鐵匠的故事：蘇菲派傳說

　　從前有一個人，他是金屬工匠兼鎖匠，因為受到不平等
待遇，被控犯罪、關進了不見天日的監獄。在他入獄後不久，
深愛他的妻子前去觀見國王，並請求國王同意讓她送給丈夫
一塊祈禱用的跪墊，讓他每天都可以完成五次跪拜。國王認
為這是合理要求，便同意婦人所請。這名被關的鐵匠滿懷感
激地從妻子手中接過跪墊，每天虔誠祈禱。

　　經過很長一段時間之後，鐵匠逃獄了。人們問他是如何逃出來時，他說經過多年跪拜、每日祈禱順利出獄，他學到了要注意眼前的東西。有一天，他突然發現妻子在跪墊上織下了牢鎖的圖樣，他立刻明白，自己早已擁有出逃的資源，於是開始跟警衛打交道，也說服警衛一起合作、離開監獄，希望人人都能過上更好的生活。自此之後，大家達成共識，警衛知道自己雖然是警衛，但仍身處牢籠之中。他們也想逃離，卻苦無方法。

　　因此，鎖匠和警衛們決定採用以下方法：警衛幫鐵匠弄到鐵塊，而鐵匠負責打造出有用的東西，透過警衛拿到市場上販售。如此一來，他們擁有出逃的大量資源，鎖匠也利用他們所能找到、最堅硬的鐵塊，打造出一把鑰匙。

　　一天晚上，當一切準備就緒後，鎖匠和警衛打開監獄大門，走入涼爽的夜色之中，他摯愛的妻子正在前方等待。鎖匠將跪墊留下，如此一來，之後的犯人如果夠聰明，就能看懂跪墊上的圖案、順利逃脫。最後，鎖匠和他深愛的妻子團聚，也和警衛成為朋友，每個人都過著幸福的生活。愛與熟練的技巧戰勝一切。

　　這個古老的蘇菲派故事是起源於伊德里斯・沙阿（Idries Shah），它象徵著我們學習九型人格學說的過程：鎖是指人格，跪墊是九型人格學說，鑰匙是努力。請注意，儘管鎖匠妻子把跪墊送到他面前，但為了要得到工具，鎖匠必須為警衛們創造某些有用之物。他不能獨自出逃，也不能無緣無故消失。而且，在他祈禱能順利出逃時，真正能幫他的方法「就在眼前」，只是他從未認真看圖或是理解其含義。不過，有一天他覺醒了，先是看到圖案，然後找到方法。

　　上述故事的核心概念很清楚：**我們每個人都身處監獄。**唯有真正的覺醒，才能讀懂能幫助我們出逃之鎖的圖案。

第 3 章
本性和人格

　　九型人格學說所要表達的核心真相是：人類的本性遠比人格更超乎想像。人格特徵無異是由每個人廣泛潛能中熟悉、特定的部分所構成，人格特徵的表現有限，但人人都具備更深邃且未知的本質，稱之為本性。用精神語言來說，每個人都有各自的神性光輝，但由於本性沉睡，大家也逐漸忘記根本的真理。我們沒有體驗到自身的神性，也沒有感受到他人神性的體現；相反的，我們常變得冷酷，甚至是懷疑他人善意，將別人視為需要防備或是利用的對象。

　　大部分的人對於何謂人格或多或少都有概念，但對本性的認識可能稍嫌陌生。所謂本性，正如字面所示，意指每個人的根本，是自我的本性，是我們存在的根本（亦可說是精神）。

　　請注意，本性（或精神）與「靈魂」不同。人類存在的根本是本性或精神，但有時我們會泛稱「靈魂」。**人格是靈魂的一部分，而靈魂是由本性或精神所構成**。如果精神是水，靈魂就是湖泊或河流，而人格便是水面上的波浪，又或是河面上的冰塊。

　　一般來說，因為意識多由人格主導，因此很難感受到個人的本質。但隨著深入認識個人人格，一切也就越來越清晰，進而直接感受到個人的本性。我們存在於世界上固然有其作用，但如果能加深與自身神性的連結，便能進一步意識到周圍神性其長期且神奇的存在。

精神才是真正的自我，而非是可以用手指出的形體。
——西賽羅（Cicero）

精神的發展是一條漫長且艱辛的旅程，這趟冒險之旅，將會經歷佈滿驚奇、喜悅、美麗、困難，甚至是危險的奇幻之地。
——羅貝托‧阿沙鳩里（Roberto Assagioli）

　　九型人格學說有助於我們看清導致忘記真實自己、看不清精神本質的原因。九型人格學說的特殊洞察力，讓我們能一睹心靈和精神的真貌，並且提供探索方向。但必須記住，此學說並不是要告訴我們自己到底是誰，而是要知道我們給自己所設下的限制。請記住，九型人格學說並非是把每個人套住的盒子，而是讓我們看到自己所處的盒子，並找到出路。

▎神聖心理學

　　九型人格學說令人印象最為深刻的，是認為心理上的交融和精神上的領悟兩者是不可分離的過程。沒有精神，心理學無法真正解放我們，或是領導我們去認識最深層、最真實的自己；沒有心理學，精神就會產生浮誇、迷惑之感，並且試圖逃避現實。九型人格學說不是枯燥的心理學，也不是難以捉摸的神祕主義，而是一種改造工具，利用心理學的洞見為起點，進入深層且完整的心靈世界。因此，就字面意義來看，九型人格學說是「心理與精神之間的橋樑」。

即便是覺得生活不可能快
樂的人，其實都是希望得
到快樂的。
——聖奧古斯丁
（St. Augustine）

　　此種神聖心理學的核心概念認為，**基本人格類型說明了我們忘記真實本性（神性）的心理機制與拋棄自我的原因。**我們的人格是取決於與生俱來的性情，針對童年時期所受到的傷害，進而發展出的心理防禦機制與補償作用。為了要克服當時所面對的困難，我們會在不知不覺中發展出一套個人策略、塑造自我形象，以及行為模式，讓自己得以克服、度過早期遇到的困境。因此，如果過度使用這套策略，每個人都會變成用特定方式應付特定事情的「專家」，這也會成為個人人格特質中失能區域的核心。

　　隨著人格特質中的防禦機制及系統化策略，我們會失去與自我（即本性）的直接連結。人格變成了個人身分的來源，

而不是與自我的連結。每個人的自我感是建立在與日俱增的內心印象、記憶與行為學習之上，而非基於本性的自發性表現。失去與本性的連結會導致深度焦慮，這正是九種強烈情感的形式之一。這些強烈情感一旦發生，便會在我們毫無察覺也看不到的情況下開始驅動人格。

因此，認識自己的人格類型及其變化，有助於我們針對過去未察覺的行為及曾經受過的傷害，提供有效的療癒方法並達成改變效果。九型人格學說有助於知道自己人格特質的「障礙」，突顯自身的可能性，以及看清過去的防禦心理和許多不必要的反應與行為。這也是為什麼在知道個人人格屬性後的表現會與真實的自己有所落差。就如同一開始，上天賦予每個人一棟裝修華麗、乾淨整潔的豪宅，但我們卻選擇住在地下室中又小又黑的陋室裡。大部分的人都忘記了豪宅的存在，或是忘記我們才是這屋子的主人。

正如多年來，許多心靈導師都曾指出，我們與自己的人生都陷入了沉睡狀態。多數時候，人人都是帶著滿心的想法、焦慮、擔憂與心事在過日子，鮮少有人面對自我及活在當下。然而，當我們開始注意自己，就能看見自身的注意力被關注的事物及人格特質所占據或「吸引」，我們是以夢遊狀態度過日子。這種看待事物的觀點是與我們的普遍認知相對立，甚至有辱看待自我的方式（自決、自覺及掌控）。

其實，我們的人格並不「壞」。人格是人生發展過程中重要的一環，更是完善本性不可或缺的一部分。問題在於，我們容易受人格所困，不知該如何前進。這並非內在缺陷所導致，而是一種受到限制的發展，起因於大多數的我們在性格形成時期並未意識到還有更多的可能性。我們的父母與師長對自身的真實本性或許有模糊的概念，但他們往往跟我們一樣無法察覺本性，更別提以順從本性的方式過生活。

…神經症過程…是一種自我的問題。此過程是為了一個理想的自己而拋棄了真正的自我；亦是為了表現虛假的自我，而非實現個人潛能。
——卡倫‧荷妮
（Karen Horney）

幸福的極致表現就是認識不開心的根源。
——杜斯妥也夫斯基
（Dostoyevsky）

因此，九型人格學說所提供的改造洞見之一，就是要知道真正的自己並不完全與人格劃上等號。當我們開始有此認知，也正是對自我感覺的轉型。當我們知道自己並不等於人格，也就開始意識到自己是具有人格的靈魂生物，進而透過該人格來展現自我。當我們不再堅持以人格為依歸時，神奇的事情就會發生：本性油然而生，並且開始進行改造。

▊ 人格並未消失

九型人格學說的目的並不是要擺脫人格，即便可以擺脫，那也無濟於事，更不必擔心會因為放下人格而導致失去自我認同，或是能力下降。

因為事實正好相反。我們不會因為接觸本性而失去人格，反而是讓本性變得更加清晰與靈活；是幫助我們學會真正生活，而不是取代生活。當我們最大程度面對自己與覺醒之時（即本性的特質），「心流」和「巔峰表現」便會油然而生。而人格特徵的操弄往往會導致我們忽略事物、犯錯，並且製造各種麻煩。舉例來說，如果我們對某趟旅程格外焦慮，就有可能會帶錯衣服或是忘記重要東西。學會如何保持輕鬆以及面對每天的壓力，都能讓日子更簡單一點。

當一個人覺醒時，他是從錯誤的認知中醒來；所謂錯誤的認知，是以為自己早已覺醒，以為自己是思想、情感與行為的主宰。
——亨利・特拉卡爾
（Henri Tracol）

隨著對人格認同感的降低，人格就會變成完整自我的一小部分，而且是非常渺小。人格依舊存在，但智慧會更加活躍、敏感且更具存在感。我們是將人格當作車輛行駛，而非為它所驅。隨著對本性認同度的增加，我們就會發現並未因此失去身分，而是找到了自己。

然而，如果說覺醒的體驗有助於擺脫人格的束縛，這就有誤導之嫌了。雖然自我實現（self-realization）的時刻在某種程度上都會讓我們有所改變，但要達到大規模的覺醒，需

要許多類似覺醒體驗的累積。而隨著相關經驗的累積，我們的身分也會逐漸展開，容納更多的本性，深刻體驗的能力被創造出來，對神性的接納也更加穩定，我們的內在之光也越發明亮，更加溫暖的照耀世界。

▋ 基本恐懼與基本欲望

人格機制是由每種人格類型的**基本恐懼**（Basic Fear）所驅動。基本恐懼起源於童年時期與本性無可避免地失去連結，而導致失去連結的原因有以下幾種：

在新生兒時期，我們帶著自然、天生的需求來到這個世界，而這些需求在發展成熟的過程中必須被滿足。然而，即使是在最好的情況下，父母也無法徹底滿足我們在成長過程中的所有需求。無論做得再多，某些時候他們就是無法百分之百滿足我們，尤其是他們也無法滿足自己相同的需求時。做為嬰孩，表達各種情緒與存在狀態是很自然的，如果我們出現需求而父母無法滿足我們，他們便會感到焦慮與不安，也會導致嬰兒時期的我們感到焦慮與不快樂。

舉例來說，如果有個嬰兒表現出喜悅與幸福，但她的母親卻很憂鬱，那麼母親就很難因為寶寶的喜悅而感到開心；在此情況下，寶寶便懂得要壓抑喜悅，免得讓母親更加煩亂。而另一種脾氣的寶寶可能會選擇哭鬧或更強烈的方式引起母親注意，但無論寶寶是用何種方法，她的喜悅並沒有跟著反應出來。重要的是，要知道父母之所以沒有出現如預期般的反應，並不是因為他們「很壞」，而是他們只能以自己身上沒有受到阻礙的特質做出反應。這種受到限制（往往是**機能不全的家庭**）的行為與態度會烙印在孩子的心中，變成一種心理陰影，進而帶入個人生活以及未來所有的人際關係中。

> 我們想要逃避、忽略和擺脫的事情，正好就是能讓人真正成長的「根本物質」。
> ——安德魯·哈維
> （Andrew Harvey）

> 每個人在死亡之前都應盡力了解自己從何而來，又將去往何處，還有為何如此。
> ——詹姆斯·瑟伯
> （James Thurber）

當嬰兒的需求未被滿足，再加上後續面臨的阻礙，會造成從小心中就有缺失感，自然引發出深層的焦慮。或許天生的性情會決定處理焦慮的方式，但無論我們後來發展出什麼樣的人格類型，最終都會感覺到身上有某種東西打從根本感覺就是不對。即便那種感覺無法以文字形容、以言語表達，但我們就是會覺得有一種強烈、下意識的焦慮在拉扯——這就是基本恐懼。

雖然基本恐懼普遍存在，但每種人格類型都有各自的基本恐懼特質。（從更微妙的角度來說，每種基本恐懼普遍都是對死亡與滅絕的反應——也是人格對虛無的恐懼。）接下來要介紹九種人格類型各別的基本恐懼，但對我們行為影響最大的，還是自己的主要人格類型的基本恐懼。

我們無法根據自我欲望成功地改變事物，但我們的欲望會逐漸改變。
——普魯斯特（Proust）

基本欲望（Basic Desire）是為了消除基本恐懼而生，是為了能夠繼續正常生活、用以抵抗基本恐懼的方法。我們相信，基本欲望會讓生活變得順利，就彷彿告訴自己說：「如果我有某物（愛情、安全感、平靜等），一切就會變得很好。」基本欲望也可以稱為自我目標，因為它讓我們知道，自我一直在追求的到底是什麼。

基本欲望代表人類的普遍合法需求，不過每種人格類型都渴望理想化、掌握其基本欲望，以至於其他合法的需求開始受到壓迫。然而，要知道有基本需求並沒錯，問題在於我們會用錯誤的方式滿足需求，導致最終走向自我挫敗。

舉例來說，類型六的基本欲望是要尋找安全感。正如我們所見，類型六的人可以為了尋找安全感而毀掉一切，但諷刺的是，他們所毀掉的可能也包括自己所追求的安全感。同樣的，每一種類型都可能因為錯誤或過度追求基本欲望而導致自我毀滅。即便沒有得到自己想要的結果，我們還是不停用相同的策略在追求相同的事情。

未察覺的童年訊息

每個人的童年時期,都會在無意間從父母身上接收到許多不同的訊息(以及其他重要特徵)。這些訊息對成長中的認同感以及真正能做自己的程度有著深遠影響。除非父母本身非常成熟、能意識到自身的本性,否則我們的靈魂之光還是會受到不同程度的限制。

大家可能都聽過以下的話,但是對不同類型的人而言,以下訊息的重要性各不相同。你對以下何項描述特別有感覺?

類型一:「犯錯是不好的。」
類型二:「有個人需求是不好的。」
類型三:「有情緒或個性是不好的。」
類型四:「太能幹或太快樂是不好的。」
類型五:「生活安逸是不好的。」
類型六:「相信自己是不好的。」
類型七:「依賴他人是不好的。」
類型八:「太過脆弱或相信別人是不好的。」
類型九:「太過堅持個人看法是不好的。」

各類型的基本恐懼

1. 害怕不好、墮落、邪惡或有缺陷

2. 害怕不值得被愛

3. 害怕沒價值或沒有內在價值

4. 害怕沒有個性或個人價值

5. 害怕沒用、無能或是缺乏競爭力

6. 害怕失去支持或缺乏引導

7. 害怕失去或陷入痛苦

8. 害怕受到傷害或受他人控制

9. 害怕失去連結或分別

　　基本欲望也會在不經意間阻礙了我們的本性，因為唯有人格相信基本欲望獲得滿足之後，人格才會顯現。例如，類型六的人不會讓自己放鬆，除非他覺得自己所在之處是百分之百安全的；同樣的，類型一的人也不會讓自己放鬆，除非他覺得自己所在之處是完美的。當然，他們所期望的環境永遠不會存在。

　　了解基本恐懼和基本欲望才會知道，人性是由恐懼和欲望所驅使。因此，我們可以說一個完整的人格結構是由擺脫基本恐懼及追求基本欲望所構成。我們對人格類型的感覺基調便是由此動態過程所演變，最終成為自我感覺的基礎。

┃ 受人格限制的本性

　　心理學認為，成年人所具備的能力取決於童年時期的需求是否得到滿足，沒有獲得充分滿足的需求會變成體會自我本性過程中的「鴻溝」。精神傳統進一步表示，人格的形成正是為了填補成長過程中的鴻溝。人格就像是為了保護斷手或斷腳而打上的石膏，根本傷得越重，石膏就打越厚；為了使受傷部位痊癒、恢復正常功能，石膏的存在有其必要性。但如果我們從此不拆石膏，就會嚴重限制手腳的功能，更不可能繼續生長。某些人的人格發展過程就像在全身上下裹著石膏。每個人在走出童年時期時，多少都會隱藏或放棄某些需求，保護自己不受傷害。

　　人格做為暫時性的石膏還是相當管用，它為受傷最重的部位提供必要協助，讓脆弱之處變得強大。因此，人格不僅幫助我們在心理上繼續生存，更引導我們展開所需的改造工作。

　　但是，我們現在所謂的人格是建立在一系列的條件反射、恐懼與信念之上，並不是真正的自我；因此對人格的過度認

我們都是自我地牢中的囚徒，期限是無期徒刑。
——西里爾·康諾利
（Cyril Connolly）

基本欲望及其變質型態
1. 擁有完整的欲望（吹毛求疵的完美主義）
2. 渴望被愛的欲望（渴望被需要的需求）
3. 變得重要的欲望（追逐成功）
4. 成為自我的欲望（自我放縱）
5. 有競爭力的欲望（無用的專業領域）
6. 獲得安全的欲望（依附某些信念）
7. 變得快樂的欲望（狂熱的逃避主義）
8. 保護某人的欲望（不斷的爭鬥）
9. 保持和平的欲望（執著的漫不經心）

同會導致**全然的自我拋棄**，對身分的體驗也從感受真實本性
轉為對保護殼的執著。只要我們相信「人格就等於我」，對
人格的認同感就會繼續存在。人們擔心回歸本性會嚐到自我
拋棄的痛苦，這也是抗拒改變的主要原因之一。如果願意說
「我想做真正的自己，而且我想活在真實之中」，重新找回
自我的過程便開始了。

　　基於上述原因，在實行的過程中，我們可能會接觸到之
前不曾察覺的真相，或是重新經歷傷痛、恐懼或憤怒。這也
是為什麼我們培養對自己的同情心很重要：唯有夠愛自己，
才能知道自己值得努力去認識真正的自我；唯有夠愛自己，
才能在經歷焦慮或低潮時，不會再次放棄自我。當我們願意
去體驗真相，體驗過去如何、現在怎樣，並且願意療癒自我
時，真正的本性才會浮現。結果是肯定的：**只需要讓真正的
自己出現就好。**

遺失的童年訊息

孩子在童年時期除了接受限制性訊息之外，還有許多訊息是他們需要聽見的。我們也許有聽過一些，但肯定不是全部。遺失的訊息、沒被聽見的訊息（即便已說出），往往都會變成孩子的重要問題，甚至變成基本恐懼的核心因素。因此，對每一種人格類型來說，成人的人格結構都會盡其所能，想辦法從他人身上獲得自己從未適當擁有的訊息、那些遺失的童年訊息。
請閱讀下列的遺失訊息並觀察自己的反應。你最需要聽到什麼？承認該需求對你現在有何影響？

類型一：你很棒。
類型二：我們需要你。
類型三：大家是因為你而愛你。
類型四：大家看到的就是你。
類型五：你的需求不是問題。
類型六：你是安全的。
類型七：有人會照顧你。
類型八：我們不會背叛你。
類型九：你的存在很重要。

▌ 不會丟失或受禁錮的本性

　　無論有什麼樣的過去，就算童年遭遇十分悲慘，我們的本性都不會因此受到傷害或摧毀；即便本性會受到人格結構所限制，但依舊是純潔無瑕。如果是來自機能不全的家庭，人格結構就會較為僵化、狹隘；如果是來自和睦的家庭，人格結構就會較為光明、靈活。

　　來自機能不全家庭的人若能知道，其實每個人的本性都是完好無缺、想展現真正的自我，便能受到鼓勵。剛開始，我們或許會花大把時間和精力在填補發展過程中的缺陷，但人性存在的核心一直都支持著我們。無論早期經歷過多麼痛

苦的事情，本性都不會受到傷害，只是在等待機會重現。事實上，我們是在等待時機做回真正的自己。我們的精神渴望獲得自由、盡情表達自我、重返生活，並以應有的姿態過日子。

但諷刺的是，我們一直抗拒打開心房，害怕面對心中最真實的聲音。然而，當我們相信這段過程並投入其中，最真實的本性也會隨之而現，帶來真正的誠實、愛、真誠、創造力、理解、指引、喜悅、力量和平靜，這也正是我們希望人格所展現的特質。

第 4 章

培養意識

　　我們要如何才能碰觸到真實的本性，也就是心中的神性光輝呢？我們要如何剝掉一層層包裝自我的防禦與身分象徵，並相信本性所提供的支持與引導？我們要如何才能在工作坊或平靜的山區度假村以外的地方、在日常生活中都能做到上述的事情呢？我們對「真」的定義，要如何才能從思想上的真轉為時時刻刻真正體驗生活？又要如何才能讓生活變成一種內在自我的提升呢？

　　九型人格學說有助於我們放下人格的限制機制，如此一來，我們才能深切感受真正的自我，但這不代表一切都會自然發生。清楚且深入認識人格類型是首要條件，但僅憑這些訊息仍不足以讓自己獲得自由。我們無法依靠意志、思想或「技巧」來達成改造目的，但如果沒有親身參與，一切都不可能發生。因此，在自我改造的過程中，我們究竟扮演什麼角色呢？

❚ 「發現自己的狀態」

　　世界各地的神聖傳統都一致強調見證自我改造的重要性。我們要保持警覺、要觀察自我、要對自己與自身行為保持正念。如果想從心靈地圖上獲益，就必須先養成自覺的藝術，學會在生活中時刻保持清醒，不做批判也不找藉口。我們必須學會根據人格的指示，在行為中「發現自己的狀態」，看

看平時機械化、受限制的行徑。若能注意到當下的行為，並且在不帶批判性、完整體驗當下狀態時，舊習自然會消失。

在改造的過程中，**自覺意識**非常重要，因為如果可以在一開始便察覺人格習慣，就可以徹底予以擺脫。**分析過去的行為模式固然有幫助，但始終不如自我觀察當下反應來得有力。**舉例來說，知道自己為何會與配偶大吵一架，或是為何會對夥伴或小孩感到惱怒，肯定對自我成長有所幫助；但如果我們能在吵架或感到惱怒的當下「發現自己的狀態」，奇妙的事情就會發生了。在自覺意識浮現的那一刻，我們可能會發現數秒前還非做不可的事情，自己原來並不想做，甚至可以看清所處情況的深層真相。例如，我們急於證明的「重要觀點」可能只是為了試圖證明自己，或是想要暗中報復某人；又或者，我們口中的詼諧之語其實只是想避免悲傷感或孤獨感罷了。

如果能記住這一點，自覺意識就有擴大的可能性。一開始我們可能會感到尷尬或丟臉，也許會以各種方式來封閉自我或分散注意力，但如果能與這種不適感共處，便能感到有某種東西在心中浮現，讓人能更真實、更有能力、更敏感、更強烈的去感受自我及周遭環境。這所謂的「某種東西」會讓你感到更具同情心，感到強大、耐心、智慧、堅強和巨大價值——這某種東西就是真實的自我，是隱藏在名字背後、不受人格限制的「真我」，亦即真實本性。

▌ 覺醒

意識覺醒不只會改變生活，甚至可能救你一命。幾年前，在一場暴風雨中，州際高速公路上的一座主橋斷裂，橋面斷成數截掉落河中，路上毫無預警的司機可謂是冒著生命危險

在風雨中行駛。

其中一名警覺性較高的駕駛看到眼前的景象，便迅速停車，只要再往前一點，他就會從四十英尺高的橋上墜落河中。於是，他冒著生命危險，跑向後方來車，試圖提醒其他駕駛前方有危險。就在那一瞬間，一輛載有五名年輕人的車輛駛過，他們看到車外瘋狂揮手提醒他們停車的男子，但卻以為該駕駛是車子熄火，想要找人幫忙。車上的年輕人對他比了個粗魯的手勢，一腳將油門踩到底，狂笑揚長而去。幾秒鐘後，整輛車掉入河中，全數喪生。

我們可以說是性格害死了這群年輕人。傲慢、敵意、蠻幹、不願傾聽、缺乏同情心，甚至是愛炫耀，這一系列衝動的任何一個原因，都會導致開車的人不願停下。在關鍵時刻，年輕駕駛的某些習慣、某些人格特質占了上風，也導致悲劇的發生。

如果我們能徹底意識到，自己其實是將生命託付給人格機制並需為此承擔風險時，這也算是一大突破。許多時候，我們生命中的重大決定彷彿都是由一個三歲小孩所做。一旦我們了解人格機制的本質，便可以選擇是否要認同；如果我們對此渾然不覺，很明顯也就無從選擇。然而，如果看到自己身上出現類型五、類型二或類型八的特徵時，選擇「不去扮演」這種人格類型的機會就出現了。

葛吉夫和其他心靈導師都經常強調，人的正常知覺是處於一種「沉睡」狀態，聽起來可能有點奇怪，但我們自以為有意識的狀態，其實就像是睜著眼睛作夢。不過，我們都知道人在熟睡時，夢境有時也會非常逼真。一旦我們醒來，意識到自己在作夢，真實感就會瞬間消失，注意力再度轉回到「我們是誰」，以及「我們在做什麼」這類問題之上。

從沉睡的人格中醒來，差不多就是這種感覺。我們恍然

大悟般地問自己：「究竟是發生什麼事？我剛才在哪裡？」
我們會訝異於自己的迷失程度，儘管前一刻並不覺得自己感
到迷茫。如果之前有人問，我們是否可以完全存在、完全清
醒，答案絕對是肯定的；但從新的角度來看，事實並非如此。
我們甚至可能會意識到，整個生命實際上都是在「沉睡」中
度過。

觀察意識

花點時間環顧你當下身處的房間。有沒有之前你沒注意到的事情？
有沒有你沒見過的東西？認真觀察一下。不要理所當然覺得自己知
道一切。觀察環境的同時，你是否能感覺到自己的身體？你是否注
意到觀察時的姿勢？在你嘗試做這件事情時，是否注意到當下對自
己的感知與平常不同？

▎何謂意識？

　　「意識」一詞是心理學與精神成長領域的重要詞彙，在
本書中也頻繁出現。然而，要賦予它適切的定義並不容易，
或許要說它「不是什麼」比「是什麼」更容易點。譬如，我
們可以說意識不是思想、不是感覺、不是動作、不是直覺，
更不是本能——雖然意識也可以包含上述一種或全部行為。

　　即便是積極專注思考也不等同於意識。舉例來說，在專
心思考本章要寫什麼內容的同時，我們也可以意識到自己的
思考過程。在其他時候，例如在散步時可能會意識到，我們
心裡想的是接下來的商務會議，或是在腦海裡演練與他人的
對話。通常意識會完全占據心中對話的聲音，因而難以區隔
兩者之間的差異。但是，只要越能掌握意識，便能在腦中有
所對話時稍退一步，保持距離觀察。

同樣的方式也可以運用在個人的情緒感受。我們可能會陷入惱怒、厭倦或孤單的情緒之中，當意識不強烈時，很容易就會跟著情緒走——我很沮喪、我很壓抑——而沒有看到情緒的暫時性，進而選擇相信自己就是如此。身處其中時，會覺得當下的情緒就是一切；情緒風暴過後才意識到，先前的情緒只是一時的。相較於意識，我們更能清楚觀察到情緒的浮現、影響以及消失的過程。

我們也會對自己的行為產生更強烈的意識，察覺身體在動作或休息時的感受。無論好壞，身體都學會了在自發狀態下做許多事情。譬如，我們可以一邊開車，一邊聊天，我們可能在思考下一句要說什麼的同時，心裡擔心著到目的地之後的事情，而身體承擔複雜的開車任務——所有事情都可以在沒有過多意識介入的情況下自然發生，當然也可能意識到其中一部分過程，甚至是全部。

我們隨時都可以擴展意識的存在，這也有許多好處：

◆ 若能放鬆下來、讓意識擴展，就比較不會受吸引注意的事情所影響。如果我們在白日夢或幻想世界中感到恐懼、焦慮或迷惑時，意識的擴展有助於我們以客觀角度看清自己的行為，藉此減輕心中的痛苦。

◆ 擴展意識能看見更多的自我，進而擁有更多資源來面對問題或困難。我們會看到全新的解決方式，而不是以人格機制的慣性做回應。

◆ 擴展意識能為我們與他人、與世界的關係打開新的一扇門，讓生活中的每一刻充滿喜悅與充實成長。即便是不愉快的事情，也能因為意識而產生截然不同的品質。

我們經常會用「看」一字，比如「對我們而言，看清人格機制是很重要的」。但是在意識的語境中，我們必須清楚

知道此字的定義。確切來說，重點要知道，究竟是自己的什麼東西在「看」。大家都善於評論自己或是評估經驗，在類似的情況下，就是我們某一部分的人格在批評或評價另一個部分，就像說：「我不喜歡這部分的我。」或「我剛做了一個很棒的評論。」等等之類。這類內在評價往往只會帶來日益膨脹、空洞與貧乏的自我結構，最後導致內心衝突。這並不是我們想要培養的「看」的能力。

「看」也不是單純指智力上的理解行為。這當中肯定牽涉到智力，但並不是說在改造的過程中不需要運用心智思維。我們身上在「看」的那部分，有時是無所不在卻又難以捉摸，有時亦可稱為「內在觀察者」或「見證者」。這是我們全部的意識，活生生就在這裡，並且吸收了許多不同層面的經驗。

▎學會「觀察與放下」

當我們踏上內在探索之旅，在面對曾經絆住我們的人格習慣與機制時，要學會「觀察與放下」，這是必備的重要技巧之一。

這五個字看似簡單，但其真正意思是，我們必須學會觀察自我、看看內在浮現的感受、看看是什麼轉移了當下的注意力。無論發現什麼，不論是好是壞，**我們只需要觀察，不要試圖改變，也無須批評自己。若能完全面對自己的發現，人格所造成的限制便開始放鬆，本性就能開始主導。**

與「自我」所想不同的是，修復或改造自我的任務並非是由我們來做。沒錯，改造的重大障礙之一就是認為我們可以「修復」自己。當然，這個想法也會帶出一些有趣的問題。我們認 內在有什麼需要修理的？我們內在的哪一部分又有資格修理另一部分？內在的哪一部分又扮演著法官、陪審團和

在意識之光的照耀下，每一種思想、每一種行為，都變得十分神聖。
——一行禪師
（Thich Nhat Hanh）

我們不用改善自己；只需移除心中阻礙即可。
——傑克·高菲爾德
（Jack Kornfield）

被告的角色？懲罰或恢復名譽的工具又是什麼？哪一部分又能扮演支配的角色呢？

我們從小就被設定成要相信自己得變得更好、要更加努力，如果有哪一部分不好，就不該繼續下去。周遭的文化背景與教育環境不斷提醒我們，要如何透過某種改變，讓自己變得更成功、更讓人滿意、更安心或更有內涵。簡單來說，我們學會藉由某些心理公式，讓自己變得與真正的自己不同。而「**僅需發掘、接受真正的自己**」這種說法可謂是與過去所學的認知背道而馳。

很明顯的是，如果是像吸毒或酗酒等傷害自己的事情，或是涉及破壞性的關係或犯罪行為，就必須在進行改造自我之前，先停止上述行為。但最終造成改變的，並不是因為受到訓斥或懲罰，而是培養出一個安靜、專注的意識，如此一來才能看清是什麼迫使我們傷害自己。當我們意識到自己的壞習慣以及想要擺脫的部分，某種全新的東西就會出現。

心如工畫師，能畫諸世間，五蘊悉從生，無法而不造。
——佛陀（Buddha）

當我們學會面對生活、對當下環境保持開放心態時，奇蹟就會發生；其中之一便是瞬間放下困擾多年的舊習。當我們能完全活在當下，舊習慣就會消失，整個人也會變得不同。透過意識行為，我們可以感受到內心深處年代久遠的傷口受到療癒，我們要相信這是會發生的奇蹟。如果順著這張靈魂地圖探索內心深處，曾經的怨憤會轉為悲憫，抗拒會轉為接受，而恐懼則化為讚嘆。

請記住：智慧與高貴、關愛與大度、尊重自我與他人、保持創造力、不斷更新自己、以敬畏之心入世、充滿勇氣、信賴自己、保持喜悅、順緣表現、強大而有效率、享受心靈平靜、坦然面對生命之謎，這些都是你與生俱來的權利與最自然的狀態。

| 展開精神刺激跳躍 |

無論你是屬於何種人格類型，都有特定的事情能「刺激」你的精神
與個人成長。以下敘述是針對特定類型的問題，但每個人都有可能
會遇到類似情形。因此，如果你想要提升內心工作，喚醒意識，我
建議盡可能充分認識以下類型模式吧。

◆ 價值判斷、譴責自己與他人（類型一）
◆ 向他人展現你的價值（類型二）
◆ 試圖變成與本質狀態不同的自己（類型三）
◆ 進行負面比較（類型四）
◆ 過度闡釋個人經驗（類型五）
◆ 依賴個人以外的事物來尋求支持（類型六）
◆ 期待接下來要做的事情（類型七）
◆ 試圖強迫或控制自己的生活（類型八）
◆ 抗拒受到個人經驗影響（類型九）

▌認同 & 內在觀察者

　　透過面對及觀察自我而獲得經驗後，我們會開始注意到，
意識之中似乎有微妙的新發展，是一種更客觀來「見證」經
驗的根本能力。這種自覺特質可稱為「**內在觀察者**」，幫助
我們以不帶評價或評判的眼光，觀察自身內在及周圍同時發
生的事情。

　　內在觀察者是改造的必備條件，葛吉夫稱此心理機制為
「認同」，這亦是人格創造及維持其現實性的主要方式。

　　人格幾乎認同所有事情，包括想法、身體、欲望、落日、
孩子，或是一首歌曲；也就是說，如果當下沒有充分覺醒，
認同感就會出現在我們所關注的事物之上。舉例來說，如果
一直牽掛即將召開的會議，我們就彷彿身處在會議之中（即

認同……是一種逃避自我
的形式。
——克里希那穆提
（Krishnamurti）

便是想像的狀態），而不是當下身處的環境。或是我們認同某種情緒反應，例如受某人吸引，我們彷彿就會一直處於受吸引的狀態。又或者，如果腦中一直有批評的聲音徘徊不去，我們便無法將自己與該批評聲音分離。

心中若能平靜片刻，便能注意到當下狀態的波動。這一刻還在思考工作，下一刻看到過馬路的路人，就不禁想起多年前的約會對象。接下來，讀書時代的歌曲在腦海中浮現，然後被一輛疾駛而過的車濺起水花潑了一身而打斷思緒。那一瞬間，我們心中充滿憤怒，滿腦子想的都是剛才的白癡駕駛，其他什麼也想不了，後來才意識到，早知道可以買個糖果來安慰自己。思緒接著繼續，而唯一保持一致狀態的，是我們認同這一連串事件發生當下感覺的人格傾向。

意識會像氣球般膨脹與收縮，但認同感往往會變小。或許你會注意到，一旦我們認同某事時，對周遭環境的意識就會大大降低，對其他人、對環境、對自身內在狀態的感覺都會大幅減弱。簡單來說，認同度越高，意識受限越多，離真實的自己越遠。

嚴格來說，鮮少有人活在當下，而且多數時候都是為了未來而活。
——強納森・史威夫特（Jonathan Swift）

意識的連續性

開始練習之前，你需要準備手錶或時鐘；如果可以，最好有錄音設備。找一個舒適的地方坐下，然後觀察身邊環境。在剛開始的前五分鐘，順從注意力，說出看到的事物。例如，你可能會說：「我注意到燈光打在牆上的方式；我注意到自己心想為什麼我會看著牆壁；我注意到右肩緊繃；我注意到我很緊張」之類的話。

你可能會想記錄觀察過程，或是想找人一起練習。就算沒有記錄下來或沒人一起練習，你也可以看看是否能察覺意識的流動。你是否更加注意思緒？還是環境？或是知覺？或者情緒及反應？是否出現了某些想法？

　　隨著時間過去，我們對特定特質（例如實力、同情、平靜或自發性）的認同度也會定型，而人格類型的自我感知特質也隨之成形。構成自我感知的情感與狀態正是我們認為滿足基本欲望的必需條件。對自我感知的認同度越高，就越容易深陷其中，忘記還有更多選項及不同的存在模式。我們慢慢相信這種模式，只關注人類潛能中的特定特質，彷彿在說：「這些特質是我的，那些不是；我一直都是這樣，不是那樣。」因此就發展出自我形象、自我定義──一種可預測的人格類型。

　　舉例來說，類型八的基本恐懼是害怕受到他人或生活的傷害或控制，而他們的基本欲望是要保護自己。自我保護和自我依賴是普世需求，就算不是類型八，每個人也需要保護自己的身心不受傷害。然而，類型八的年輕人會更加關注自身自保的特質，會發現自己的力量、意志力、韌性和自我肯定，並開始藉此發展與強化自我認同。

▎害怕活在當下

　　當我們敞開心房面對自我一段時間後，無可避免會開始感到焦慮，本能地感覺到心中浮現某種不適，這是因為人格的「封口」被打開了。我們應該鼓起勇氣，因為在改造過程中經歷某種程度的焦慮也不失為一件好事。放下昔日的防禦心，便能體會到長期以來的抗拒狀態。

　　這也解釋了為什麼我們在經歷滿意的精神體驗之後，隨即發現自己再度處於恐懼、反沖或負面的狀態。**成長過程是一種必然的循環：放下舊的阻礙，為自己找到新的可能性，然後面對更深層的阻礙。**雖然我們希望精神成長可以直線進行，只要經歷一、兩次的重大突破即可達成，但現實是，在

若非此時，更待何時！
──《塔木德》
（*The Talmud*）

人格類型的核心認同			
類型	極力認同	維持存在的自我形象	
1	超我。具有評估、比較、衡量、分辨經驗或事物的能力。不願意承認因憤怒而產生的緊張狀態。	合理性 明智 客觀	適中 謹慎 道德感	「好」 理性
2	關心、體諒別人，在意他人的反應。不願意承認個人感受及需求。	愛心 關愛 無私	體貼 暖心 關心	善良 悲憫
3	為了他人崇拜而塑造自我形象。不願意承認空虛、自我抗拒的感覺。	令人欽佩 令人嚮往 有吸引力	傑出 適應良好 有效率	擁有「無限潛能」
4	感覺到「差異性」、有缺點、有情緒反應。不願意承認自身的真實優點，也不願跟他人一樣。	敏感 差異性 獨特性	自覺 溫和 直覺	安靜 自我深處的誠實
5	感到疏離、以局外人的角度看世界。不願意承認情感、需求，以及有形的存在和狀態。	感知力 「聰明」 好奇心	自足 有洞見 不尋常	警覺 客觀
6	需要回應內心對於缺乏支持感的焦慮。不願意承認支持與個人內心引導的存在。	可靠 可信任 可信賴	討喜 「正常」 認真	遠見 質疑
7	預見將來的正面經驗而感到興奮。不願意承認個人的痛苦與焦慮。	熱情 無拘無束 自主	喜悅 渴望 開朗	活力 正面
8	因為抗拒或挑戰他人／環境而感到緊張。不願意承認個人的脆弱及需要照顧。	強大 武斷 直接	足智多謀 行動導向 頑強	健壯 獨立
9	因擺脫強烈的衝動與情感而感到內在穩定。不願意承認個人的力量與能力。	平靜 放鬆 沉著	穩定 溫和 自然	隨和 友好

心理完全重組之前，我們需要多次經歷這種過程、突破許多障礙。

靈性成長的過程中需要對自己保持溫和與耐心。沮喪、特定期待、時間進度表、無法達成期待的蔑視感，這些都是普遍的反應，但於事無補。我們花了數年才建立的自我防禦機制，不可能一夜之間徹底瓦解。我們的靈魂有自己的智慧，如果沒有真正準備好去做，是無法看到自身的任何東西（更別提釋放了）。

準備開始之際，也會出現一種常見的恐懼，擔心活在當下意味坐著「過度思考問題」或是緊盯著牆壁看。我們會覺得，如果當下的存在感越強，就越難處理生活中的重大問題，我們會變得「難搞」、不切實際，甚至沒有效率。但事實正好相反：我們會更加警覺，判斷力與洞察力也會更加準確。

同樣的，許多人認為，如果當下的存在感越強，便會失去所有辛苦得來的成熟度或專業技能。我要再一次強調，事實正好相反。當我們面對**當下**，就越能把事情做好，甚至比以往更持久。因為專注力提升，獲取新技能也比之前容易許多。當我們保持正念，智慧也將以令人驚訝的方式運作，帶來解決眼前問題所需的資訊或技能。

而在深層上，我們害怕活在當下以及在生活中展現真正的自我，擔心童年時期的所有傷害將因此攤在陽光下。如果我們膽敢揭露本性，別人或許不想看或不喜歡，甚至可能遭到排斥或羞辱；這會讓人感到脆弱，怕因此導致他人害怕或背叛，擔心遭他人遺棄。我們害怕寶貴的心靈會再次遭到漠視或傷害。

不過，在完整展現自己的同時，我們將體會到巨大的空間、平靜與安靜的存在感。我們會發現自己的堅強、旺盛活力，以及與周圍世界的連結性。我們沒有理由不這樣生活，

若因摩擦而惱怒，則鏡子如何發亮？
——魯米（Rumi）

追根究柢，我們認為某些事物很重要是因為自身所體現的本質，若無該體現，生命就浪費了。
——榮格（Jung）

除了人格所帶來的理由——準確來說,是偏見、自私之類的理由。

▌意識導向存在

　　如果我們保持關注真實事物的過程,包括當下正在發生的事情,就能感受到內在空間及周圍出現了一種微妙的存在感。它輕盈、精緻、令人愉悅,能夠展現出許多不同的品質。因此,在我們意識到當下的實際感受時,就會開始充滿存在感。沒錯,我們不得不承認,這種存在感就是身而為人最根本的所在。

　　存在感最顯著的特點莫過於揭露內部阻隔存在感的因素。如果越能面對當下,就越能意識到身上緊繃的部分,也就是我們尚未完全占領之處。我們越放鬆,就越能感受到存在感在體內流動、包圍著我們。最好就停留在這種印象,不要給它貼標籤或想太多。此刻,原本微妙模糊的感受會越加清晰明顯,彷彿揭開了存在感不為人知的一面。

　　在我們的白日夢與認同感中,存在感無所不在,但由於人格結構之故,我們無法保持活在當下。越深入自我的迷離狀態,人格機制的影響就越強烈,猶如一塊散發出強大能量的電磁鐵。然而,只要能與存在的活躍本質同調,看到生命力對於人格「工程」的巨大投入,存在感會自己找到一條出路。但是,我們也不可能說想存在就存在;如果沒有存在的意圖,存在感便蕩然無存。試想,一個處於迷離狀態之人,要如何突破自己的盲點呢?

　　很顯然,如果沒有足夠的方法與支持,要達成此一偉大目標是不可能的。在接下來的幾章中,我們將會探討像九型人格學說這類深奧的系統,是如何幫助人們覺醒,而最重要

的，莫過於如何在日常生活中練習培養意識與存在感。此外，我們也將提供幾種方法與支持，發揮「鬧鐘」作用，將我們從迷離狀態中喚醒。若能越謹慎留心「警鐘」，就越能擁有存在感（也越有可能喚醒自己）。不過，這需要大量練習。

　　別誤會，這絕對是一輩子的課題。然而，如果覺醒時刻越多，過程中結合增加的動力也越多：彷彿有某種東西儲存在體內，像是珍珠核，是一種即便回到日常生活狀態也不會消失的感覺。若想知道覺醒與否，可以參考以下三種特徵：

1. **此時此刻，充分體驗做為一個人的存在感**。我們知道，有某個人在這裡；感覺到自己的具體存在，所謂「存在」，就是活在當下。此外，會有這種感覺並不是因為我們從局外人的角度來描繪自己，而是將個人的內在親身經驗，與身體（從頭到腳）充分結合，對當下現實毫無抗拒感。

2. 我們對內在及外在環境所採納的印象完全**不帶批判或情緒反應**。我們會觀察意識中的許多想法和感受，但卻不受其所限制。透過內心的平靜性與穩定性與生命互動，而非焦慮與幻想。注意力應該擺在當下，而不是緬懷過去、期待未來或是想些有的沒的。

3. **我們充分活在當下**，讓自己接觸到周圍的一切事物，完整去體驗、品嘗生命中的豐富度與微妙性。我們百分之百真誠，沒有虛情假意或過強的自我意識，每一刻都有全新、新穎的身分體驗。我們一直在尋找公式、規則，甚至是祈禱詞，希望能有魔法出現。但所謂的存在是無可取代的狀態；若無存在，無論是什麼樣的禱告、冥想、導師或技巧，都沒有辦法改造我們。這也正是為什麼參與宗教活動多年，我們依然無法持續表現出心中的信念。我們可以嘗到擺脫人格枷鎖限制的卓越體驗，但早晚（通常是比預期早）都

精神一直都在，正如陽光始終在雲端上閃耀。
——丹・米爾曼
（Dan Millman）

會打回原形，回到早先的狀態。這是因為我們不了解存在的根本重要性——它不是，也不會是人格的一部分或其相關事項。

好消息是，儘管我們對人格的狹隘認知限制了意識的發展性，但「存在」並不會因此消失，而且一直都在。隨著重視、培養與強化意識，我們本性中的深層特質也會越來越清晰。

邁向豐富的性格誘因	
九型人格學說闡述了構成完整之人的不同要素或特質。下列各項誘因都是基於九種人格類型所象徵的力量，無論我們是屬於何種類型，都有其因應之道。	
誘因一	**為更崇高的目標而活** 請記住，智慧與敏銳是你的真實本性。
誘因二	**滋養自己與他人** 請記住，善待自己並對他人保有善意與憐憫心是你的真實本性。
誘因三	**發展自我，為他人豎立榜樣** 請記住，為自己的存在感到喜悅，尊重並重視他人，這是你的真實本性。
誘因四	**放下過去，在經驗中找回自我** 請記住，學會原諒，利用生命中的一切事物學習成長及找回自我，這是你的真實本性。
誘因五	**不帶偏見或期待的眼光來觀察自己與他人** 請記住，身處現實，沉思世界的無限與豐富，這是你的真實本性。
誘因六	**對自己有信心，相信生命的美好** 請記住，保持勇氣，善於面對生命中的所有情況，這是你的真實本性。
誘因七	**為存在而快樂慶祝，分享你的喜悅** 請記住，保持快樂及豐富眾人生活體驗是你的真實本性。
誘因八	**為自己而堅持，為信念而發聲** 請記住，保持強大，以各種正面方式影響世界，這是你的真實本性。
誘因九	**為你的世界帶來和平與療癒** 請記住，成為世界上無盡的寧靜、包容與仁慈之源，這是你的真實本性。

第 5 章

三元的自我

如果人類能夠關注整體的本性，九型人格學說就沒有存在的必要性；而如果沒有在自身下功夫，一切也就不得其門而入。偉大的精神傳統普遍認為，人類的天性分裂——反對自身，也反對神性。事實上，相較於缺乏本性的統一，我們更缺乏的其實是「正常」的實際表現。

最讓人訝異的，莫過於九型人格符號系統同時涵蓋了人性中的統一性（圓）與分裂性（三角與六端）。九型圖從心理和精神角度完整說明了「我們是誰」，並且在深入認識所處困境的同時，也提供了脫困之法。

在本章中，我們將討論人類心理從最初的統一性分裂成三元性的主要方式，在這三組中所包含的九種人格類型並非互不相關，而是打從根本就環環相扣，其意義遠超過個人的人格心理類型。

三元是改造工作中重要的一環，它具體指出人們主要的失衡之處。三元代表了三組關於自我問題及自我防禦的主要內容，同時揭露了壓抑意識與限制自我的主要方法。

這是首度根據人類心理基本元素進行人格類型分類。心理基本元素有三：本能、情感和思維。根據九型人格學說，這三種元素主要跟人體中的三大微妙「中心」有關，而人格定型主要就是取決於此三大中心的其中之一。本能三元組是由類型八、類型九及類型一構成；情感三元組是由類型二、

三元組

本能三元組

思維
三元組

情感
三元組

類型三及類型四構成；思維三元組是由類型五、類型六及類型七構成。

　　值得注意的是，現代醫學也將人腦分為三大基本區域：根腦（本能腦）、大腦邊緣系統（情感腦）和大腦皮層（思維腦）。某些九型人格學說的老師也會以「腦、心、腹」或是「思維中心、情感中心、行為中心」來指代上述的三大中心。

　　無論我們是屬於何種類型，每種人格類型都包含本能、情感與思維三大基本元素，且元素之間彼此交錯互動；我們不可能在不影響其他兩者的前提下，只針對其中一種元素做改變。但大多數人往往會陷入人格的世界中，看不清身上的基本元素，更遑論現代教育內容也不曾教導我們相關內容。

　　三元組中的每個部分都代表著受阻或扭曲的本性能力或功能，人格的出現正是要用來填補受阻本性所產生的鴻溝，而我們人格類型所屬的三元組則說明了本性受阻及人格人為填補機制發揮最大作用的地方。舉例來說，如果我們是類型八的人，則受阻的本質就是力量。因此，人格特徵就會由此介入，試圖以強悍表現、甚至是不恰當的方式來捍衛自我，藉此**模仿**真正的力量；試圖以人格上的假力量取而代之，將我們與真實力量隔絕。唯有看清這一點，才能認出或重拾本性中真正的力量。

　　同樣的，每種人格類型都會以個體所認同的方式，在最大限度下進行模仿，試圖取代真正的本性特質。

　　矛盾的是，如果某人的人格類型是情感三元組，這並不代表他們的情感比別人豐富；同樣的，如果某人的人格類型是思維三元組，也不代表他們比別人聰明。事實上，「自我」正是圍繞著有問題的元素（本能、情感或思維）而形成，因此**也是心理上最難自由運作的一部分。**

三元組的主要問題	
本能三元組	類型八、類型九及類型一都是對現實保持抗拒（緊繃身體為自己創造界線），通常會出現侵略與壓抑的行為。在自我防禦的面具下，隱藏著極大的憤怒感。
情感三元組	類型二、類型三及類型四都非常在意自我形象（基於錯誤或假想的自我人格），把自己的故事或是假想的特質當做真實身分。在自我防禦的面具下，隱藏著極大的羞愧感。
思維三元組	類型五、類型六和類型七與焦慮有關（感受過缺乏支持和引導的感覺），以自認為可以提高安全性及安全感的行為模式為依歸。在自我防禦的面具下，隱藏著極大的恐懼感。

▍關於本能三元組

　　類型八、類型九及類型一是圍繞著本能中受到扭曲的部分而形成，而這些本能是我們生命的動力與活力來源。本能三元組關乎身體智力、基本的生活功能與求生之道。

　　在所有形式的精神工作中，身體扮演著重要角色；必須先讓意識與身體同在，才能有穩定存在的品質。原因很明顯：心智與情感可以遊走於過去與未來，但身體只能存在於此時此地、存在於當下。這也是為什麼，所有有意義的精神工作都必須從回歸身體開始，此即根本原因之一。

　　此外，身體的本能是我們必須處理的最強大能量，任何真正的改造工作勢必涉及身體，而忽略其存在肯定會帶來大麻煩。人體有一種驚人的智慧與感受，也有其語言及認識事物的方法。以澳洲土著為例，他們一直與身體的智慧保持著開放關係。有文獻記載，土著可以透過自己的身體，知道遠

→ **關注**：抗拒＆掌控環境
→ **問題**：侵略＆壓抑
→ **尋求**：自主性
→ **潛在感受**：憤怒

所有精神上的興趣，都是由動物生活所維持。
——喬治・桑塔亞那
（George Santayana）

方的某位親人受傷。這種身體知識讓他們可以直接奔向受傷的親人、提供必要協助。

然而，生活在現代社會的我們，大多都已經無法感受到這類的身體智慧。用心理學的話來說，這叫做**解離**（dissociation）；用普通話來說，這叫做**分離**（checking out）。在充滿壓力、忙碌的生活中，我們似乎只有在疼痛時才會感覺到身體的存在。例如，如果不是因為鞋子不合腳，我們通常不會注意到原來自己有腳；雖然背部很敏感，但除非是去做按摩，或是曬傷、受傷，不然我們不會感覺到背部的不適——有時甚至經歷了上述情況也沒感覺。

身體的存在

在你閱讀本頁文字的當下，是否能感覺到自己的身體？能感覺到多少？身體狀態如何？感覺有多深？如何能幫助你加深體會？

當我們真正進駐到本能中心，徹底占據自己的身體時，我們會有深切的滿足感、穩定性，以及自主性或獨立感；而當我們失去與本性的連結時，人格便會試圖以假自主性來「填補」。

人格為了提出假自主性，會創造一種心理學上所謂的**自我界線**（ego boundaries）。有了自我界線，我們就可以說：「這個是我，那個不是我。那裡那個不是我，但是這種感覺（思想、情感）就是我。」我們通常會認為，身體皮膚即是界線、身體就是界線，但事實並不完全如此。

我們通常會有習慣性的緊張，但這不代表全身的真實感受。或許你會注發現，我們對身體的某些部位平常幾乎是沒感覺，那些部位像是空白或空洞不存在的。事實是，我們經

常把重點擺在自我感受，但這與身體真實的狀態、姿勢或是當下行為幾乎沒關係。內在緊繃造成對自我的無意識感，正是人格形成的基礎，是為第一層。

儘管所有人格類型都設有自我界線，類型八、類型九及類型一的人卻有特殊原因——**他們嘗試以個人意志來影響世界，但自己卻不受影響**。他們試圖影響、再造、控制、阻止周遭環境，又不讓自己的自我感知受其影響。換句話說，這三種類型的人會以不同的方式抵抗現實影響。他們會在自認為的自我與非自我之間築起一道「牆」，藉此創造整體感與自主感，而這堵牆的形式會因人格類型及因人而異。

自我界線分為兩類。第一種界線是指向**外界**，通常會與身體相呼應，但也並非總是如此。例如剪指甲、剪頭髮或拔牙之後，我們就不再把剪下或拔掉的身體組織視為是我們身體的一部分。反過來說，我們在潛意識中也會將特定的人物視為我們的一部分，包括我們的家、我們的配偶或孩子——儘管他們並非我們身體的一部分。

第二種界線是指向**內在**。舉例來說，我們會說「作了一個夢」，但我們不會認為自己就是那個夢。我們的某些思緒或感受會與身分有所區隔，而我們肯定也會認同他人的思緒或感受。當然，不同的人會對不同思緒或感受有著不同程度的認同。有人可能會認為憤怒是自我的一部分，也有人會將憤怒視為絕緣體。然而，在所有的情況下，要記住這些分類方式都沒有標準可言，完全是心理慣性所導致的結果。

類型八的自我界線主要是針對外界，對抗環境，而其注意力的焦點也是向外的；結果就是將類型八的活力向外擴張、注入外在世界之中。類型八的人會不斷散發能量，沒有任何事物能接近、傷害他們。他們生活的方式彷彿在說：「在我的世界裡，沒有任何事物能占上風，沒有人能突破我的防線

當你在描述、解釋或只是在心裡感受著「自我」時，無論你知不知道，實際上你所做的就是在你的經驗中畫出一條心理界限，在這條線裡面的一切事物，就是你覺得的「自我」，而界線以外的事物即為「非自我」。換句話說，你的自我認同完全取決於心中的那條線。
——肯恩·威爾柏
（Ken Wilber）

本能三元組中的
自我界線方向

類型八：
能量指向外界，對抗環境

類型八
的自我

類型一：
能量指向內在，對抗內在

類型一
的自我

類型九：
能量同時指向外界與內在
的「威脅」

類型九
的自我

傷害我。我要時時處於防備狀態。」如果類型八在童年時期受傷越重，自我界線也會越粗，他人想要突破也越難。

　　類型一對外界也設有自我界線，但他們更在意內在界線。每個人都有不相信或不認同自己的一面，這會讓我們感到焦慮，並且覺得需要加以防範。類型一會花費大量精力試圖阻止某些無意識的衝動、努力不讓它進入意識當中。類型一的人彷彿在對自己說：「我不想要那種感覺！我不想要那種反應或那種衝動！」他們藉由創造身體緊繃來維持內在的界線，試圖使其內在本性不受限制。

　　類型九是本能三元組的中心類型（位於等邊三角形上），**對內對外都試圖設下自我界線**。類型九的人不希望有某些情感或狀態來打亂其內在領域的平衡性。他們會像類型一的人築起一堵心牆，壓抑住強烈的本能與情緒；同時也會像類型八的人一樣，對外界設下強大的自我界線，讓自己不受傷害。他們往往會出現消極性的攻擊行為，對於威脅到個人平靜的事情視而不見。無怪乎類型九的人會說自己很累，因為他們耗費了巨大的精力在維持這兩條界線，自然也就難以全心投入生活、活在當下。

　　這三種類型，無論是哪一種，都有侵略性的問題。（九種人格類型各自有不同的侵略方式，但侵略能量是本能型自我結構的主要關鍵。）這種侵略有方向性，有時是對自己，有時是對他人。在心理學或精神工作方面，這種侵略能量往往來自強烈的憤怒感，是在需要壓抑自我（控制並限制自我活力）時，本能的憤怒反應。**類型八傾向表現憤怒，類型九傾向否認憤怒，類型一傾向壓抑憤怒。**

　　我們可以透過小時候的經驗，更加清楚認識憤怒的功能。無論是在有意識或無意識的情況下，所有人小時候應該都曾經覺得，自己沒有充分發展的空間。開始探索世界之後，會

發現我們藏在大人外表下的心，壓抑著一股強烈的怒氣，而
此強大的怒氣是來自於對完整本性的侮辱。（從正面來看，
憤怒也是一種告訴他人「離我遠一點，我要有自己的空間！
我想要做完整、獨立的自己」的方法。）問題在於，如果我
們從小就把這類事情放在心上，那麼即便沒有威脅，依舊會
一直覺得需要保護自己的「個人空間」。一旦問題解決了，
導致憤怒的能量與壓抑憤怒的能量都能得到釋放，重新導向
其他更有意義的目標，也包括自身的改造工作。

▌關於情感三元組

　　由本能三元組可知，事實上我們鮮少真正占有身體，以
自己真正的活力存在於當下。同樣的，我們也很少真正充滿
在自己的內心。當我們身體力行時，通常會有排山倒海的感
覺隨之而來，因此我們會用各種反應來代替真實的情感力量，
此即情感三元組（類型二、類型三及類型四）的核心困境。

　　在最深的層次上，本心就是認同的來源。當你打開心房，
你就會知道自己是誰，而「你是誰」無關他人怎麼看你，也
無關你的過去。你有自己的特質、有自己的味道，這是專屬
於你的特質。唯有透過本心，我們才能看到、欣賞自己的真
實本質。

　　當我們與本心接觸時，會感到被愛與受到重視。此外，
正如偉大的精神傳統所教，本心會揭露出我們就是愛和價值
的體現。我們共享神性的本質不僅代表受到上帝所愛，也說
明愛就存在於我們身上，愛是透過我們來到這個世界。然而，
當心房緊閉、本心受阻時，我們不僅會因此失去與真實身分
的連結，也會感到不受重視或不被愛。這種損失令人難以忍
受，此時人格便會介入，發展出替代性的身分，通常會藉由

→ **關注**：喜愛虛假的自
　　我＆自我形象
→ **問題**：身分＆敵意
→ **尋求**：關注
→ **潛在感受**：羞愧感

尋求他人的關注或肯定,為自己提供價值感。

<table>
<tr><td>情感中心</td></tr>
</table>

現在,當你在閱讀此頁時,請將注意力集中在你的內心。輕鬆的做幾次深呼吸,確實感受空氣進入胸腔裡。在這部分你有什麼感受?讓自己放鬆、深呼吸,聽聽內心的感覺。是尖銳?柔軟?麻木?疼痛?你當下的體驗真實感覺是什麼?如果這種感覺有顏色、有形狀或是有味道,你會如何形容?這種練習對你的自我感知有何影響?

我們要做的就是放下把不真實的事物視為真實的作法。所有的宗教教法純粹就是要幫我們做到這一點。當我們不再把不真實視為真實,則留下的就是真相,而我們就是真相。
——拉瑪那‧馬哈希
(Ramana Maharshi)

因此,情感三元組的三種類型主要是關注自我形象的發展。藉由塑造並認同錯誤的身分,彌補內心與本性缺乏深度連結的不足,接著並向他人(與自己)展示該形象,希望能藉此獲得關愛、注意、贊同與價值感。

在心理學上,類型二、類型三及類型四都是屬於關注「自戀性創傷」的類型,即在意童年時自己沒有獲得應有的重視。每個人在童年時期或多或少都有自戀性的創傷,因此長大之後就難以真心待人,總會擔心當一切都說出口、事情都辦好後,我們就變得空虛、毫無價值。所導致的悲慘結果就是,無論屬於哪種人格類型,我們幾乎從未真正認識彼此,或讓他人有機會認識我們。我們用某種形象來代替自己,彷彿是在對全世界說:「這就是我,不是嗎?你喜歡這樣的我,不是嗎?」他人或許會認可我們(形象),但只要我們內心認同的是人格,某種更深層的感覺就永遠無法獲得肯定。

情感三元組的類型呈現了該組脫困的三種方法:取悅他人,讓別人喜歡你(類型二);達成某事,在某方面表現傑出,讓他人欣賞、肯定你(類型三);打造一套關於自己的故事,為個人的人格特質貼上重要標籤(類型四)。

情感三元組的兩大問題分別涉及身分問題(「我是誰」)

與敵意問題（「我討厭你不照我想要的方式來愛我！」）因
為類型二、類型三及類型四的人下意識中清楚自己的身分並
不代表真正的自己，因此當人格身分出現問題時，他們便會
產生敵意，一來是想藉此打消人們的疑慮或對貶低其身分的
可能性，二來是要保護自己免受更深的羞愧感所影響。

　　類型二是在他人眼中尋求價值，希望大家需要他；他們
試圖藉由提供他人所需的能量與關注，藉此獲得對自己的有
利反應。為了建立自尊，類型二的人會主動示好、提供幫助
及釋出善意，希望能獲得正面回應。他們的情感焦點是外向、
落在他人身上的。但最終，他們往往無法聽見內心真實的聲
音。他們也經常覺得自己不被欣賞，而且還得盡可能隱藏由
此而生的敵意。

　　類型四正好與上述相反：他們的能量與關注都是內向的，
希望從過去的情感、幻想和故事中，維持自我形象。他們的
人格身分是以「差異性」為中心，做跟別人不同的選擇，最
終就是感生疏離感。類型四的人通常會選擇創造、維持各種
情緒，而非順從內心真實的感覺。類型四的日子不太健康，
他們將自己視為過去的犧牲品與囚徒，認為所有的悲劇與傷
害都已然降臨，人生再無其他的可能性。這也是他們吸引別
人注意和同情的方式，藉此獲得某種程度上的認可。

　　類型三是情感三元組的中心類型（位於等邊三角形上），
其注意力與能量同時導向內在與外在。與類型二一樣，類型
三的人需要他人的正面反饋及肯定。他們主要透過成就來尋
求價值，發展出一套有價值之人應有的標準，然後試圖把自
己變成那種人。但類型三也會進行大量的「自我對話」，試
圖像類型四一樣，創造並維持一種具有一致性的內在形象。
由於他們「相信自己編出的故事」更勝於真相，這是非常危
險的。

**情感三元組中
對自我形象的關注**

類型二：對外在他人呈現
的自我形象

類型四：對內在本身呈現
的自我形象

類型三：同時對內和對外
呈現的自我形象

儘管這些人格類型呈現出不同的形象，但他們打從根本
感到自己毫無價值，而他們的人格就試圖在自己和他人面前
隱藏這種感覺。類型二會想：「我知道我有價值，因為其他
人喜歡我、重視我。我為別人付出，他們感謝我。」他們會
透過這類的說法來獲取價值感。類型二扮演**拯救者**的角色，
而在天秤另一端的類型四則扮演**被拯救者**的角色，類型四會
告訴自己：「我知道我有價值，因為我是獨一無二，跟所有
人不一樣。我很特別，因為別人會不怕麻煩來幫助我，有些
人關心我的痛苦，所以我肯定有價值。」類型三則是模範生，
不需要他人拯救，就好像說：「我知道我有價值，因為我做
事井然有序，不會犯錯。我的價值來自於我的成就。」儘管
他們都有各自「建立自尊」的方法，但同樣都缺乏適當的愛
自己。

如果本能三元組的類型是要管理憤怒，那麼情感三元組
中的類型二、類型三及類型四就是要處理羞愧感。若真實的
本性在童年時期無法顯現，我們就會覺得哪裡出錯，導致出
現羞愧感。情感三元組希望透過個人的自我形象而獲得價值
感，擺脫羞愧感。類型二變得超級友善，試圖照顧、幫助他
人，讓自己不會感到羞愧；類型三則選擇表現完美、達成卓
越成就，藉此抵抗羞愧感；類型四則表現出戲劇化的失落與
傷害，成為他人眼中的受害者，從而避免更深的羞愧感。

▌關於思維三元組

→ **關注**：策略＆信念
→ **問題**：不安＆焦慮
→ **尋求**：安全感
→ **潛在感受**：恐懼

如果本能三元組是要維持**自我感**，而情感三元組是要維
持**個人身分**，那麼思維三元組就是要**尋找內心引導與支持的
感覺**。主導類型五、類型六及類型七的感覺是焦慮與不安。
換句話說，本能三元組是抗拒當下的各方面；情感三元組是

以過去為導向，因為他們的自我形象都是建立在過去的記憶與經驗詮釋；思維三元組則是把重點擺在未來，就好像在問：「我之後會發生什麼事情？我要如何存活下去？我該如何準備才能避免壞事發生？我要如何前進？要如何應對？」

思維三元組與我們真實的本性失去連結，某些精神傳統將真實的本性稱之為**靜心**（quiet mind）。靜心是內在指引的來源，讓我們有能力去感受究竟何為真實。它讓我們可以接收能引導行為的內在知識，但正如同我們鮮少能完全占據自己的身體或心靈，我們也很少能夠接近這顆寧靜且無邊際的心。相反的，大多數人的心都是一個話匣子，這也正是為什麼許多人會花上數年時間住在寺廟或修道院中，試圖安撫靜不下來的心。在人格上，心就是不安靜，也不是自然的就會「知道」；人格會不停尋找策略或公式，以自己的方法讓我們在世界上發揮作用。

思維中心

現在，請讓自己放鬆，關注此刻的感受和印象，真切去感受當下活躍在身體裡的東西。不要想像，讓自己有什麼就感受什麼。隨著沉靜的感覺加深，你會開始注意到自己的心漸漸不再那麼「吵」。這個過程再持續幾分鐘，保持觀察自己當下的感受和印象，看看這對思維產生什麼影響。隨著心平靜下來，你的感知是變得更清晰還是更模糊呢？你的心是變得更敏銳還是更遲鈍呢？

類型五、類型六及類型七很難把心靜下來，因為靜心能讓我們打從根本感覺得到大量支持；內在知識及引導是由靜心而生，讓我們在生活中有自信採取行動。當這些特質受阻，恐懼便油然而生，而對恐懼的反應正好可以區別思維三元組三種類型之間的差異。

我們必須願意放下計畫好的生活，如此一來才能擁有在前方等待我們的人生。
——約瑟夫·坎伯（Joseph Cambell）

思維三元組的「逃離」方向

類型五：害怕外面世界，選擇躲向內心

類型七：害怕內心世界，選擇逃向外界

類型六：躲向內心，逃避外界威脅；逃向外界，躲避內在恐懼

類型五的反應是從生活中退縮，減少個人需求。他們認為自己非常脆弱且勢單力薄，難以在世界上生存；唯一的安全之處便是自己的內心世界，因此他們會逐步累積（自己認為）有助於生存的資源，等待一切就緒後才重返世界。類型五的人覺得自己在實際的日常生活需求中，沒有可以「端上檯面」的東西，故而選擇退縮，直到擁有某種技能，獲得足夠的安全感後，他們才會從藏身之處走出來。

相較之下，類型七懂得掌控生活，看似無所畏懼。乍看之下會覺得把類型七放在隸屬恐懼的思維三元組中有些奇怪，畢竟這類型的人相當外向、勇於冒險。儘管類型七的外在表現給人如此的感覺，實際上他們心中還是充滿恐懼，但不是害怕外面世界，而是內心世界——害怕陷入情感的痛苦、悲傷，還有焦慮感。因此他們期待活動，把活動當成逃避的方法。類型七會在下意識中努力填滿自己的內心世界，如此一來，心中潛在的焦慮與傷痛就不會浮現。

類型六是思維三元組的中心類型（位於等邊三角形上），其注意力與能量同時導向內部與外部。類型六的內心感到焦慮，因此會像類型七的人將不安化為外部行動、期待未來。儘管如此，他們還是擔心自己會犯錯、受罰，或是被加諸在身上的要求所壓垮，因此會像類型五的人一樣，選擇「逃回內心世界」。他們再度因為自己的情感而害怕，這種情況不斷循環，再加上焦慮感，導致他們的注意力就像乒乓球般來回彈跳。

思維三元組的類型傾向心理學家口中在自我發展時期的「分離階段」（separation phase），在此期間（約莫兩歲到四歲），幼兒開始心想：「我要如何脫離媽咪的保護？什麼是安全的？什麼是危險的？」在理想情況下，父親就會變成支持及引導的來源，幫助孩子發展技能與獨立性。

人格與本性：特質比較	
人格（沉睡）	本性（覺醒）
思維中心	
內心嘮叨 找出方法 策略、懷疑 焦慮和恐懼 期待 （未來導向）	靜心 內心引導 了解、清晰 支持及穩定 對當下敞開心房 （此時此刻）
情感中心	
自我形象 故事 情緒 堅持心情 為了影響他人而改變 （過去導向）	可靠性 真實性 同情心 原諒與流動 內在導向 （此時此刻）
本能中心	
界線 緊繃、麻木 防禦 解體 惱怒 （抗拒當下）	與生活相連 放鬆、開放、感受 內在力量 停在當下 接受 （此時此刻）

　　思維三元組的三種類型代表著孩子嘗試度過分離階段及克服依賴性的三種方法。**類型六**會尋求像父親的人物，某個強壯、值得信任且具有權威性的人。因此，類型六會藉由尋求他人指引來彌補缺乏內心引導的感覺。他們尋求支持讓自己變得獨立，雖然有些諷刺，但他們是藉由依賴某人或某機制來讓自己獲得獨立感。**類型五**深信所謂的支持是不存在或不可靠的，因此他們會藉由自己想到出路來彌補缺乏內心引

導的感覺。但是因為「靠自己」，他們相信如果要脫離、獲得獨立，就一定要減少個人需求以及對他人的依賴。**類型七**則試圖尋找母親保護的替代方案來實現分離的目的，他們追求認為能讓自己更滿足、更安全的東西。在此同時，他們藉由嘗試各種事物來因應缺乏內心引導的感覺，彷彿透過排除的過程，他們就能發現自己祕密尋找的保護之源。

社會風格——
欲望滿足機制

欲望滿足機制（The Hornevian Groups）意指每一種人格類型的社會風格，以及如何滿足其主要需求（正如其三元組中心所指出）。知道我們是如何在下意識中追求心中欲望的方法，有助於我們覺醒、擺脫強烈的認同感。

欲望滿足機制

除了上述的三組三元組，還有另一個重要的三乘三類型分組，即：欲望滿足機制。此機制是為紀念精神病學家卡倫·荷妮（Karen Horney）而命名，她確認了人們試圖解決內心衝突的三種根本方法，佛洛伊德的論點也是由此而生。我們可以說，欲望滿足機制意指每種人格類型的「社會風格」：有張揚型、退縮型和服從型（對「超我」而言，這就是「順從」）三種風格。而九種人格類型都包含在此三種主要風格之中。

張揚型（荷妮所謂的「與人群對立」）包括類型三、類型七及類型八。張揚型是屬於自我導向與自我擴張的類型。他們回應壓力或困難的方式就是建立、強化或膨脹自我。在面對困難時會選擇擴展自我，而非退縮、逃避或尋求他人保護。這三種類型都有情緒處理的問題。

欲望滿足機制中的每種類型都有從本質上覺得自己與他人相關的自我感覺，承認並理解這種「自我感覺」的非真實性極為重要，這能幫助我們看清某些自我的主要特徵。為了讓大家更容易理解，我舉個簡單的例子：如果你走進一間屋

裡，裡面滿滿是人，當下你心裡會出現某種自我感受。如果你屬於張揚型，第一反應會認為：「我是核心人物，我很重要。我現在在這裡，一定有事情要發生。」張揚型的人很自然會覺得現場所有事情都與自己有關。

類型七與類型八很自然會有上述反應。類型七進入屋內後，潛意識會想：「各位，我來了！一切都準備好了！」而類型八的潛意識認為：「好吧，我來了。來跟我打交道吧。」這些類型都會在心裡「接管」現場，期待他人對自己的存在有所反應。然而，類型三的人不會輕易或自然把自己當成中心；正如我們所見，他們是藉由偷偷依賴他人的關注才覺得自己有價值。因此類型三的人會以微妙的方式獲取他人的正面反應，進而覺得自己是現場中心，他們彷彿在說：「看看我辦到了什麼。看著我、肯定我的價值吧。」

服從型（荷妮所謂的「接近人群」）包括類型一、類型二及類型六，此三類型的共同需求是為他人服務。他們是支持者、戰士、公僕及奉獻的工作者。此三者在面對困難與壓力時，會尋求超我的協助，找出對的事情，他們會問：「我要如何才能滿足他人對我的期待？要如何做一個承擔責任的人？」

請注意，服從型並不代表對他人事事順從，他們是順從其超我的要求。此三類型的人會遵守從小所學且已經內化的規則、原理和指令。最終，他們往往會成為權威式的人物，尤其是類型六和類型一。（類型二有時也會是權威式人物，但更多時候是想當個「好父母」或他人信賴的建議提供者。）

服從型的人進入屋內後，他們的自我感覺會在很微妙的情況下，自動覺得「我比別人好」。類型一進入屋內後，潛意識心想：「這裡太混亂了。如果是我來做，事情就不會一團亂。」

　　類型二進入屋內後，潛意識心想：「這些可憐蟲！真希望我有時間好好關心他們。他們看起來糟透了，需要我的幫助！」類型二在接觸他人時，是站在給予他人關心和服務的「關愛者」立場，也就自然地將自己擺在比其他人更「優越」的位置。

　　相較於類型一或類型二，儘管類型六的人也會因為自己的地位或社會身分而覺得自己比別人「更好」，但他們也會因為自卑感而煩惱。（「我是民主黨人，我們比共和黨人更棒！」「我住在紐約，這裡比洛杉磯好多了。」「沒有比我們舊金山四十九人更好的球隊了！」）

　　退縮型（荷妮所謂的「逃離人群」）包括類型四、類型五及類型九，在他們眼中，有意識的自我和自身無意識、未經處理的情感、思想與衝動等等都沒有太大區別。他們總是以白日夢和幻想的途徑，將自己的無意識狀態塞入意識當中。

　　此三類型的人在應對壓力時，會選擇脫離與世界的聯繫，逃入想像的「內部空間」。類型九會縮回到安全、自在的「內部密室」，類型四會縮回到一個浪漫、理想的「虛幻自我」之中，而類型五會縮回到一個複雜、理智的「內心組合玩具世界」。簡單來說，他們可以非常輕易地「縮回」想像世界。這些類型的人，主要問題是難以維持其外在狀態，也很難走出想像世界、採取行動。

　　退縮型的人進入屋內後，他們的自我感會自動變成「我不是這裡的一分子，我跟這些人不同。我不適合這裡。」類型四與類型五最能明顯察覺到距離感。他們選擇以保持距離、特立獨行的方法來強化自我感。在一間滿滿是人的屋裡，類型四的典型反應是冷淡、離群，並且會有某種「神祕」表現。另一方面，如果他們情緒不對的話，會選擇直接離開，主要是因為他們的社會責任感相當薄弱（「這對我來說太沉重了。

我現在就是不想面對……」）。

　　類型五可能不介意留下，但他們會更想待在家裡看書或做自己感興趣的事。如果他們留下，可能就會選擇坐在一旁觀察他人。如果有發揮的空間，他們就比較願意與人互動，他們的存在就有如記錄活動過程的攝影機。

　　類型九也許會享受聚會，甚至參與其中，但依然會保持距離。他們可能在點頭微笑的同時，心想著去釣魚；又或者他們可能全程「掉鏈」，只當某人的「應聲蟲」，讓其他人去做社交工作，而自己保持親切的沉默，或是假裝心情很好，但其實毫無感覺。

　　本章先前提過，三元組反映的是每種類型在童年時的主要需求。本能三元組最需要**自主**：他們尋求獨立、堅持個人意志及主導生活的能力。情感三元組最需要得到**關注**：讓父母看到他們的存在、獲得父母的肯定。最後，思維三元組最需要安全：知道所處環境是安全、穩定的。

　　欲望滿足機制說明了每種類型為滿足需求而會採用的策略。張揚型（類型三、七、八）會堅持或**要求**得到想要的，會主動而直接去追求自己認為是必須的事物。服從型（類型一、二、六）會藉由安撫超我來**獲取**自己想要的事物，會盡力當個「好孩子」，讓需求獲得滿足。退縮型（類型四、五、九）會以**退縮**的方式來獲得想要的事物，在滿足需求時會顯得離群索居。

　　如果我們看看九型圖，這三組類型的擺放方式正好可以體現出每種人格類型的核心動機與風格。從本能三元組開始，我們看到：類型八需要自主，類型九藉由退縮獲得自主（擁有自己的空間），而類型一則試圖獲得自主（覺得自己如果夠完美，別人就不會妨礙他們）。

　　在情感三元組中，我們看到：服從型的類型二試圖獲取

類型八、九、一
需要自主

欲望滿足機制
暨三元組動機目標

類型五、六、七
需要安全　　類型二、三、四
需要關注

關注（透過為他人服務或體貼他人），張揚型的類型三需要得到關注（盡一切可能贏得認同與關注），而退縮型的類型四則以退為進，透過退縮獲取關注（希望別人能過來發現自己）。

在思維三元組中，類型五透過退縮獲取安全（「如果我跟別人保持距離，會比較安全」），類型六試圖獲取安全（「如果我照別人期待行事，會比較安全」），類型七則會要求安全（「只要能獲得安全，什麼我都會做」）。

應對風格——情緒管理機制

情緒管理機制（Harmonic Groups）在改造工作中非常有用，因為他們指出每種人格類型在無法獲得想要的事物時的應對方式（正如他們所對應的三元組一樣）。因此，此機制揭露了人格在對抗失落與失望的根本方法。

我們也發現了第三種九型人格類型的分類方法，名為情緒管理機制。對某種主要類型（位於等邊三角形的類型三、六、九）來說，會有另外兩種看起來跟其本身非常相似的次要類型，也因為這些類型的相似性，導致人們不斷誤認自己的所屬類型。舉例來說，類型九經常誤認自己為類型二或類型七；類型三誤認自己為類型一或類型五；而類型六則誤認自己為類型四或類型八。

儘管在九型符號中並無線條連接這些類型，但共同的主體與問題也能把這些類型湊在一起。情緒管理機制告訴我們，如果各類型無法滿足其主要需求時，會採取何種應對態度。換句話說，**情緒管理機制讓我們知道，自己是如何應對衝突與困難；當我們需求無法滿足時，我們會做何回應。**

正面期待組（Positive Outlook Group）是由類型九、類型二及類型七所構成，此三種類型在因應衝突與困難時，會盡可

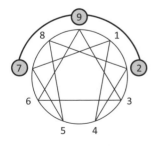

9-2-7 情緒管理機制：
正面期待組

能採取「正面態度」，以正面方式來重新看待失望之事。他們想要強調生活中令人振奮的一面，並且看待事情的光明面。這些類型都是鼓舞士氣之人，喜歡幫助別人獲得良好的感覺，因為他們自己也想保持良好的感覺（「我沒有問題」）。

正面期待組不容易面對自己的陰暗面，他們不想讓別人覺得自己很痛苦或有負面的感覺。此外，取決於人格類型，他們各自有在自己與他人需求之間取得平衡的問題。類型二重視他人需求，類型七重視自身需求，而類型九試圖兩者兼顧，然而最後往往是讓自己陷入兩面皆無法滿足的結果。

正面期待組的重要課題		
	強調	**避免之事**	**需求問題**
類型二	強調正面的自我形象與個人善意。「我是一個體貼、有愛的人。」	避免看到個人需求、失望與憤怒。	過度重視他人需求而忽略自己的需要。
類型七	強調正面的體驗、享樂、活動、刺激和歡樂。	避免看到痛苦與空虛；不想變成自己與他人的痛苦來源。	過度重視個人需求，很容易因為他人需求而煩累。
類型九	強調他人與環境的正面特質，將世界理想化。	避免看到所愛之人、周遭環境以及自己沒有發展的空間。	被個人及他人需求所輾壓，不想面對自己與他人的需求。

　　能力組（Competency Group）是由類型三、類型一及類型五所構成，此三種類型在因應困難時，會選擇放下個人情感，努力以客觀、有效且具競爭力的方法來應對。他們會暫時放下個人主觀需求與情感，試圖以**符合邏輯**的方法處理事情，並且希望他人也一樣。

　　此三種類型在受限制的結構或體制中工作都會發生問題。（「我在這種體制下要如何發揮作用？我如何在對我有利的

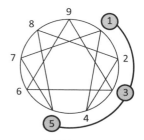

1-3-5 情緒管理機制：
能力組

情況下加以利用?這會妨礙我做想做的事情嗎?」)此類型
對體制的態度是由家庭關係衍生而來,他們不確定自己應該
為了體制的價值付出多少,又該如何保護自己。類型一會順
從內部規則,循規蹈矩的程度讓人無法懷疑他們的忠誠性。
相較之下,類型五會跳脫規則行事,而類型三則兼顧內外規
則,既要從規則與結構中獲利,又不願受其限制。

能力組的重要課題			
	強調	管理情感的方式	與體制的關係
類型一	保持正確性、條理分明、理性。專注於標準、提升自我與認識規則。	壓抑及否定情感。將情感化為行動,完美完成任務。情感被視為是身體中僵化的存在。	類型一想要依照體制行事,試圖扮演「好孩子」的角色,討厭不遵守規則的人。
類型三	保持效率、能力與傑出表現。專注於目標、務實,知道如何表現自我。	壓抑情感,將注意力擺在任務之上,保持活躍。成就會抵消痛苦的感覺。從他人身上獲取情感線索。	類型三想要依照體制行事,但又想不按牌理出牌;想在規則中尋找捷徑。
類型五	保持專業性,成為深度資訊的來源。專注於過程、客觀事實,保持頭腦清楚及獨立思考。	以分離、抽象的方式管理情感,保持全神貫注與清醒,把自己的情感當成是發生在別人身上的事情處理。	類型五拒絕依照體制行事,有自己的一套方法。對規則與流程毫無耐心。

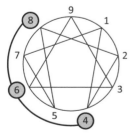

4-6-8 情緒管理機制:反應組

　　反應組(Reactive Group)是由類型六、類型四及類型八
所構成,此三種類型會以情緒化的方式面對衝突與難關,並
且很難掌握對他人的信任度:「我希望你知道我對這件事情
的感受。」當問題發生時,此三種類型之人會尋求他人的情
緒反應,希望他人的反應能投射出自己的心情。在面對衝突
時,反應組希望他人能符合自己的情緒狀態。「這件事情真

的讓我很困擾！對你應該也是一樣！」此組類型的人喜惡分明非常強烈。一旦出現問題，他人必定有所耳聞。在面對衝突時，他們必須優先處理個人情感，一旦情感受到控制，事情便能迅速且永久平息；但如果情感找不到宣洩出口，他們心中就會充滿怨忿與恨意。

反應組的重要課題		
	尋求	**害怕**	**應對方式**
類型四	尋求拯救者，一個可以理解、支持他們生活與夢想的人。想要被看見。	害怕遺棄感，沒人關心；害怕沒有足夠的支持米幫助自己做自己。	藉由限制、表現出「難以接近」及擁有支持者的方式讓他人對自己保持興趣。
類型六	尋求獨立與支持，想要一個可以依靠的人，但也想當個「強者」。	害怕被遺棄，得不到支持；但也怕太過依賴他人。	在全心付出、表現出讓他人信賴的同時，也保持個體的獨立性。想與他人打成一片，但又有防禦心。
類型八	尋求獨立與自立，希望將對他人的需求度降到最低，做自己的主人。	害怕受他人控制或主導，因而擔心與他人太過親密，憂心因為信任或關心他人太過而受到傷害。	帶有保護色，不讓他人太過靠近。表現強悍，避免受到傷害與對他人的依賴需求。

反應組在自身獨立自決與獲得他人照顧支持之間很難取得平衡，他們既信任卻又不相信他人：接受他人的支持與感情是反應組的深層欲望，但卻又害怕因此失去對自己人生的控制權。他們害怕遭受背叛，需要他人回應方能知道別人對自己的態度。他們或是尋求建議與方向（「照顧」），或是選擇反抗（叛逆）。在潛意識中，類型四想要受到照顧、類型八想要扮演父母與提供者的角色，而類型六則兼顧兩者，

有時想當父母，有時想受他人照顧。

情緒管理機制彙整
正面期待組：拒絕承認個人問題 類型九：「什麼問題？我不認為有問題。」 類型二：「你有問題，我會幫**你**。」 類型七：「可能會有麻煩，但**我**沒問題。」
能力組：放下情緒，以邏輯處理問題 類型三：「這件事情可以有效解決——我們只要動手去做就行。」 類型一：「我相信我們可以像個理性、成熟的大人來解決問題。」 類型五：「這裡還隱藏一些問題：讓我想想。」
反應組：反應強烈，需要他人回應 類型六：「我覺得壓力很大，我需要發洩一下。」 類型四：「我覺得受到傷害，我需要說出來。」 類型八：「我對此很生氣，你早晚也會聽說此事的。」

第 6 章
驅動機制與變項

　　九型人格學說並不模糊，它能透過九種基本類型的一系列差異比較，幫助我們更準確地認識自己。每種類型都有兩種**側翼**（Wings）和三種**本能變項**（Instinctual Variants），這兩種「鏡頭」能幫助我們以準確且具體的方法看清自己的人格特質。九型人格學說亦能指引發展方向，在人格類型學中也算獨一無二。它準確的描繪出一個人的成長模式，以及讓人陷入麻煩的情況。透過**發展層級**以及**整合與解離**的方向，我們可以認識人格的驅動機制 —— 這是一種會隨時間而改變的方法。

　　側翼有助於將九型人格中的各種基本人格類型個人化。每個側翼都是基本類型的附屬子型，認識側翼有助於減少在精神道路上所會面臨的問題。

側翼

　　九型人格類型是以圓圈呈現，因此無論基本人格類型為何，兩邊一定都會有另一種不同的類型，左右兩邊的類型即為**側翼**，側翼會在基本人格類型的基礎之上進行改變或融合，強化其中的特定傾向。舉例來說，如果你的基本人格類型是類型九，側翼就可能是類型八或類型一。沒有人是「純粹」的類型，在某些情況下，類型九甚至會有雙側翼。不過大部分的人，側翼都是偏向其中一邊。

　　若將主導的側翼列入考量，則每種人格類型都會有獨特

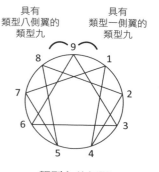

具有類型八側翼的類型九　　具有類型一側翼的類型九

類型九的側翼

類型九側八：仲裁者　　類型九側一：夢想家

類型八側九：承擔者　8　9　1　類型九側一：夢想家
類型八側七：獨立者　　　　　　類型一側九：理想主義者

類型七側八：現實主義者　7　　2　類型二側一：公僕
類型七側六：表演者　　　　　　類型二側三：主人

類型六側七：好夥伴　6　　3　類型三側二：有魅力者
類型六側五：防禦者　　　　　　類型三側四：專業人士

類型五側六：問題解決者　5　4　類型四側三：貴族
類型五側四：反傳統者　　　　　類型四側五：放浪詩人

里索―赫德森 18 種側翼附屬子型及其名稱

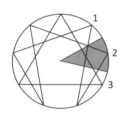

類型二的範圍

的附屬子型，在日常生活中也隨處可見。以現實生活中的類型七為例，它有類型八側翼及類型六側翼，而這所帶來的兩種附屬子型在風格上就大不相同。每種基本類型分別有兩種附屬子型，九種基本類型與側翼的結合就會產生十八種不同的附屬子型。

如果將九型人格圖的圓周視為一個彩色輪子，並以顏色做區隔，或許有助於看清個體間的差異性。

因此我們可將各類型視為是由相關色調所構成的家庭。舉個例子，我們可以說類型六的某人是「藍色家族」，雖然藍色之間也會有所差異（藍綠色、海軍藍、天空藍、靛藍、灰藍等等），但我們肯定知道藍色與紅色或橘色的差異。

如此一來，人類表現的漸進接續性猶如色譜一般，儘管有不同的人格類型，但各類之間並無清楚的界限區隔，就像彩虹各種顏色之間的接續並無明顯差異。個體差異就像不同的色調、色相及飽和度一樣獨特。九型圖上的九個點僅代表「家族名稱」，是我們在討論時賦予不同人格類型的名字，方便在探索主要特徵之餘又不失細節的方式。

本能變項

本能變項指出人類的三種基本本能中，何項在童年時期遭受扭曲最嚴重，足以影響人格類型中的成見與行為模式。

　　九型圖上的每個點，除了有兩個側翼之外，還有三種**本能變項**；本能變項說明了各類型在生活中會特別關注的領域。一個人的主導本能面向代表了他們經常上演的情況。

　　正如會受九型人格影響，我們身上也有三種本能變項，只不過只有一種會發揮主導作用。如果以三層蛋糕來形容本能變項，則最具主導性的就是最上一層，次為中間，影響力最低的位於底部。此外，就算不知道他人的基本人格類型，依舊可以確認其本能變項；本能可以根據個人的特點加以定義與觀察，變相的功能可以獨立運作，不受基本人格類型影響，因此不能算是「附屬子型」。

　　本能變項是驅動人類行為的三大主要本能：**自保本能**（Self-Preservation Instinct）、**社會本能**（Social Instinct）及**性本能**（Sexual Instinct）。因此，每種人格類性都有基於三種主導本能的三種變項。舉例來說，類型六可能是自保型的類型六，可能是社會型的類型六，或是性本能型的類型六，而這些類型六所關注的事情可能會有明顯差異。

　　因此，可以說一個人是由一種基本類型、一種側翼及一種主導的本能變項所構成。例如具有類型二側翼的自保型類型一，或是類型九側翼的性本能型類型八。由於本能變項與側翼並無直接關係，如果能透過側翼的「鏡頭」或主導本能變項的「鏡頭」來看待人格基本類型，會比較容易理解。然而，若結合兩者，則每種人格類型就會出現六種變相，九種人格類型會產生五十四種主要的變項。

　　由此考量所獲得的精細度可能遠超過一般人所需，但在改造過程中，本能變項的存在非常重要，因為它在人與人的關係中扮演關鍵角色，非常值得注意。具有相同變項的人往往有相同的價值觀，更容易了解彼此；由不同變項所結合的夫妻（例如：自保型與性本能型）就比較容易發生衝突，因

為兩人的根本價值有極大差異。

▌自保型的變項

大部分的人都可以輕易辨認出此本能變項。自保型的人**一心想得到、維持身體的安全與舒適**，也可以說是對於飲食、衣物、財富、房屋與身體健康十分關注；這些是他們的優先考量，為了追求身體的安全與舒適所需，生活中其他的領域可能會受到影響。

舉例來說，我們可以透過觀察一個人在進入屋內時首先注意的事情來看出自己或他人的本能變項。自保型的人傾向注意環境的舒適度，注意當下所處的環境是否能支持他們的幸福感？對於不良照明、不舒服的椅子或是不滿意室內溫度，他們都會迅速發現並做出回應，不斷進行調整。他們可能在想，下一餐或茶歇會是何時，擔心食物夠不夠，是不是他們喜歡吃的，或者是否能滿足飲食要求。

當此本能與人格類型和諧地發揮作用時，這些人就會非常講求務實，將所有能量用於滿足基本的生活必需品，包括創造安全的環境、購物、維持家庭與工作、付帳單、獲得實用技能，如此一來才能確保生活能有序進行、不受干擾。然而，當人格類型惡化，本能也會受到扭曲，導致此類的人無法好好照顧自己，可能會出現飲食與睡眠的失序問題。他們可能會累積過多東西、過度購買、暴飲暴食，或者過度清理自己各種不必要的「包袱」。

不健康的自保型在外型上會失去控制，或者會變得對健康及飲食相關事情過分關注，也或者兩種情況都有。此外，他們在正常情況下的務實感與經濟感也會受到扭曲，導致財務與自身出現問題。如果自保型的本能完全受人格類型所壓

制，則個體會出現刻意自我毀滅的行為，出現本能反抗自我的現象。

當其他兩種本能占據個體主導地位，自保型本能便**無法充分發展**，也就不會自然的想要滿足生活基本需求，對於正常飲食或睡眠的需求自然也不會發生在這類人身上。環境因素相較之下就不太重要，他們也缺乏動力去累積財富，甚至可能無心注意。時間與資源管理會被忽視，往往對自身的事業、社交與物質生活的幸福感產生嚴重的不利影響。

▋ 社會型的變項

大部分的人都有一種社交元素，但我們常以為那是自己想要有社交行為、想要參加派對、開會、屬於某團體之類的欲望。然而，社會型的本能牽涉到某種更根本的因素。只要是人，都渴望被人喜歡、認同，希望跟他人相處時能獲得安全感。如果只有自己孤軍奮戰，便顯得相當脆弱且易受傷害，很容易成為充滿敵意環境下的犧牲品。我們沒有動物的爪子與皮毛，若不團結起來，無論是做為物種或個體，人類都很難存活下去。調整自己去適應他人，希望為他人所接受，這是人類求生的基本本能。

以社會型本能為主導之人，最關注的莫過於自己被人接受及為人所需的程度，十分用心經營自己藉由參與活動、與他人互動過程所產生的價值感，包括參與家人、團體、社區、全國，甚至是全球的活動。社會型喜歡參與感，也享受與他人有相同目的的互動感覺。

進入屋內後，社會型的人會立刻意識到權力結構，還有不同人群與團體之間微妙的「政治」關係。他們的潛意識會注意別人對自己的反應，尤其在意自己是否被他人所接受。

他們會注意到在社會結構階層中對「地位」的認知，這一點可以從許多方面看出來，例如追求關注、成功、名聲、認同、榮譽、領導力和他人欣賞，而且，藉由參與某事所獲得的安全感比個人喜好更重要。在所有本能變項中，社會型更想知道身邊所發生的一切事情，需要與他人「接觸」方能獲得安全感、存在感與活力感，其體現方式包括對辦公室政治或街坊鄰居八卦內容瞭如指掌，在全球新聞與國際外交話題也能插上一腳。可以說社會型本能是一種情境智慧：讓我們能在更大範圍裡看到自己的努力及其影響。

一般來說，社會型享受與他人互動，但諷刺的是，他們卻也避免親密感。如果一個人處在不健康狀態，本能就會選擇逆向操作，無論哪種本能都一樣。不健康的社會型會變得極端反社會、討厭他人及憎恨社會，最終導致社交能力低下，害怕且不相信他人，無法與人相處；但即便如此，他們依然無法斷絕所有的社會聯繫。簡單來說，社會型的人注重與他人的互動，渴望藉此建立個人價值、獲得成就感，以及與他人互動時的安穩關係。

當其他兩種本能占據個體主導地位，社會型本能便無法充分發展，也就不會自然產生對社會的關懷和承諾。這類的個體很難看出創造及維持社會聯繫的關鍵，經常無視他人觀點所造成的影響。他們與社區團體的連結性非常薄弱，鮮少與人往來，覺得自己不需要他人，而他人也不需要自己。因此，他們經常會與同伴、支持者及親友產生誤解。

▎性本能型的變項

許多人一開始應該都想把自己歸為此變項，或許是覺得這代表自己很性感或很享受性愛。當然，性感與否非常主觀，

三種本能變項中都有很「性感」的人。請記住，如果我們想被歸類為特定變項，**人格往往會與主導的本能產生交流與扭曲**——也就是說，性本能型的人往往會在親密關係方面一再出現問題。跟看待其他變項的方式一樣，我們得從更廣泛的角度來看待本能發揮影響的方法。

性本能類型的人會不斷尋找連結感，並且深受強烈體驗所吸引，不單是在性關係上，還包括能帶來類似觸電感的活動。在所有事情中，包括跳台滑雪、深度對話或是一部刺激的電影，性本能型都是想從當中尋求強烈的接觸感。他們是本能變項的「親密關係成癮者」。從好的一方面來看，性本能型對生活有廣泛而深入的接觸方法；從不好的方面來說，他們很難專注於自己真正的需求及應該優先考量的事情。

進入屋內後，性本能型的人會迅速把焦點擺在尋找現場最有趣的人，並深受其吸引。（相較之下，社會型注意的是誰在跟主人交談，在場誰是有權力、有聲望的人，或者是誰可能有助於自己。自保型關心的是室內溫度、點心在哪裡，還有坐在哪裡比較舒服。）性本能行會受到他們覺得有魅力的人所吸引，而這魅力無關對方是否能幫助自己或其社會地位。他們就彷彿在問：「屋裡最有活力的人在哪？誰的能量最強大？」

性本能型的人比較不會追求自己的需要或適當照顧他人，因為在潛意識中，他們一直在自身之外尋找能讓自己變得完整的人物或情境，猶如尋找插座的插頭，甚至會在找到自以為對的人之後，深陷其中而無法自拔。如果他們深受某人吸引或某事誘惑，就可能會忽略重要的義務、甚至是個人的基本需求。

若性本能型的人處於不健康的狀態，就可能發生注意力分散、精神嚴重不集中的情況，可能會出現性放縱，或對性

行為和親密關係產生恐懼、混亂的態度；當他們選擇後者，則迴避的態度也會同樣強烈。

當其他兩種本能占據個體主導地位，性本能型本能便無法充分發展，也就無法產生對親密關係或刺激感（心靈上或情感上）的自然追求。他們知道自己喜歡什麼，卻對任何事情都難有深入的刺激感或熱情。這類的個體通常很難與他人建立親密關係，甚至會逃避。他們也會陷入窠臼，如果生活中有過多不熟悉的事物，他們會感到不舒服。他們會覺得自己在社會上有與人互動，但卻又莫名的跟配偶、朋友及家人有所隔離。

發展層級

發展層級可以觀察、衡量我們對人格結構認同的程度。此外，它明顯區分出可能類型的差異，在每種類型的「水平」分類系統上增加了「垂直」面向。

很顯然，有些人屬於高度功能，他們表現開放、平衡、穩定，並且可以妥善處理壓力；但也有人經常陷入不安、容易產生反應、情緒糾結，無法有效處理壓力。此外，我們一生中都會經歷各種狀態，從自由自在、肯定人生的狀態，到痛苦、黑暗、神經質的處境。

九種人格類型儘管十分巧妙，但也只能算是一種「水平」分類。如果一套系統要能準確投射出人類的本性，完整反應出所屬類型不斷改變的狀態，就得考慮各類型的「垂直」運作與發展方式。發展層級以及整合與解離的方向便是答案之所在。

肯恩・威爾柏（Ken Wilber）是建立人類意識模組的先驅，他指出，任何一套完整的心理學系統都必須從水平與垂直兩方面來考慮。水平面向僅描述了各類型的特徵，但如果

要完善一套系統，還必須考慮到垂直面向，這就是發展層級存在的意義。

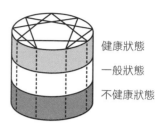

**九型人格的
水平與垂直面向**

健康狀態
一般狀態
不健康狀態

　　儘管九型人格學說現在已被廣泛使用，但這套系統是在唐發展出九型人格的垂直面向（區分出健康狀態、一般狀態和不健康狀態）才算完善。在他加入九種發展層級後，九型人格學說得以充分發展、形成一套二維模組，涵蓋了更廣泛的複雜人性，我們可以說九型人格學說的二維面向就像一塊九層蛋糕。

　　本書接下來會提出發展層級在實踐及治療上的許多應用，這套架構能清楚顯示出每種類型的運作、成長與衰退的過程，有助於預測行為模式，而即便是在最簡單的情況下，這也是一套衡量一個人的精神與情感健康狀態的尺度。

　　各類型的發展層級各有獨特之處，卻又相互關聯；發展層級有助於我們思考每種類型的人在健康、一般和不健康的狀態下，究竟身處「何處」，又會往哪個「方向」移動。對治療與自助而言，這尤其重要，因為這能判定當一個人在改造工作過程的任一時間點中，哪些事情是最主要的，也有助於了解哪種特點與動機能與人格類型相容，進而認識導致類型誤判及其他混亂的原因。舉例來說，類型八經常被歸類為「激進」，而類型二則被視為「媚惑人心的」，但其實不管是哪種類型的人，都有自己激進和妖媚的一面。發展層級能幫助我們看清類型八會如何、在何時變得激進，以及更重要的是，知道類型八為何會如此。發展層級最深刻的作用，莫過於能測量一個人對個人人格的認同度——也就是，一個人會有多保守、多封閉，又或者能多自由、多開放。

　　要概括類型特徵就不能不考慮層級因素。隨著層級下降，許多特徵就會開始反其道而行。舉例來說，健康的類型八是最大度、最有建設性的類型，他們所提供的環境能讓他人感

到繁榮和強大；但是在不健康的類型八身上就會出現相反情況：充滿憤怒，覺得全世界都與自己作對，極具破壞性，表現冷酷無情。健康與不健康的類型八看起來有天壤之別的差距，讓人以為是兩種完全不同的類型。此外，因為每個人都落在了自己所屬類型的特定層級之中，沒有哪種單一特徵會永遠固定屬於特定類型。因此，如果要以一系列的特徵來分類一個人的所屬類型，這是非常不明智的作法，因為每種類型的所有行為模式都會隨著發展層級而改變。

雖然一個人的人格類型看似天生，看似是來自遺傳及包括基因模組在內等產前因素所決定，但實際上，早期童年環境才是決定一個人的發展層級落點的主要因素。透過訪談工作坊的參加者以及從相關專業訓練來看，都證實了一個常識性的觀點：教養的品質以及其他環境因素（例如健康、教育、營養以及其他可控資源）對於孩童後續的功能層級都有重大影響。

因為，每個層級都代表著恐懼和防禦心的增加。但有一點很重要，請記住，所有的恐懼與防禦心都是從童年時期開始發展，透過自動的習慣和未經檢驗的信仰系統帶入成年後的生活之中。此外，我們早期對功能不全環境的適應程度會決定日後的防禦深度。童年環境的遺毒越深，注入在身上的恐懼也越強烈，對於日後在面對所處環境的方式也就越加有限、越加僵化。

發展層級的概念是鼓勵我們在思考各類型的發展狀態時，不要將其視為簡單的開關機制，而應是持續性的成長過程。它是一種早期示警，提醒失能行為的出現，且在此行為惡化到不可收拾的地步之前做好準備。在各類型的章節中，我們會特別指出「警鐘」、「社會角色」、「示警紅旗」與其他特徵，幫助讀者察覺在個人所屬類型中的層級提升或退化。

隨著深入認識，你會看到發展層級的概念是如何在自己與他人身上發揮作用，這是一種幫助你找到自覺的工具，其重要性僅次於九型人格學說本身。

▌層級的結構

每種類型都包含三大主要範圍：健康的、一般的、不健康的，而此三大範圍中又各自涵蓋三個發展層級。健康的狀態（第一級至第三級）代表該類型的高度功能；一般的狀態（第四級至第六級）代表該類型的「正常」行為，也正是大多數人的落點；不健康的狀態（第七級至第九級）代表該類型極度不正常的表現。

我們也可將發展層級視為對自由度及自覺意識程度的測量標準。在健康狀態中，我們越能夠擺脫人格結構以及自我習慣與機制的束縛，可以自由地活在當下、做出選擇，並且自然以自身的智慧、力量與同情心等正面特質行事。

然而，隨著層級下降，自由度就越發受限，我們會逐漸認同人格機制、完全受其驅使，導致自己與他人的痛苦。我們會越來越脫離現實，失去對所處環境的評估能力，失去防止自我強迫崩盤的能力。如果惡化到了不健康的狀態，幾乎是沒有選擇的自由了。或許在較低層級上所能擁有的唯一自由，便是選擇繼續在相同的破壞性模式中打轉或是尋求外界協助──對生活要嘛說不，要嘛說好。

頻寬

雖然一個人的基本類型不會改變，但所處的層級卻是隨時在變，一天當中可能會在某慣性行為的特定「頻寬」內上下好幾級，可能一早醒來是處於平衡、健康的狀態，但跟同

事大吵一架之後,瞬間掉了兩、三級。儘管我們的狀態可以在短時間內發生明顯改變,但不會因此變成另一個完全不同的人格類型——我們只是在所屬類型中的不同層級有不同的行為罷了。

我們可以將人格類型的九個層級看成一塊鑽有九個洞的木頭釘板,每個洞代表一個層級,而其中一個洞上有一顆木釘;木釘的所在之處代表人格的「重心」。木釘上還有一條橡皮筋,如果我們越放鬆、越平靜的時候,橡皮筋便是向上拉伸;面對壓力時,橡皮筋便往下拉伸。當所有事情在均衡的狀態下,無論重心是在何處,我們都會回到木釘所在的層級範圍。重點是要知道,真正的改造關鍵不在於橡皮筋的方向與範圍,而是木釘的位置。當重心有所轉移,一個人的存在狀態也會發生重大改變。

我們的心情或狀態時刻在變,但重心位置的改變速度卻慢很多——通常是在生活面臨重大危機或進行長期改造工作。即便重心只是往上提高一層,我們也經常會回想之前的狀態,然後懷疑自己怎麼有辦法那樣過日子。我們也會看清先前在較低層級時,行為與態度所受到的限制和補償機制,但是在認同人格的當下,是什麼也看不清了。

用示意圖來解釋會更清楚一些。人物甲的頻寬是從第二級到第五級,人物乙是從第五級到第八級。縱使甲、乙屬於相同人格類型,但兩人在動機、態度與行為,甚至是情緒的穩定度與人際關係的品質都會有顯著差異。箭頭所指之處是兩人個別的「木釘」或重心所在點。我們可以看到,人物甲的重心在第三級,人物乙的重心在第六級,這再次解釋了為何兩人在人格結構的表現上會有南轅北轍的差異。

如果想要有效提升內在自我,重點要先認清一件事:無論身處哪個層級(也就是無論重心落在何處),大家都傾向

把自己的動機看作是來自健康的範圍。這就是自我防禦機制，哪怕我們只是處在一般狀態，甚至是有病的狀態，我們還是會給自己塑造一個理想化的自我形象。例如，我們真實的行為可能是在第六級或第七級，但我們卻傾向高估自己，覺得自己是在更健康的層級裡（通常是第二級）。因此，展開內在旅程的第一步，不僅是要準確地找出自己的類型與層級範圍，更重要的是，要確認重心位置。如果選擇欺騙自己，認為自己比實際情況更健康，那麼九型人格學說就沒有任何助益。

頻寬與重心

心情 VS. 層級

同樣值得注意的是，層級的上升不代表心情的提升，心情好也不代表發展層級較高。層級是取決於自由與意識的功能，而不是心情的好壞。因此，處在較高層級不代表一直都是好心情，處在較低層級也不代表心情一直不好。一個人可以固守在第六級，完全認同其人格且有強大的反應能力。他可能剛在商場上擊敗對手，心情極佳，但這種興奮的反應並不等同於內在的自由與真正的喜悅。一旦稍有差池，這個人會再次反應，並且出現消極狀態，再度受到外部事物的制約。

另一方面，在困境中，擁有寧靜、活力並與真實的世界接觸（不是幻想或妄想），這就是精神成長的象徵。若能集中精力並與自身及本性相連，就會感受到一種安寧的喜悅，截然不同於所謂的好心情。因此，從根本上來說，層級就是測量我們與本性之間的連結深度。

接下來，我們會檢視在發展層級在一般的、不健康的和健康的狀態下會出現哪些主要特徵，以及其與提升內在自我工作的關聯性。採取此順序是為了配合本書在第七章到第十五章中、介紹人格類型的內容安排方式，也因為大部分的

人在開始提升內在自我時，都是處在一般狀態之中。

▍一般狀態

在此狀態範圍中，人們是具有功能性，且行為方式在他人眼中是屬於正常的，但是他們也會逐漸認同自我身分。結果就是，他們有意識到、而且可以實現人類完整潛能中相當狹小的一部分。在一般狀態中，如果一個人的層級是往下發展，無論是哪種人格類型，對自我中心認同的程度會越來越強，因為維持自我已經變成人格的主要任務。此外，當生活與各種人際關係不再支持他們的自我形象時，就會出現操縱自我與他人的事情，人與人之間的衝突也就難以避免。

警鐘

警鐘是一個人從健康的狀態範圍移向一般狀態範圍的指標，也是一個人加深認同自我的線索，代表其他的衝突與問

警鐘
1. 認為自己有責任要處理一切事情。
2. 相信自己必須走向他人才能贏得人心。
3. 開始驅使自己追逐地位與關注。
4. 透過想像來抓住、強化情感。
5. 從現實世界縮回到概念與心靈世界。
6. 依賴自我以外的事物做為指路明燈。
7. 覺得在其他地方有更美好的事物。
8. 覺得自己必須推動並努力促成事情發生。
9. 表面上適應他人。

題肯定會隨之而來。舉例來說，如果類型九的人發現自己試圖透過與他人的和睦相處來避免衝突，這便是警鐘。隨著類型九對特定的自我結構認同感加深，即便是不想做的事情也會要求自己答應，壓抑自己及其合法的需求與欲望，衝突的發生自然也就無可避免了。

　　在接下來各章中，我們會深入探討每一種人格類型的警鐘。在日常生活中運用九型人格學說最有效的方式之一，便是時刻觀察自己的狀態。

社會角色

　　一旦進入一般狀態的範圍，需要採用特定的方式以及需要他人以相同方式回應的感覺就會越來越強。我們會更加依賴人格類型中特定的因應機制，也會更執著於透過這些機制來滿足基本欲望。雖然我們都還能決定自己的行為模式，也夠開心，但逐漸會出現特定的相同感或重複性。從家庭系統的理論來看，這就是小孩扮演特定角色（例如家庭英雄、被

各類型操縱他人的方法
1. 糾正他人——堅持他人應該遵照自己的標準。
2. 找出他人的需求和欲望——藉此創造依賴性。
3. 取悅他人——採用任何「管用」的形象。
4. 表現喜怒無常——讓他人覺得「如履薄冰」。
5. 預設立場——從情感上疏離他人。
6. 抱怨——測試他人對自己的認同程度。
7. 干擾他人——堅持他人滿足自己的需求。
8. 主導他人——要求他人照自己所說的去做。
9. 透過「退出」——以被動的強勢態度抗拒他人。

遺忘的小孩，或是替罪羔羊）的開始。我們會在各類型的章節中進一步討論社會角色。如果你想在生活中練習改造自我，學習觀察社會角色的轉變是一種相當有用且有效的方式。

社會角色與人際關係

當我們被困在社會角色之中時，便會試圖讓環境（大多是指其他人）來支持我們的自我及其計畫，往往就會導致衝突。當這類事情發生，我們就會知道自己與人格類型的計畫認同度越來越高。我們要求他人用能支持我們自我形象的方式來進行互動。衝突的產生便是因為每種人格類型的人都會用自己的方式來利用他人獲取自我所需。當一個人將自己的社會角色奉為圭臬，與他人的互動就變得綁手綁腳，其實在與人互動中，適度的回饋與拒絕都能保持適當的關係狀態。在這類關係中，當雙方的精神認知相互吻合，就能創造出難以打破的穩定平衡。

我們可能也會試圖透過各種不恰當的方式，操縱他人來滿足自己的基本欲望。從長遠來看，這種作法會適得其反，許多讓人困擾或失敗的人際關係就證實了這類策略有多麼失敗。一旦陷入守護自我形象並操縱他人支持自我形象的模式，要建立真正的人際關係就很難了。

灰金法則

如果上述的操縱手段依然無法滿足個人需求，我們可能就會加強力度，但不是停止自我挫敗的行為，而是會在未察覺的情況下，採取更激烈的方式進行。在此階段，我們已經不是要他人來支持自我的計畫，而是強迫他人配合。當自我膨脹處到了極大值，我們會或明顯或隱密的表現出焦慮，並激進的去追求基本欲望。

若一個人無法改變思想構造，他永遠也無法改變現實。
——艾爾·沙達特
（Anwar Sadat）

我們發現，在各種人格類型的一般範圍最底層有一種特質，我們稱之為**灰金法則**（The Leaden Rule），其概念正好與著名的黃金法則相反。如果黃金法則告訴我們：「你希望別人怎麼待你，你就怎麼對待別人。」那麼灰金法則就是說：**「你害怕別人怎麼待你，你就怎麼對待別人。」**

灰金法則指出，每種類型都有其特殊的激進方式去損害他人、增強個人的自我，並誤以為「如果我貶低他人，便能抬高自己」。因此，每種類型就會開始用自己的基本恐懼來製造他人的痛苦。舉例來說，如果類型八害怕受到傷害或害怕受人控制，他們便會以傷害或控制的方式來威脅他人。（「你最好照我的方式做，否則我會讓你後悔。如果我生氣了，你知道會發生什麼事情！」）他們變得令人害怕、好鬥且極具衝突性。如果類型四的基本恐懼是擔心缺乏個人重要性，他

各類型的灰金法則
1. 類型一 害怕自己在某方面也許是邪惡的、腐敗的或是有缺陷的，因此會指出他人身上的邪惡、腐敗或缺陷之處。
2. 類型二 害怕別人不需要或不愛自己，因此會讓他人感到不值得擁有其愛、寬容或關注。
3. 類型三 害怕自己沒有價值，因而會採取傲慢或輕蔑的態度對待他人，讓別人覺得自己沒有價值。
4. 類型四 害怕沒有身分或個人的重要性，因此會輕蔑他人，視他人為沒價值或無足輕重的「無名之輩」。
5. 類型五 害怕無助與無能的感覺，因而會使他人感到無助、不夠格、愚蠢與無能。
6. 類型六 害怕得不到支持或引導，因此會破壞他人的支持系統，試圖孤立他人。
7. 類型七 害怕陷入痛苦與匱乏之中，因此會以各種方式讓他人痛苦、感到匱乏。
8. 類型八 害怕受到他人傷害或控制，因此會以挑釁、威嚇的方式，讓他人害怕受到傷害或控制。
9. 類型九 害怕與他人失去聯繫的痛苦，因此會採用各種方式來「打發」他人，讓人覺得自己與類型九失去聯繫。

們可能就會故意冷漠、忽視他人,當做別人沒有個人價值可言。他們也許會粗魯地對待服務生或門房,或是切斷與朋友的往來,就彷彿他們不存在也沒有自己的感情。

示警紅旗

在各類型進入不健康的狀態範圍之前,都會出現所謂的**示警紅旗**。如果警鐘是一個人在進入一般層級範圍深處、即將陷入定型與「沉睡」的示警,那麼紅旗就是更嚴重的警告,代表迫在眉睫的危機。

示警紅旗的恐懼心理
1. 理想狀態事實上是錯誤、有反效果的。
2. 將朋友與所愛之人越推越遠。
3. 即將失敗,所主張之事是空洞、騙人的。
4. 正在毀滅自己的人生、浪費機會。
5. 從未在世界上尋找自己的位置或與人相處的機會。
6. 自己的行為會危及自身安全。
7. 所作所為給自己帶來痛苦與不快樂。
8. 其他人正在反對自己、將會採取報復。
9. 迫於現實而必須處理自己的問題。

示警紅旗是一種恐懼現象,如果一個人想要對抗被拉到較低層級的沉淪力量,就需要對此加以注意。如果一個人能因示警紅旗而驚醒,或許就能停止當下讓人陷入危險處境的行為與態度。然而,如果當事人無法或不願意正視紅旗的警告,或許會繼續堅持自我挫敗的態度與行為,也就無可避免在破壞性的狀態中越陷越深。

▌不健康狀態

　　人們落入不健康的狀態範圍原因有很多，但所幸要真正受困其中也沒那麼容易。我們可能會短暫出現不健康的行為，但鮮少會將重心挪入不健康的狀態範圍。這是因為在一般狀態與不健康狀態之間的界線（或區域）似乎是人格退化的緩衝區。因此，許多人會在一般狀態範圍中徘徊多年也不會落入不健康的範圍裡。我們稱此在層級界線為**緩震裝置**（shock point）。

　　因為要落入不健康狀態範圍需要額外的「震盪」或能量，除非發生以下其中一件事，否則大部分的人很難落入其中。第一件事情就是生活中出現重大危機，例如失業、離婚或喪偶，或是發生重大醫療或財務問題。如果我們沒有心理或精神工具來處理這類危機，就會瞬間落入不健康狀態範圍且無法脫困。所幸在這類情況下，許多人會意識到自己正在「往下移動」，知道需要去看治療師或參加治療項目。

　　人們會落入不健康狀態範圍的第二個原因，便是在童年時期所養成的不健康模式。在面對過度的挑戰時，人們就會退回更早期、更原始的行為模式。如果在童年時期遭受過殘酷虐待或傷害（情感上、精神上、性方面或身體上），他們就會建立龐大的防禦機制來保護自己，也就永遠學不會如何用健康的處理方式來解決問題，並且十分脆弱，於是就退回到具有破壞性的行為模式當中。

　　當我們落入不健康狀態範圍，就會失去與真實本性的連結，久而久之與社會脫節的情況也會越來越嚴重，我們會陷在由幻覺所構成的迷宮中，會身不由己，在面對不斷增加的恐懼與衝突面前束手無策，對眼前的實際問題也無解決之道。我們只能以更加激烈的方式回應，對身邊環境施加更多壓力

觀察靈魂深處，學會認識自己，然後你會明白為何這種疾病會落到你身上，或許從此就知道該如何避免。

—— 佛洛伊德（Freud）

來解決問題。我們變得徹底認同人格的有限機制，以至於看不到解決問題的方法；就算有辦法，我們也會知道，如果沒有特別的幫助，是無法憑一己之力採取任何行動。當然，我們不會願意讓人格處在不健康的狀態，但我們卻又因為無知而深陷其中，而早期的生活也沒教過我們要如何以健康的方式來處理問題。

最後，不健康狀態代表打從根本的自我拋棄——儘管是環境所迫。雖然我們無法改變童年歷史，也無法避免災難發生，但我們可以發展自己的內部資源，讓自己不被問題打敗。當麻煩發生時，我們也可以縮短恢復時間。我們的改造工作最終會帶來高度的寧靜、接納、無反應性、同情心，並且擴大生活視野。

▌健康狀態

在此狀態範圍中，雖然自我身分處在適當位置，但也相當容易鬆動，並且是以對自己有利的方式在表達自我。每種類型都有一種健康方式來表現其最能讓他人認同的個人特質。如果一個人是在健康的狀態範圍內行事，則其所屬文化的多數人都會認為他相當平衡、成熟且具高度功能性；然而，即便是處在第二級與第三級的人，多少都還是依照自我來行事，藉此填補他的基本欲望與基本恐懼。

在變成無名之輩之前，我們得先成為一個人物。
——傑克・恩格勒
（Jack Engler）

例如類型八為了因應害怕被他人傷害或控制的基本恐懼，他們會把自己說成是一個強悍、有能力、行動導向與果敢的人。他們覺得有必要將這些特質證明給自己與他人看，因此會接受挑戰、參與各種需要力量及意志力的建設性活動。他們會變成帶給他人力量、提供保護的領導者，並創造能讓他人感到繁榮興盛的環境。

類型二把自己定位成有愛心、關心他人且無私的人,但健康的類型二會透過實際的關愛、照顧與慷慨行為來強化此種自我形象;他們會扮演益友、嘉惠他人,分享自身天賦與資源,因為這類行為能強化個人的自我定義。

如果落在健康狀態範圍的人越多,世界就會越美好。雖然大多數人在某些時候都曾體驗過在健康狀態範圍內活動的感覺,但我們的環境、文化,甚至是家人通常都不會支持這類的開放性,因此鮮少有人能長期維持這種自由度。於是,恐懼會浮現,我們會掉入一般狀態的範圍裡。

不過,若想保持在健康狀態,就要有保持健康的意圖——也就是必須**活在當下**及**保持清醒**。這意味著我們必須利用可行的工具與加強練習來培養存在意識。隨著意識的加強,我們就會發現在健康狀態範圍與一般狀態範圍之間(第三級與第四級之間),有一種「緩震裝置」,而且是可以由我們已見的警鐘來啟動。正如不健康狀態範圍和一般狀態範圍之間也存在一種根本性的轉變,一般狀態範圍與健康狀態範圍之間也同樣如此。我們可以從兩個方向穿過「緩震裝置」,一是透過危機或生活環境而落入一般狀態範圍和不健康狀態範圍,二是透過自覺處理所涉及的問題來提升層級。

▌ 自由的層級

當我們解決各種問題(或多或少都是一級一級來),完全進入健康狀態範圍後,自我就會到達一種明顯的平衡感與透明度,而我們距離以本性生活也只差最後一步了。簡單來說,**當我們不再認同自我,自由就會出現**。自我的其他方面或許依然存在,但已不再是身分的核心。然而,在獲得真實且長久的自由之前,自我必須恢復到其自然的平衡與運作狀態。在

此階段,當事者已經放下特定的自我形象,解決基本恐懼,根據基本欲望正確行事的意識也得以擴展。這些過程利用了平衡、智慧、勇氣、毅力與足夠完整的心理狀態,對抗自我認同解體過程中所產生的焦慮。

到達自由的層級時,我們通常會很訝異,原來自己早已擁有一直在尋找的特質。我們終於意識到,這些特質一直都在,只是我們用錯誤的方式去尋找。正如《綠野仙蹤》結尾時的桃樂絲,發現自己實現目標的距離其實比想像中更近。改造工作所需的一切、為了成為一個完整之人所需的一切,其實早就存在於本性之中,而且一直都在。事實上,我們在第一級時便已經實現了基本欲望。一旦知道這一點,最棘手的問題就變成:我們要如何維持這種開放、充滿活力的狀態?又或者說,我們要如何保留這些特質?要如何在善意的行為面前持續敞開自己?

整合與解離的方向

整合與解離的方向有助於認清,我們在發展過程中究竟是進步還是退步。整合是為我們的成長提供客觀標記;解離則是讓我們知道,自己在壓力之下會有什麼樣無意識的動機與行為,以及最需要整合的特質(或許有點令人匪夷所思)。

看看九型圖,你會發現圓圈上的每個數字都分別有兩條線相連。舉例來說,類型八有一條線連向類型二,還有一條線連向類型五;類型九有一條線連向類型三,另一條線連向類型六,以此類推。

其中一條線代表整合方向,也就是各類型朝其完整性自然的發展;另一條線代表解離方向,顯示出各類型的行為在極限時會如何表現。這兩種方向的過程都是自然發生,九型圖會預測出每種人格在健康狀態範圍內(較少限制或執著)

的表現；或者在相反情況下，當人格處於認同、緊繃及失能下又會做何表現。（整合與解離的移動方向與層級的上升或下降方向不同，但又相互關聯。我們稍後會進一步解釋。）

嚴格來說，往其中一種方向發展不代表一定「全是好事」，而往另一個方向也不見得就「全是壞事」。對於這兩種方向，人類的天性中自有一套因應機制，而九型圖能夠追蹤這些微妙機制的軌跡，這是其他系統做不到的。認識解離與整合的移動方向，並在日常生活中加以識別，對加速發展非常有效。

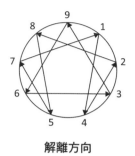

解離方向

右圖中九型圖上的箭頭所指的是每種類型的解離方向。舉例來說，類型八代表了類型二的解離方向。

整合方向的箭頭是以反向順序進行，因此類型八的整合方向是朝向類型二，其他類型以此類推。

如果能正確描述各類型的特質，則九型圖便能預測未來行為，讓我們知道每種類型在其認同、防禦、自我挫敗行為的模式中，在持續退化的情況下會變成什麼樣子。它也可以預測當一個人對其人格之模式、結構及防禦性的認同度降低，又會出現什麼樣的健康特質。

▌解離方向

解離方向通常是面對壓力或不確定性時的表現。當我們把自身人格類型的策略發揮到極致後（而且完全沒有退化到較低的層級），如果情況沒有獲得改善或得到我們想要的事物，便會不自覺開始表現出解離方向的行為。用心理學的話來說，這就是「潛意識釋放」（acting out），因為這些態度與行為往往是不自覺且帶有強迫性，但不見得會有立即的破壞性。

基本類型		解離方向
健康的	一級 X → X 二級 X → X 三級 X → X	健康的
一般的	四級 X → X 五級 X → X 六級 X → X	一般的
不健康的	七級 X → X 八級 X → X 九級 X → X	不健康的

解離方向

解離方向（逆轉）
1. 講究條理的類型一突然變得像類型四般的情緒化和不理性。
2. 重視需求的類型二突然變得像類型八般的強勢和具主導性。
3. 有緊迫感的類型三突然變得像類型九般的超脫和冷漠。
4. 超然的類型四突然變得像類型二般的過度投入和執著。
5. 離群的類型五突然變得像類型七般的活躍和散漫。
6. 有責任感的類型六突然變得像類型三般的爭強和傲慢。
7. 散漫的類型七突然變得像類型一那般的完美主義和挑剔。
8. 自信的類型八突然變得像類型五般的神祕和充滿恐懼。
9. 自大的類型九突然變得像類型六般的焦慮和擔憂。

　　我們經常會看到自己（或他人）或多或少都是在基本類型中的相同層級之間行動，這有助於解釋為什麼某些人有時會出現令人困惑的「反常」行為。此外，這也說明了為什麼一個人不會突然從自己所屬類型的一般狀態跳到解離方向的病態行為，以及為什麼我們不必經歷所屬類型的不健康狀態就能進入解離方向。

　　舉例來說，類型二認為自己一定要時刻保持友善與關愛他人，並且需要照顧他人需求而非自己的需求。但實際上，類型二的人也希望自己的需求得到照顧，期待在對他人付出足夠的關愛之餘，自己的慷慨行為也能獲得回報。如果他們不斷付出，卻沒人給予回應，或是並未如類型二所期待充滿關愛的方式，他們就會變得很生氣，會以更強烈的手段來滿足需求。這代表類型二轉向類型八：他們開始激進且衝動表現出壓抑的怒氣。與其繼續壓抑個人需求、取悅他人，他們變得直接而堅定。當類型二否認怒氣程度越深、需求越多，

釋放的表現就會越具爆炸性與破壞性。

接下來的原則適用於所有類型：**某種類型所壓抑的一切，在壓力之下都會以該類型的解離方向所指之處表現出來。** 左圖說明解離方向的過程，相關詳細內容會在個別的人格類型章節中繼續深入討論。

重點是要明白，從某方面來看，朝解離方向移動只是另一種**生存機制**。大自然已經為人類的心理準備好許多有效的「逃生出口」，讓我們不會輕易的陷入病態。因此，解離方向也是**釋放壓力**的途徑，讓我們能暫時喘口氣，減緩陷入基本類型不健康狀態範圍的可能性，但問題還是沒有解決。在釋放後，我們會消耗大量精力，而且依然要面對相同的問題。釋放的表現只是拖延處理問題的時間。當人格長期處於壓力之下，可能就會開始慣性拖延，以至於看起來像是屬於解離方向的類型。基於此原因，遭受過情感困境或重大危機的人，往往會誤認為自己是屬於解離方向的類型，而非真正所屬的基本類型。

釋放表現

感受情緒與釋放情緒有什麼差別？當我們憤怒，可以發脾氣表現出來，也可以不要爆發，靜靜坐下來感受，觀察憤怒在我們身體裡的流竄。如此一來，便有機會看看自己的情緒深處。這不代表我們是在壓抑情緒，相反的，這是真實去感受，而不是任其導致我們做出衝動的行為。

做為提升內在自我的功課，下次如果你發現自己朝解離方向移動時，就算已經開始了，也請試著阻止繼續發展。如果有必要，可以在中途打斷，然後感受自己的身體。觀察自己是如何不讓情緒釋放出來，而該能量又在身體的哪部分移動。看看當你直接感受而非釋放這股能量，會發生什麼事。這樣的狀態你可以維持多久？注意你當下心中的任何「故事」。如果你持續釋放，又會發生什麼事？好好觀察自己，無論結果成功與否，都不要評斷或批評自己的感受。

　　例如，長期處在壓力下的類型一可能會誤以為自己是類型四，因為他們會長期表現出類型四在一般狀態到不健康狀態所具備的許多特徵。同樣的，處在極度壓力下的類型九可能看起來更像一般狀態的類型六。此外，隨著層級下降，這個過程還會加速，在一般狀態的低處到不健康狀態之間是表現最明顯的範圍。

　　我們也觀察到，患有創傷後壓力症候群（PTSD）或是人格上有顯著界線特性的人，往往更容易往解離方向移動。他們的人格更易變，與基本人格類型的關聯性也較弱，因此更加容易轉向解離方向。

▌整合方向

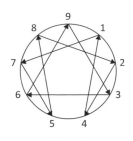

整合方向

　　整合的方向是無意識且難以抑制的，是自我自動補償心理不平衡的方法。然而，整合方向的改造工作又是另外一回事，因為往整合方向移動需要的是有意識的選擇。走在整合的道路上時，我們會對自己說：「我想要更完整的展現人生，我想要放下過去的事情與習慣，我願意與所認識的真相共存。無論我感覺如何，無論我發現什麼，我都想獲得自由、真正地活著。」

　　因此，我們大概是在層級四左右，可以感受到整合方向的發展，但是在層級三或更高的層級上或更容易獲得。

　　當我們開始放下人格的包袱，往特定「方向」上就會出現成長與發展——當我們的核心問題得到解決，就能表現出整合方向類型的特徵。我們更容易取得成長所需的特質，如果能善加利用，就能加速擺脫人格中的限制模式。舉例來說，當類型八開始放下自我保護、防禦與放不下戒心的問題時，自然而然就會開始接觸自己的弱點與傷痛，開始知道自己為

什麼會穿上盔甲。他們若能降低防禦心，就越能意識到照顧他人的感覺有多美好，就像健康的類型二。當他們開始注意到自己實際上是喜歡與他人建立關係、想要為他人做好事時，類型八就會知道自己是往正確的方向前進。

當我們學會關注當下，整合方向上的類型所具備的正面特質自然就會浮現。當這一切發生時，我們所屬人格類型在一般狀態下會出現的限制行為就會變得極為明顯，讓人難以忍受。這就會讓人更願意繼續努力練習，願意去發現自己何時會自動陷入人格類型中的衝動行為。因此，可以說整合方向是對所屬人格類型執著狀態的解藥。

檢查哨

在某些特定的受限情況下，我們會表現出所屬整合方向類型在一般狀態層級的行為模式。根據經驗法則，當一個人對所處的環境感到踏實，就會傾向表現出整合方向的一般狀態層級行為。當我們對與他人的關係感到放心，就可能會冒險做出超過比對不熟之人更進一步的行為。基於上述原因，我們稱此現象為「**檢查哨**」。

舉例來說，處在一般狀態的類型一有時會表現的像一般狀態的類型七，但表現出像從一般狀態轉向不健康狀態的類型四的機會更高，除非類型一得到足夠的安全感，他們才會表現得像一般狀態的類型七。同樣的，類型五看起來可能經常表現的像一般狀態的類型七，讓自己的心緒負荷過重，導致心煩意亂。但在安全的情況下，如果類型五對與他人的關係非常有把握，他們就會表現得像一般狀態的類型八，強力堅持自己的觀點與意願。

因此，檢查哨並不等於往整合方向移動：它是另類的逃生筏，就像解離方向一樣；它是另一種需要特殊條件的釋放

覺察本身就是治療。
——舒亞・達斯
（Surya Das）

整合方向
1. 憤怒、挑剔的類型一會變得自發、喜悅，像健康的類型七。
2. 驕傲、自欺的類型二會變得自我激勵、有情緒意識，像健康的類型四。
3. 自私、欺騙的類型三會變得更加配合、為他人付出，像健康的類型六。
4. 善妒、情緒混亂的類型四會變得客觀、有原則，像健康的類型一。
5. 貪婪、冷漠的類型五會變得自信、決斷，像健康的類型八。
6. 恐懼、悲觀的類型六會變得輕鬆、樂觀，像健康的類型九。
7. 貪吃、散漫的類型七會變得專注、深邃，像健康的類型五。
8. 充滿貪欲、控制欲的類型八會變得坦率、有愛，像健康的類型二。
9. 懶散、自我忽視的類型九會變得重視自我發展、充滿活力，像健康的類型三。

方式。一個在其基本類型上從一般狀態移向不健康狀態的人或許會知道，自己需要整合方向的特質，但他們在衝動的本能反應下，就不具備真正能整合該類型健康特質的能力。朝檢查哨移動並非是真正的整合過程，而是說明一部分的人格被另一部分所取代或補充。這也不等同於變得更自由和更自覺。就定義上來說，對每種類型的人而言，朝檢查哨移動是在一般狀態範圍的正常行為。

整合的真正意義

儘管往整合方向移動需要有意識的選擇，但它並不是透過模仿該方向類型的態度或行為就能達成，尤其不是模仿整合方向類型的一般特徵。舉例來說，如果你是類型八，不代表你就應該「表現得像類型二」，開始為他人烤餅乾或開門。模仿整合方向類型的行為實際上只會讓你的人格「更加固著」，因為真正的改造工作是要放下自我的模式與防禦性，

而不是增加新的內容。這類的行為注定會失敗。

我們要記住，**人格無法解決人格所帶來的問題**，除非可以深刻感受到自身的本性，並以其引導行為，否則人格除了知道「不要做」舊把戲之外，其他什麼也做不了。

整合過程的重點不在於我們「應該」做什麼，這是一段有意識放下阻礙人格發展特質的過程。當我們放下防禦、成見和恐懼，便能體會到一種有機的舒展和平衡，就像花開一樣自然。一棵樹從種子萌芽、開花到結果，基本上不需要額外做任何事：這就是一種有機、自然的過程，而靈魂也需要以相同方式展開。九型人格學說描述了各類型的有機過程，而整合方向的類型則提供我們在此過程中會發生什麼事情的線索，讓我們可以輕鬆認識、實現這段過程。

往整合方向移動會加深所有行為的品質，因為整合方向的類型會引導我們找到能令人真正滿足的事物，幫助實現個人基本人格類型的完整潛能。舉例來說，想要表現自我的類型四就必須要自律，必須像健康的類型一一樣固定練習，才能發揮潛能。「往類型一前進」應該就是類型四將自己發揮極致最有效的方法。

當我們充分看到、認識並體驗過所有遮住本性特質的自我挫敗障礙後，它們就會像從生氣勃勃植物上飄落的枯葉落下，而完整的靈魂也就自然浮現。我們的靈魂具有健康狀態下的人格特質，而且一直都有。唯有放下對人格防禦機制（包括抗拒、自我形象和面對恐懼的策略）的深信不疑，我們才能發揮與生俱來的特質、展現光明的一面。

生活的方式有兩種：一種是認為奇蹟不存在，一種是認為萬事皆奇蹟。
——愛因斯坦
（Albert Einstein）

PART 2
九型人格

第 7 章

類型一：改革者

教師

行動主義者

戰士

道德家

完美主義者

組織者

痛苦的經驗讓我學到最寶貴的一課：保存自己的怒火，正如熱度可以轉為能量，我們控制下來的怒火也能變成推動世界的力量。
—— 聖雄甘地（Mohandas K. Gandhi）

未覺醒的心智往往會與事物原本存在的方式對抗。
—— 傑克‧高菲爾德（Jack Kornfield）

如果想要尋找一個不犯錯的朋友，那你永遠都不會有朋友了。
—— 湯瑪斯‧富勒（Thomas Fuller）

即便某一個觀點是對的，它也可能會消失一次、兩次，甚至多次。但在歲月的長河中，會有人再次發現它——這就是真相真正的優勢所在。
—— 約翰‧史都華‧彌爾（John Stuart Mill）

里索―赫德森【人格類型態度】分類測驗

____ 1. 大部分的人認為我嚴肅正經，該說什麼說什麼、該做什麼做什麼，我想我就是這樣的人。

____ 2. 我一直想要誠實、客觀對待自己，無論付出什麼代價，我都堅持順從良心做事。

____ 3. 某部分的我可以很狂野，但一般來說，這不是我的風格。

____ 4. 我的腦袋裡似乎住著一位法官：有時他英明睿智，但通常是嚴厲而苛刻。

____ 5. 我覺得為了做到完美，我付出了極高的代價。

____ 6. 我想要跟大家一樣多笑，我應該要更常笑！

____ 7. 我的原則與理想激勵了我朝更偉大的成就邁進，讓人生變得更有意義和有價值。

____ 8. 我不懂為何許多人的標準如此馬虎。

____ 9. 有許多事情等著我做，因此我必須比別人更有做事的系統與方法。

____ 10. 我有個人的使命感，也許是追求更高的事物，而且我相信我一生中一定會完成某件卓越的事。

閱讀右側敘述後，根據下列描述情況給分：

____ 11. 我討厭犯錯，因此我會非常仔細，確保事情順利完成。

____ 12. 我大部分的時候都相信，對就是對，錯就是錯，事情就是如此。

1. 完全不符合
2. 幾乎不符合
3. 一半符合
4. 大部分符合
5. 高度符合

____ 13. 如果放手不管，我會很難受。

____ 14. 我肩上有許多責任：如果我不處理，天曉得會發生什麼事。

計分標準請見第 152 頁

____ 15. 人們在壓力下所表現出的高貴與優雅讓我深深感動。

人格類型一：改革者

理性、理想化的類性：
有原則、目的性強、自制力強、追求完美

我們將類型一命名為改革者，因為類型一的人有一種**使命感**，想利用各種方法、透過自身的影響力來改變世界。他們努力克服困難，尤其是道德困境，期望讓人類精神得以體現、發揮改變作用。即便需要付出極大的個人代價，他們也願意為了追求更高的價值而努力。

歷史上有許多類型一的人物為了達成不凡目標，選擇放棄舒適的生活，因為他們覺得，有更高的使命在召喚他們。在第二次世界大戰期間，羅爾‧華倫堡（Raoul Wallenberg）放下舒適的中產階級生活，選擇去保護成千上萬遭受納粹迫害的歐洲猶太人。在印度，甘地離開妻子與家人，拋下成功律師的生活，開始在各地巡迴提倡印度獨立與非暴力的社會改革。聖女貞德則是離開法國家鄉，致力於讓皇太子重回王位，並把英國人趕出法國。這些類型一的理想主義激勵了無數人。

類型一的人非常注重**實際行動**，希望能將「有用之人」一詞的價值發揮到極致。在某種意識層面上，他們覺得自己命中注定有「要完成的使命」，也就是盡其所能將周遭環境的失序情況降到最低。

雖然類型一具有強烈的目的性，但對於其自身行為的合理性，他們也必須說服自己與他人。目的導向使得類型一會花許多時間在思考行為後果，以及如何避免做出違背信念的事情。因此，類型一常會說自己是「領頭」的類型，是只以邏輯與客觀真相行事的理性主義者。不過，真實情況還是有所

→ **基本恐懼**：害怕做得「不好」、有缺陷、邪惡、腐敗

→ **基本欲望**：表現良好、高尚、正直

→ **超我的訊息**：「只要你做正確的事情，你就很棒。」

「我的生活有一種使命。」

不同：**類型一是行動主義者，為了自己覺得非做不可的事情，他們需要尋找一個可接受的想法。**他們是依靠本能與熱情做事的人，會以信念和判斷來控制與指引自己及自身行為。

為了忠於原則，類型一拒絕受個人衝動影響，會刻意不屈服或避免隨意表達看法。結果就是這種人格類型會出現壓抑、抗拒與侵略行為。他人眼中的類型一往往是高度自律，甚至是一板一眼，不過類型一自己的感覺卻非如此。對類型一而言，他們似乎是處在由激情和欲望構成的大鍋裡，而他們最好把「鍋蓋蓋上」，免得讓自己與身邊的人後悔。

卡珊德拉是私人診所的治療師，她回憶起年輕時所遭遇的困境：

我記得在高中時，曾有人說過我是個沒有感情的人。在內心裡，我覺得自己的情感強烈，只是不能如實釋放情感。即便是現在，如果我和朋友發生衝突，必須解決什麼事情的話，我會事先演練該如何清楚表達自己想要、需要和觀察到的事情，在憤怒中不帶傷害或責備，因為這往往很傷人。

類型一相信，對自己嚴格（最後變成「完美」）終究能說服自己與他人。但是為了創造完美，他們往往會讓自己苦不堪言。類型一的人不會認同《創世紀》中所描述的，上帝看到祂所創造的一切，並認為這「很好」。類型一強烈認為：「才不好，明顯有許多錯誤！」這種傾向讓他們很難相信自己的內心指引，也很難相信生活。因此，類型一會強烈依賴「超我」——一個來自童年的聲音，指引著類型一走向他們狂熱追求的美好世界。當類型一徹底進入人格世界中，就很難與這嚴厲、無情的聲音畫清界線了。類型一如果要成長，就必須學會讓自己與上述聲音切割，並且看到自己真正的力

量與侷限性。

▌童年模式

類型一的人努力想當個好孩子：他們經常提到一種感覺，就是做為孩子，他們需要證明自己存在的合理性。在某種程度上，他們很難接受自己單純只做個孩子；許多年輕的類型一會在早期發展出一套嚴肅意識以及成人的責任感。因為知道父母對自己有很多期待，他們就會像類型三，經常扮演家庭英雄的角色。年輕的類型一通常會以極大的熱誠去承接這份期待。

珍妮是魁北克為修女服務的精神導師，她依然記得為了堅持家庭的價值觀而承受的壓力。

每當我頻頻嚴重流鼻血時，爸爸總說是因為我禱告不夠。我一直不懂怎樣才算「夠」，所以我猜應該是越多越好吧……爸爸希望我能為他、為全家禱告。不用說，我固定每天參加彌撒，為大家祈禱是我的神聖使命，這是為了全家的幸福著想。

基於各種理由，類型一的人通常會與生命中的保護者（大多是父親，但並非絕對）有著一股「疏離感」。如果孩子在童年時期身邊有一個可靠的大人，便會覺得可以脫離母親獨立，增加自己的個體性與自主性。然而，如果這個保護者沒有充分扮演好他的角色，年輕的類型一就會覺得有一種打從心底的疏離感，並且意識到心中真正的父親或象徵性的父親並沒有充分滿足他們的情感與需求，但這不代表保護者不好或虐待他們，只是因為某種原因，雙方沒有建立起一種輕鬆自然的關係。

※請注意 ————
此處所指的童年模式並不會導致人格類型的產生，而是描述了我們在童年的早期階段所觀察到的各種傾向，對於成年後的人格類型有重大影響。

　　結果就是孩子會有挫敗感，覺得自己必須當自己的「父親」。在某些情況下，年輕的類型一會為了因應身邊的混亂狀態而變得具有高度責任感，成為家庭中「理性的聲音」。透過這種方式，他們得以建立某種自主性與界線感，這也正是類型一的關鍵問題所在。

　　賈斯汀是一名商業顧問，童年的痛苦經歷迫使她發展出一套警覺且嚴格的自我防禦機制。

　　由於我的成長家庭有許多衝突，我覺得自己必須找出方法阻止或修正這些事，這可能就導致我發展出控制的性格。因為我母親很強勢，而我的界線感又很差，因此我非常認同以她那種不太健康的行為方式來保護自己。我長大後變得非常挑剔、愛批評，而且固執己見。我對妹妹們的方式就像母親對我那樣，非常的跋扈與嚴苛。

　　事實上，孩子會說：「我會自己引導自己，成為自己心中的父親形象、做我自己的道德指引；我會監督自己，所以不用別人來監督我；我會處罰自己，不用別人來處罰我。」類型一會嚴格遵守規矩，努力超越期望，如此一來便沒人能抓到他們犯錯，進而獲得獨立權。

　　李奧是一名成功的商業顧問，他回想起小時候遇到過的困難要求。

　　小時候，我很快就學會一種把事情做對的方式，而且是唯一的一種──就是我父親的方式。他的方法有時候會變來變去，沒有一致性，但他的方法永遠是「對的」……因此，為了適應他的變來變去，我發展出一套意識，開始思考一種我可以接受的「正確」方式。

　　從某種意義上來說，類型一覺得自己需要超越保護者的期待，覺得一定要有一套更好的方法──也就是一切對錯由自己決定。在此情況下，孩子會因為批判（以及含蓄譴責）自己的保護者而有罪惡感。為了逃避罪惡感，年輕的類型一會建立一種認同模式，覺得自己是優秀、負責任的，而別人是懶惰、散漫的，或是別人沒有自己那麼懂事與「成熟」。這種自我證明會奠定類型一的認同與情感模式，並且跟著他們一輩子。

▌具有類型九側翼的類型一：理想主義者

　　健康狀態：此側翼附屬子型的人具有高度洞察力、充滿智慧且有禮貌，他們帶有學者氣息、博學多聞，保持一種冷靜的哲學立場，關注長遠的發展，也就是「大局」。他們也會有一種內向、遁世的特質，尋求從「瘋狂人群」中解脫，經常處於安靜、自然的狀態。他們情感保守，但卻大方、仁慈、體貼，喜愛大自然、動物以及一切單純之物。他們希望以更溫和的方式來改變事情，比其他類型一的人更為超脫。

　　一般狀態：理想主義，不太願意涉入政治活動及參與為了信仰改革而所必須做的「髒事」。此側翼附屬子型的人寧願花時間解釋理念，也不願意追求他人相信自己的正確性；且他們的怒氣不易察覺，會以固執、不耐煩和嘲諷的態度來表達。此側翼附屬子型的人更想獨處，為了避免處理人際關係中的麻煩事，他們會選擇單獨行事。相較於其他的側翼附屬子型，他們表現得更有距離感、超然物外、更沒人情味，對人表現出蔑視、菁英主義和居高臨下的態度。

側翼附屬子型

代表人物

柏拉圖
甘地
珊卓拉・戴・歐康納
喬治・哈里遜
亨利・大衛・梭羅
瑪莎・史都華
凱瑟琳・赫本
艾爾・高爾
喬治・威爾
諾姆・喬姆斯基

▌ 具有類型二側翼的類型一：提倡者

健康狀態：此側翼附屬子型的人會將自己對理想、對更高原則的追求與對他人的同情、憐憫融合在一起。相較於其他側翼附屬子型，他們的純粹理想主義較低，真正感興趣的是改善人類命運，更願意為了所支持的變革而投身戰場。他們更熱情、更注重人際關係，享受你來我往的「人際政治」。此類型的人頗具說服力，會想辦法讓他人關注其所支持的事業與信念。

一般狀態：此側翼附屬子型的人極度活躍和外向，尤其是此類型處於一般狀態的人，在追求理想與改革時，通常會很激進且有魄力。他們享受一個人的獨處，並且需要重新充電與思考的「寧靜時光」；與他人相處時也可以充滿活力，尤其是進行思維上的思辨和精進。無論涉及的層級高低，他們天生善於政治。別人的需求正是他們的利他主義所關心的重點，就希望自己可以改變事情。遇到挫折時，他們會變得挑剔且易怒，還會大聲表達不滿。相較於其他側翼附屬子型，他們更暴躁、更加行動導向，會因為他人或他事所引發受挫感的可能性也越高。

▌ 自保型的類型一

自制。在一般狀態下，自保型的類型一不太會擔心財務和健康之類的物質幸福，經常認為自己在工作上的努力還不夠（像一般狀態的類型六）。自保型的本能讓他們有股動力想要追求令自己滿意的狀態，但是當類型一的超我遇上這股追求滿意的動力，就會導致內在衝突，造成持續性的壓力、身體緊張，以及在面對快樂和欲望時非有即無的態度。他們

要不就肆意放縱欲望，要不就選擇禁欲，徹底壓抑欲望。

隨著對超我指示的認同度越高，他們會變得非常害怕犯錯，覺得錯誤的行動會導致幸福消失，彷彿是大難臨頭。因此他們對環境會很挑剔與講究（想像一下《單身公寓》裡的菲力克斯‧昂格爾），非常重視整潔、秩序、衛生與美感，經常關注健康及飲食，更是篤信維他命、長壽飲食、順勢療法之類的作用。在對待他人時，經常會過度保護自己所擔心的事情。如果擔心生病，就會責備他人沒有好好照顧自己的健康。如果擔心金錢，就會一直勸人家要節省。在低層級範圍中，嚴厲的超我會導致他們覺得自己不配得到任何的安慰或獎勵。

在不健康狀態中，自保型的類型一會在嚴格控制飲食及大吃大喝之間搖擺不定。他們有時會非常執著健康事宜，尤其是在食物方面，如果有違反飲食或健康習慣，事後會想辦法證明其合理性。他們可能先狂吃甜食或過量飲酒，然後瘋狂節食；先吞了維他命，然後跟著吃下奶昔和薯條。自保型的類型一很容易出現飲食失調的問題，或是以極端方法壓抑衝動的本能，例如禁欲主義、過度禁食、狂吃催吐等方法。

▍社會型的類型一

戰士。在一般狀態下，社會型的類型一認為自己代表客觀價值和社會標準，覺得自己是在為他人發聲，經常可以看到他們教導他人、提倡某事，以及要求他人遵守道德規範，但主要都是關注社會議題、規則及程序。他們經常對政治、時事、新聞感興趣，並且熱衷於揭發「醜聞」，對抗不公不義之事。另一方面，在面對某些必須改革的事情時，例如改善當地學校環境、提高資源回收配合度等等，他們會選擇耐

心付出。

　　社會型的類型一其鮮明自我是來自堅持觀點、信念並為其辯護而獲得。他們同樣重視他人身上的這些特質（而且非常執著），並希望他人也能認同。這會導致思想及行為的僵化，在觀點上有所侷限，就像是穿著盔甲在對抗世界。而且既然類型一會把規則套用在自己身上，他們也害怕被人發現自己的所作所為心口不一。

　　雖然社會型的類型一認為，別人不該把他們的批評或觀點看成是針對個人，但他們卻覺得許多事情都是針對自己，因此經常對公共政策做出回應，彷彿這是一場對個人的冒犯或勝利。

　　在不健康狀態中，社會型的類型一對自己、對他人、對社會都有不切實際的標準與期待。他們可能會偏向極端的政治觀點或嚴格遵循信仰教條（自由主義是解決社會問題的唯一方法；婚姻關係中，除非是為了繁衍後代，否則不可以有性行為）。在低層級範圍中，他們會慷慨激昂發表長篇大論，經常對人性的不完美感到憤怒。

▌性本能型的類型一

　　標準共享。在一般狀態下，性本能型的類型一希望與理想伴侶建立一段無缺陷的完美關係。他們渴望完美的伴侶，希望生活中有一股無法撼動的穩定之源。從這方面來看，他們對伴侶、家庭、密友都有高度期待，期待在關係中的另一方也有相同標準，因此常會被誤認成類型四。（「我們有同樣的理念，對吧？」）性本能型的類型一害怕另一方達不到標準，會毀了雙方關係的和諧與完美性，進而認為一定要督促所愛之人達到自己的標準。他們會遇到的另一個問題是：不斷尋

找能符合自己標準的人，嘗試一段又一段的關係，卻總是以失望收場。

性本能型的類型一非常重視忠誠性（認為「愛是永恆」）。雖然表面看不出來，但其實他們內心深處隱藏著害怕被拋棄的恐懼以及長期的孤獨感。高度期待中夾雜著害怕被拋棄的恐懼，結果就是對另一半產生挑剔與掌控的態度（「絕對不要讓我失望、永遠別想欺騙我」）。在低層級範圍中，他們會不斷「檢查」對方的活動與行蹤。性本能型的類型一覺得自己已經得到一段美好關係、擁有了屬於自己的喜悅，但也擔心失去擁有的少數東西。他們會以批評、控制的方法讓他人失去平衡、削減他人自信，藉此拖延被拋棄的可能性。

在不健康狀態中，性本能型的變項賦予他們強烈的欲望和興趣，但是要說服類型一的超我接受此合理性又非常困難。性本能型的類型一會不斷感受到強烈欲望浮現與需要拒絕欲望兩方的拉扯，這就會導致性方面的強迫與壓抑。（「我不想被他吸引。」）同時，他們可能會認為對方就是導致沉迷的源頭，因而想要控制對方，藉此穩固關係的平衡。不太健康的性本能型類型一會成為強烈妒忌感下的犧牲品，正是這份恐懼讓他們不斷質疑、折磨他人。在極端的情況下，他們會藉由懲罰自己或他人來消弭個人欲望。

**類型一成長
所面臨的挑戰**

大多數的類型一在生命中的某些時間點會遇到下列問題。請注意這些模式、「掌握自己當下狀態」，並且觀察自己平時的潛在慣性反應，這都有助於我們擺脫所屬人格類型的消極面。

▌類型一的警鐘：強烈的個人責任感

如果類型一的人可以意識到特定的警鐘，即持續感受到強烈的個人責任感，便能快速成長。他們會想，眼前的麻煩能否解決完全取決於自己。（「如果我不做，就沒人會做了！」）此外，他們深信就算別人願意處理問題，怎樣也不會像類型一自己動手來得完善，因此會越來越執著於糾正、組織與控制身邊環境，自己也變得更加緊張、嚴肅，不由自主把焦點擺在事情沒做好的地方上。

當他們開始覺得全世界的擔子都落在自己肩上時，這就是一般狀態的類型一開始被催眠的明顯特徵。

先前提過的治療師卡珊德拉就曾表示，要擺脫這種傾向非常不容易。

做為類型一，大多時候都覺得肩上的擔子很重，總覺得凡事都要做對，要監督自己的想法和感受，不能輕易表現出來，就算表現出來，也要恰如其分、表現「適度」。如果有人不聽我的話，或甚至更糟，看到他們犯下傷害自己與他人的錯誤時，我需要一點時間才能平息怒氣，在這方面我還是沒有找到平衡的方法。

孤獨的責任感

一般狀態的類型一覺得自己的責任不僅在於「做對的事情」，還要彌補他人的疏忽與蠢事。你是否注意到自己身上的這種模式？在何種情況下會有這種感覺？發生時，你對別人有什麼看法？這會如何影響你對別人的感覺？對自己的感覺又是什麼？

類型一 　　發展層級			
		關鍵詞	
健康狀態	第一級	包容 智慧	類型一會放下心中成見，客觀看待事情，並且不帶情緒反應來面對生活。在滿足基本欲望的過程中充滿矛盾，既想保有正直，又想表現友善。在自我實現得以滿足的情況下，他們表現的有智慧、眼光敏銳、包容性強、充滿希望及行為高尚。
	第二級	評估 合理	類型一會專注超我在生活中所給予的指示，並且防止自己出現「失調」的情況。他們的自我形象是：「我是明智的、溫和的、客觀的。」
	第三級	有原則 負責任	類型一會努力讓生活與個人良知、理智保持一致，藉此強化其自我形象。他們具有強烈的道德感，極為自律，帶有一種強烈的目的性與信念。他們真誠且善於表達，會以身作則，為了達到更好的結果，願意擱置個人欲望。
一般狀態	第四級	責無旁貸 努力	類型一開始擔心別人對自己的原則有不同的意見，因此會想說服他人接受自己觀點的正確性。他們會變得嚴肅且有壓迫感，會與他人辯論並修正問題，同時評估自己所處的世界、指出錯誤之處。
	第五級	自制 有條理	類型一擔心別人會譴責自己偏離理想。既然已經跟他人爭論過自己的觀點，就有責任要時刻奉行，因此類型一的人會非常嚴格組織自己與生活中的一切。他們守時、有條理，但也非常易怒和緊張。
	第六級	挑剔 批判	類型一害怕別人會打亂原有的秩序與平衡，也會因為他人沒有嚴肅看待自己的理念而生氣。責備與糾正他人沒有達到標準是他們的回應方式。他們是完美主義、固執己見又有些尖苛。
不健康狀態	第七級	自以為是 缺乏彈性	類型一害怕自己的理想可能是錯的，這點擔憂或許是對的。為了保護自我形象，他們會試圖證明自己的合理性並壓制批評聲音。他們心房緊閉，不與他人妥協或談判。他們尖酸、憤世嫉俗、非常自以為是。
	第八級	固執 矛盾	類型一迫切想要抵抗自己不理性的欲望和衝動，因而過度專注在自己可以掌握的部分。他們開始釋放出被壓抑的欲望，但又公開加以譴責。他們無法克制自己。
	第九級	譴責 懲罰	意識到自己已經徹底失控，並且在做那些自己無法容忍別人做的事情，這對不健康的類型一而言，非常難以接受。他們想要擺脫造成對自己、對他人，或是對環境沉迷的明顯因素，這可能會導致自殘、謀殺或自殺。

社會角色：教育者

「我知道該如何做事。」

在一般狀態中，類型一會把自己的社會角色定義為教育者或是老師，也就是向無知者灌輸智慧，讓沉淪者提升，並且告訴他人如何在人生中做些有用、有建設性的事情。他們覺得有必要教導別人用最佳的方式把事情做好，哪怕是像洗碗或疊報紙這類小事。※類型五也會「教育」他人自己擅長的事情。然而，類型一會實際採取行動，理智型的類型五則對於把想法付諸行動興趣缺缺。

一般狀態下的類型一，會在無意間把自己當做成熟、負責任的大人，身邊圍著一群無理、粗心的孩子，而這種態度常會以微妙或沒那麼微妙的方式傳遞給他人。他們紆尊降貴的態度往往會讓人拒絕其幫忙或觀點——即便他人原則上是傾向同意的。他人的抗拒態度會讓類型一更加沮喪。

老師這個角色有時會導致類型一在回應他人時出現不耐煩的態度。類型一會承認別人的努力，但更會質疑努力是否**足夠**。他們很討厭別人浪費寶貴時間來質疑自己做事的方法。類型一會覺得，為了彌補他人的隨便或散漫的工作態度，自己一定要加班工作，因此就沒有好好照顧自己。然而，一般狀態下的類型一，他們的不滿與不耐煩會使其很難平和與他人溝通想法。所幸，這種特質正是一種示警，讓類型一知道自己陷入麻煩了。

卡珊德拉學會把沮喪視為指標，知道自己被人格所限制。

易怒是一項明確無疑的指標，象徵我開始走下坡。我後來知道，當我變得易怒時，表示有需求沒有得到滿足。這就像需要吃飯一樣簡單，也像解決朋友之間沒說出口的不滿那樣複雜。我學著不要「責備」自己的易怒，而是在其變得嚴重或壓抑之前採取干預行動。

當類型一進入較不健康狀態時，就更容易因為他人不同的（在他們看來，是鬆散）標準而惱怒。（「為什麼辦公室裡其他人都不能像我一樣有條理呢？」「對孩子來說，保持房間整潔是很簡單的事。」）但一般狀態的類型一所不了解的是，就算他們的習慣與方法可能**對他們而言**非常有效，對別人卻不見得適用。他們似乎也不明白，別人或許只是將時間與精力投入到不同的事物與追求之上。（並不是每個人都會在意調味料架有沒有按照字母排序整理。）

長輩樣的成人

心理學領域中的跨行為分析指出，人與人之間主要有四種溝通方式，分別是：成人對成人、孩子對成人、孩子對孩子，或是成人對孩子。而類型一的人際關係問題往往是因為選擇了最後一種溝通方式：成人對孩子。心理學家發現，這是與他人溝通效果最差的方法。想想自己是否曾在無意間落入這種模式？別人做何反應？你的感受如何？用這種溝通方式又得到什麼結果？

憤怒、厭惡和沮喪

類型一的憤怒原因有二：一是因為自己無法達到理想狀態而生氣，二是因為覺得他人懶散不負責任。當類型一的狀態越來越不健康，便會把自己當成判斷是非對錯的唯一標準，然後把怒氣發洩到別人身上。他們變得易怒，因為在他們眼中，別人就是不受控制、沒有承擔起相同的責任，而且似乎只顧著玩。（「為什麼都是我的責任？工作全都是我在做，別人都無所事事？」

憤怒本身不是一件壞事，這是生活中出現不喜歡或不想要的事物時，自然浮現的反應。無論是身體上、道德上還是精神上，一旦我們的完整性受到攻擊，怒氣的浮現就是一種抵

「大家都這麼懶惰、不負責任。」

抗方式。當我們充分去感受（不是釋放、壓抑，或「吞下」）
憤怒，那就是瞬間、片刻的事情。當我們允許怒氣浮現而不
壓抑，它就會迅速像一陣海浪襲來，然後退去；如果選擇壓
抑或保持生氣狀態（自我的另一種策略），在日益增加的強
迫性思維、情感限制以及身體緊繃的狀態之中，怒氣會一直
存在、久久不會散去。即便一個人的思考模式有其路徑，怒
氣依然存在身體裡、鎖在緊繃的肌肉之中，就連來回踱步、
咬指甲和磨牙這類慣性行為之中都會存有怒氣。如果類型一
能學會感受憤怒，而不是壓抑或將其合理化，那麼他們便可
大幅成長。對類型一而言，向重要的人開誠布公說出憤怒，
其實是非常好的療癒方式，也是學習如何處理厭惡情緒的正
面步驟。

但諷刺的是，類型一也很少察覺到自己的怒氣。他們鮮
少感受到怒氣，因為超我會阻止他們「太過情緒化」，而憤
怒正是受阻情緒其中之一。生氣就是失控、變得不完美，因
此類型一常會咬緊牙關、否認憤怒——「我沒有生氣！我只
是要把事情做好！」

努力追求理想

一般狀態的類型一會努力追求理想，因為這麼做能讓他
們覺得自己有價值，而且是壓制負面超我聲音的一種辦法。
但是他們對理想越是渴求，就越容易因為現實而感到沮喪，
也就難以看到眼前事物的美好——無論是一段關係、同事的
表現或是孩子的行為。未能實現理想的陰霾開始籠罩在其個
人表現以及對工作滿意度之上；因為想要追求完美，結果無
論是在辦公室工作，還是陪孩子寫作業，甚至是寫一封信，
所有事情都成了負擔。

就跟所有類型一樣，類型一的人格結構中心也存在內部

矛盾。他們想要找到完整性與整體感，但卻一直處於批判狀態，他們的超我將其眼前事物分成「好」與「壞」兩部分，因此會失去其所尋求的完整性與整體感。他們自身的不同部分，自己與他人，以及自己與這個世界之間都爆發了一場內戰。

就算類型一達成目標，超我也會不斷提升標準。（從定義上來說，所謂的理想狀態是無法實現的，因此類型一必須重新定義何謂「理想」，並且更加努力追尋。）不斷追求完美意味著對自己要非常嚴苛，無可避免會帶來持續性的緊繃與沮喪感。

失望

請觀察一天當中，你對自己或他人的失望次數。在你的個人內心狀態日記中記錄接下來幾天的失望感覺。你是用什麼標準來衡量？請對這些標準提出質疑並檢視，看看對你和生活中的人有何影響。

目的明確，爭取進步

如果健康狀態的類型一必須透過不斷工作來證明其存在的合理性，那麼他們心中的嚴肅感與目的性就會更具強制性。如果發生這種情況，原本健康平衡的自我約束就會惡化成冷酷的決定，甚至變成工作狂，要讓類型一喘口氣休息一下也會越來越困難：要放鬆或玩樂需要經過一番爭取。他們覺得沒有時間去做些無聊或輕鬆的事情，就算是度假也要有責任感，而且要表現出沒有浪費時間的樣子（早點離開沙灘，多留一點時間看博物館！），而心中的罪惡感會阻止「無所事事」的情況（空轉的大腦就是惡魔的遊樂場），而且類型一會覺得，如果自己沒有以某種方式提升自己與改善環境，這

「會有一種處理所有事物的合理方法。」

就是在浪費時間。

安妮描述了「目的感」所帶給她的焦慮：

> 如果不是因為我先生，我大概不會休長假。離開工作後，我才意識到自己多麼需要休息、轉變一下環境。但無論去哪裡，我都一定要帶上一本正經八百、具啟發性的書。

因為進步對類型一而言非常重要，有效率且依照方法、系統與時間表工作也很重要。他們會不斷發展、優化工作過程，尋找最快、最有效的做事方法。類型一跟類型六在這方面很像，兩者皆會擬定計畫處理問題：流程圖、公式或規則（例如利用《羅伯特議事規則》來安排會議）。類型六喜歡在既定模式中工作，討厭驚喜或打斷他們已經熟悉的「系統」；另一方面，類型一是由自己的判斷力所引導，面對已達成的共識會有所遲疑，覺得自己的方法可能更為有效。至於誰同不同意他們的意見，或者是否有先例，或社會習俗跟他們站在同一陣線，他們都不太在意。

無法實現的標準

當你對自己設下的某些目標覺得很抓狂時，停下來問問自己，迫切需要解決的問題究竟是什麼？你所經歷的挫折感是否與正在處理的問題難度成正比？尤其要注意自己的內心對話——你對自己說了什麼？你試圖對誰讓步？

用正確的方法，指出問題所在

類型一的人知道，想要得到別人的愛，就一定要先有好的表現，而要有好的表現，就要把事情做對，也就是必須指

出錯誤或以更好的方法做事。一般狀態下的類型一認為，無論是政治或宗教觀點，或是何謂最好的學習習慣，或是最崇高的音樂和藝術典範等等，任何事情都有必要與他人好好爭論一番。

　　或許他們有些不錯的見解，但其他人可能會覺得，類型一以如此微妙的方式來證明其合理性，他們或許沒有察覺自己其實是透過這些行為來提升自我，他們彷彿是不斷在對超我證明自己的價值。（「看到我多麼努力工作嗎？看到我是怎麼發現問題嗎？我就是比那些人更有效率，不是嗎？」）而且還有一個問題：一般狀態下的類型一即便有值得一聽的觀點，但他們的表達方式可能過於強勢（甚至粗暴），導致別人不願意接受。

　　把事情做對是努力討好超我的另一種方法 —— 先認同它，降低其所創造的攻擊性與痛苦感。然而，此一策略所需付出的代價極高：會導致疏離、緊張，並且打從根本拉開自己與內部環境和外在環境的關聯性。這種把事情簡單分為對與錯的二元論作法，鮮少能達成令人滿意的結論，解決歧見的效果也不持久。

「**對就是對，錯就是錯，無一例外。**」

拓展視野

請進行以下練習：請找出一個跟平時認知相反的觀點，然後想辦法為其辯護、讓人信服。舉例來說，如果你平常覺得大部分的有線電視節目很難看，那麼請你想出一套說法，讓大家相信有線電視節目有好的一面。成功完成後，繼續找其他帶有強烈個人觀點的挑戰性話題試試，例如道德、性、宗教等。這樣一來，你就能更加了解他人的觀點，在相處上便能更具同情心與包容性。一開始可能很難做到，但最終你會發現這非常有意思。而且，這個小遊戲有助於你擺脫你的超我。

秩序、一致性和準時

　　某些類型一會不由自主想要保持整潔，而有些則會制定縝密計畫，還有些是需要密切監控個人的健康及飲食情況，也有些人對整潔與否不太在乎，但卻高度注意工作場所的程序。當一般狀態的類型一對於**內在失序**的感受越深，他們對外部秩序的關注也越高。

　　一般狀態的類型一在面對不一致性時，無論這不一致性是來自於自己或別人，都會讓他們備感困擾；因此，他們試圖讓自己的行為具有一致性、合情合理（比如類型一的孩子，會透過模仿高度的一致性，試圖從家長身上得到相同的效果）。此舉會更加鞏固對過去可行之道的依賴，也讓他們看不到其他的解決方法或觀點。

　　賈斯汀對於這個問題再熟悉不過了。

　　我覺得自己很緊張、很嚴肅，我就是沒辦法放鬆！無論是什麼事情、什麼情況，或是對話內容、房間分配、旅行安排，還是工作坊事宜，我都覺得凡事一定要井然有序。如果我發現訊息不完整或是有沒做好的地方，我就會變得很嚴厲。我很難做到人家所說的「順其自然讓上天決定」。對我而言，沒有所謂什麼事情比較重要，所以需要特別注意；在我看來，事無大小，凡事都一定要做好。

　　類型一通常會覺得，人的一天或一生能去做那件事情的時間就這麼多，因此必須竭盡全力來完成「任務」。當然，在別的領域中，他們在時間管理上可能會有一些有用的想法，但如果類型一的狀態開始惡化，對準時的執著就會變成持續性的緊張和壓力的來源。對類型一的人而言，上班或約會哪怕只是遲到一下下都會非常自責，但不代表他們願意加班完

成任務。

安妮在團體治療課程中就經歷過這種僵化的準時性。

只要一遲到，我就會頭痛，就算是跟一個從不準時的人有約也一樣。幾年前，在一次團體治療中，治療師希望大家都要準時到，但卻要求我要晚十到十五分鐘出現。他知道我做不到。每天，我的腦袋裡都有既定的行程表，如果不按表操課，我就會非常焦慮。直到有一次，我突然意識到，其實很多事情都可以明天再做，甚至可以拜託別人完成。當我心想「我得把這裡的事情做完」時，我就會覺得很煩，然後意識到，唯一要求我要這麼做的人，只有我自己。

強迫性的組織行為

先用十五分鐘，在你個人內心狀態日記中寫下你覺得生活中需要有秩序、需要受控制的事物有哪些？不需要受控制的又是哪些？請誠實面對自己，因為這兩組答案可能都遠比你想像中的長。你是否期待在家或在公司時，人或事都要有秩序？什麼樣的脫序狀況會讓你生氣？你的氣惱是如何表現的？

最後，請你回想一下，製作一份兩欄列表，列出將秩序與條理加諸在你認為重要的事情上時，有哪些優、缺點？對你而言，這些事情的秩序性與可掌握性，是否比人、比人際關係還重要？包括哪些人際關係？你是否在無意中冷漠的對待自己與他人，就像對待沒生命的東西或機器一樣？

自我控制和自我約束

為了要做到內在的一致性且不受外界環境影響，類型一相信他們必須進行嚴格的自我控制。漸漸的，類型一就不僅要對抗滿足他人期待的要求，對自己也要進行一番抵抗。他們會察覺到，某部分的自己對於自我提升計畫並不感興趣；

「我必須控制好自己。」

不過，對於無法做到自己所主張的標準，會讓他們活在強烈的愧疚感中。

在**潛意識**中，一般狀態的類型一在個人身體及其功能上通常會出現問題（內疚、羞恥、焦慮），他們所受到的教育是，自身以及個人的需求都很雜亂，而他們的身體與其自然本能都是骯髒的、令人羞恥的。他們必須超級整潔、超級小心、超級謹慎。於是許多類型一的人會表現得過分謙虛，哪怕是對吃飯、排泄或性行為都會感到非常緊張。

為了回應超我對於自我控制的要求，類型一會開始為自己的祕密提供「出口」，也就是我們所說的**緊急出口**。他們發展出一套祕密行為與放縱模式，讓自己以自認為安全、合理的方法來做喜歡做的事。緊急出口代表了對超我的部分反抗，在不拋開超我的情況下進行宣洩。因此，工作狂經理會在週末偷偷前往拉斯維加斯度假；滿口譴責無神論人文主義的牧師，會發展出對情色的隱密愛好；而人權主義者也會私下虐待其女友。

確認緊急出口

你有緊急出口嗎？你的緊急出口是什麼？是用什麼方式逃離？它是否告訴你，超我禁止你做的事情有哪些？

挑剔、批判

當一般狀態的類型一對自己越嚴格，並且無法原諒自己的錯誤時，他們只會深陷缺點之中而無法自拔。某些「缺陷」讓他們痛苦得難以面對，便迅速選擇壓抑。他們變得關注其他微不足道的違規行為，難以擺脫內心對這些事情的批判聲音。他們所能做的，就是努力做「好」，對別人可能也更加

批評他人的一天是苦，批評自己的一天也是苦。
——佛陀（Buddha）

挑剔。

如果進一步檢視人格的批判功能，就會發現該機制是將我們與被批判的事情分離，進而強化了自我感覺。批判是人與人之間劃下界線最有力的方式，並且直接切斷個人與經驗之間的直接聯繫。評斷自己的同時，就是給自己創造了一場內部戰爭。正如戰爭一樣，批判需要耗費大量精力、時間，帶來的也不是對個人的拓展或解放，而是讓人精疲力竭、受到束縛。

自我的本性（Essential self）會進行觀察、注意差異性，然後決定該怎麼做；相較之下，以自我（ego）為基礎的判斷方式某種程度上帶有負面的情緒能量，其主要功能不在於觀察，而是拉開距離（或是劃下界線）。**判斷的特點（而非認識本質）即在於其分裂性。**

進行評論
請在你的個人內心狀態日記中，寫下你在過去三小時對別人所做過的判斷評價（無論好壞）。如果你是早上剛起床，那就寫下自起床後對他人的想法。你評價的對象是收音機裡聽到的人物？還是在電視上看到的人物？抑或是你在家裡、大樓內或上班途中遇到的人呢？ 現在，請用相同的方法對自己。你會如何評價你過去三小時的行為？在你的判斷過程中，是否有共通的主題？

自我的批判也帶有一種「我要比被批判的對象『更好』」的成分。即使在評判某部分的自己時，某部分的我們會對其他部分說：「嗯，我比那更好！」這類的立場有其矛盾性與衝突性存在，因為人類做為單一個體，又是誰在評判誰呢？

泰德是個木匠，他以精湛手藝自豪，卻也清楚高標準要求所需付出的代價。

我知道，當我被自己的事情困住時，我對別人有時會非常嚴苛。最糟糕的是，無論我對他人多嚴苛，我都會以十倍的嚴苛來對待自己。當我真正停下來、聽聽內心的聲音時，我真的不敢相信！就算面對最大的敵人，我都不會那樣說話！

內在的批評者與完美主義

一般狀態的類型一對批評高度敏感，但只要知道他們會不斷自我批評，他們對批評高度敏感也就不意外了——任何來自他人進一步的負面評價都極具威脅性。類型一覺得，他們得把所有的力氣與專注力都用在滿足自身內在批評者的無情標準之上，因此在面對其他人的批評聲音，哪怕是微不足道的意見，他們的應對資源都十分有限。

類型一逃避自我批評唯一的辦法就是保持**完美**。當然，事實上這是不可能的。一般狀態的類型一會盡全力付出，因為他們覺得，無論是對自己、對他人，或是對個人的標準而言，只有完美的結果才能為人所接受（而且如果不夠完美，別人會失望）。因此，他們覺得自己不能請假，哪怕是一天都不行。可以這麼說，他們所做的一切，其實是為了避免受到內心那位嚴苛的法官所攻擊。

莫頓是一位成功的建築師，他有相關的體會。

幾年前，我從國際評審團手中接獲一項建築類的獎項。但問題是，我只得了第二名。我對此非常自責，不是因為我沒得到「第一名」，而是因為我在設計上的錯誤。我輾轉反側數日，在腦海中不斷重新繪圖。我對自己非常挑剔、否定和失望，完全無法享受獲得第二名的喜悅！這結果對剛畢業的人來說已經很不錯了，但我想，對我的超我來說，我做得還不夠好。

　　無論類型一內心的批評者如何批評、破壞及侵蝕他們的自信，類型一都深信其內心的批評者是唯一的理性聲音，是能帶領他們找到解決之道的明燈。他們若能意識到，超我的聲音實際上是在摧毀一個人的整體性，並且傷害他們及其人際關係的話，這會有很大的幫助。只要他們認同內心批評者，便能從中獲得一種真實（但脆弱）的自信，類型一也很難質疑或改變這種自信，除非能意識到其中的破壞性有多強。

**應對壓力：
從類型一變類型四**

　　在壓力增加的情況下，一般狀態的類型一因為渴望擺脫肩上的負擔與責任，可能就會發現自己把許多時間花在作白日夢、做浪漫的幻想，或是像一般狀態的類型四逃到具有異國情調的地方。他們可能會充滿浪漫幻想，對所遇到的人都抱有一種禁忌的渴望。然而，對類型一而言，他們通常都極為克制，不會把內心真實渴望的感覺告訴別人，更不會因為感覺而採取行動。如果類型一冒險對其幻想的「愛人」示愛，一旦被拒絕或嘲笑，都會給他們帶來深刻的羞恥感，會更加壓抑自己的衝動。類型一會因為做出不負責任的事情而感到愧疚，進而變得更加嚴格。

　　當類型一朝類型四轉向時，這說明了他們的覺醒與疏離。他們覺得沒人懂自己、沒人知道自己多麼努力工作，他們會突然變得喜怒無常、陰鬱和孤僻。他們的自律與自制會瓦解成妒忌和憎恨的狂暴情緒。（「每個人都過得比我好。」）類型一在穩定的情況下，也可能會出現一些無預期的戲劇化表現，或是擺出不高興的樣子，或者表現出與平常截然不同的行為；情緒失控、喜怒無常、充滿敵意、社交孤僻等都有可能。如果有人對此提出異議，類型一就會在更痛苦的情況下，表現出他們的侷促不安與自制行為。

　　在低層級範圍中，往類型四移動會讓類型一陷入自我放縱當中，並想要打破自己設下的規則。畢竟，沒有人像他們

一樣努力工作。誰會因為他們多喝幾杯或涉足聲色場所而非難他們呢？這些行為對於類型一來說，並不算特別有問題，但因為這些行為牴觸了超我的指示，才會因此而感到壓力和焦慮。此外，類型一選擇的排遣方式往往是自我放縱，而不是真正對自己好的方式，因此對於實際解放類型一的緊繃與挫折感效果有限。隨著他們開始往不健康狀態發展，超我就會變得格外嚴厲，以至於他們會在無意中尋找具破壞性的逃避方式來對抗超我。

如果類型一遭遇重大危機卻沒有得到足夠的支持或應對技巧，或是小時候遭受長期虐待，他們都有可能會跳過緩震裝置、直接進入類型一的不健康狀態。他們會因此產生一種恐怖的認知，即：他們的觀點、立場與方法可能是錯誤的，或是有侷限性、有漏洞和誇大的。類型一可能也會擔心，因為他們曾經如此嚴格的主張個人標準，其他人更會毫不留情地看待他們的錯誤。某些部分的擔憂或許是有事實根據。

這些認知是類型一人生中的轉折點。如果類型一認識恐懼背後的真相，他們就是朝健康和自由的方向移動了。另一方面，他們也可能變得更加自以為是和冥頑不靈。（「對就是對，錯就是錯，沒有例外。」「他們不同意我的看法是因為他們墮落。」）如果類型一堅持這種態度，他們就會滑入不健康狀態的層級中。如果你或你認識的某人在很長一段時

**示警紅旗：
陷入困境的類型一**

警示跡象

潛在病症：強迫症、邊緣性人格障礙、飲食障礙症、嚴重內疚、自我毀滅的行為。

→ 立場嚴格不變	→ 極度自以為是、非常挑剔
→ 為自己的行為辯解	→ 強烈的幻滅感與壓抑感
→ 狂怒、無法容忍和譴責	→ 強迫性思維和強迫行為
→ 週期性受虐式的自我懲罰	

間中（超過兩、三個星期）有出現下列警示跡象，就極有必
要尋求諮詢、治療或提供其他支持。

◆ 首先，也最重要的，是要習慣內在法官「超我」的存在，
學著區分超我與你自己，識別超我的「聲音」及其對你的
影響。要注意他是如何影響你的幸福感以及與周圍環境的
連結方式。開始將那種命令聲音當做是「他說」而非「我
說」。要記得，他只是**聽起來**像上帝的聲音而已。

◆ 要意識到你迫使自己超越忍耐極限的傾向。你手邊在做的
工作無疑很重要，但如果你不讓自己休息或喘口氣，你就
無法保持工作效率。你的工作不會因為「喘口氣」而受到
影響；事實上，反而有可能為你帶來全新的觀點，讓你用
更好的方法完成工作。保留一點玩樂時間；許多偉大的靈
感都是在玩樂時出現的。

◆ 你認為所有事情都是你在扛，而這會帶來極大的壓力。讓
別人幫助你，並且要知道，他們的方法可能沒有你的那麼
周全，但他們的付出或許也能提升你的個人觀點。你也可
以藉著多看別人的好處，讓自己得以在生活中找到一個安
靜的角落。如果你是類型一，其他人可能早就知道你能提
出有建設性的批評，他們或許也會尋求你的意見。但是，
不要害怕表達出你對他人的欣賞，以及對他人努力的肯定。
他們不會因此小看你，而且既然大家都知道你的坦率，若
能得到你的稱讚，意義肯定不同。

◆ 有時候你得花點時間才會注意到自己需要什麼，尤其是情
感上的需求。不過當你意識到之後，一定也要盡力讓他人
知道。就算別人知道你不開心或有麻煩，你的完整性也不
會因此缺角。相反的，坦承脆弱是提高完整性的關鍵因素。
同時，要注意與人交談時，到底是在對人說話還是與人交

**幫助類型一發展
的練習方法**

流。當你感到沮喪或生氣時，要確保你有看著別人說話，才不會讓人覺得你心不在焉。

◆ 要知道，你無法擺脫身上自己不喜歡的部分，頂多就是壓制一段時間，但這只是拖延與放大問題罷了。只要你堅持自己**理應**是某種樣子，你就無法真正接受現在的模樣與狀態。要試著注意、了解你身上的這些部分，而不要試圖改變。**你沒有辦法改造自己——任何人都辦不到。**停止自我改善計畫，學習跟自己相處。比起努力當一個理想化的好人，學著與自己相處的挑戰度更高。

◆ 學會認識及**處理**怒氣。當你沒有表現出你的怒氣，或是假裝它不存在，其實都是把怒氣累積在你的身體裡，因此任何形式的治療按摩或運動都會有很大的幫助。同樣的，瑜伽或簡單的伸展運動也會為身體與情緒健康創造神奇效果。你也會意識到，自己在無意中所保持的身體姿勢，或者是你在做些簡單的事情時，你在多大程度上會出現不必要的緊張。無論是寫信或開車，做任何事情可以很放鬆、很專注，但也可以很緊張、很抗拒。

　　無論是屬於哪種人格類型，每個人都會面臨困難，但也會有許多長處，只是我們鮮少意識到長處的存在而已。要記住，我們無須想辦法獲得或增加個人的正面特質，因為它們一直都在，而且隨時可用。

**建立在類型一
的長處之上**

▋ 類型一的天賦

　　雖然所有健康的人格類型都很難接受不誠實的行為，但類型一尤其有動力對所有事情保持誠實。此外，光說誠實是不夠的。類型一希望自己盡可能保持言行一致──「用行動

來說話」。他們是無法接受欺騙別人或宣稱自己擁有並不具備的能力。他們說的就是真實所想的，所做的就是自己所說的事情。這種誠實會深深感動和激勵他人。這是邁向卓越的表現，很少有人能不受影響。

我們在本章前面提過的精神導師珍妮，她描述了保持誠實所帶來的快樂。

身為學校校長，我的責任就是關注孩子們的發展。這種道德責任無法被取代。為了學生而將個人的需求暫放一旁，我感到心滿意足。做最好的自己不代表為了要擺脫某種局面，就非得走捷徑或以簡單方法行事。

健康狀態的類型一會發展出一套清楚的處事原則，藉此強化其誠實感，他們的核心原則就是一視同仁，公平對待他人。對類型一而言，這類原則是客觀的尺度，希望能藉此評價自己的經驗，並選擇明智的行事路線。但健康狀態的類型一會靈活運用標準，並且對改善標準抱持開放態度。

此外，健康的類型一是不會受個人利益或好處而驅使。當事情涉及眾人的長期利益時，他們會把個人的舒適與計畫暫擱一旁。舉例來說，看到當地學校的落後，類型一可能就會為了學校發展而投票支持增加稅收。不用說，類型一肯定不想多繳稅，但如果是為了當地社區長遠利益來看，他們也是願意勒緊腰帶。此外，健康狀態的類型一會自己做足功課，然後試圖說服他人，如果學校沒有改善，後續大家可能要面對的問題。（還有，因為健康狀態的類型一立場較為彈性，也較能以別人能接受的方式進行溝通。）如果沒有這樣的遠見和犧牲，這個世界肯定會變得更糟。事實上，在現今大眾消費、媒體斷章取義，以及短時間看得失的「一次性文化」

背景下，類型一的天賦就顯得更為重要了。

　　雖然健康狀態的類型一會特別關注特定議題，並覺得自己有合理的方法解決眼前的問題，但他們的原則、方法及道德標準都是適用在自己身上的引導標準。他們不見得會想要改變某人。他們是藉由豎立榜樣來吸引他人，而不是靠說教和勸誘。即便如此，別人也願意、甚至渴望聽到他們的意見。此外，因為他們接受了自身上大部分的人性，並理解別人的小毛病，因此在說服他人接受其所提觀點之真理與智慧時，就相當具有說服力和效果了。

　　健康狀態的類型一之所以能達成許多目標，是因為他們保持了一種平衡的自律。他們努力工作，善用時間，但也知道何時該「適可而止」，知道何時是該休息、該玩樂的時間。他們知道，自己的高效率有很重要的一部分來自於照顧好自己，得到充足的休息，而不是拚命工作到最後一刻。然而，即便是玩樂，他們也是有選擇性的；他們會尋找能讓人感到充實又快樂的假期、消遣和娛樂活動。（相較於一般狀態的類型一，健康狀態的類型一有時也會不謹慎，甚至犯傻。）類型一的人或許會說，他們的自律是基於「凡事保持中庸」的觀念。

　　卡珊德拉意識到，她需要的是**平衡**，而非完美。

　　我終於找到自己真正喜歡的活動：跳舞。我現在經常去跳舞，我發現自己會跳到渾然忘我。在跳舞時，我身上那種調皮、性感、嫵媚的一面統統都跑出來了，我愛死這種感覺！跳舞讓我可以用更完整、更健康的方式表現自己。我覺得跳舞完美的抵消了我類型一這種過分嚴肅的特質。

　　簡單來說，類型一非常在意當個好人，並且願意主動解

決身邊的問題。他們想向世人展示的是，他們對世界上許多可怕且不公不義的事情不會袖手旁觀。就如同健康狀態的類型八，類型一堅信自己能改變世界，並且無法對眼前的挑戰視而不見。無論他們是處理社會居住問題、工作上的腐敗現象、教育體制的問題、健康和飲食的事宜，或是解決當下身處環境中的道德失能問題，類型一都強烈覺得自己可以做出改變，而且想要成為推動改變的一分子。

因此，高度功能的類型一是在渾沌世界中的智慧與洞悉之源。他們有非凡的能力，知道如何做對的事情，尤其是涉及道德價值的問題。由於他們偉大的現實主義與客觀性，只要是對當下情況做出最好的選擇，他們可以將個人情感與喜好、甚至是把過去的經驗與學過的東西都暫擱一旁。

類型一會藉由保有在生活上的自由本能反應，從而實現自我並維持人格健康狀態，正如健康狀態的類型七。類型一會發現，他們可以與現實共處，且無需繃緊神經與之對抗。內心實際狀態尤其如此 —— 他們逐漸學會放下防禦，以更舒服的方式處在當下的環境之中。

整合中的類型一還有一點跟健康狀態的類型七很像，就是較少固執己見，願意接受更多不同的可能性。他們越來越好奇、樂觀、願意學習，尤其是想要知道他人不同的看法。類型一發現，這樣能增加生活的深度與視野的廣度，不會因此破壞了自身的完整性，也更能接受他人的觀點。

與類型七健康狀態的特質整合過程中，類型一可能會害怕失去對自我的控制。他們的超我會發起嚴厲攻擊，表示如果放鬆下來、讓自己感受到更多的自由與正面態度，或甚至接受眼前的一切，天很快就會塌下來。這股攻擊力量通常會以害怕憤怒的方式呈現。類型一害怕自己的憤怒徹底蔓延，認為這會導致他們做出可怕的行為。但如果類型一的狀態夠

**整合之路：
從類型一到類型七**

健康，他們就能察覺到自己的衝動，也就不太可能會受其驅使而爆發。事實上，**引起失控爆發的真正原因，是缺乏自覺意識及自我認同。**

當然，類型一是無法透過模仿類型七一般狀態的特質而進行整合，他們若是變得過度活躍與過分享樂，這樣一點意義也沒有。類型一更需要做的，是意識到自己人格結構中的壓抑與悲傷。當類型一知道如何察覺超我的嚴厲規則，並學會區分自己與這些內在的「聲音」，自然就能展現出類型七健康狀態的特質：喜悅、熱情、好奇和開明。

類型一要面對的挑戰就是平息內心的戰爭，而唯一辦法就是接受所有的自己而不加以批判。人性的每一部分都有其存在的目的（假設是一種神聖的目的）。如果性衝動、享樂欲望、情緒、不理性的衝動，還有感知與判斷（無論對或錯）都是人性的一部分，譴責這些狀態便毫無意義，因為這是人類與生俱來的能力。我們可以選擇責怪造物者，爭取換個模樣；我們也可以選擇以既有的模樣，從此遨遊四方。

將人格轉為本性

類型一真正在尋找的，不是判斷能力，而是洞察力的特質。洞察力是指注意事情的不同特質，而判斷能力則包含了干預洞察力的情緒反應。要說地毯顏色跟牆壁顏色不同，那是一回事；如果要說一個東西比另一個更好、更重要或更正確，那又是另一回事。換句話說，目擊者與法官不是同一個人。洞察力是需要我們扮演好目擊者的角色。

智慧並非僅關乎道德行為，而是「中心」，是道德認知與道德行為產生之處。
——馬庫斯·博格
（Marcus Borg）

請注意，我們不是在討論倫理或道德相對論，而是看清情況與事實改變的能力，還有最好的結果會是什麼。智慧能讓我們看清現實的真實狀態，而不是我們想要的狀態。智慧不會無視對錯或否認一個人有更好或更壞的選擇，而是看看人們**已經做出的決定**，我們發現自己所處的情況，然後考慮怎麼做才是最好的。智慧能看清我們真正需要什麼、什麼是

最好的——但它只會在當下出現，只會在**擺脫**先入為主的價值**觀念**、看法和判**斷**的情況下才會浮現。儘管我們為自己打造了某種形式的地獄，但智慧能幫我們找到出路——只要我們願意對「應該」做什麼，或是「必須」如何回應等問題暫緩做出判斷。唯有放下對「正確」的執著，才有可能找出真相，即：尋找真正的平衡狀態。

類型一恢復人格健康狀態所需的關鍵字是**接受**，但不代表放任；意思是如果我真想把事情做好，我就得根據現有的情況來進行。對類型一而言，接受現實也是透過學習**容許**，進而**接受**——容許他人，也包括自己在內。他們容許每個人做為獨立個體，在個人的時間裡、用自己的方式去了解真理。我們的洞察能力或採取明智之舉的決定都不會因為「接受」而失能；相反的，是會無限增加我們在上述方面的能力。

「接受」會開啟內在與外在的兩道大門。人們本能的會對健康狀態的類型一有所回應，正是因為類型一會讓人覺得，自己關心的事情有人能理解、能接受。許多「十二步計畫」（twelve-step meetings）都會以**寧靜禱文**作結。尋求內心成長的類型一也應該好好思考一番。

> 上帝，請賜予我寧靜，去接受我無法改變的一切；
> 請賜予我勇氣，去改變我所能改變的一切；
> 並賜予我智慧，去分辨兩者的不同。

▌本性的出現

在內心深處，類型一始終記得完美的本質。他們知道，打從根本開始，宇宙就是以其有的方式展開運作。（正如諾里奇的朱利安曾說過的名言：「一切都會變好。所有事物都

會很好。」）這種完美感是與我們在類型八和類型九中所看到的整體感和完美感相關。類型一對於完美的整體認知就是**完整**。

在完整的狀態中，構成整體的所有部分都無縫地貼合在一起，創造出某種大於總和的效果。我們感受到一股深層的平靜以及對生命的接受，讓我們有能力去知道在每種情況、每個時刻之下究竟需要什麼。無論是擦玻璃還是分享意見，我們可以確切知道完成任務需要付出多少精力。我們以某種不費力的方式在生活中行動，而其成就遠超過在身體緊繃狀態下所能做到的一切。人們知道自己就是完美展開過程的一部分，並從這份認知中獲得力量，這是自我意識望塵莫及的狀態。

保持這種意識會釋放出深度的智慧與洞察力，能夠照亮我們想做的一切。當類型一以足夠的耐心獲得自我認可與開明心態後，便能放鬆下來，並覺察到這股特質其實一直都在，而且隨手可得。最後，類型一與心中長期渴望獲得的神性特質合而為一。

將你對類型一的十五項陳述選擇得分加總，得分範圍會在 15 到 75 分之間。參考得分說明，幫助你找到或確認你的人格類型。

15 分	你可能不是服從型的人（不是類型一、二或六）。
15-30 分	你可能不是類型一。
30-45 分	你可能有類型一存在的問題，或是有類型一的家長。
45-60 分	你可能有某種類型一的元素。
60-75 分	你極有可能是類型一（但如果你對類型一的認識過於狹隘，也仍有可能是其他類型）。

類型一最有可能誤認自己是類型五、四或六。而類型三、六和七則最有可能誤認自己是類型一。

第 8 章

類型二：助人者

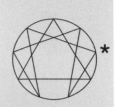

利他主義者

愛人者

照顧者

取悅者

促成者

特別的朋友

愛是對所愛之人身上那些親切特質的欣賞與珍惜；前提是，你是他們發揮特質的對象。

－－塞繆爾・泰勒・柯勒律治（Samul Taylor Goleridge）

我們唯有愛他人，才能愛自己；也唯有愛自己，我們才能愛他人。但是，對自我那種自私的愛，會讓我們無法去愛別人。

──托馬斯・默頓（Thomas Merton）

要一個人去愛另一個人：這或許是最艱難的任務，也是最後的終極考驗與測試。其他的工作都不過是為此而做的準備。

──萊納・瑪利亞・里爾克（Rainer Maria Rilke）

愛之欲其生。

──孔子（Confucius）

里索―赫德森【人格類型態度】分類測驗

_____ 1. 基於對他人的真誠關心，我和別人的希望、夢想及需求深深綁在一起。

_____ 2. 友善是很自然的表現：我很容易找到話題，經常跟別人稱兄道弟。

_____ 3. 每當我關心或鼓勵他人時，別人總會熱情回應。

_____ 4. 我總會想把路上的流浪狗帶回家。

_____ 5. 我很高興自己是一個體貼、大方的人。

_____ 6. 我不太願意因為自己幫過別人的事情而居功，但如果別人沒放在心上，我還是會介意。

_____ 7. 我經常為別人做超出範圍的事情；我放棄了許多事情，而且經常沒有充分考慮到自己。

_____ 8. 我發現自己經常想要贏得別人的心，尤其是別人一開始對我很冷漠的時候。

_____ 9. 招呼、款待朋友和「大家庭」成員時，我感到特別快樂。

_____ 10. 我可以很溫暖、熱心助人，但我內心深處有別人不知道的冷毅。

閱讀右側敘述後，根據下列描述情況給分：

_____ 11. 在表達情感上，我比大多數人更坦率。

_____ 12. 我會特別努力去了解我關心之人所發生的事情。

1. 完全不符合
2. 幾乎不符合
3. 一半符合
4. 大部分符合
5. 高度符合

_____ 13. 我覺得自己是「破碎心靈的撫慰者」。

_____ 14. 由於我把他人的需求和利益擺在個人之上，因此我的健康和財務狀況經常出問題。

計分標準請見第 184 頁

_____ 15. 我喜歡竭盡全力讓他人覺得受歡迎和受欣賞。

人格類型二：助人者

關心他人、注重人際關係的類型：
大方、熱情、取悅眾人、占有欲強

　　我們將類型二的人格命名為助人者，因為這類型的人最為真誠地想幫助他人，即便在人格不健康的狀態下，他們也是**將自己視為**助人者。對他人慷慨大方、盡心盡力會讓類型二覺得這是一種最富有、最具意義的生活方式。他們所感受到的關愛，以及個人所做的好事，都會讓內心備感溫暖，覺得自己的付出都是值得的。類型二最在意的莫過於生命中真正美好的事物──愛、親密感、分享、家庭及友誼。

　　露易絲是一位牧師，她分享了發現自己身為類型二的喜悅。

　　我無法想像自己如果是另一種類型會怎樣，我也不想當另一種類型的人。我喜歡跟別人的生活綁在一起。我喜歡那種充滿同情心、關心、呵護別人的感覺；我喜歡煮飯與做家務；我喜歡那種自信感，相信別人都會願意把事情告訴我，而我也願意愛他們……我真的為自己感到驕傲，也愛那個能與他人同在的自己。我真的可以、也願意去愛別人、愛動物和愛許多事情。而且我是一個很棒的廚師！

　　當類型二處於健康、平衡的狀態時，他們充滿愛心、樂於助人、大方體貼。大家會受此類型的人吸引，就像蜜蜂為花蜜所吸引一樣。健康狀態的類型二會用心照亮、溫暖他人。他們以自身的欣賞和關注來激勵他人，幫助他人看到自己身上、之前不曾注意到的正面特質。簡單來說，每個人都想要

→ **基本恐懼**：害怕不為人所愛、不為人所需要，孤單一人

→ **基本欲望**：感到被愛

→ **超我的訊息**：「如果有人愛你，並跟他人相處關係密切，你就很棒。」

擁有一對像健康狀態類型二特質的父母：能看到自己真實的一面，以深深的同理心來理解自己，以無限的耐心來幫助、鼓勵自己，而且永遠願意伸出手來幫忙——而且準確知道何時該放手以及如何放手。健康狀態的類型二會敞開心房，因為他們的內心始終保持敞亮。他們讓大家知道，要如何做一個更有深度、更豐富的人。露易絲繼續說道：

> 我的所有工作都是跟幫助他人有關。我是一名老師，想要更敏銳地感受孩子的想法，幫助他們有一個好的開始。我在幾處教區擔任宗教教育的導師，我覺得如果人們懂得精神生活，他們會比較快樂……我生活中最重要的一部分就是精神生活。我曾經在宗教社區生活了十年，嫁給了一位牧師，靈性就是我們共同生活的基礎。

「我關心他人。」

然而，類型二的內在發展可能會受其陰暗面所控制，包括驕傲、自欺欺人、過度介入他人生活，以及藉由操控他人以滿足自己的情感需求。改造工作讓我們得以進入自己的黑暗面，而這一點與類型二的人格結構強烈對立，因為類型二認為自己是極度正面、發光發熱的代表。

或許類型二、三和四在內在工作中所面臨的最大障礙，就是必須面對潛在對於**無價值**的三重恐懼。在表面之下，這三種類型的人都害怕自己沒有價值，因此必須好好表現一番，以此獲得他人的愛與接受。類型二在一般狀態到不健康狀態的層級中，他們會表現出一種錯誤的形象，也就是做出極為大度、大公無私且不求回報的樣子，但實際上他們是有大量的期待與未說出口的情感需求。

處在一般狀態到不健康狀態範圍的類型二會**透過遵守超我的要求、為他人犧牲自己來確認個人價值**。他們相信，如

果想要被愛，自己一定要先充滿愛心、無私奉獻，要把別人的需求擺在最前面。問題在於，把他人放在首位會使類型二在背後默默憤怒、怨恨，這也是他們要努力壓抑或否認的感覺。不過，這些情緒終究會以不同的方式爆發，破壞他們的各種關係，揭露出處在一般狀態到不健康狀態範圍的類型二，他們平時口中的自己以及其多深的愛，其實都不是真的。

但是處在健康狀態的他們，情況就完全不同了。我（唐）自己的外婆就是典型的類型二。在二戰期間，她幾乎是密西西比州比洛克西市的凱斯勒空軍基地裡一半人的「媽媽」，她照顧這些軍人，把自己的家變成所有離家之人的家，為從軍而感到孤單或害怕的人提供建議與安慰。雖然她和丈夫都不算富裕，自己也有兩個十多歲的小孩要照顧，但她還是為這些軍人們額外做飯、晚上招待他們住下，為他們縫補、熨燙軍服。她一直活到八十多歲，而那些年是她一生中最開心、最滿足的時光，或許就是因為她那種健康狀態的類型二人格潛能充分發揮了吧。

▌童年模式

在童年時期，類型二相信三件事情。首先，必須把別人的需求放在首位；第二，想得到就必須先付出；第三，因為無法輕易得到他人的愛，因此必須先在他人的情感之中**贏得**一席之地。他們相信，要被愛就得壓抑個人需求，要優先滿足別人的需要，他們會為了被愛或被需要而過度關注別人。視其童年環境的功能不全程度而定，他們也相信，承認個人需求是一種自私的行為，是其超我所嚴格禁止的。（「好人不會有需求。過度在意自己是自私的行為。」）

因此，類型二學會了在家庭系統裡——**以及在後續所有**

※請注意——
此處所指的童年模式並不會導致人格類型的產生，而是描述了我們在童年的早期階段所觀察到的各種傾向，對於成年後的人格類型有重大影響。

的人際關係中──應有的作法，就是要當一個助人者、一個無私的朋友、一個取悅他人之人，以及一個呵護所有人的付出者。年輕的類型二會透過幫助照顧兄弟姊妹，或做功課，或以不同方式照顧父母，建立自己在家中的地位。他們深信，只要**犧牲**自己，就會在家庭中得到**愛**的回報。

洛伊絲是一位優秀的教育者和管理者，做為類型二的她，分享了小時候的某些負擔。

在我印象中，照顧家人一直是我的責任，我覺得我必須要幫助父母減輕壓力。家裡有六個小孩，我排行老二，我要照顧兩個十一歲的雙胞胎妹妹。有好多次，我想到大家都依賴我的感覺。我童年大部分的時間都是用在煮飯、打掃、洗衣服，這些都是為了幫助我母親，因為她看起來總像快被生活壓垮似的。

然而，這種傾向會給類型二帶來大麻煩。為了完全認同呵護者的角色，並且要維持這個角色所帶來的正面感覺，類型二就必須深深壓抑自己的需求、傷害與自我懷疑；一旦這種壓制出現，他們就越來越難承認自己的需求與痛苦，並且會自動被他人身上的需求與痛苦所吸引。在類型二的內心深處，他們試圖在別人的傷痛上，修復自己所無法承認的傷痛。

瑪姬是一名有天賦的治療師，一生致力於幫助病人療癒童年的創傷。她清晰地講述自己早期自暴自棄的經歷。

我上一年級的第一天，看到許多小朋友在操場玩耍，他們大喊大叫，互相推來推去，四處奔跑。我覺得自己彷彿掉進了地獄裡，因為我很不習慣身邊有這麼多小孩，而且在我看來，這些小孩都是處於「失控」狀態。我該怎麼辦？在操場的另一端，我看到了一個小女孩，她哭得很厲害，而且衣服凌亂，頭髮亂七八

糟，鞋帶也鬆了。她需要幫助！賓果！我朝她直奔而去，摟著她，告訴她不用擔心，我會照顧她。這一瞬間的相互依賴，讓我感到自信和被需要。過了多年之後，我才意識到，自己當時是多麼害怕，而那個小女孩正好是我的寫照。

有了這股內在動力，類型二會透過注意他人、努力取悅與幫助他人來處理負面情緒。但是，當他們的成長背景功能不全程度越高，就越覺得自己得不到別人的幫助，便更期待別人給予正面回應。最後，他們會付出一切，只為了尋求一種象徵或符號，代表他們為人所愛。

▋ 具有類型一側翼的類型二：公僕

健康狀態：此側翼附屬子型的人會將熱情與目的的嚴肅性結合，並且努力追求個人的善良表現及無私奉獻。類型一的道德與類型二的同情心結合在一起，會帶來一種想要解救他人於苦難的強烈欲望。這些人通常都是樂善好施的好心人，那些別人不願意做、吃力不討好又枯燥乏味的事情，他們都願意去做。比起其他的附屬子型，他們做事更嚴肅，是大家公認的守護者，經常從事教育、社會服務、醫療專業、政府單位等相關行業，並且會為無權無勢、身體或精神有障礙的人服務。

一般狀態：此側翼附屬子型的人覺得有責任要對抗自己的「自私」態度和情感：覺得需要為別人的福祉負責，會表現得很有責任感、舉止合宜，並且嚴以律己。他們情感豐富，但會限制自己的情感表達，因為吸引別人的注意會讓他們感到不自在。他們喜歡在背後付出，但是又希望讓別人感受到他們的重要性。具有類型一側翼的類型二在個人情感需求與

側翼附屬子型

代表人物

德雷莎修女
愛蓮娜·羅斯福
戴斯蒙·屠圖
丹尼·湯瑪斯
安·蘭德斯
芭芭拉·布希
路易斯·卡羅
佛蘿倫絲·南丁格爾
阿爾伯特·史懷哲

個人原則之間經常會有所衝突，導致他們選擇參與道德或宗教上的活動。他們會變得極具自我批判意識、忽略自己的健康，並且否認個人需求，傾向扮演殉道者的角色。

▍具有類型三側翼的類型二：主人

健康狀態： 此側翼附屬子型的人較為外向，他們會透過建立人際關係連結、讓他人感覺良好的方式來尋找愛的感覺。具有類型三側翼的類型二其自尊與個人特質緊密相連，而不是與為他人服務的特質相關。他們善於社交、健談、富有魅力、適應力強，有許多明顯的「性格」。他們樂於跟家人朋友分享自己所擁有的才藝及資源，例如烹飪、娛樂、唱歌和傾聽，這些都是他們分享內在美的方法。

一般狀態： 此側翼附屬子型的人友善、幽默，但也目標明確、野心勃勃。他們不會明顯表達出對他人的關切，而是更在意友誼，並把對他人的關切視為一份厚禮。此側翼附屬子型的人有充滿魅力的一面，也非常在意各種人際關係，會有過度友善、誇張感傷和做作的表現，這是類型三渴望被接受以及類型二想與人保持親密關係相互結合的結果。具有類型一側翼的類型二較不嚴肅，是以任務為導向，也比較不會自我懷疑和自我批評；但具有類型三側翼的類型二對於想要的東西表達很直接，希望人家注意到他們的付出。他們會覺得自己很重要、很霸道，有時也很傲慢。

本能變項

▍自保型的類型二

權利。 在一般狀態下，自保型的類型二會壓抑自己的自保本能，專注在滿足他人的需求。他們最有可能為了別人而

忽略自己，導致休息不夠、留給自己的時間不足。他們享受煮飯或招待他人的感覺，但自己卻常沒有吃好，也沒享受到自己舉辦的活動。然而，在潛意識中，他們是想要別人來照顧自己的自保需求，卻鮮少會直接開口要求。因此特別容易產生殉道者的感覺，覺得是別人「欠」他們的，彷彿在說：「我為大家做了這麼多，無論我想要什麼，他們都應該要滿足我。」

隨著自保型的類型二其焦慮感增加，他們不得不找其他更間接的方式來滿足需求。在此同時，自保本能會因為情感與衝動的壓抑而受到扭曲。此外，自保型的類型二會自重自大，為了自己的犧牲而備感驕傲，益發覺得有權利沉浸在任何可以彌補痛苦的事物之中。在要求特權與為犧牲爭取回報的同時，他們也會以暴飲暴食和藥物控制來壓抑激進的感覺，在抱怨的同時又會否認個人需求，要嘛就說「**我**不需要別人幫忙」，要嘛又說「沒人注意到**我**想要什麼」。他們越來越依賴操控他人的情感（罪惡感）來滿足個人需求。

不健康狀態的自保型類型二會陷入自重自大的幻覺中，忽略或虐待自己的身體健康。受飲食問題、醫療症狀、綜合症等問題的困擾十分常見，像是身體失調與臆恐病。不過，壓抑情感需求或激進感也會導致真正的健康問題。

▎社會型的類型二

大家的朋友。在一般狀態下，社會型的類型二會表現出想要被喜歡的強烈欲望，並希望得到其生活圈眾人的認可。他們（跟類型七一樣）通常會有忙碌的社交行程，喜歡為他人引見、聯絡及主持聚會。他們可以輕鬆與眾人稱兄道弟，總讓旁人覺得不可思議。他們喜歡當社交中樞，做社交場合

的核心人物。社會型的類型二強烈需要被人們注意、放在心上，而且害怕被冷落或被忽視。

隨著對關愛和注意的需求增加，他們開始想辦法保持知名度，或是與朋友圈中的成功人士、或特別受重視的人保持密切關係。社會型的類型二或許有自己的抱負，但這些大多是無意識或不直接的表現。因此，他們會想方設法變成他們眼中成功人士不可或缺的支持者——「你挺我，我也挺你。」如果對渴望的社交關係沒有信心，他們會培養才藝來提升自己的價值，希望能提供更多東西（例如有特異功能）。他們試圖透過提供建議來給人留下深刻印象，無論是精神上、財務上或是醫療上，但也可能會攀親帶故來提高身價。後者常會導致麻煩，因為他們渴望讓別人知道自己是某些重要人物的朋友，進而導致了言行失檢，並且表現出不該有的自信。對處於一般狀態較低層級的類型二而言，那些所謂的重要友人，可能也會導致挫敗感；因為他們廣交五湖四海的朋友，卻很少真正與人真心交往。他們追逐的，可能只是那些能給予他們一點點認同或關注的人。

不健康狀態的社會型類型二會極為盛氣凌人，不斷想讓大家注意到他們所做的「好事」，然後召集其幫助過的人，說：「如果不是我，你現在會淪落到什麼地步？」另一種類似的情況是，他們可能會變成典型的促成者；為了讓對方留在身邊，並欠自己人情，他們會掩蓋重視之人所犯下的錯誤或造成的混亂。

▌性本能型的類型二

渴望親密關係。 在一般狀態中，性本能型的類型二是九型人格中真正渴求親密關係成癮的一群人，想要在情感與

身體上都更親近他人。在有吸引力的人面前，他們會想要贏得對方的好感，尤其是征服對方頗具挑戰性，或是對方一開始表現出興趣缺缺的樣子。如果社會型的類型二想要當每個人的朋友，那麼性本能型的類型二就是想當一個人最好的朋友——他們只關注少數人，喜歡把自己當做是朋友心中最親密的知己。性本能型的類型二很享受與他人的私密時光，喜歡分享祕密，討論「關係」。重視對象所喜歡的任何事物，他們都願意去學習，甚至為了拉近關係，深入研究都有可能。（「哇！我也是從辛納屈四〇年代的唱片開始聽到現在！」）

一般來說，**魅力**一詞一直都跟類型二脫離不了關係，但用來形容性本能型的類型二尤其貼切。九種人格類型的人都有各自的**魅力**，而性本能型的類型二，其**魅力**主要來自於給予他人大量關注。為了拉近與別人的距離，他們會主動討論對方的問題。公開的性行為可能也是這種類型的一部分，只是並非有意而為。

隨著性本能型類型二對其欲望攀升的焦慮感增加，他們會開始**追求**他人。他們擔心，如果自己再不努力一點追上他人，別人就不會願意花時間跟自己相處。一般狀態較低層級的社會型類型二會越來越衝動、要求越來越多，而且不接受別人的拒絕。就算別人喜歡他們，他們還是會覺得不夠親近。社會型的類型二喜歡建立關係網、介紹朋友互相認識，性本能型的類型二則想要把朋友隔開，不想讓對方互相認識，唯恐雙方互相認識後，會把類型二排除在外。

不健康狀態的性本能型類型二會變得嫉妒心強、占有欲旺盛，也會非常徬徨，害怕看不到或打電話找不到想要的那個人。他們可能會像著魔似的對人，瘋狂的「查勤」，無法接受被拒絕或是想要的那個人沒有給予足夠回應。他們可能會跟蹤自己迷戀的人，或是折磨那些無法拒絕他們主動示好的人。

類型二　發展層級			
		關鍵詞	
健康狀態	第一級	自我培養 無條件的愛	類型二不相信自己不能照顧好自己，因此，他們會掌控好個人情感與需求，並且不預設期待地自由愛人。他們也能滿足基本需求，自由的類型二會無條件愛自己與愛別人。他們快樂、親切、謙遜。
	第二級	同情 關愛	類型二以關愛出發，注重他人感覺，以此對抗其基本恐懼。自我形象是：「我是個充滿愛、體貼且無私的人。」
	第三級	支持 付出	類型二會藉由做好事來強化自我形象。他們不吝付出時間與精力，會欣賞、鼓勵及支持他人。他們善於表達情感，樂於與他人分享個人才能。
一般狀態	第四級	善意 取悅他人	類型二開始害怕無論自己怎麼付出都不夠，別人不是真心想與他們交往。他們想更親近別人，確認別人真的喜歡自己。試圖藉由取悅、奉承與支持他人來建立友誼、贏得他人的心。
	第五級	占有 侵擾	類型二擔心所愛的人會愛上別人，渴望被需要的感覺。他們會藉由優先滿足他人需求，以此要求對方。驕傲、要求很多，不想讓別人離開自己的掌控範圍。
	第六級	自大 傲慢	類型二不喜歡別人把他們的存在視為理所當然，但是又無法坦承受傷的感覺。他們會改變策略，抱怨自己的健康情況，想要吸引別人注意到自己做過的好事，並且提醒他人對自己的虧欠。壓抑情緒會導致身體出現問題。
不健康狀態	第七級	自我辯護 操控他人	類型二害怕自己會把別人推開，這或許是真的。為了挽救自我形象，他們會把行為合理化，將他人看做是「自私的忘恩者」，試圖引起他人的同情來代替被愛的感覺，讓他人依賴自己，防止別人離開。
	第八級	理所應當 強制高壓	類型二變得非常渴望愛，開始瘋狂追求。他們覺得自己遭受過太多痛苦，所以想要什麼都是理所當然的。他們會不顧一切、以不恰當的方式來表現出個人情感需求。
	第九級	受害感 沉重的	意識到自己的「自私」或甚至曾經傷害過他人，是不健康狀態的類型二所難以承受的。他們在身心上都會徹底瓦解，扮演受害者、殉道者的角色。其他人此時就不得不介入並照顧他們。

大多數的類型二在生命中的某些時間點會遇到下列問題。請注意這些模式、「掌握自己當下狀態」，並且觀察自己平時的潛在慣性反應，這都有助於我們擺脫所屬人格類型的消極面。

▍類型二的警鐘：「取悅他人」

正如我們所見，類型二通常都很大方，但有時也會因為不放心他人對自己的真實情感而感到不安。如果他們開始擔心為別人付出不夠，那就是陷入「取悅他人」的情境之中——說些或做些能討人喜歡的事。類型二很難不接近他人，也不會讓別人有自己的情感表達。他們往往衝得太快，最終卻吞沒了對方。

取悅他人的形式有很多，從強迫友好到過分關心他人幸福，到過度慷慨，到厚顏的諂媚對方。此外，類型二會不由自主與他人建立一種不分你我的關係，例如變成郵差的好朋友、照顧所有鄰居的小孩，因為與他人建立親近關係正是他們的自尊感來源。類型二努力從他人身上獲得正面情感，藉此彌補心中的空洞。就跟自我所想的大部分方法一樣，這種策略注定要失敗。

在類型二的內心深處，他們不確定如果自己不再表現大方、不再支持他人，別人是否還會願意跟他們親近。因此，當別人認可他們的善行時，類型二的內心依然會保持不動如山。別人的感謝無法治癒他們潛藏在內心深處、覺得自己毫無價值感的感覺。此外，在某個層面上，其他人知道一般狀態類型二的「大方」背後隱藏的目的。這早晚會讓他人選擇疏遠，並拒絕類型二的好意。

李奇是一位四十多歲的已婚作家，他回想起小時候的一

件事情，此事說明了隱藏在其行為背後的痛苦。

　　大概在四、五歲時，我想跟隔壁街區的小女孩做朋友，不過我們之間沒有什麼交集。我有一台小的發條火車，是我最喜歡的玩具之一，我想把它送給小女孩，這樣她應該會喜歡我。某天下午，我帶著火車去她家，看到她在走廊上玩耍。就在我要把火車給她的前一刻，我意識到（但不知道要用什麼字來形容）自己其實是在收買她。我依然記得當下心中的掙扎，因為我是打從心底想把東西給她，希望她會因此喜歡我、跟我做朋友。

贏得他人

在你的個人內心狀態日記中，保留一頁記錄你取悅他人的方法。你是否會為了討人喜歡而奉承他人？你是付出金錢？還是做過什麼特別的事情？你是如何（巧妙的）讓別人注意到你所做的事情？你是否有發現自己否認取悅他人的行為，或是將其合理化？你會因此感到驕傲還是羞恥？如果有人等你取悅他，你會做何反應？你在想這些事情的時候，心裡有什麼感覺？如果情況反過來，變成他人試圖奉承、取悅你，你有什麼感覺？

社會角色：特別的朋友

「我們如此親密，真是太美妙了，不是嗎？」

　　一般狀態的類型二會把自己定義為特別的朋友或知己。他們想要別人把自己當成最要好的朋友，並且會想尋求他們的意見、分享祕密和隱私。他們想要在家人與朋友心中有特殊的一席之地，知道他人的特殊訊息（不為人知的小事）能「證明」關係非比尋常。一般狀態的類型二會投入大量時間結交新朋友，並跟老朋友保持聯繫。他們想要知道他人大大小小的事情，參與別人人生中的所有重大決定。

　　類型二也希望外人能知道他們與朋友之間的關係有多麼

密切，因此通常會選擇八卦的方式，吹噓自己與他人的親密
程度，有時還會說出一些不為人知的小道消息。八卦也是類
型二展現出關切他人的方法。（「傑克和瑪莉的婚姻又出問
題了，而且可憐的傑克工作也不太順利。」）

　　類型二也會投入大量精力深入他人的愛好，例如追求宗
教傳統中的靈性，希望能**為他人做更多事情**。解讀塔羅牌、
按摩、能量治療、營養訊息、烹飪、育兒資訊及手工藝等事
情，這些都是為他人服務、讓別人喜歡自己的方法 —— 其實
這一切都是為了類型二自己。類型二覺得，如果他們有某種
精神力量或天賦（例如解讀徵兆或是為他人提供聖餐），別
人就會一直需要他們。

他們真的喜歡我嗎？

請觀察一下，為了確保與他人的連結性，你會採取什麼行動？你
是否會加倍付出？是否會把這段關係掛在嘴邊？是否需要他人再
三重複保證？如果你發現自己想要更靠近他人時，請先停下來，
做三次深呼吸，注意姿勢，然後再繼續與對方交談。

驕傲、奉承與自我滿足

　　當自我試圖把自己視為是他人生命中關愛與價值的來
源時，結果就是表現驕傲，也就是類型二的「強烈情感」或
「罪」。（「如果不是我，你現在會淪落到什麼地步？」）
真誠的愛與價值是根本天性的一部分，是當我們與他人的心
真正相連時的自然反應。如果一個人與這部分的本性脫節，
便會感到空虛、覺得自己毫無價值可言，而驕傲正是自我在
掩飾這些痛苦感覺的策略。

　　驕傲經常會以**奉承**的方式表現。類型二在驕傲的驅使下，

誰知道他美德之名或所在
之處？沒有。
——約翰·多恩
（John Donne）

會覺得恭維他人有其必要性，但其潛意識真正渴望的，是類似的正面關注會重新回到自己身上。他們希望別人能看到自己的慷慨大方與充滿愛心，並且能以類似的方法來認可他們。當類型二的安全感越薄弱，就越想奉承他人，希望對方能感謝、欣賞並且奉承自己。

對所有類型而言，**驕傲**是一種不願意承認自身受到傷害、需要尋求幫助的心態；就是不願意承認自身所受的痛苦、空虛和需求的嚴重性。堅持驕傲的結果是，類型二照顧了所有人的痛苦，卻忽略了自己的傷痛。（「我不需要任何東西，我很好！我是來照顧你的。」）一旦有人明確指出類型二確實有需求及受傷時，在防禦的同時，心中的驕傲感會選擇背叛。

正如情感三元組中的其他類型，類型二那種充滿愛心的自我形象其實是掩蓋了他們深深的羞恥感、悲傷感及敵意。只要這些情感得不到解決，類型二就無法表現出完整的感受。因此，驕傲不僅使他們無法體會到他人的關愛與照顧，也會轉移他們的注意力，而貌似無私行為背後的傷痛永遠也得不到治癒。

尋找示愛表達

如果類型二覺得別人不再那麼喜歡自己，他們就會把重點擺在更特別的事情上，讓自己有被愛的感覺。即便都是類型二，但不同的人所關注之愛的象徵也會因人而異，可以是任何事物，包括擁抱、講話音調、幫忙所得到的即時感謝、接到電話或是性方面的回應等。

我們把這些特定反應稱為「示愛表達」。除非對方說出像「我愛你」這類特定的字眼，並且要以特定的語調和堅定的眼神，否則一般狀態的類型二是不會有被愛的感覺。如果對方選擇以類型二認定之示愛表達以外的方式，**這就不算數了。**

事實上，類型二會在潛意識中判斷他人的回應，只有少數行為能通過超我的過濾機制。（「傑夫跟我打招呼，問我今天過得如何，但如果他真的關心我，他就會停下來跟我喝杯咖啡。」）當然，當類型二的不安全感越強烈，即便是很明顯的示愛表達，他們依然難以接受，而且不認為那是一種愛的證明。

為了滿足他們對示愛表達的需求，一般狀態的類型二會暗示他人，什麼樣的事情才會讓他們感到被愛。（你的生日是一月十六號，對嗎？我的生日也快到了。）如果送花代表愛意，類型二就會在對方生日時送花，並希望對方能記住這件事情，改日能有相同回應。遺憾的是，「為了得到而付出」的意圖在此十分明顯。

我們究竟會錯過多少近在咫尺的關愛，取決於對示愛表達的需求程度而定。而且，既然類型二的示愛表達很大程度是由其童年所感受到的愛而決定，他們可能因為經歷過各種形式的虐待，導致其傳達「愛」的方式會極度扭曲。此外，如果類型二因為童年問題而覺得受到排斥，就更難相信會有人真心愛他們。最後，來自他人的真愛再多也不夠，甚至覺得不是真的。

承認愛

在你的個人內心狀態日記問問自己：「我怎麼知道自己被愛？」在你的生命中，什麼才算愛？你在尋找誰的愛？如果有人對你付出愛，會出現什麼象徵？你如何知道自己是被愛著的？

親密感與失去界線

對他人而言，給予認可、讚美、喝采與奉承是非常吸引人的，而一般狀態的類型二也知道這一點。他們深知正面關

注的力量，以及許多人對此的渴望；他們願意關注別人，並表現出感興趣的模樣，這種作法會迅速增加親密感——這是一種預料之外且不尋常的結果。對方往往會在不知不覺中，發現自己跟類型二「建立了關係」，而且類型二還期待對方會有所回應。如果是健康狀態的類型二，對方就可以用任何想要的方式自由回應；但如果類型二要求越來越多，表示他們期待對方以特定方式回應。

一般狀態的類型二希望能跟他們想要發展親密感的對象在身體上能更加靠近，他們會在不知不覺的情況下擁抱和親吻，或是跟對方勾肩搭背。這種與人裝熟的肢體語言及言行舉止經常會給他們帶來麻煩，在辦公室或公開場合很容易引起別人誤會。

類型二的人如果越想建立關係，就越難看清界線。他們可能會提出極私人的問題，例如詢問財務、健康與性生活等情況，也會自動提出建議與看法。（「瑪麗不適合你。」）如果對方沒有特別的需求或困難，類型二就會開始自導自演，做一些不必要、好管閒事的事情。（「我星期六會過來帶你去採買，然後我們一起回家打掃家裡，最後再去看一場電影。」）如果對方因為覺得被冒犯而退縮，類型二就會加倍付出關心、期待對方回應。

這種冒犯也會有性方面的意味。無論對方想要與他們互動與否，社會型與性本能型的變項都會以明確而強烈的態度來表現他們在情感和性方面的需求。從天真一點的角度來看（還是會有麻煩），是傾向讓他們繞著別人打轉，甚至跟進廁所或更衣室裡。（「你為什麼把門關上？」）當然，這類的事情通常只會把人越推越遠，而這並非是類型二想要的結果。

> ### 滿足需求──尋找平衡點
>
> 記得要詢問你所關心的人，他們究竟需要你為他們做什麼、不需要你做什麼。請傾聽他們的想法、接受他們的界線。還有，請注意你何時因為替別人付出太多，結果導致自己的需求無法滿足。把你需要為自己做的事情列出一張清單，並且堅持去做！將清單貼在明顯的地方提醒自己。

偽裝的需求

類型二知道不能直接表達需求和要求，而必須以間接方式進行，期待別人能注意到他們的暗示，並以不同的方式回應。類型二跟類型一一樣，都有一個強大的超我，參與了判斷該怎麼做才能得到別人的愛，以及在他人的回應中，「什麼才是愛」？超我還決定了他們自我犧牲的特質等事情。在一般狀態的類型二看來，擁有需求並且公開追求需求滿足（就像張揚型那樣），是一種自私的行為。

「過來抱抱。」

瑪莉亞是一名教育工作者，多年來她一直想解決做為類型二的問題。

我一直在練習用清楚且直接的方式與人交往。對我而言，這是一種補救的技巧。當我必須對某人設定界線、表示拒絕或請我重視的人幫我解決難題時，這才會出現真正的問題。對我而言，我必須鼓起極大勇氣才能拒絕別人，我希望請人幫忙可以不用解釋太多，畢竟等待對方的答案對我來說就是一種折磨。

大部分的類型二都害怕個人的問題或需求會把別人嚇跑。但其實類型二只會說服自己沒有任何需求，而且他們的存在就是為了服務他人。

雖然露易絲是一名牧師，有許多人依賴她，但她依然「需

要為人所需」。

有一件事情我很清楚，就是每天早上起床後，要想想我生命中的那些人，想想今天他們會需要我做什麼。在我的孩子上大學之前，我都是這樣對待他們，我總是會讓他們知道我在哪裡，「萬一他們可能需要我」。

「讓我幫你。」　　　　一旦類型二付出成了習慣，行為之中就會出現強迫成分：他們無法**不去**幫忙。介入他人生活、拯救別人成了一種責任，把別人當成「需要幫助的小孩」，而類型二則變成強大能幹的父母。用這種方法來拯救他人，會剝奪對方自己解決問題的能力以及建立尊嚴和自尊的機會，導致雙方在無形中出現不滿，而且是無解的。得到幫助的人會討厭被當成小孩對待，而類型二開始不滿為何付出如此之多，卻得不到回報。如果類型二能成功幫助他人，一旦對方問題解決，開始新生活，他們通常就會再次經歷心碎的感覺。

較不健康狀態的類型二可能會試圖以讓他人妥協或尷尬的方式，默默滿足其個人需求。舉例來說，類型二的財務狀況（以及各種形式的負債）經常出現問題，他們可能會向親友借一千元，然後在期限內先還八百，說剩下的晚點會還。但隨著時間過去，欠的錢還是一直拖著，對方只能選擇開口提醒，或是乾脆算了。類型二的霸道會讓對方覺得，提起這件事情太小氣。但如果問題不解決，兩人的關係就蒙上一層陰影，甚至導致關係破裂。這是一場豪賭，但類型二願意冒險一試，原因有二：第一，如果對方不提，類型二會覺得自己在某方面得到了回報；第二，如果對方沒開口，他們便可以說服自己，對方非常需要自己的存在，因此才不敢提。他們會覺得別人依然需要自己。

認識需求

無論何時何地,當你發現自己需要為某人做某件事情時,先停下來想想,讓自己冷靜一下,捫心自問,這次自己到底需要什麼。

當一個拯救者,拯救所有需要幫助的人

從正面角度來看,類型二對他人的感同身受及移情作用,使得他們願意助人脫離水火困境,而其慷慨與行為能力也能讓他們徹底實現所想。但從反面來看,拯救他人會阻礙他們以更好的方式建立人際關係。

假設拯救者的立場會讓類型二開始把自己的努力與付出都擺在需要幫助、甚至是陷入絕望的人事物身上,他們期待因成功救援而獲得感謝,會成為感謝與自尊的來源。此外,受惠者越需要幫助,類型二就會表現得越無私(至少對超我來說是如此)。

然而,這種情況有其先天問題。在極端的情況下,類型二甚至會照顧真的處於昏迷狀態的人。但他們無法從昏迷之人身上得到任何回應,便會轉向昏迷者的家屬,也開始照顧旁人的需求,進一步加深讓自己與他人的關係。他們可以很專業地照顧小孩、老人、孤兒、吸毒者、酗酒者,甚至是重病垂死之人,這些人需要類型二的服務,卻又無法回報其所需的愛與關注。

如果是想在這些受到嚴重傷害、無能為力的人身上尋求一份成熟的情感回應,結果肯定是事與願違,但這正是有祕密情感需求的類型二所會做的事情。他們會從無法回以感謝的人身上,達到他們想要「被需要」的目的。套句「十二步計畫」中非常有名的一句話來形容,類型二是緣木求魚,「在五金行裡找橘子」。

找到適當界線

當你跟某人建立關係後，必須要明確知道自己想從對方身上得到什麼。當你與（自認為）需要你的對象建立關係時，尤其要特別注意。你要學會避免愛上「門不當、戶不對」的對象。（「他很可愛，而且很誠實。他告訴我，他是個吸毒者，而且還會打前女友。但如果我夠愛他⋯⋯」）幫助別人是好事，但前提是不要期待對方未來會有所回報。

占有與控制

「沒有我，你會在哪裡？」

　　一般狀態的類型二在他人身上花的時間與精力越多，就越覺得自己是在投資他人，是一種他們想要保護的投資；但在對方眼中，可能會覺得這是一種占有欲。如果這類問題沒有解決，為此引發的嫉妒感就會浮現。

　　如果一般狀態的類型二占有欲越來越明顯，那麼就可以肯定，他們開始害怕別人對他們失去興趣，或是打算離開他們去跟別人建立關係。結果，類型二會在焦慮的驅使下，做出傷害人際關係的事情；不過這些策略乍看之下，他們會覺得是挽回關係、展現付出的表現。擔心他人、以各種隱密動機行事，這些都是占有欲的表現。

　　另一個問題是控制。類型二的人不會去激發他人未開發的特質，而會試圖把別人塑造成可以滿足個人情感需求的人。類型二會冒著變成促成者的風險，原諒（或鼓勵，更糟糕）對方長期對自己有損的行為，但實際上只是為了確保對方不會遺棄類型二。

　　為了補償沒有得到欣賞的感受，一般狀態較低層級的類型二也許還會對他人擺出高人一等或紆尊降貴的態度，抱怨自己為對方做了多少事、花了多少錢。他們可能覺得自己不可或缺，深信別人不能沒有自己。他們無法理解的是，為什麼別人

沒有馬上反過來全心全意地愛他們，而且經常覺得別人把自己
的付出視為理所當然——其實人家可能正在推開他們。

為關係保留成長空間

在你的個人內心狀態日記中，寫下你對家人與朋友表現占有欲的
方法。在什麼情況下，你覺得很難放手讓他們離開？你是否試圖
留住他人？你是否在人際關係中看到自己的嫉妒行為？你小時候
是何時開始察覺到這種情緒以及如何處理？小時候是否有人試圖
利用嫉妒或占有欲來操縱你？當有人對你表現出占有欲時，你有
何感覺？

健康與「受苦」

如果類型二持續過度照顧他人，無論是在身體、情緒與
財務上，最終都會把自己搞垮。健康情況也無可避免會受到影
響，原因在於他們試圖「填補情感」（體化症），產生飲食失
調、體重增加、身心失調，以及（或者）藥物濫用等情形。

他們真正（以及被誇大）的痛苦會使其覺得自己是殉道
者，認為自己為他人的犧牲付出過於沉重，只不過他們可能
高估了自己的付出。健康狀態的類型二不會多談個人的問題；
從一般狀態較低層級到不健康狀態的類型二則是唯恐天下不
知，過去動過的手術、傷疤、創傷以及對健康的擔憂全都想
一一展現在他人面前，試圖引起對方的關心與愛護。他們可
能表現出疑病症，想以此搏得他人的感謝與同情；也可能會
出現皮疹、腸道問題，或是關節炎及其他與壓力相關的疾病。

對一般狀態較低層級的類型二來說，健康問題是「證明」
他們真的「為他人精疲力竭」。此外，生病也是讓他們放下
責任及擺脫超我要求的唯一辦法。

哈洛德是一位歌劇指導師，他意識到自己有這種情況。

我充滿怨念、心煩意亂，而且表現不自然。我無法正常生活。我生氣的時候會哭，說話時嘴唇會顫抖。我覺得自己所做的每件事情都是為了別人，但卻沒有人願意為我付出。我對事情放不下，會忍不住去想。我也承擔了過多的責任，而且當我無法應對時，就會生病。這就是我需要休息或度假時的反應。

也要照顧好自己

學習傾聽自己的身體，尤其是需要休息的聲音。注意自己何時是因為情緒因素而吃東西，而不是因為肚子餓。把堅持用在他人身上的愛，拿來好好照顧自己。

**應對壓力：
從類型二變類型八**

當焦慮與壓力超過承受範圍，類型二就會變得像類型八那般直白與強勢。類型二通常會表現出無私善良的模樣，但往類型八移動就揭露了他們心中強硬的一面──其他人會發現類型八其實是外柔內剛，而隱藏在天鵝絨手套中的，其實是鐵拳。一般狀態的類型二在面對他人缺乏直接反應的情況下，會從一貫的婉轉變成直截了當──抱怨得不到示愛表達或足夠的感謝。他們會表現出意外的激進與善辯，強烈堅持別人某些方面沒有善待他們。不用說，這類抱怨也會讓別人感到詫異。

在此同時，處在壓力之下的類型二就會變得跟一般狀態的類型八一樣，開始在意其生存所需，並且努力不懈工作。他們不希望別人沒看到自己的努力，但就像類型八一樣，他們也會提醒別人，事情到底是誰做的。（「我希望你知道，我對你的人生有多麼重要。」）在高壓之下，類型二會公然變得越來越跋扈、專制，會威脅那些需要他們的人，並且削弱對方信心。在正常情況下，類型二在面對無法處理的憤怒與背叛時，往類型八移動可以視為是一種釋放方式。

如果類型二遭遇重大危機卻沒有得到足夠的支持或應對技巧，或是小時候遭受長期虐待，他們都有可能會跳過緩震裝置、直接進入類型二的不健康狀態。這可能會導致他們害怕承認，曾經為了更靠近他人而付出的努力，實際上是把對方越推越遠。其實，他們在這方面的擔心不無道理。

類型二若可以意識到擔心背後的真相，就能開始改變生活，朝健康與自由的方向前進。但另一方面，他們也可能會更加欺騙自己且試圖操控現狀，堅持相信自己沒有做錯或有自私表現。他們可能會不計一切代價抓住他人不放，並將自己的行為合理化。（「我做這些都是為你好。」「如果你想離開去發展自己的事業，我可以理解。但我怎麼辦呢？」）如果類型二堅持這種態度，他們就會滑入不健康狀態的層級中。如果你或你認識的某人在很長一段時間中（超過兩、三個星期）有出現下列警示跡象，就極有必要尋求諮詢、治療或提供其他支持。

示警紅旗：
陷入困境的類型二

警示跡象
潛在病症：戲劇型人格障礙、疑病症、體化症、飲食失調、嚴重的強迫性性行為、跟蹤騷擾。

→ 極端傾向自我欺騙	→ 以幻想的權利意識採取行動
→ 操控或強迫他人	→ 與年齡或地位不相稱的癡愛
→ 以不恰當的方式釋放出受壓抑的攻擊性行為	→ 情緒問題化為生理症狀（體化症）

◆ 不要太在意別人的看法，也不要努力去贏得所有人的認同。要知道，無論你怎麼做，都會有人不滿意。因此要讓所有人都喜歡你、一直當你的朋友，這是不可能的。你要想的重點是，你現在已經為他人做到最好了，到此為止即可。

**幫助類型二發展
的練習方法**

◆ 學著分辨他人的情感與善意，即便不是你所熟悉的形式，
又或者表達方法不如預期，但他們可能是以別的方式來表
現自己有多麼在乎你。大部分的人在表達情感上可能不像
你那麼奔放，而且也不善於關注他人。但如果你可以看到
他人的付出，就能知道有人還愛著你，你就要感到放心，
不要對他人失望。

◆ 發展適當的界線很重要。界線能讓你體會到他人的心情，
卻不會陷入對方的問題當中。因此，當別人有麻煩或需要
你幫忙時，先學會「自己顧好自己」最重要。這不代表你
要抑制情感或不去幫忙，而是當你很有可能為了追求他人
認同而犧牲個人利益時，必須先懂得把自己照顧好。（第
十七章的冥想練習在這方面尤其有用。）如果你尊重自己
的界線，知道何時該說不，也就不太可能會踩到別人的界
線。這會讓你與他人保持愉快的人際關係。

◆ 如果你意識到自己在奉承或迎合他人，這非常有利。（以
特定口吻說服你是人格的慣用策略，如果你知道如何辨識，
並且在此聲音浮現時予以制止，這對你會有極大幫助。）
真誠待人是人類的天賦之一，但也會因為不真心或過分奉
承而減分。

◆ 你的驕傲是為了彌補其他部分的不足：對缺乏價值的潛在
恐懼，擔心沒人需要你。要處理驕傲，就要先知道它有哪
些巧妙的表現方式。所謂的驕傲，不代表你一定要有「驕
傲的想法」或是傲慢的表情；錯誤的謙卑也無異於大肆宣
揚你做的好事。唯有真正的謙卑與知道有人愛你（事實
上，在本性中，你做為個體，就是愛的表現），才能消弭
驕傲。

◆ 類型二往往會付出太多，然後感到後悔。在你為任何人做
任何事情之前，先打從心底誠實面對真正的動機，學習懷

疑自己的理由，學會傾聽身體和內心的聲音；當身體與內心都感到疼痛時，你會知道自己受傷了，而此時即便為他人付出再多，他們的感謝之情也無法徹底療癒你的傷痛。但另一方面，徹底切斷與他人的關係也無法解決問題。唯有誠實面對自己的意圖與需求，問題才能得以解決。

健康狀態的類型二在其能力所及的範圍中，會願意為他人付出。他們願意為了照顧孩子或老人忙到很晚，大老遠開車去送食物，或是送別人去看醫生。只要有人實際需要幫忙，健康狀態的類型二就會全心全意幫助他人。

建立在類型二的長處之上

他們真心做好事的表現遠比說任何好聽話更能有效地展現自己。因此，類型二與生俱來的傑出能力不僅是關心照顧他人，而且能為他人在實質上做些有意義的事。

健康狀態的類型二有一種愉悅、自發的特質，跟健康狀態的類型七在**生活樂趣**的追求上極為相似。他們會輕鬆發自內心大笑，不會太嚴肅，並與所關心的人一起享受生活樂趣。他們對生活一直抱持著像孩子般的單純熱情，享受探索世界、他人及自己生活中的新事物。

當然，體驗自由的能力很大程度是跟類型二懂得保持適當界線有關——知道何時該說不，並且隨時隨地清楚自己真正的動機。健康的類型二知道該如何區分自己與他人的需求，並且在兩者之間取得平衡。露易絲表示：

「我很高興能與他人分享我的天賦。」

我靜下來時的狀態最好。我可以感受到自己的需求，並且直接說出來。我可以察覺到內在的自我，很平靜，也不覺得一定要照顧別人，這是一種非常自由的感覺。我可以不用管別人，也不會試圖去控制或操控他人。這樣就可以幫助他人，毫無怨言去付出。

　　適當的界線也能讓類型二有機會善待自己，把日子過好，不會因為「幫助」或干涉他人而受牽制，也不需要因為所愛之人而勞心勞力，因為他們有自己的生活。對類型二來說，可以把日子過好、顧及自己的感受就是一項重大成就。

　　畫出一條適當的界線以及情感平衡，能減少類型二因為期待他人回應而受折磨。健康狀態的類型二會以正面、關愛的角度來看待許多不同的行為。如果類型二對某人說早安，而對方也回了早安，但是沒有給予擁抱或其他類型二認可的方式，高度功能的類型二當下不會產生失望感，而且即便是負面的回應也很少能影響到他們的平衡狀態。如果有人回應：「我今天早上過得很糟糕，讓我一個人靜靜。」健康狀態的類型二不會覺得對方是針對自己，他們會選擇後退，不強求他人給予正面回應。簡單來說，健康狀態的類型二有足夠的自尊，也懂得自我照顧，不會把他人反應視為是對其個人價值的一次「公投」。

　　健康狀態的類型二也會促進他人的獨立性，幫助他人養成自信、力量與新的技能，如此一來，他人便能自行成長。他們真心希望別人能茁壯成長，無論是身體上或心理上，都不想看到任何人有依賴需求。他們會真誠鼓勵、欣賞他人身上的才能和力量——這種特質對看不見自身優點的人來說特別有幫助。

**整合之路：
從類型二到類型四**

　　當類型二像健康狀態的類型四，懂得承認並接受所有情感而不加以審查時，他們就能發揮潛力、保持人格的健康狀態。因為類型二會自然關注、在意他人的感覺，同情心變成了敏銳的感知力，就像天線一樣，隨時與他人的需求、痛苦和各種狀態相連。就彷彿類型二把自己的「情感身體」延伸到他人身上，隨時隨地捕捉他人狀態的微妙變化。當類型二與健康狀態類型四的特質進行結合，這種感知能力也就能延

伸到自己的感受與內在狀態之中了。

　　這不代表類型二需要根據感覺行事。舉例來說，他們可能會對所愛之人生氣或失望，但會把憤怒藏在心裡，而不會朝對方發火或衝動離開。處於整合狀態的類型二會逐漸了解並坦然面對所有的感受——包括祕密需求與最陰暗的仇恨面。這可以讓他們知道要在何時以及如何照顧自己，並且知道內心需求與恐懼的聲音。正如類型二會迅速回應他人的苦痛，處於整合狀態的類型二也會對自己的苦痛有本能反應。

　　對類型二而言，探索自我表達的模式，無論是透過音樂、藝術、舞蹈，甚或最簡單的寫日記，都是非常管用的方法。不過當類型二試圖更進一步認識自我時，無論是透過藝術、治療或僅僅是尋求他人協助，類型二的超我就會把這一系列的行為斥之為「自私」的表現。（「你為什麼都把時間花在自己身上？」）類型二如果能學會停下腳步、讓心安靜下來，並且區分超我的嚴厲「聲音」與真正的內心引導，就能反擊超我的聲音。

　　然而，類型二如果試圖模仿一般狀態的類型四的特質，所能得到的效果有限。情感上的不穩定以及更加關注自我，對於提升類型二真正所需的自我認識並沒有太大幫助。類型四傾向把凡事浪漫化並對他人有高度期待的作法，對於類型二想要親近他人的需求於事無助。相反的，當類型二開始打破超我對「自私」行為的限制，並且學會照顧自己，高度功能的類型四所具備自我認識、自我表露與創造力都會自然展現無遺。

將人格轉為本性

　　真正的愛並不是什麼稀世罕見之物，只是我們的人格不了解這一點。我們讓自己經歷各種扭曲狀態，若不是想努力從他人身上「得到愛」，就是想「讓愛發生」。我們強迫自己在悲傷時要保持微笑，空虛時要表現慷慨，當自己需要別

人照顧時，還要先照顧他人，彷彿只要再多付出一次，事情就會變得不一樣。但誰又能來愛我們，愛到讓這一切付出都值得呢？

如果類型二能意識到，無論做出多大犧牲，這種方式都無法填補心中的空洞，這就是療癒的一大步了。然而，他們可以尋找一種能填補心靈的資源，即一個人的本性。無論在任何情況下，這個世界上唯一一個能堅持深愛我們的人，就是自己。本性就是我們一直在尋找的愛之源，它是神聖之愛的表現，因此不會受到限制，也不會被抑制或消滅的。

學會照顧自己與自身需求後，類型二就會取得一種平衡狀態；在此狀態下，經營一段充滿關愛和令人滿意的人際關係並非難事，而且就像太陽升起一般的自然。他們可以自由去愛別人，並盡其所能地付出。類型二會變得非常無私、利他主義，而且樂於做好事、看他人成長茁壯，以及看到世界上有人做好事。覺得能在他人的生活中占有一席之地是一種榮幸，並由此意識到何謂真正的謙卑，且無需引人注意自己的存在或善舉。

更深層來說，當類型二意識到，愛不是一件需要從他人身上贏得、要求、獲取或賜予——或可以給予某人——的商品後，他會有極大的成長，因為就最高級、最真實的形式而言，愛並不是自我的一種功能，也不是可以分配或保留的撲克牌或「糖果禮包」。如果我們所尋求的「愛」具備了上述特質，那就不是真正的愛了。

當兩個人坦承相對，愛自然就會浮現。這無關兩人是否認識了一輩子還是才剛認識彼此，愛不僅僅只是一種感覺——雖然有許多感覺都是由愛而生。愛是一種無法贏得也不會輸掉的東西，因為它一直都在，但唯有活在當下，才有可能得到愛。

　　我們無法讓自己去愛自己或愛別人。聽起來可能有點荒謬，但我們所能做的，是**承認對自己與他人有愛**。正如我們所見，人的本性就是一種愛的流露，而唯一的問題在於，人格的習慣和錯誤信念阻隔了我們與愛的接觸。我們所能做的，就是意識到阻礙的存在，讓愛的本質得以再現，並且療癒生命。我們在這些情況下所體會到的愛，才是真實、深邃與寧靜的。它無需引人注意，也不會提出任何要求，更不會斤斤計較。愛是獨立於人格變化之外，故而持久。它充滿喜悅，因為沒有任何事情能讓它失望或受挫。當真正的愛發揮作用，任何事物都阻擋不了它。

▌本性的出現

　　在內心深處，類型二始終記得本性的**無條件之愛**，以及愛無所不在的特質。當他們記得本性及其所映射的神性狀態，健康狀態的類型二就會意識到身邊愛的存在，可以說是不用向他人索取，而他們也無法給予。類型二會幫助所有人看到，愛不屬於任何人，而且肯定不屬於人格的一部分。可以說我們生命中的任務並不是要「做好事」或把愛「給」人，而是要對愛所能發揮的作用保持開放的心態。

　　本性的愛具有甜蜜融化的特質——類型二會有一股流動、柔軟的感受，並且與周遭事物融為一體。此外，這種愛的感覺自己就能體會，無需他人幫助，而且當類型二與他人一同體會這種愛的感覺時，他們也不會因此失去對自身的認同感。這種愛是平衡、純粹、滋養的，能讓靈魂從深層釋放。

　　認識到愛的真實本質會帶來巨大的自由感。當我們意識到愛不再是一件商品，而是真實本質的一部分、是一件不會失去的東西，我們便會感到無比的輕盈自在。當意識到我們

不只是**擁有愛與價值**,而且在靈魂深處,**我們本身就代表愛與價值**,那麼,我們長期以來不顧一切尋求他人關注的行為也能從此劃下句點。

將你對類型二的十五項陳述選擇得分加總,得分範圍會在 15 到 75 分之間。參考得分說明,幫助你找到或確認你的人格類型。

15 分	你可能不是服從型的人(不是類型一、二或六)。
15-30 分	你可能不是類型二。
30-45 分	你可能有類型二存在的問題,或是有類型二的家長。
45-60 分	你可能有某種類型二的元素。
60-75 分	你極有可能是類型二(但如果你對類型二的認識過於狹隘,也仍有可能是其他類型)。

類型二最有可能誤認自己是類型四、七或一。而類型九、六和七則最有可能誤認自己是類型二。

第 9 章

類型三：成就者

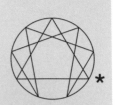

關於成功這件事，最難的莫過於要一直保持下去。

——厄文‧博林（Irving Berlin）

世界上許多追求卓越的人，經常都忘記享受追求的過程，總想在得到之後再開始享受，但往往為時已晚。

——塞繆爾‧皮普斯（Samuel Pepys）

除了以他人的痛苦或盲從為代價而上位之事，所有的雄心壯志都是合法的。

——約瑟夫‧康拉德（Joseph Conard）

一個奴隸只有一個主人；一個有抱負的人則有許多主人，因為這些人有助於提升其地位。

——拉布魯耶（La Bruyère）

對真正的自己感到知足。

——馬提亞爾（Martial）

里索─赫德森【人格類型態度】分類測驗

計分標準請見第 217 頁

閱讀右側敘述後，根據下列描述情況給分：

1. 完全不符合
2. 幾乎不符合
3. 一半符合
4. 大部分符合
5. 高度符合

_____ 1. 我認為自己能力很強：如果我的影響力和效率降低，我會很苦惱。

_____ 2. 當一切事情順利進行時，我的心裡會因為可以做自己、擁有想要的生活而「洋溢」喜悅之情。

_____ 3. 我試圖以最好的方式在他人面前呈現自己，但誰不是這樣？

_____ 4. 我常對自己感到很陌生 —— 我對事情的強烈感只有一瞬間，然後我會繼續做自己該做的事。

_____ 5. 對我而言，成功的感覺很重要，就算還沒達到想要的成功狀態。

_____ 6. 無論好壞，我都善於隱藏不安，別人永遠也猜不透我的真實感受！

_____ 7. 我想要給別人留下好印象，因此我都會表現出有禮貌、行為端正和友善的樣子。

_____ 8. 我很清楚朋友與同事的表現，我經常會拿自己跟他們做比較。

_____ 9. 我總會努力把手邊的事情做到最好 —— 如果沒辦法表現出色，我就不費力去做了。

_____ 10. 有時為了達成目標，我不得不走捷徑。

_____ 11. 當我沒有安全感時，我會表現得很超然，並且對人保持冷漠。

_____ 12. 如果別人不認為我所做的事情很優秀，我會覺得心煩。

_____ 13. 我的適應力比多數人要強。如果事情不順，我知道要如何改變行為，以便得到想要的結果。

_____ 14. 我一直都有關注的目標，也知道要如何激勵自己實現目標。

_____ 15. 我有工作狂的傾向！如果事情沒做好，我會感到茫然不定。

人格類型三：成就者

以成功為導向的實用主義者類型：
適應力強、超乎常人、執著、形象意識

　　我們將類型三的人格命名為成就者，因為在健康狀態下，他們可以在許多生活領域取得成功。他們是人類本性中的「明星」，人們也經常因為他們的親切及個人成就而仰望之。健康狀態的類型三知道，能夠發展自身能力，並且為世界盡一己之力的感覺有多麼美好。他們也喜歡激勵他人取得超乎個人預期的成就。他們是其所在文化中的菁英，別人可以在他們身上看到自己的希望與夢想。

　　類型三通常是成功人士，深受大家喜愛，因為在所有類型中，他們最相信自己，而且懂得充分發揮個人才能。類型三就像大家生活中的榜樣和模範，他們身上集結了社會所重視的特質。健康狀態的類型三知道，為了「做到最好」，一切努力都是值得的。他們也非常善於鼓勵他人進行自我發展。

　　類型三想要確保他們的生活是成功的人生，但何謂成功則是由其家人、文化與社會所決定。在某些家庭中，成功意味著擁有許多財富、豪宅、新穎昂貴的好車，以及其他象徵地位的東西；有些人則看重思想，而成功意味著在學術界或科學界有傑出表現；也有些人認為，成名就是成功，例如當演員、模特兒、作家、公眾人物，或是政治人物。有宗教信仰的家庭可能會鼓勵孩子去當牧師、教士或拉比，因為這類職業在宗教團體中具有相當的社會地位。無論要如何為成功下定義，類型三都會努力成為家庭與團體中的焦點，他們不會是「無名小卒」。

　　因此，類型三會學著當一個目標導向的人，並採取能為

→ **基本恐懼**：擔心沒價值、除了成就之外就沒有價值了

→ **基本欲望**：覺得有價值、被人接受和受人歡迎

→ **超我的訊息**：「只要你成功、別人覺得你很棒，那你就算不錯了。」

自己爭取榮譽與關注的方式行事。做為小孩,他們學會判斷
父母或同儕所重視的活動,進而投入大量精力把事情做到最
好。類型三也學會如何培養及發展身上能展現魅力或讓人印
象深刻的特質。

伊芙是一位成功的女商人。

母親訓練我學習表演。三歲時,我首次在教會單獨演出,
並得到許多肯定的掌聲;在中學時期,我更加經常在眾人面前表
演,或彈奏樂器,或參與辯論。直到今天,每當我站在觀眾面
前,都會發生一種神祕的事情——我「來勁了」。我經常受邀
進行公開演講,有時候同行都說,他們討厭排在我後面上場,因
為我的表現很難超越!

「只要我夠努力,我可以辦到。」

為了成功,每個人都需要得到關注、鼓勵與肯定,而類
型三正是上述這些普世需求的典範。他們之所以想要成功,
並不是為了成功後所能得到的東西(如類型七),或是為了
成功所帶來的權力與獨立感(如類型八),而是因為害怕消
失在空洞與沒價值的深淵之中——如果沒有成功所帶來的關
注與成就感,類型三害怕自己變成無名小卒、變得沒有價值。

問題在於,當類型三一心去做那些讓自己變得更有價值
的事情時,他們可能會疏離自己,導致不再清楚真正想要什
麼,或是真實的感覺或興趣為何。類型三從很早就開始知道
要追求他人欣賞的價值觀,進而漸漸失去與自我的聯繫。而
他們的內在核心、他們「心中的欲望」,就這樣一步步被拋
諸腦後,直到形同陌路。

因此,儘管他們是情感三元組的主要類型,但有趣的是,
大家很難把他們跟「情感」聯想在一起;相反的,他們是行
動派、成就型的人,彷彿把情感全鎖在盒子裡,如此一來便

能勇往直前，達成目標。類型三相信，情感會妨礙表現，要以思想和實際行動來代替情感表現。

賈維斯是一位受過高等教育、成功的商業人士，他發現自己很早就有這種模式。

我小時候是不能有自己的情緒，但當時我沒注意到這一點。在我繼父看來，只要能成功，任何感受都不重要。我習慣了否定自己的感覺，只專注於表現、在學校取得好成績。

類型三表示，當他們意識到自己在某種程度上必須調整生活來符合他人期待時，問題就會浮現：「好吧，那我想要什麼？」他們往往不知道答案，但其實這不是什麼新問題。因此，類型三所面臨的根本困境在於，他們從來就沒辦法做真正的自己，也不能表現出真實的特質。小時候，他們所接收到的訊息就是不可以有自己的感覺，也不能做自己；事實上，為了讓別人接受，他們必須變成另外一個人。在某種程度上，所有人格類型都曾接收過相同的訊息，但因為類型三特殊的背景與人格構成方式，他們不只聽進去，而且還開始照此生活。以特定方式表現而獲得關注變成了他們生命中賴以維生的氧氣。遺憾的是，他們為此付出的代價太大了。

瑪麗是一位技術高明的治療師，她描述了這種傾向所帶來的矛盾與壓力。

大部分的時候，大家都會注意到我參加什麼活動，通常也會把我當成指標。這就像是一把雙刃劍，因為當我想要得到他人注意與認同時，我要承受的負擔就是必須保持完美——而要做到並不容易。

▌童年模式

※請注意 ──────
此處所指的童年模式並不
會導致人格類型的產生，
而是描述了我們在童年的
早期階段所觀察到的各種
傾向，對於成年後的人格
類型有重大影響。

類型三小時候並不會因為自己而受到重視 ── 很少人能做到。他們之所以受到重視是因為把某些事情做得很好，並且學會透過成就與表現來證明個人價值。但他們卻從未因此而得到真正的滿足，因為得到證明與肯定的並不是**他們自己**，而是他們的所作所為。

瑪麗繼續說：

小時候，我總覺得媽媽最疼我。我們相處時間很長，她讓我相信，只要我真正想做一件事情，沒有辦不到的。這是祝福，也是詛咒。我記得小時候，如果我覺得事情太困難，我就會告訴自己，我真的不想做這件事。因為我知道，如果我要做，就一定要做好、要成功。上了中學，有一次在演講比賽當天，因為我怕自己表現不好，又無路可退，乾脆就裝病在家。我至今還為了這件事感到內疚。

類型三與家中扮演培養者角色的人有很深的情感連結，而這個人通常會是母親（但並非絕對）。事實上，孩子會希望這個人告訴他們：「你很棒！我很滿意！歡迎到我身邊！」因為想要一直得到培養者的肯定，類型三從嬰兒時在潛意識中就學會要調整自己、做能取悅對方的事情。

通常培養者不會直接表達心中的期待，而類型三可能會把這些潛意識的期待內化，並在無意中與期待共生。舉例來說，如果母親是一名想當演員的老師，類型三的孩子可能就會想去戲院，但不見得是因為喜歡，而是認為這是自己該有的表現。即便是剛成年的類型三，他們可能也不完全確定為何自己要從事某種職業，只知道做什麼能讓家人（尤其是母

親）為他們感到驕傲。

於是，類型三學會了扮演家庭英雄的角色。孩子得到某種微妙的訊息：「沒做好是很糟糕的。」這是因為在心理深層中，如果你試圖彌補傷痕或家庭的污點，你就不能受到傷害或讓家庭蒙羞。你必須**看起來**像一切都非常完美。

亞伯特是一位優秀的治療師，強烈需要別人的關注。他回想起小時候的表現，覺得很驕傲。

第二次世界大戰時，我父親在印度。我剛出生的前十四個月，我和母親、祖父母及叔叔、嬸嬸一起住。我是第一個、也是唯一的孩子、孫子和侄子！我得到了大量的關注、寵愛和照顧，尤其是因為我的智力表現與成就。在十八個月時，我就認識了許多字；三歲時，我認識了所有的國家與首都。好險沒人因為我一直唸叨那些讓人心煩的單字和地理名詞而把我丟下樓！

在功能不全環境中成長的類型三被迫與大量壓抑的憤怒和敵意展開鬥爭，因為無論他們怎麼做，都很難取悅家中那位處於不健康狀態的培養者。他們想要內外兼顧，試圖做些能贏得他人贊同和接受的事情，但往往又事與願違。最後，他們從自身分裂（脫離）出來，埋藏了真實的欲望和內心世界，並做出更極端的事情來獲得關注。但即便他們做到了大家口中的成功，生活卻依然是極度孤獨與失落。

▌具有類型二側翼的類型三：有魅力者

側翼附屬子型

健康狀態：此側翼附屬子型的人情感比別人更豐富、更自發，他們開朗活潑的特質與類型七相似，又像類型二友好、樂於助人和慷慨大方，並且保有類型三的沉著、自尊與高度

個人成就。他們渴望被愛，想要與他人建立親密感，有時會藉由外界的認可來取代內心所需的穩定感。

一般狀態：對於任何干涉達成其願望的性格，他們都會加以抑制，認為個人價值是來自於吸引他人、甚至是令人傾倒的能力。簡單來說，他們想要別人的喜歡與欣賞，並知道該如何「表現」才能讓人留下深刻印象，這往往就變成他們的行為前提。他們的行為自然而然就有一種做作的味道，也就破壞了其受歡迎的程度與提升可靠度的努力。此側翼附屬子型的人通常都具有隱性的高度競爭力，會以多面形象來滿足其社會關係與親密關係的表現。

█ 具有類型四側翼的類型三：專業人士

健康狀態：此側翼附屬子型的人認為自尊是來自工作與事業的成功，而不是個人特質。他們希望在工作上有傑出表現、受人好評，經常會在事業上投入大量精力。他們樂在所選擇的職業當中，並且願意為了維持專業形象而犧牲個人。在老練與富有魅力的同時更不失嚴肅，並以完成任務為導向，因此跟類型一很像。

一般狀態：此側翼附屬子型的人結合了雄心壯志與自我懷疑於一身，因此無可避免為自己帶來巨大的壓力。他們跟類型一一樣追求完美；不過，他們想在某方面表現完美是為了避免被拒絕或受辱。此側翼附屬子型的人會把自我價值徹底與所做之事綁在一起。他們會表現出能力與沉著，但在社交上會比較注意個人隱私（相較於其他側翼附屬子型的外向及友善）。他們也可能表現出自負與傲慢，同時夾雜著自我意識和自我輕蔑，從而使得此類型令人難以理解，有時甚至判若兩人。

▎自保型的類型三 **本能變項**

　　工作狂。在一般狀態下，自保型的類型三認為，為了得到安全感與穩定性（像類型六），自己必須要不斷工作，並想要建立物質幸福的基礎（像類型八）。與類型六不同的是，他們認為安全感是來自於金錢、資產和穩定的家庭，而**不是**對公司、意識形態或個人的忠誠。自保型的類型三追求效率，盡可能讓生活合理化，並讓實現目標的能量最大化。他們試圖以穩定和物質幸福來讓他人印象深刻，而非以其個人魅力或社會地位。他們也非常注重細節（像類型一），關注工作或事業的方方面面。自保型的類型三為了成長的可能性，他們願意承擔責任、做出犧牲，並且長時間工作。他們在把工作做好的同時也尋求實質回報：加薪、升值和正面評價。

　　自保型的類型三會過度注重事業，把生活中其他的事情都排在工作之後，甚至可能會因為不切實際的時間規畫而犧牲健康及人際關係。他們很難放輕鬆，甚至會在假期中思考工作計畫或「做功課」。在一般狀態較低層級中，自保型的類型三不工作時，焦慮感會增加，甚至難以跟他人維持密切關係。他們深信以物質為基礎的安全感隨時都可能消失，因此必須不斷努力，否則就會落入萬劫不復的深淵。他們會覺得，停止高壓的工作習慣會導致災難，空閒時間會覺得自己像是失能或生病了。（「我怎麼了？為什麼不能再多做一點呢？」）正因如此，真正的疾病，無論是身體或心理上的，都會帶來極大威脅，因為這會降低他們的效率和生產率。暫時休息幾天會讓所有事情徹底停擺。

　　不健康狀態的自保型類型三會投入大量精力來維持效率，為了工作的安穩與金錢而犧牲人際關係和個人健康。他們變得非常容易身心俱疲、精神崩潰。當他們再也無法正常工作，

就會迫切急於掩蓋任何身體上或情緒上的健康問題。（「我很好。」）

▋ 社會型的類型三

尋求地位者。在一般狀態下，社會型的類型三需要自己在社會上有所進步、提升的認同與保證。當然，這在不同文化中有不同的標準，但所有的社會型類型三都需要同儕給予重視的象徵。（在泰國寺廟中的社會型類型三就希望別人認為他修行很好——是模範僧人！）學歷、工作、履歷、好成績與得獎紀錄對他們而言都很重要，因為他們對社會角色有強烈的認同。（「我所做的就代表我。」）他們想要擁有良好的家世、正確的專業技能。這種本能也會表現在其養成專業行話及服裝之上，以及從炫耀名牌、時裝設計與名車也能窺見一二。然而，對類型三而言，具體的社會價值指標會因人而異，也會因文化而有所不同。

隨著焦慮的加深，社會型的類型三也會更想證明自己。他們變得急於證明自己的社交雄心：不斷拓展人脈，到處發名片建立關係。他們或許也渴望獲得名聲，藉此補償早期的自戀型創傷。（「如果有上百萬人買我的唱片，我肯定是非常了不起！」）自戀也會導致強迫性的比較和競爭——與同等地位的人攀比。隨著不安感的增加，社會型的類型三會開始自誇、不停自抬身價與誇大能力，這些現象在未能實現其成功理想的社會型類型三身上尤其明顯。

在不健康的狀態下，社會型的類型三渴望他人關注，甚至在追求認同的過程中會變得不誠實。為了謀求工作、讓人留下深刻印象，他們可能會虛報成就與背景。彼得原理（Peter Principle）——被擢升到他們無法勝任的職位——在他們身

上表露無遺。情感上的壓抑導致效率低落，但他們又會盡一切可能地利用個人魅力或鑽營之道，來預防他人看清自己的真實狀態。

▌ 性本能型的類型三

　　理想人物。在一般狀態下，性本能型類型三的典型特徵就是強烈希望變成他人渴望的對象。這不只是性方面的渴望，而是一種整體上渴望被人重視和需要的感覺。他們努力養成讓人心動、迷人的形象，努力變成其性別與文化中的理想形象，也喜歡幫助他人將自己的吸引力最大化。性本能型的類型三希望自己是他們所愛之人想要向朋友炫耀的對象。無論男女，他們都想要養成能吸引別人的特質。性本能型的類型三渴望帶給別人目眩神迷的深刻印象。他們可以很誘人，但不像類型二是以慷慨關注他人而吸引別人，類型三是以個人獨特的特質來吸引他人。在某些情況下，這會讓他們想要變成電影明星、青少年偶像或時尚模特兒。在現代的美國文化中，這類型的人會投入大量時間與精力在健身、美容或打扮。

　　性本能型的類型三知道要如何吸引同伴，卻不知該如何維持關係。他們總是害怕無法活出自己所塑造的形象。做為性本能型的類型，他們強烈渴望親密感，但做為類型三，他們又害怕與他人有深層的情感連結。他們可能會透過性行為來達成情感上的親密感，但在較低層級中，害怕自己不受歡迎的恐懼感又會導致他們排斥自己真正關心的人。在某些情況下，他們會用性行為來驅散不受歡迎的恐懼。較不健康的性本能型類型三也可能會有裸露的表現——希望展示自己，可能是誘惑他人，也可能是確認自己的魅力與價值。

　　不健康狀態的性本能型類型三會出現雜交行為。面具之

下的他們極度脆弱，卻又想打擊以各種方式質疑他們價值的人。任何對他們自戀行為（無論是真實或想像）的輕視，都會導致報復、性暴力和猜忌，而且往往與實際的失望程度不成比例。

類型三成長
所面臨的挑戰

大多數的類型三會在生命中某些時間點遇到下列問題。請注意這些模式、「掌握自己當下狀態」，並且觀察自己平時的潛在慣性反應，這都有助於我們擺脫所屬人格類型的消極面。

▌類型三的警鐘：價值取決於成功

許多人時不時會想：「如果我能拿到這些證書，或是我跟某人結婚，或者我讀了醫學院，那我就知道自己是受人重視、有價值的，然後就會對自己感到滿意。」對類型三來說，這更是人生的動力。他們會把個人價值與成功程度畫上等號，這就是警鐘。

成功有許多不同的形式，用金錢來說，一年賺數百萬或是存夠錢買一台全新的洗烘兩用洗衣機都可以算成功。一般狀態的類型三對成功有著濃厚的興趣，決心透過事業成就以及各種地位象徵來突顯自己，其中包括住在高級地段、獲得名校學歷，以及體育獎盃、名錶或名車，又或是擁有一個萬人迷、有成就的孩子——任何一種可以表現出「我是優秀人物」的事物都行。我們先前提過的賈維斯，他描述了自己強烈在意取得成就的情況，以及他意識到為此所付出的代價。

無論在哪一方面，不管是工作、社交、習慣、興趣、娛樂、休閒、慢跑、閱讀、聽音樂……我都只想成功、不要失敗。我對

成功的重視意味著要刻意加倍努力，才能得到享受和欣賞美麗。

我很難「放手順其自然」，因為這不能保證我的成功！

類型三　發展層級			
		關鍵詞	
健康狀態	第一級	**內在導向 可靠的**	類型三不認為個人價值取決於他人的正面反應，因此更能自由發展他們的真實身分與內心欲望。他們的基本欲望也能得到滿足，覺得自己有價值，變得自我認可、真誠和仁慈。
	第二級	**適應性強 令人欽佩**	類型三會調整自己、與他人價值保持一致，把自己變成別人想重視之人。自我形象是：「我很優秀、能幹，而且適應力強（潛能無限）。」
	第三級	**目標導向 自我提升**	類型三會藉由發展自我及其才能來強化自我形象。他們有能力、有自信、有毅力，無論做什麼事情都是他人的榜樣。溝通效率高，是受歡迎的模範人物，能夠激勵他人。
一般狀態	第四級	**成功導向 注重表現**	類型三開始害怕被他人的成就掩蓋個人鋒芒，擔心自己的努力無法得到足夠的關注，因此需要加倍付出來突顯自己，會不斷驅使自己取得更多成就。
	第五級	**在意形象 權宜之計**	類型三擔心會失去他人的正面評價，因此希望能給人留下深刻印象。他們努力養成自認為最能吸引別人的形象，具有雄心壯志，但卻容易自我懷疑。他們想要得到欣賞、為人所需。通常在建立親密關係上會出現問題。
	第六級	**自我宣傳 華而不實**	類型三害怕如果自己表現不夠傑出或成功，就無法吸引別人注意；因此，他們會試圖說服自己與別人相信他們口中的浮誇之詞。他們會自我宣傳、爭強好勝，為了抵抗心中隱密的需求而表現得傲慢自大。
不健康狀態	第七級	**沒原則 欺騙**	類型三害怕會失敗，擔心所說的話變得空洞不實，這或許是真的。為了挽救自我形象，他們開始自欺欺人，只要能讓人印象深刻或讓自己擺脫困境，什麼話都說得出口。他們的內心感到空虛和壓抑。
	第八級	**騙人 投機取巧**	不健康狀態的類型三因為渴求關注，會不惜編造故事掩蓋自己的缺失。他們不想讓人知道自己陷入困境，會盡力掩蓋情緒病態和不端行為。
	第九級	**偏執狂熱 沒完沒了**	不健康狀態的類型三覺得無法贏得他們想要的對象所給予的正面關注，可能會無法控制自己所壓抑的敵意和怒氣。他們會對現實或想像中使其痛苦的人進行報復，試圖打倒（自認為）將他們拒之門外的人。

借用「復原運動」的話來說，類型三最危險的是把自己變成「做事的人」，而不是「人」。他們強迫性的行為原因在於需要壓制和抗拒任何有可能會讓他們感到羞愧的事物，無論是哪方面的失敗，都會造成他們難以忍受、覺得自己毫無價值可言的感覺。因此，如果類型三的羞愧感越深，他們就越想要實現能使其重拾價值、獲得成功的目標。

誰的目標？誰的成功？
成功對你意味著什麼？對你的父母又意味著什麼？對你的同儕有何意義？這三者之間有無關聯？

社會角色：「最棒的」

「這件事情我可以做得比任何人都好。」

類型三的人覺得個人價值是有賴於散發出耀眼光芒、引人注目，他們認為自己必須保持發光發熱、表現傑出，於是開始扮演「最棒的」社會角色（或是黃金小子、黃金女郎），並且最終只能安於以這個角色與他人相處。他們把自己設定成最棒的角色，可以彌補對於個人存在價值的潛在不安。一般狀態的類型三不僅會捍衛自我形象，跟其他類型一樣，他們也會以各種方式來強化其自我形象，並想辦法讓大家一起支持。這種想當最棒之人的需求，自然而然會讓類型三無法甘於平淡；讓他們把自己視為（或讓別人看來）是某種失敗之人，這是絕無可能的事情。

托妮是一位才華洋溢的女性，婚姻幸福，育有子女。她懂得接受自己的許多特質，但也忘不了被社會角色所驅動是什麼樣的感覺。

我幾乎想不起來，我的人生中有什麼時候曾經覺得自己不

用當「最好的」那一個人。我要當最漂亮的人，擁有最好的衣
服，還要住在豪宅裡，想要的東西一個接一個。在我追求「最好
的」時候，每天我所要面對的問題便是：在面對不同的人，什麼
是「最好的」也跟著不同，無論跟誰在一起都一樣。我希望他們
看到最好的我，在我看來，就是要當別人最想要的那個人——
這真的很累。我一直從外界尋求肯定，證明我「很好」。

　　做「最棒的」社會角色與類型三所扮演家庭英雄的角色
息息相關。他們是在達成他人的期待與要求中尋找自尊（即
便他人沒有明說期待什麼），但長期來看，這是一項必輸無疑
的遊戲，因為外界的要求時時刻刻都在變——成功或美麗的
標準會過時，小小的意外會顛覆輸贏的結果。從這角度來看，
心臟病或中風也會讓一個「成功」之人在一夕之間「失敗」。

何時該讓自己休息一下？

找出並寫下你的人生中，在哪五個領域不用當最好的那個人？找
出並寫下你的人生中，在哪五個領域自己一定要當最好的那個人？
看看你的兩項列表，看你會注意到它們給你帶來什麼感受。你可
以察覺到自己的狀態有何差異？緊張或放鬆有何區別？平靜或焦
慮的狀態又有何差異？然後再想一想，有哪五個領域能讓你放輕
鬆做自己？

欺騙、虛榮和證明

　　類型三的「強烈情感」（罪）是**欺騙**，而其中之一的方
法就是表現出不是真正的他們。更重要的一點在於自我欺騙：
為了維持內在表現，類型三必須說服自己，他們真的就是自
己對外所說的那種理想形象。同時，他們必須壓抑心中的不
足感，才能繼續欺騙自己。他們擔心如果放下形象面具，別

「我已經胸有成竹。」

人就會看到自己的缺陷，並將把自己拒之門外——進而證實自己毫無價值。

因此，類型三為了希望別人能肯定自己的傑出表現而選擇欺騙，因此他們必須不斷在內心鼓勵自己。從某種意義上來說，類型三必須靠欺騙自己來維持自尊，並激發自己取得更好的成就。（「你很棒！你是天才！沒人寫過比這更好的報告了！」）

此外，欺騙也可視為是「真實自我懶惰發展」的結果。一般狀態的類型三會投入大量精力，完善其性格中的自我及自我形象，而不是發掘他們的真實自我，因為他們相信，性格中的自我就是真實的自己。當他們每次都要調整自己、滿足他人期待，並且能因此受到鼓勵和獎賞時，他們就很難發展出本性的真實特質了。

表現以及失去情感聯繫

如果類型三想要脫穎而出，他們就會在各方面力求「表現」——事業、身體、學術、社交。他們想在別人面前表現出萬事俱備，一副從容冷靜、掌控一切的模樣。問題是，當他們越認同自己的形象，一般狀態的類型三就會壓抑所有個人感受，因為這些感覺會影響表現的順利進行。既然他們是因為良好表現而獲得獎賞，那麼任何的感覺，尤其是痛苦的情感，都必須要加以抑制。

托妮回想起小時候最重要的時刻之一。當時她意識到，為了生存下去，她必須壓抑自己的感受並取悅母親。

我小時候印象最深的其中一件事情，是目睹當時才十歲左右的哥哥與母親的爭執。印象中，母親暴怒的大吼大叫，把哥哥的所有東西都扔到地上。我不知道母親是否有動手打他，但這不

重要。我嚇壞了，因為害怕，從此她讓我做什麼我都照做。那一刻影響了我往後三十年的生活。

典型的結果是類型三會變成「成就機器」。由於他們的行為不是發自內心，表現也就會越來越無趣且不真實。即便類型三能把事情做好，卻很難從工作中找到過多的個人成就感。不過，因為工作是獲得他人注意及個人價值感的主要途徑，他們不能放下工作。工作狂上身的類型三會開始吞噬身上所剩無幾的情感自由和快樂。

較不健康的類型三可以在自己身上找到的唯一欲望就是變成某種「明星」。因為他們尋求巨大、突出的公眾回報，可能會因此浪費了自身的真正才能，在一個又一個不同的機會之間徘徊。由於他們行為當中根深柢固的自戀型需求往往會嚇到他人，令別人感到尷尬或難過（或是可疑和厭惡，取決於類型三會怎樣不停地宣傳自己）。無論如何，與自己和個人情感脫節，遲早會產生反效果，以各種形式反撲回自己身上。

「情感就像減速帶 ——
只會讓我慢下來。」

重新喚醒你的心

把手放在胸前、擺在你的心上，然後做幾次深呼吸。把注意力放在身體的這個部位，進入到這裡面。你感受到什麼？請記得，這沒有標準答案，你也沒有一定要有什麼樣的感受。無論你有沒有找到，都是你的體驗。停留在你找到內心「空間」當下的感覺，觀察這種感覺是如何隨著時間而變化。每天至少練習一次。

競爭與驅動自我

一般狀態的類型三可能會陷入各種微妙的競爭：誰在工作上最成功？誰的另一半最漂亮？誰的小孩最聰明？誰在運

動、電腦或棋藝上表現最好？諸如此類的問題會不斷上演。提高自尊的主要方法就是在比較中**占上風**（或是在公開競賽中獲勝）。遺憾的是，對類型三而言，追求卓越會讓他們精疲力竭，並且會破壞他們想要取得的目標。

類型三開始參與競爭並不是因為真的想這麼做，而是害怕自己的光芒被別人取代。他們擔心如果自己落後，別人就會得到更多關注、比自己更為人所需。於是，類型三會逼自己去做更多事情——大大浪費了時間與精力。（「我一直很努力練習鋼琴，可是瑪莉那首蕭邦的曲子彈得真好。我最好還是換一首曲子表演。」）

一般狀態的類型三不僅會與同儕競爭，還會把競爭狀態帶入不相干的人際關係中，產生極具破壞性的結果，例如父母與子女的競爭，或是夫妻之間相互競爭。諷刺的是，儘管他們與人競爭，最終還是得從他們想超越的人身上尋求認同與肯定。

琳恩是一位成功的私人教練及商業顧問，她對此有深刻的體會。

如果你聽過童話故事《小火車做到了》（*The Little Engine That Could*），你就會知道，像我這種精力充沛的人格類型，心裡到底有何感受。我做每一件事情都會投入大量時間與精力，我是從競爭、奮鬥及目標導向出發。打從我十一個月大開始，父母就訓練我坐便盆。從那之後，我就開始以完美的標準要求自己。驅使我前進的動力就是害怕表現不夠優秀、害怕失敗。失敗意味著完蛋，徹底被黑洞吞噬。我必須不惜一切代價避免失敗。

形象與自我表現

類型三從小就知道要如何調整自己、在他人面前表現出

具有吸引力的形象。在一般狀態中，他們要嘛是表現出一種被迫的熱情，要不就是某種職業性的酷樣，像是在告訴別人說：「一切都在我的掌握之中。」在廣告、行銷、銷售及時尚領域經常在推廣這類形象，而上述領域的從業人員似乎也是以類型三居多。許多政治人物、教練、激發潛能的導師以及商人都展露出類型三的人格特質，尤其是他們能夠認清形勢、本能知道他人在期待什麼。類型三一走進屋內，便能察覺到人與人之間的暗潮洶湧，當下就知道該如何反應。

由於類型三不斷因為此種能力而有收穫，他們變得非常善於調整自己，導致忘記真實的自己在哪裡。因此，他們對於自我的個人感受仍舊不成熟，基本上可以說是毫無感覺。例如，處於一般狀態到不健康狀態的類型三經常不知道自己是誰，又或是撇開形象之後，自己究竟有何感受。他們無法表達真實的想法或感受，只是會說或會做一些自認為別人會接受的事情。

一旦成功塑造出能贏得他人讚賞的形象，他們就會面臨另一種全新且更加危險的情況。擁有成功的形象是對類型三的行為表示肯定，而非是對其核心身分的肯定。形象越成功，類型三就越想要繼續依樣畫葫蘆，他們發展的是塑造形象的功夫，不是自我成長的能力。結果就是忘記本心，「自己究

如果脫下刻意戴上的面具，在朋友面前的我們，會是另一個人。
——老奧利弗·溫德爾·霍姆斯
（Oliver Wendell Holmes, SR.）

竟是誰」這個問題的答案越來越模糊，甚至不再是關注的重點。因為當他們探視內心深處，會覺得那是一個空虛、巨大的黑洞。

達成期待
你現在在別人面前表現出什麼樣的形象？對自己呢？在辦公室呢？對朋友？對父母？對孩子？對寵物？有沒有區別？你覺得自己的真實形象跟別人眼中的你是相反的嗎？你認為你的自我形象與在別人面前所表現的形象有何差別？你怎麼知道？這些差異是否會導致你與他人的衝突，或是在某些方面給你帶來麻煩呢？

把自我包裝成商品

「我想要成為哪樣的人，
我就可以變成那種人。」

　　當類型三感到不安，他們會更加仔細經營形象來保護自己，很多行為都變成了公關手段，並開始覺得他人的看法代表一切。他們不再把精力投入到發展個人才能，而是將個人資源轉為經營個人形象。無論他們表現出多麼的謙虛、有誠意，為了找出致勝方法，只要能達成目標，或是免於可能的羞辱，他們都會不惜一切代價去做。

　　覺得自己必須隨時全力以赴是一種巨大的壓力，這就好比一場永不停止的面試。類型三為了讓自己保持最佳狀態，必須不斷壓抑焦慮和自我懷疑的心情，一直擔心會說錯話或做錯事，唯恐被嘲笑、質疑或是別人不喜歡自己，因此他們隨時都得保持警備狀態，永遠也無法做到真正的自然或是真情流露。

　　類型三的問題在於把自己當成一件商品。（「我必須把自己『賣』給他人」）正如大家所見，類型三從小就常是自戀式需求的附屬品。他們認為自己真實的情感與需求不重要，他們的存在是為了成為他人欣賞與渴望的對象。這種痛苦之

大，大到讓類型三必須切斷與內心的連結。然而，唯有心靈能讓我們看清真相，沒有心靈，我們也就無法碰觸真相。於是，真相變成一種飄忽不定的商品，只要在當下能發揮作用即可。

這種無止盡的自我調整與脫離狀態為類型三及其身邊的親密夥伴帶來極大的痛苦感。一位努力工作的牧師亞瑟分享了他的經歷：

> 我在工作上十分好強，一直認為自己比別人優秀，因此給人一種傲慢的印象，讓人很有距離感。我回到家就覺得很無趣，要不就是對太太沒及時出現而感到沒耐心，要不就是我自己搞出來的距離感，把她當成不存在似的。我非常擔心「他們」怎麼看我。但，「他們」是誰？我不知道。幾年前，我發現自己早上上班時都會非常注意穿著，後來才發現，原來我是為了給一群不認識、甚至沒接觸過的市中心上班族留下好印象。

調整自己

注意自己何時會為了適應環境而調整自己。這種情況一天會發生幾次？觀察你與朋友、同事、家人和其他人相處時，你所表現出來的形象與真實的自己有何不同？注意在什麼情況下，你說話的語調或節奏會發生變化？當你察覺到自我調整時，它對你產生哪些根本性的影響？對你與內心的聯繫產生了什麼作用？當你調整自己時，價值感是因此增加還是降低了？

害怕親密感

只要類型三試圖說服自己與他人相信自己胸有成竹，就不會允許別人跟自己太過親近。親近會讓他人看到事實並非如此，發現自己並不是他們想像中的那樣。私底下，一般狀態的類型三很清楚，他們的真實面目與表現給別人看的是不

一樣的，但又害怕別人發現這種落差。他們擔心別人會看出自己心中有多麼孤單、空虛和沒價值感，因此會把這種不安全感埋藏得更深。別人越接近，他們就越害怕被看穿，也就越排斥別人靠近。他們不願冒著遭到拒絕的風險，通常會讓自己準備好，然後做更多的事情，如此一來，別人就會對他們（形象）感到滿意，彼此之間的關係也不會出現問題或威脅。

為了與他人保持安全距離，但是又要得到對方的關注與好感，一般狀態的類型三會發展出一種職業性的友善或熱情的面貌，來代替真正的親密感與連結感。基於對親密感的恐懼，他們甚至會與配偶保持某種程度的距離。在外人眼中，他們的婚姻看似完美，但對配偶來說，真正的親密感與情感連結實際上是不存在的。典型的類型三想要的是塑造出人際關係成功的形象，而不是真正的成功關係，尤其是當親密意味著會有受到傷害、需要他人加倍關懷的風險，或是因為無法滿足他人需求而遭到拒絕，情況尤其如此。

讓別人了解你

跟你信任的人分享你脆弱的一面。在你說話時，請專注於面對脆弱的真實感受。是不舒服的嗎？那是什麼樣的感覺？你覺得與他人之間的關係會出現什麼變化？你害怕別人看到什麼？

自戀與炫耀

「我要怎麼做才能讓你印象深刻？」

類型三的童年環境越不健康，個人的價值感就會越受傷，也就越難找到並保持真正的自我價值感。他們會強迫自己去做那些能得到他人認同與接受的事情，但其所得到的認同與接受卻從未真正讓他們覺得受到重視和有價值。自戀式的傷害（Narcissistic damage）通常會以過分補償的形式表現——

換句話說，就是炫耀行為。

取決於自戀傷害的嚴重程度，一般狀態的類型三可能會對自己產生重大期待。僅僅是成功還不夠：他們需要成名或是成為某個領域的「大人物」，要為人所知且得到讚美。當然，這只會導致類型三不斷面對沮喪、感覺受到羞辱。

類型三的人還可能會引誘別人，尋找性征服的對象以增強其自尊。他們會刻意打扮自己、獲得關注；但如果別人真的崇拜或追求他們，他們又會表現出敵意或是假裝冷酷。（「我想要你注意我，但我不承認你的存在。」）他們不只在乎名聲，也在乎別人的看法；他們不僅需要有魅力、受人歡迎，連他們的配偶、小孩、朋友，甚至是寵物也都必須如此——不過，在理想狀態下，無論是誰都不能比自己更有魅力、更受歡迎。

托妮回憶說道：

在感到孤獨的時候，我就會盡全力讓自己「表現優異」。我讓自己保持紙片人的身材，做最漂亮的美甲（當然是假的），上完美的彩妝，做時尚的打扮，穿昂貴的衣服，並以鑽石和皮草（當然是真的）做裝扮。我記得人們總會用讚嘆的眼神看我，而我覺得這沒什麼。我發現一旦疏離了真實的自己，就幾乎沒有什麼回憶可言。我想，我之所以驚醒、知道要改變這種狀態，是因為意識到自己沒有關於這些事情的回憶。舉例來說，我幾乎對結婚那天的情形沒印象。拼湊過去的記憶幫我重新找回了自己。

在壓力增加的情況下，一般狀態的類型三其因應機制可能會崩盤，表現出一般狀態到不健康狀態之間的類型九所具有的某些特質。類型三具有高度專注力，為達成目標而努力，並且認同他們所做的事情，而轉向類型九意味著他們不再努

**應對壓力：
從類型三變類型九**

讓別人發現你

當你在社交場合與別人相處時,首先關注他人的生活與成就,找出別人有趣的地方。看看這麼做,會如何讓對方對你產生好奇,而且又無須事先給他人留下深刻印象。想想在你不用先做什麼事情、給他人留下深刻印象的前提下,別人可能會喜歡你什麼?你對這種可能性有何感受?

力不懈追求成功。

因為類型三急於表現和證明自己,人際關係就難免會出現壓力和衝突。在這種情況下,可能就得放緩行動,變成像一般狀態的類型九那般得體與隨和。表現出類型九狀態的類型三依然想要脫穎而出,但不會過於太強烈。他們會低調表現,試圖融入眾人。

正如我們所見,類型三對成功的追求往往會導致他們不得不去做些不感興趣的事情。儘管短期之內不是問題,但就長期來看,如果整個職業生涯或所有人際關係都不是出於類型三真正的意願,他們就會表現出如類型九般的疏離狀態。他們的表現不再有效率,會用忙碌的工作和常規事務來填滿時間,希望能熬過困難的處境而不受其影響。雖然類型三在處理事情和回應他人方面通常是迅速且有效率,但壓力會導致他們變得異常遲鈍和自滿。

職業生涯中的失敗或重大挫折,對類型三而言是極具毀滅性的事件,他們會對生活、對自己感到幻滅絕望,爆發出隱藏已久的空虛感,並表現出無動於衷、精疲力竭的樣子。他們不會努力改善處境,而是選擇迴避問題的真實性,把時間浪費在一廂情願的想法之上和對下一次成功的幻想之中。

如果類型三遭遇重大危機卻沒有得到足夠的支持或應對技巧,或是小時候遭受長期虐待,他們都有可能會跳過緩震

裝置、直接進入類型三的不健康狀態。

　　類型三一旦經歷自信嚴重挫敗，就會意識到一件讓他們害怕承認的事情——他們的生活是建立在脆弱、甚至是錯誤的基礎之上。他們害怕真的失敗，或是害怕自己的成功毫無意義，又或者他們說過關於自己的話都是騙人的。某些恐懼或許是有事實根據。如果類型三能意識到恐懼背後的真相，或許就能扭轉生活，朝健康和自由的方向發展。但從另一方面來說，他們也許會更加堅持那些高人一等的幻想，試圖否認他們正經歷的痛苦或甚至拒絕承認有任何問題。（「這裡沒問題！我很好。」「為了出人頭地，**什麼**我都願意做。」）如果類型三堅持這種態度，他們就會滑入不健康狀態的層級中。如果你或你認識的某人在很長一段時間中（超過兩、三個星期）有出現下列警示跡象，就極有必要尋求諮詢、治療或提供其他支持。

警示跡象
潛在病症：自戀型人格障礙、高血壓、抑鬱（通常是失戀）、自戀型憤怒和報復心理、心理變態行為。

→ 因為不停瘋狂工作而導致身體上的疲憊不堪	→ 虛假自我形象、不誠實和欺騙行為不斷增加
→ 缺乏情感、內心空虛	→ 掩飾情感壓抑的程度
→ 嫉妒、對成功的不現實期待	→ 占便宜、投機主義
→ 強烈的憤怒與敵意	

◆ 首先要學會知道自己何時會在別人面前「戴上面具」——即是以形象面對他人，所作所為並非依照內心真實的聲音行事。你甚至會注意到，即便身邊沒有人，你也會陷入形象當中無法自拔！雖然你所建構的這個人物形象並沒有大錯，甚至時不時就會想以此形象示人，但只要能意識到這

一點，你就可以選擇**何時**要用此形象；如果沒有意識到這一點，你就是為形象而做事。

◆ 跟類型八和類型一一樣，如果能適時休息、找時間放鬆一下，這對自己會有很大的好處。身為類型三，你不會在第一時間就注意到自己承受過大的壓力，有時甚至要以重大健康問題或人際關係問題做為代價，你才會發現自己承擔了過多事情。每天都要定時休息片刻，做做深呼吸，花點時間審視自己的內心。你焦慮嗎？孤獨嗎？生氣嗎？快被壓垮了嗎？休息乍看之下是拖慢了進度，但長遠來看，這有助於維持情緒與身體的健康，而且能幫助你更輕鬆地完成任務。

◆ 找到信任之人，跟他分享你的焦慮和脆弱。類型三要找到夥伴不難，也經常跟朋友在一起，但要找到一個可靠的朋友，可以說出心中的脆弱、傷害或恐懼就沒那麼容易了。找到一個可以和你談心的人，但不用馬上把所有事情和盤托出。從小事情開始，以你覺得可以安全敞開心房的方式去做就好。（跟好的心理治療師談話也非常有用。）此外，事情可能與你所想的正好相反：跟健康狀態的朋友吐露脆弱，你得到的或許是對方的喜愛，而非讓他們失望。

◆ 類型三尤其能從創造力中獲益，特別是當創造力是為了自己，而不是為了旁人時。繪畫、製陶、音樂演奏、寫作、繪畫和寫日記都有助於找到真實的情感，並與自己建立更深厚的聯繫關係。你也可以在家裡打造一個特殊空間，專門用來發展創意和自我探索，而且不能做任何跟工作有關的事情！當你在面對生活中的傷害時（尤其是自己給自己定下的要求），此處就是你的庇護所。

◆ 冥想尤其有用，雖然類型三是最不可能進行冥想的人。對任務導向的自我而言，坐下來「什麼都不做」毫無意義，

但對你的心靈卻具有重大意義。冥想並非是什麼都不做。事實上，這可能是你一生中，除了撫養小孩之外所面臨的最大挑戰。能做到單純的**存在**就算是一大成就，對類型三而言尤其如此。如果一開始覺得難以達成，就先好好利用你的自律與堅持——類型三往往會在彈指之間取得重大進展。

◆ 在生活中找到能讓你發揮作用的團體，但不是要當領頭羊！要學會與他人合作共事，而且還不能成為焦點，這對類型三來說並不容易，但這會帶來意想不到的巨大滿足感。你可以試著在當地醫院、學校或養老院當義工。與他人共事的過程中，心中浮現的感覺會讓你感到訝異——不僅是因為你的努力付出所建立起的關係，還包括你對自己的感覺。你會從中獲得巨大的自我價值感，這個結果是你作夢都想不到的。

建立在類型三的長處之上

健康狀態的類型三能享有真正的自尊，而不是膨脹的自戀。他們對自己及生活有著真實且深刻的欣賞之情，這為他們帶來了自信以及對其潛力的正面認識。可以說健康狀態的類型三有一種平衡的**自愛**，也讓他們能夠自由、不設限的去愛別人。這種自愛不會輕易受影響或受威脅，因為這是基於對個人能力的真實評估，也是對其侷限性的一種考量。可以說其他人非常願意跟這些具有其欣賞特質的人為伍，並且會覺得受益匪淺。

因為類型三擁有真正的自尊，他們知道投資自己及其個人發展的價值。他們有雄心壯志、充滿自信、堅持不懈、注重健康，並且懂得認識自己、把生活事物打理得井井有條。他們總是想方設法提升與改善自己的生活，並且教導他人如何發展自我。

「我喜歡做自己。」

　　「自我投資」從字面上來看，就是把金錢、時間和精力都用在自己身上，但卻不等於自戀或以自我為中心。如果想要實現人生價值，健康的自我投資就有其必要性——必須接受良好的教育，確定個人的優先順序，並且不會偏離目標。類型三的人可以全心投入發展其所擁有的特質。

　　除了投資個人才能，健康狀態的類型三也會盡全力幫助他人；他們會利用自身能力來刺激和鼓勵他人去實現超出預想的成就。如果類型三的職業是護士、醫生、教師或治療師，他們都能藉由自己樹立的榜樣，為學生與客戶帶來驚人的影響。物理治療師會激勵他人眼中注定不良於行的殘疾孩子再次靠自己走路，音樂老師會鼓勵學生超越自我，教練會讓他的隊員開心的知道自己已經做到最好。

　　健康狀態的類型三還會利用天資和表現技巧促進加速發展。最後，他們往往成為該努力領域的傑出模範。許多企業與組織都會雇用健康狀態的類型三來為其代言。他們善於溝通和推廣，知道要如何用吸引、激勵他人的方法來呈現事物。他們在鼓舞鬥志與建立團體精神方面十分厲害。

　　伊芙是一位非常可愛且優雅的企業教練，她表示：

　　大部分時候我喜歡當類型三，因為我完成了許多事情。最近我用相同方法完成了一項新工作。我鼓勵員工，讓他們覺得自己真的是成功團隊的一分子。我甚至給五名員工加薪。所以他們現在對我很忠心，可說是赴湯蹈火在所不辭。他們認為我是最棒的。這感覺真好！我喜歡這種可以激勵別人表現出最好的一面的感覺。

　　高度功能的類型三懂得接受自我，並以內心為導向。他們是誠實、質樸和真誠的表率，帶給他人極大的鼓舞。高度

功能的類型三會誠實看待自己，接受自己的侷限並欣賞自己的才能，不會將凡事看得太嚴重。他們溫和體貼、情感真誠，充滿慈愛之情——他們受到別人尊崇，但個人本身並不需要他人的崇拜。

琳恩克服早年所經歷的自戀型傷害後，對自己與他人有了截然不同的想法。

我身上有一種存在感、一種內在的光芒，能散發到他人身上。我不用刻意表現或做什麼事情，就能像磁鐵般把人吸引過來。最近有人問我：「你一直都是這樣發光發熱的嗎？」那種感覺很美妙，但同時又覺得自己其實只是個腳踏實地的普通人。

類型三就像健康的類型六那樣，透過學會對他人做出承諾，致力於超出其個人利益的目標，從而發揮潛力、保持健康狀態。這使他們的注意焦點從維持自我形象的需求，轉為支持比個人更重要的事物發展。進行整合的類型三開始體會到何謂真正的自尊，這是他們之前從未感受過的。此外，由於跟別人的相互合作，包括在事業與人際關係上，他們開始展現出健康狀態類型六所具備的勇氣，並感受到內心的指引聲音，這使得他們進一步表現出真實的特質。交流變得簡單、真誠和直接——而且無須要人讚嘆和佩服。

無論類型三如何努力，如果他們追求的目標並非出自內心，那麼想要藉此證明其個人價值幾乎是不可能。然而，類型三會在無私的行為與承擔責任的過程中得到強烈的滿足感與價值感，這會讓他們很訝異。看到他們與他人共同創造的事物，看到其所做之事的善與美，無論自己是否因此而受到稱讚，類型三都會發現自己為此深深感動。在這種情況下，無需任何的自我反思，類型三都能感受到自己真實的身分和

整合之路：
從類型三到類型六

價值。

　　一般狀態的類型三往往會覺得自己像個獨奏者，雖然可以激勵他人與團隊精神，卻打從根本覺得自己是孤單一人。做為家庭英雄的負擔讓他們無法向外尋求支持或安慰——因為英雄不能求救。但隨著與類型六的特質進行整合，他們開始意識到並接受生活中可獲得的支持，而且在必要時，也能有足夠的勇氣開口要求。通常這樣做會引發強烈的恐懼感，害怕自己的不足以及讓他人失望。（「如果他們知道我的**真實**感受，大家都會拋棄我。」）不過，隨著類型三開始學會與特定人士建立穩定關係，就像健康狀態的類型六那樣基於信任與互相尊重，他們開始踏上探索內心指引與支持的旅程。

　　當然，如果類型三僅是模仿一般狀態類型六的特質是不夠的。讓自己承擔過多責任以及試圖透過各種頭銜來建立身分與安全感，只會更加強化對自我形象和表現的關注。但隨著類型三開始不再認同表現的必要性，健康狀態類型六所具有的忍耐、真心奉獻和勇氣等特質都會自然流露出來。

將人格轉為本性

　　為了解放自己，類型三必須放下相信個人價值取決於他人正面評價的想法。唯有如此，他們才能開始接受內心指引、變得真誠。這對類型三來說並不容易，但卻是非常直接的方法。一開始，他們只會感到內心空虛、空白，但漸漸的，憑藉著耐心與熱情，他們就能面對隱藏在內心深處的傷害與羞辱。隨著痛苦浮出檯面、得到治癒及釋放，並會在沒注意到的情況下發生改變，類型三逐漸意識到自己已經不再是以前想像的那種人了。類型三擺脫了迎合他人的重擔後，在追求內心欲望的同時，會感到無比的自由與輕鬆。

　　類型三必須清楚知道，要想得到治癒，就必須脫掉面具，面對內心的空虛感。當然，這麼做的好處是，對於本性的自

我而言，本來就沒有所謂的空虛感；摘掉面具後，就會從內部開始填滿空虛感。面具本身彷彿有一種壓力，壓抑住了真正的自我；一旦面具摘下，真正的自我就會出現。至此，類型三會發現，自己只是在某方面較為不足（但在許多方面都表現很好），而不是空洞或毫無價值。在類型三的自我揭示的旅程中，需要勇氣以及配偶、好友、治療師或牧師的支持。

托妮敘述這麼做所帶來的影響。

差別就在於，現在我是以真正的需要來做選擇，而不是做什麼能讓更多人「想要我」。我不再為別人做「最好的」，我只為我自己。我可以自由表達情感，不用擔心別人怎麼看我，我也可以平靜看待自己的任何想法而無需加以評判。我變得更加柔軟。我人生中的大部分時間，都是表現出人格類型的特徵——我是典型的類型三。但今天，我就是我自己。

當類型三願意冒著失去他人認同的風險而遵循內心行事時，就能變成自己一直想要成為的傑出人物。任何的愛與欣賞都將深植於他們的靈魂深處，從而開出一座美麗的新花園。

瑪麗後來成為一名治療師，她知道了這個重要的祕密。

我整個人只在乎做事，當然也在乎成功。在我學會做自己之前，幾乎沒有誠實或真誠可言……我辦事迅速、有能力，而且很能幹。我現在依然如此，不過現在對我來說，表現好不好已經不是那麼重要了。對我而言，更重要的是能真心面對真正有價值的東西。

一旦重心從外在轉為內在，他們會感受到前所未有、真正受其內心指引的感覺。只要嚐過這滋味，就很難再走回頭路。

▌本性的出現

當他們能夠重新與內心連結，健康狀態的類型三會表現出不同於其他人格類型的真實本性。他們的行為變得真誠，表現出原本應有的樣子。他們變得簡單、隨和，並以誠實和謙卑的態度來展現真實的自我。

真實不代表毫無保留的坦承，而是意味著表現出你當下的真正狀態。當類型三活在當下，他們是很簡單的人，能夠直接說出心中所想的話。乍看之下，這可能不算是什麼成就，但如果仔細想想就不難發現，自己其實鮮少以簡單的方式跟人相處。

隨著類型三學會接受他們的真實狀態，其本性的特質也就開始浮現。這很難用文字描述，不是因為它很抽象，而是這涉及到我們存在的根本，也是我們視而不見的一部分。或許**價值**才是最好的形容詞——**我們因為存在而有價值**。

但這種說法公然違背了大眾文化，後者堅信唯有擁有特定收入，或是特定的身體素質，或是在特定的年齡與職業背景，才能算是有價值。但這些所有對價值的表面理解都是由人格創造出來的替代品，與人的存在毫無關係，而「存在」才是所有價值的真正來源。

如果停下來想想就會發現，對賦予事物價值的其實是我們自己。或許成為一名演員能帶來自尊，但對另一個人來說，同樣的職業或許毫無意義或微不足道，他們的自尊可能是取決於銀行存款數字。價值觀不僅會因人而異，在我們一生中的不同階段也會有所不同。很顯然，所有事情都存在一個共同點——就是**我們**。事實上，我們是把自己本性的價值投射到工作、他人、東西或是事件之上，然後試圖透過擁有這些人、事、物來找到價值感。但是，這種作法始終不管用。

　　然而，只要接觸到本性的價值時，我們就會知道那是真實本性的一部分。沒有價值就沒有我們，而我們只是忘了它的存在罷了。所有的痛苦、羞辱以及人生的問題都無法削減一個人的本性價值；最多就是改變一個人，使其有機會可以深入拓展、接受和認識的機會。因此，當類型三可以直接感受到本性的價值時，他們也就可以擺脫自我不斷透過成就來追求自尊的行為中解脫，這就為他們帶來了時間與空間，得以過上具有偉大精神、充滿愛、富足和奇蹟的人生。

將你對類型三的十五項陳述選擇得分加總，得分範圍會在 15 到 75 分之間。參考得分說明，幫助你找到或確認你的人格類型。

15 分	你可能不是張揚型的人（不是類型三、七或八）。
15-30 分	你可能不是類型三。
30-45 分	你可能有類型三存在的問題，或是有類型三的家長。
45-60 分	你可能有某種類型三的元素。
60-75 分	你極有可能是類型三（但如果你對類型三的認識過於狹隘，也仍有可能是其他類型）。

類型三最有可能誤認自己是類型五、一或八。而類型八、七和九則最有可能誤認自己是類型三。

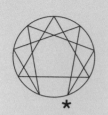

★

藝術家

浪漫主義者

憂鬱者

審美家

悲劇性的受害者

特立獨行者

第 10 章
類型四：自我者

所有的藝術都是一種自白，多少有所傾斜。藝術家們如果想要永留於世，都不得不在最後把故事完整交代清楚，把所有的悲痛傾吐而盡。
—— 詹姆斯・鮑德溫（James Baldwin）

或許，藝術最偉大的地方在於永恆張力：在美麗與痛苦、在人類的愛與創造的瘋狂、在無法承受的孤獨與令人疲憊的人群、在拒絕與同意之間。
—— 阿爾貝・卡繆（Albert Camus）

幸福對身體有利；但讓心靈發展的力量，是痛苦。
—— 馬塞爾・普魯斯特（Marcel Proust）

啜飲深沉的悲傷勝於淺嚐愉悅。
—— 威廉・赫茲里特（William Hazlitt）

唯有天才才能哀怨動人。
—— 弗朗西斯・斯科特・菲茨杰拉德（F. Scott Fitzgerald）

_____ 1. 許多人認為我神祕、難搞且矛盾——我喜歡這樣的自己！

_____ 2. 我往往會把消極情緒悶在心裡，要很久才能釋懷。

_____ 3. 雖然身邊有親近的人，但我還是會感到孤單和寂寞。

_____ 4. 如果有人批評或誤會我，我會選擇退縮和生悶氣。

_____ 5. 對於無法掌控的事情，我很難投入。

_____ 6. 我通常不會按照規則或他人期待行事，因為我想在我所做
之事上留下屬於自己的印記。

_____ 7. 就大多數標準來說，我是個相當戲劇化和情緒化的人。

_____ 8. 我會花很多時間在想像不一定會發生的場景和對話。

_____ 9. 我渴望被救贖，希望有人能幫助我擺脫身邊枯燥乏味的環
境。

_____ 10. 當事情變得棘手，我會崩潰和放棄——可能我太容易放
棄了。

_____ 11. 什麼事情我都可以無所謂，除了沒品味的事情。

_____ 12. 一般來說，我不喜歡跟他人一起密切工作。

_____ 13. 對我而言，發現自己以及誠實面對情感需求是非常重要
的動力。

_____ 14. 我不喜歡帶頭，也不喜歡做跟班。

_____ 15. 無論我有沒有勇氣採取行動，我都能清楚意識到自己的
直覺。

閱讀左側敘述後，根據
下列描述情況給分：

1. 完全不符合
2. 幾乎不符合
3. 一半符合
4. 大部分符合
5. 高度符合

計分標準請見第 251 頁

人格類型四：自我者

敏感、沉默寡言的類型：
善於表現、戲劇化、固執己見、喜怒無常

→ **基本恐懼**：沒有獲得
身分認同，沒有個人
價值

→ **基本欲望**：想要找到
自我及其重要性，創
造一種基於內在經驗
的身分認同

→ **超我的訊息**：「如果
你能真實面對自己，
你就很棒。」

　　我們將類型四命名為自我者，因為類型四的人打從心底
覺得自己跟別人不一樣，藉此維持身分認同。類型四覺得自
己不像其他人，因此沒人能理解或愛他們。他們總認為自己
是絕無僅有的天才，身懷特殊絕技，但其劣勢和不足之處也
是旁人望塵莫及。類型四是所有類型當中最敏銳、也是最能
意識到個人差異和不足之處的類型。

　　健康的類型四對自己很誠實：他們清楚自己的感覺，並
且不會加以否定或掩飾其動機、矛盾和情感衝突。他們不一
定喜歡自己的發現，但不會因此將其狀態合理化，也不會試
圖對自己或對他人加以掩飾。他們不怕看到自己的缺陷及一
切。健康的類型四願意把極私人的事情或可能不太光彩的事
情攤在陽光下，因為他們決心要認識該經驗的真實性，如此
一來才能找出真正的自己，並且與過去的情緒達成和解。這
種能力讓類型四更能承受痛苦。他們熟悉自身的黑暗本質，
因此更懂得該如何處理這種足以擊垮其他人格類型的痛苦經
驗。

　　類型四經常覺得自己少了點什麼，不過他們也很難明確
指出到底是缺了什麼。是意志力？無拘無束？自信？還是情
緒安定？在他們看來，這些特質在其他人身上似乎都有非常
豐富的表現。只要有充足的時間與足夠的觀點，類型四通常
會發現，他們不確定的，其實是**自我形象**——也就是人格或
自我結構本身。他們覺得自己缺乏一個清楚、穩定的身分，
尤其是能讓他們感到自在的社會角色。

　　儘管類型四覺得自己與眾不同，卻不想要當獨行俠。他們或許覺得自己不擅長社交，卻又企盼能跟懂自己感受的人有所接觸。他們是九型人格中的「浪漫主義者」，渴望有人走進他們的生活，能夠欣賞他們獨自呵護、遠離世俗的隱密自我。如果經過一段時間還是無法取得認同，類型四就開始以**自己是如何不同於他人**為核心來建構身分認同。因此，一個無法融入大家的人，就會變成一個固執的個人主義者，藉此獲得安慰 —— 所有事情都必須用我的方法、我的主張來完成。類型四的座右銘會變成：「我是我自己，沒人懂我；我與眾不同，我很特別。」而在此同時，他們心中又默默希望能跟別人一樣，享有安適與自信。

　　消極的自我形象和長期自尊心過低是類型四典型的問題。他們試圖藉由培養一種虛幻的自我來彌補問題；這是一種理想化的自我形象，主要是建立在其想像之上。我們認識一個類型四的人，他大部分的空閒時間都是在聽古典樂，想像自己是一名在音樂會上演奏的偉大鋼琴家，就像弗拉基米爾·霍羅威茨（Vladimir Horowitz）那樣。遺憾的是，他投入在練習的時間與表現遠不如其所幻想的自我形象。每當有人要求他演奏一曲，往往都是以尷尬收場。雖然他實際的演奏能力不差，但卻成了羞恥之源。

　　類型四在其一生中，會依據某些吸引他的人所具備的喜好或特質，進行嘗試扮演各種不同的身分。但在表面之下，他們依舊對自己是誰充滿不確定。問題在於，他們對身分的定義有很大一部分是建立在感覺之上。當類型四探索內心時，他們就像看到萬花筒，裡面是一種不斷變化的情緒反應。其實類型四能準確感受到人類本質的真相 —— 是一種動態、不斷變化的狀態，但由於他們想從情感中創造一種穩定、可靠的形象，就會試圖培養特定情感，並拒絕發展其他情感 ——

某些情感狀態是「我」，某些「不是我」。類型四試圖掌握、表達特定情緒，藉此相信自己是忠實於自己的。

類型四面臨的最大挑戰之一，就是學會放下過去的情感。他們往往會守護傷痛，固守曾經被傷害過的負面情感；也會因為執著於渴望和失望，導致對生命中眾多寶貴事物視而不見。

莉是一名在職母親，多年來她一直為這些負面情緒所苦。

人生在世，我都要崩潰了。我的人際關係就是一場災難。我討厭妹妹的善意，也討厭大多數的善意。有許多年，我的生命中沒有喜悅，只會強顏歡笑，因為真正的笑容是不會出現在我的臉上。我一直渴望得到不曾擁有的東西，但我的渴望永遠不會成真。因為我終於知道，我執著的是「渴望」，而非任何具體的結果。

蘇菲派有一則故事與此相關，講的是一條長期受虐、快要餓死的老狗。有一天，這隻老狗發現一根骨頭，便把骨頭叼至一處安全的地方，開始大快朵頤。因為太餓了，牠不停地咬，想要把骨頭吃到一點不剩。過了一會兒，有個善良的老人注意到這隻狗以及食物殘渣，便悄悄在牠身邊放了一點食物。可惜這隻老狗因為太專注於眼前的餘骨而不肯放棄，很快就餓死了。

類型四就是處在相同的困境。一旦認為自己打從根本上犯了錯誤，他們就不允許自己去體會或享受自身其他許多良好的特質，認為接受自己的良好特質會失去他們的身分認同感（做為苦難的受害者），也會失去對身分認同的一致性（他們的基本恐懼）。類型四如果想成長，就要學會知道許多故事都不是真的——起碼不再是真實的了。一旦不再提起陳年

往事，過去的情感也會開始消失：過去的事情與現在他們是誰毫不相關。

█ 童年模式

　　類型四覺得自己跟父母不像。許多類型四都說自己曾幻想過出生時在醫院被抱錯，或者他們應該是孤兒、曾被調包之類的。他們經常這麼說是因為覺得父母沒有「看見」自己，他們與父母之間沒有足夠的聯繫感。用心理學的話來說，類型四覺得自己沒有得到足夠的鏡像，或者說，至少是沒有得到發展身分所需之實質特質與才能的鏡像。（在家庭系統理論中，類型四傾向相信自己是走失孩童的角色。）

　　結果就是類型四認為自己打從根本出現了重大問題，所以終其一生都在「尋找自我」。他們會想：「如果我不像父母，在他們身上看不到自己的影子，那麼，我到底是誰？」這也使得類型四頻頻關注在自身上、生活上，以及人際關係上所缺乏的東西。他們覺得自己先是被父母，然後又被重要的人所拋棄和誤解。

　　漢娜是大學的行政人員，丈夫和孩子都很愛她，但她依然承受著其所屬人格類型導致的疏離感所帶來的痛苦。

　　我很早就學會不要依賴母親。我自己一個人玩耍、自己解決問題。我父親一開始對於有孩子的態度很矛盾，我上小學之後，他就頻頻出門旅行，所以我很懂那種被拋棄的感覺。

　　這種模式所產生的後果是，類型四對於觸發其鏡像願望、引發他們渴望被關注以及對其身分表示欣賞的人，他們會做出強烈反應。在類型四的內心深處，他們總是在尋找從未出

※請注意 ──────
此處所指的童年模式並不會導致人格類型的產生，而是描述了我們在童年的早期階段所觀察到的各種傾向，對於成年後的人格類型有重大影響。

現過的父母。他們也許會將這些人理想化、想像成「救世主」的角色，能拯救他們於困境之中。可是，只要別人讓他們失望，或是沒有看到他們的掙扎和痛苦，類型四很容易就會對他人感到失望和憤怒。類型四將他人視為愛、善、美的源頭，認為這是自己所缺乏的；他們一方面期待別人來完善自己，另一方面又害怕被拋棄。如果無法達到上述要求的人，一般狀態的類型四通常不會感興趣——無法讓他們產生強烈情感回應的人，多少是不夠真實的。

因為他們對自己的身分有所懷疑，就會傾向跟別人玩「捉迷藏」的遊戲——一方面躲著別人，一方面又希望別人會注意到他們的消失。類型四試圖保持神祕感和吸引力，以便吸引那些會關注自己、願意用愛來拯救自己的人。不過，類型四的自我隱藏和自我揭示會輪流進行，並可能會以非常極端的強度和需求方式表現，導致在不經意間推開了自己所渴望的拯救者。除非類型四能意識到這種模式，並且看清對熟人所寄予的不切實際的期待，否則他們在情感需求上會出現與別人疏離的風險。

側翼附屬子型

代表人物

謝洛美・艾朗斯
賈桂琳・甘迺迪
田納西・威廉斯
茱蒂・嘉蘭
費雯麗
莎拉・麥克勞克蘭
羅傑・尼爾森
瑪莎・葛蘭姆
布蘭奇・杜波依斯

▌具有類型三側翼的類型四：貴族

健康狀態：此側翼附屬子型的人結合了創造力和進取心，渴望自我提升並著眼於實現目標，這常與其個人進步有關。他們比其他附屬子型更懂得社交，渴望成功與獨樹一幟。他們覺得有必要跟別人溝通個人創意，因此想要找到正確的表達方式，而且避免做出讓人敬而遠之或沒品味的事情。他們的創造力是有考慮受眾感受的。

一般狀態：相較於其他附屬子型，這些人的自我意識更為強烈，特別是關於其自我價值，以及給他人留下何種印象

的事情。因為希望別人能認同自己與自己所做的事情，他們會投入更多的精力在自我表現以及相關事務方面。這類型的人非常實際，但也有些離譜：他們喜歡精緻、有文化、有修養的東西，自視為高品味、優雅的人，並且在意自己的社會接受度；另一方面，他們爭強好勝、鄙視他人，做派和自戀表現更為公開和直接。

▎具有類型五側翼的類型四：放浪詩人

　　健康狀態：此側翼附屬子型的人極具創造力，將情感、自省能力與洞察力、原創性做結合。相較於其他附屬子型的人，他們較不在意接受度與地位，自我表達極為個人化，甚至別出心裁；與其說這麼做是為了受眾，不如說是為了自己。他們享受創造與發現的過程更勝於表現，而且具有高度的探索精神。無論好壞，他們傾向反抗舊習和權威，只要自我表達出現問題，他們就會選擇打破規則。

　　一般狀態：相較於其他附屬子型，這些人更為內向、在社交上趨於孤僻，一心沉迷在想像世界中。他們對真實世界不感興趣，更願意待在自己所創造的內心世界裡。他們迷戀神奇、神祕且帶有象徵性的事物，個人風格也是走不尋常的古怪路線。這種側翼附屬子型的人喜歡壓抑的景象，選擇極簡的生活方式。他們喜歡獨處，把自己視為叛逆的局外人；也許會突然冒出不錯的想法，但在現實生活中卻難以堅持努力完成。

▎自保型的類型四

　　感覺論者。在一般狀態下，自保型是類型四當中最講求

代表人物

巴布‧狄倫
安‧萊絲
艾倫‧金斯堡
艾拉妮絲‧莫莉塞特
埃德加‧愛倫‧坡
強尼‧戴普
希薇亞‧普拉斯
詹姆斯‧狄恩
英格瑪‧柏格曼

本能變項

實際和物質主義的。他們喜歡生活中美好的事物，希望身邊都是美麗的東西。他們沉迷於物質世界中的聲色，享受著建構一處充滿美感又能引起情感共鳴的「安樂窩」。因此，自保型的類型四經常被禮物的外表與象徵意義所感動，也喜歡送人禮物，例如送給所愛之人一朵玫瑰花。他們也是類型四中最內向的一群：遠離社交場合時，舒適與充滿美感的環境能帶給他們支持。他們對身邊環境往往非常挑剔，甚至帶有強迫性的吹毛求疵，希望東西有質感、能舒緩心情，而且環境溫度要舒適宜人。

最後，他們對情感欲望的強度會開始干擾到基本生活的運作。他們經常會在情緒亢奮下魯莽行事；又或者在另一種極端情況下，會為了緩解情緒低潮而選擇自我放縱。無論哪種情形，行為模式都是由一時的情緒所主導。自保型的類型四可能會為了保持高雅的生活方式，不惜犧牲個人的安全感與物質幸福（在付不出房租的情況下，還要購買奢侈品）。他們（如類型七）就像是過氣的女明星，失意卻依然渴望錦衣玉食和榮華富貴。他們經常出現糟糕的飲食和健康習慣，像是熬夜看電影、聽音樂、喝酒、暴飲暴食，彷彿在說：「這又如何呢？」自我放縱的習慣變成了對萎靡生活的補償。

在不健康狀態下，自保型類型四極易酗酒和吸毒。他們對任何破壞生活穩定、甚至造成危險的情況尤其著迷，就像俗話說的「飛蛾撲火」，極易捲入不正常的戀愛關係或其他具有破壞性的人際關係。同樣的，他們也可能非常不負責任，完全不考慮個人生計，甚至不去思考該如何謀生。一旦情緒上來，上班或付帳單統統都不重要了。吸毒及自我忽視這種長期自我毀滅的行為屢見不鮮。

▍社會型的類型四

局外人。在一般狀態下，類型四的三種本能變項中，大部分的社會型類型四都認為自己與眾不同，覺得自己獨一無二。他們把個人的獨一無二當成是自己帶給別人的禮物，也認為這是自己必須承受的重擔。社會型類型四積極、活躍參與社交活動，渴望與他人有所往來，想要當社交界的一分子，又經常覺得自己不得其門而入，這些一點都不讓人意外。他們就像類型三，會不斷與別人做比較，哪怕這樣會讓自己更顯不足。他們渴望加入美麗、優雅和菁英的群體中，但又懷疑自己是否能做到。

在社交場合中的羞愧感最終會讓社會型類型四覺得不知該如何表現得像一個正常人。他們羨慕別人快樂的同時，又會把他們認為粗鄙、無感的人拒之門外。他們經常以迷人、奇異的形象，掩飾對社交行為的不安。許多社會型的類型四會被擁有不同生活型態的群體所吸引，以此做為對生活不足的補償。（「我會尋求其他局外人的慰藉。」一九五〇年代的披頭族或一九八〇至九〇年代的哥德搖滾次文化都是典型的例子。）

某些社會型類型四可能會過分積極追求成功、彌補心中的不足感。（「他們現在就不能笑我了！」）對於任何關於自己的事情，他們都會有激烈反應，會經常回想先前的對話內容，尋找他人輕視自己的蛛絲馬跡。諷刺的是，他們一方面捍衛個人缺點，一方面又覺得是這些缺點害了自己。（「這些庸俗與自私的事情跟我無關，不過我還是希望別人會愛我！」）

在不健康狀態下，社會型類型四會因為害怕被拒絕而幾乎不與他人往來。羞愧感加上可能發生的羞辱席捲而來，導

致他們不想冒險被人注意。同時，不安全感導致他們無法以一貫方式做事。最後，社會型類型四會變得極度依賴家人、朋友或是某些具有重要意義的人士。孤立加上幻想成功可能會導致不健康狀態的社會型類型四浪費生命。

█ 性本能型的類型四

迷戀。在一般狀態下，性本能型類型四會呈顯出典型特徵：浪漫主義、激情、渴望拯救者出現。他們極為脆弱、易受影響，但也非常激進、充滿活力，尤其是在自我表達方面。性本能型類型四有一種武斷、看似外向的性格，而且不同於其他兩種變項，性本能型的他們不會讓浪漫想像保持在幻想狀態太久。他們的感情生活就像狂風暴雨，全圍繞著眼裡的那個人打轉，對其渴望的目標交織著濃烈的愛恨情仇。他們耽於肉欲、性感誘人，同時又像類型二那般善妒且占有欲強，他們想要當對方生活中唯一重要之人。性本能型的類型四經常嚴重懷疑自己受歡迎的程度，因此會拚命努力做出成果，讓大家接受自己──成為一名偉大的藝術家或明星──但同時又討厭取得這些成就的人。

嫉妒是此本能變項最為明顯的特徵。性本能型類型四的人際關係之所以會出現問題，通常是因為他們很容易跟具有他們所欣賞或想要的特質之人陷入浪漫關係，但最後又嫉妒、憎恨所愛之人擁有這些他們想要的特質。將對方理想化的結果就是，很容易會因為對方的一點小錯誤而拒絕他們。在這同時，性本能型類型四得不到的人，往往也會是吸引他們的對象。他們會把大把時間用在期待擁有對方，並且痛恨任何一個得到對方注意的人。

在不健康狀態下，對他人的強烈嫉妒會導致一種為了報

復而破壞的欲望。不健康的性本能型類型四會在無意間奉行「拖人下水」的法則。（「如果我要受苦，你也跑不掉。」）性本能型類型四會引來競爭者和對手，而且認為擾亂對方或傷害那些令他們失望的人，都是沒有錯的行為。（例如薩里耶利對莫札特的妒意。）他們對別人的情感容易發生急遽轉變，即便是對他們的保護者和所愛之人也一樣。情感上的混亂可能也會導致他們對自己、或對無法滿足其情感需求的人做出不計後果的暴力行為。

大多數的類型四在生命中的某些時間點會遇到下列問題。請注意這些模式、「掌握自己當下狀態」，並觀察自己平時的潛在慣性反應，這都有助於我們擺脫所屬人格類型的消極面。

**類型四成長
所面臨的挑戰**

▎類型四的警鐘：利用幻想加強情感

類型四會將個人身分建立在其內在情感的狀態之上（「我就是我所感覺的那樣」），因此會比其他類型的人更常檢視個人情感。（通常類型四更在意的是對某個經驗的情感反應，而非經驗本身。）

但就情感而言，有一點是肯定的——情感一直在變化。這就是問題所在。**如果身分是建立在情感之上，而情感又一直不斷變化，那麼身分就會跟著不停改變。** 而類型四解決此問題的方法，就是培養能辨識的特定情感，同時又拒絕不熟悉或不「真實」的情感。

類型四不會允許自己對當下事情產生自然情感反應，而是會選擇幻想某些人物、事件與場景，激起能反映身分的感覺，哪怕是負面或痛苦的感覺都沒關係。無論是什麼樣的感

一個人一天會經歷多少次截然不同的情感風暴，著實令人玩味。
——林白夫人
（Anne Morrow Lindbergh）

類型四　發展層級			
		關鍵詞	
健康狀態	第一級	擁抱生命 提升生活	類型四不認為自己比別人差，因此能免於過度的自我關注。他們想要尋找自我及個人重要性的基本欲望也就得到滿足，而其身分及穩定度的問題也得以解決。他們會自我更新、救贖及予人啟示。
	第二級	自省 敏感	類型四關注自身的情感和喜好，建立明確的個人身分。自我形象：「我很敏感、與眾不同，我有自知之明。」
	第三級	自我揭示 創造力	類型四會透過創造性的行為來表現其個性，藉此強化自我形象。他們雄辯中不失巧妙，探索其情感和感覺，尋找各種與他人分享的方式。他們的創造性帶有鮮明的個人色彩，但又不失普世意義。
一般狀態	第四級	浪漫化 個人主義	類型四開始擔心不斷變化的情感無法支持自己及個人的創造力，因此選擇利用想像來延續及強化情感。他們利用幻想和個人性格來強化其個體性，並想像有人會來拯救自己。
	第五級	只顧自己 喜怒無常	類型四擔心別人不承認或不欣賞自己的獨特性，因此會想盡辦法測試別人是否真的對自己感興趣。他們表現出疏離、自我意識及憂鬱的模樣，認為脆弱會帶來拯救者，並讓其他人走開。
	第六級	自我放縱 頹廢	類型四害怕生活的需求會迫使他們放棄夢想，並且為了自己永遠無法得到救贖而絕望。他們覺得自己的生活失敗，羨慕別人的穩定，因此覺得自己可以不用「守規則」，進而沉迷於聲色、自命不凡、毫無作用可言。
不健康狀態	第七級	恨意 疏遠	類型四害怕他們在浪費生命，這一點或許沒錯。為了挽救自我形象，他們拒絕任何不支持他們個人觀點或情感需求的人事物。壓抑的憤怒會導致抑鬱、冷漠及長期疲憊。
	第八級	自暴自棄 臨床上的 憂鬱症	類型四迫切想要變成自己想像中的那種人，討厭任何與之不匹配的事物。他們討厭自己，也憎恨他人無法拯救自己。他們可能會破壞生活中所有的美好事物。
	第九級	絕望 否定生命	對不健康狀態的類型四而言，意識到自己將時間浪費在追求不切實際的幻想，無異是一種打擊。他們可能會做出自我毀滅的行為，等待他人的救贖，又或者乾脆選擇結束生命，逃避其消極的自我意識。在某些情況下，可能會出現激情犯罪的行為。

覺，類型四都會加以強化，以此支持其自我感受。舉例來說，他們可能會選擇某些具有強大關聯性的音樂作品（例如能讓他們想起前任情人的歌曲），一遍又一遍地播放，象徵與過去情感的聯繫，或至少代表維持某種強烈情感狀態。

當類型四開始試圖創造或保持某種心情時——從某種意義上來看，是操縱自己的情感——他們就是往錯誤的方向發展。這一切都會導致類型四陷入作繭自縛的處境，造成他們習慣活在想像世界，而非現實世界之中。

貝弗利年輕時是一位美麗的空服員，她曾在航行中遇過許多男人，卻拒絕與任何人進一步互動。

自從我開始飛巴黎的大西洋航線，跟許多男人互動就成了家常便飯。供餐服務結束後，我會有時間跟客人聊天、調調情，時間很快就過了。但我寧願選擇自己坐在機尾，想著在飛機上或機場裡遇到的人，我也不願跟一個可能會讓我失望的人交談。我會談戀愛、做愛、結婚、想像自己的房子跟小孩等等——全部都是在航程中的幻想。然後，我就不用面對失望及分手的難題了。

辨識幻想的「警報」

類型四擔心如果情感不夠強烈，他們的創造力、甚至是個人身分都會隨之消失。觀察一下，你在一天當中，是否曾察覺到自己利用想像來激發情感？注意你的幻想、白日夢及自我對話：它們在強化什麼？有何目的？你是否相信某些情感比起其他情感更能表現「你」的存在？多數時候，你個人的「基本情緒」為何？如果你並非是自發性的處在這種情緒中，你會做何反應？請注意所有對情感和經驗做評價的傾向，就好比問自己：「這個經驗對我有什麼意義？」
每次你發現自己在幻想時，尤其是幻想可能的浪漫關係、豔遇，或是變成「理想化」的自己，這些都是類型四深陷幻想世界的象徵。

社會角色：特別之人

　　一般狀態的類型四堅持做自己，並且凡事都要貼上個人標籤。漸漸地，他們的自我形象變成建立在自己是如何**與眾不同**之上。（當他們陷入困境後，超我「忠於自我」的訊息會越來越強烈。）同樣的，超我的心情經常與周遭環境形成鮮明對比。（「如果別人快樂，我就很難過。如果別人難過，我就想發笑。」）保持與他人不同的情緒強化了類型四的身分認知，因此他們的社會角色就是扮演特別之人，或是神祕的局外人。而且，如果不是以此角色與人互動，他們就會覺得不自在。

　　諷刺的是，當類型四越想表現得不一樣，他們的粉飾就越把自己推向死角，剝奪了得到滿足感的潛在可能性。類型四要知道，如果他們堅持與眾不同，很可能僅僅因為是自己身上有跟別人類似的特質（尤其是家人），導致他們忽視或抗拒了自身的許多正面特質。因此，在不經意間就會出現一種負面身分：「我才不像那樣。」「要我坐辦公室工作，絕不可能。」「我絕對不會穿聚酯纖維的衣服。」「我死都不去廉價超市。」他們不知道的是，「做自己」是不需要努力的，因為他們就只能做自己。當類型四停止努力「做自己」時，便能發現自身所擁有的美好特質。

「沒人了解我。」

　　莉娃是一名極具天賦的視覺藝術家，她認為這個問題要追溯到童年時期。

　　小時候，我的世界相當封閉，不會輕易與人分享或跟人有所接觸。我覺得自己像個局外人、不被接受——可能是因為我的長相、談吐，又或者因為我是個聰明的猶太人。我不知道。有一部分的我渴望當個「正常人」、想擁有有趣的生活，我便開始標榜自己的「特別」，變得更加敏感、成熟，表現出更具洞見、

深入思考的一面。在童年玩伴中，我開始覺得自己像個小大人。因此，我從小就有自卑與優越兩者既分裂、又共存的雙重傾向。

「做自己」的欲望如果過了頭，類型四就會覺得普通生活中的規則與期待不適用於自己。（「我會在我想要的時候，用自己的方式做我想做的事情。」）因此他們在私底下會表現得自以為是，心想他們具有優秀、沒被發現的才能，應該得到比平常人更好的待遇。他們覺得自己不需受社會法則約束，無須理會法則與規定，並蔑視任何的限制（尤其在情感方面）。

於是，類型四開始將生活中的許多正常情形（例如賺錢謀生或固定工作）當成是尋找自我的障礙物。他們想要隨心所欲，卻可能得等上數月（甚至數年）才能等到靈感爆發。現實可能是：他們揮霍生命、一事無成。莉娃繼續說道：

我的優越感來自於認為自己比別人更優秀、更敏銳，因此我不應該做那些普通人在做的事情，尤其是毫無品味的事情。但某種與優越感相反的感覺也隨之而來──我在某方面是自卑、能力不足的，完全不具備多數人認為理所當然的能力；做一份朝九晚五的普通工作，或是經營一段穩定、令人滿意的人際關係，可能都超出我的能力範圍。

與眾不同 VS. 與人往來

我們每個人都是獨立個體，都有寶貴的一面；但在生活中，個體與個體之間也有共通性。請注意你何時會自然關注自己與他人的不同之處。與他人的交往上，你為此付出了什麼代價？你是否因為這樣而沒有參加某些對你可能有益的活動？

我的生活多麼美妙啊！真
希望能再早點擁有這一
切！
——柯蕾特（Colette）

嫉妒與負面比較

　　嫉妒也是一種「強烈情感」（罪）的表現方式，主要是
發生在與自我本性失去連結的時候。但不同於其他人格類型，
類型四會保持某種程度的自覺意識，知道自己與本性失去連
結。他們也會覺得，只有他們經歷過這種失去。小時候，他
們覺得家人和朋友都比自己更完整、更受重視，而自己卻遭
到忽略；結果就是長期感到孤獨，強烈渴望被接納，並且嫉
妒已經被接納的人。

　　卡斯是一位非常傑出的女演員，她分享了童年時的感覺。

　　我兩歲的時候，妹妹出生了，她瞬間成為焦點中心。我覺
得自己被遺忘、成了生活中的局外人；我彷彿是一個孤獨的小
孩，只能從窗外看著屋內的燈光與歡笑。在學校，我受到欺負和
孤立，因此我變得好學，但這只會讓我看起來跟別人更不一樣
了。我一直羨慕別的女孩有金髮藍眼，我討厭自己的棕色頭髮和
眼睛。我父親很冷漠，他總說：「妳不知道自己想要什麼。只有
得到妳想要的東西，妳才會快樂。」

　　嫉妒會使成年的類型四覺得大家都有穩定、正常的表現，
只有自己滿是缺點或沒把事情做好。事實上，他們是抱怨自
己的偽裝效果不如他人，彷彿每個人都能看透他們、知道他
們有多麼脆弱，而且他們以自己為恥。其他人似乎都喜歡自
己、有自尊、知道要如何表現，並懂得追求生命中想要的事
物。其他人似乎都能自動自發、快樂、無私、充滿活力——
這些都是類型四認為自己所缺乏的。他們為個人處境感到擔
憂，同時又嫉妒著別人似乎能輕易享有這份從容。

　　先前提過的莉回憶道：

我覺得自己太格格不入。我看到其他女孩們都玩得很愉快、關係都還不錯，但我就是不知道該怎樣成為她們的一分子。結果，我經常覺得自己被孤立，是一個單獨的個體。我並不覺得自己高人一等，只是因為無法融入大家讓我很痛苦，我完全沒辦法融入大家，沒辦法擁有那份快樂、互動和友誼。

雖然嫉妒會消耗類型四的精力，但他們通常會因此感到羞愧，並努力隱藏。他們會以超然、保持距離的態度來掩飾內心的嫉妒。他們的心情搖擺不定，一方面想要表達內心焦慮，希望別人知道自己有多麼失望，但另一方面又不願意說出想法和感覺。（「我不會讓他們滿意的！」）許多類型四會透過藝術作品或影射的方式，間接表達自己的黑暗面來解決此問題。我們認識一位類型四的友人，他就經常透過音樂、透過歌詞中的訊息跟女友進行溝通。

類型四經常陷入消極的比較與情感之中，因為他們傾向於想像別人的反應，而不是找出別人真正的想法。嫉妒讓他們對自己失望，並且把這種失望投射到他人身上，結果即便人家喜歡他們，他們還是預期別人會給出負面評價。因此，充滿嫉妒心的類型四會把許多時間浪費在憂鬱的幻想世界中，讓自己被悲傷包圍，感受著自己的脆弱、受到的傷害以及遭到世人的誤解——但往往都是沒必要的。

透過美感與聲色來強化心境

類型四會營造一種能支持其所認同的情感環境來維持心情。因此，他們常被具有美感、帶有異國風情的事物所吸引，身邊都是些美麗的東西、音樂、燈光、材質和香氣，同時反應出個性與強化個人感受。氣氛、風格、有「品味」都成了極為重要的事情。他們對周遭環境和使用的物品尤其挑剔，

「我想做的時候就會去做。」

一定要用對的筆，臥室只能用特定色調，還有窗簾的材質以及懸掛方式都必須符合要求，否則一般狀態的類型四就會覺得不自在、不平衡。

如果沒有好好處理的話，類型四會為了保持特定心情（甚至是負面的情緒），養成具有破壞性的習慣、難以打破。舉例來說，如果他們對於擁有穩定且有意義的人際關係不抱希望，就可能會尋找能讓自己快樂的替代方案來拯救自己，例如：一夜情、沉迷在色情片中、酗酒、吸毒，或是熬夜通宵看老電影。類型四給自己的許多放縱和免責導致了個人的弱化。尼可拉斯是一位作家，多年來，他一直很憂鬱。

> 我對自己很嚴格，也很鬆散。我一直都很放縱自己，只要遇到痛苦或困難的事情，我就會輕易放棄，選擇睡覺或喝酒等可以輕易逃避現實的方法。但這類行為只會讓我更討厭自己，並帶來極大的愧疚感。幾年前，我應該要寫文章交稿，但我沒有動手，我沒辦法坐下來面對打字機工作，所以我選擇喝酒、看電視、租影片，然後把自己搞到生病。一直到我「觸底」了，我才重新振作、開始工作。看起來我總是得給自己捅個大麻煩才行。

「內在裝修」

花點時間檢視你家中環境、工作場所和衣櫥。你最喜歡哪些「道具」？你會用什麼東西來「製造氣氛」？你對那種氣氛的依賴程度？你是否需要特定東西才能進入工作狀態、跟別人交談、放鬆、運動或冥想？

退縮到自我幻象

情感三元組的人格類型全部都會創造一種自認為更能表現真實自己的自我形象。類型二與類型三的人會更多的展現

自我形象，類型四則會製造一種內化的自我形象，我們稱之
為**自我幻象**。

　　正如先前所提，一般狀態的類型四大部分時間都是用來
幻想自己的才能，以及幻想自己即將創造出來的偉大作品，
而不是把時間用來發展真實技能。當然，不是所有一般狀態
類型四的自我形象都只存在於幻想之中——有一部分是會受
到信任之人的檢視。但即便當類型四揭露某些內在身分，他
們的自我幻象還是只有自己才知道。

　　自我幻象為類型四提供了某種暫時性的面具，但往往與
其實際才能無關，因此常會招來別人的嘲笑和拒絕。自我幻
想通常很浮誇，與類型四情感受傷程度成正比：他們可能認
為自己是最神奇的生物，而其他人都非常普通，甚至平庸。
他們的自我幻象通常是基於理想化的特質，而且是無論他們
多麼努力或自律都無法獲得的特質。因此，自我幻象在本質
上是看得到、摸不著，並且與類型四所排斥的自身真實特質
或能力密不可分。

　　當類型四高度認同其自我幻象，他們會排斥任何干涉其
生活方式的選擇，把他人的建議解讀成不請自來的冒犯或嚴
苛的壓力。需要採取實際行動時，他們會覺得自己還沒準備
好，傾向避免社交行為或盡可能拖延工作上的時限。任何對
於他們行為的質疑，類型四常會以蔑視、憤怒和「受傷的情
感」做為回應方式。他們渴望更多的支持與關注，可是又無
法輕易接受眼前的關注和支持。

　　莉娃表示：

　　對我來說，跟別人交流不是一件容易的事情，我很難開口
說出我的需要。一方面，我希望別人（就像我期待母親）能讀懂
我的心思；另一方面，我又不想要我的需求獲得滿足，也不期待

「我有個不為人知的祕
密。」

有人願意幫忙——因為我的需求從小就沒有得到滿足過。所以我學會利用自身的脆弱性與高度敏感性來操控父母幫我做事情，如此一來，我就不用為自己、為我的錯誤負責。

發揮真實才能

你曾幻想擁有哪些特質？在這些特質中，哪些是你確實可以發展的選項？舉例來說，音樂需要天賦，但如果沒有紀律和勤加練習，再有天賦也無法發揮。同樣的，維持身材需要運動與均衡飲食。那麼，有哪些特質是你無論怎麼做，永遠都得不到的？例如長高一點？或是改變成長背景？這些特質為什麼會吸引你？你是否在想要得到這些東西的同時，會出現自我放棄的感覺嗎？你是否能感受到自身特質的價值呢？

過度敏感

持續幻想、只關注自己以及負面比較，都會導致類型四的行為與現實脫節，變得非常情緒化。最後，他們會變得過度敏感、動輒得咎，即便是一點小事或別人隨口說的話都會引發嚴重情緒反應。

先前提過的卡斯說出情緒所造成的內心騷動：

我認為自己情緒不穩定，以前總認為只有絕對的高興與絕對的失望，中間沒有模糊地帶，而且我也覺得自己在心理上有缺陷。我的心情一直受外部因素影響，掙扎著想要保持內心平衡……我覺得自己很難快樂起來，但我真的很想像其他人一樣擁有快樂。

「大家都很殘酷，對我麻木不仁。」

當類型四越關注自己，他們就會越加搜尋自身所有情緒反應背後的意義，以及別人說話中的弦外之音。他們會在腦海中不斷回放前一天或甚至是前一年的某個對話場景，然後

充分發揮想像力，試圖找出別人**真正**的言下之意。他們可能會把沒有惡意的話當成是一種隱晦的侮辱。「你瘦了！」代表著「她以前肯定覺得我又懶又胖。」或者「你弟弟是個很有才情的年輕人」可能會被解讀成，相比之下，對方應該是在暗示類型四的我沒才華、能力不足。

在這種思維框架下，一般狀態的類型四會非常不配合，而且充滿怨憤之情；這類特質讓他們很難輕易交到朋友或建立人際關係。不過，由於這些特質跟她們的「敏感」、「與眾不同」的自我形象相呼應，因此類型四也就不認為這是負面或有問題的特質。

正視現實情況

當你覺得有人在評判、批評或排斥你的時候，你要學著正視現實情況。請對方說明言下之意，並接受他們所說與所想是心口一致的可能性。避免「過度詮釋」或「過度解讀」他人的手勢或一字一句。別人不太可能會時時刻刻拿放大鏡檢視你的一言一行。你也要注意，你對他人的在意程度，以及你對他人的評價和想法的本質是什麼。你覺得如果同樣的事情發生在別人身上，可以接受嗎？

自我關注和自戀

自我意識、社交窘境以及獲取關注的微妙形式，都與情感三元組中三種人格類型的自戀有關。類型二與類型三的自戀是直接表現在努力獲得他人的肯定與關注之上；類型四的自戀表現則較為間接，他們為自己的每一種情感賦予自我關注和重要性。這種心態會導致自我意識嚴重受損。

卡羅醉心於尋找精神寄託，多年來一直跟自己的各種情感進行抗爭。

如果要跟我不認識或相處不自在的人打交道，我會因為自我意識和退縮感到痛苦。我需要感受到他人的認可才能放輕鬆做自己。現在我更加有自我意識，我得想辦法超越。但這不是一件容易的事。有時我會突然覺得脫離了群體，然後覺得自己被遺忘了。

類型四變得非常在意自己脆弱的情感，以至於覺得無論要求別人提供什麼情感支持，全部都是合理的。在此同時，他們也可能完全沒意識到別人的感受，這有點讓人意外。他們會滔滔不絕說著自己的情感、夢想和各種問題，但對別人的問題及感受是完全不感興趣。事實上，自我關注的類型四往往不會在意跟他們當下情緒沒有直接關聯的東西，他們覺得要承受自己的痛苦就已經夠辛苦了。

持續沉浸在不愉快的心情中，是類型四陷入自我關注的明顯特徵。他們往往為了尋求同情而展現出情感受傷的模樣（生悶氣或悶悶不樂），會感覺到生活對自己的虧待，尤其是來自父母或當下跟他們打交道的人。在類型四看來，似乎沒有人會給予他們應有的東西，或是意識到他們的特殊情況、需求或痛苦，沒有人懂他們的內心與敏感。因此，他們傾向獨自吞下難過的情緒，進而加深了擔心生活無法繼續前進的恐懼心理。

一旦受困於情緒，一般狀態的類型四就會選擇退縮、保護自己，免於自我暴露，也避免遭到羞辱、拒絕或遺棄的風險。不過，由於他們的退縮，反而更難實際經歷現實的考驗，也越來越難知道他人是如何看待自己的情緒反應。此外，他們願意與之交流的少數人，幾乎不會是他們心懷怨恨或不爽的對象。

每個人都認為自己沒有完整地被他人所認識、欣賞。
——拉爾夫·沃爾多·愛默生
（Ralph Waldo Emerson）

為何有所保留？

注意你何時會對人或對事有所保留？是如何表現的？你是否曾在不必要的情況下，選擇當個局外人？甚至在情況允許的前提下，你依然選擇不參加社交活動、不與人打交道？

上述行為是基於心平氣和的合理選擇？抑或是童年時期問題所導致的情緒反應？你能分辨兩者之間的差異嗎？

你是否能與這種反應共處一段時間（而不表現出來），看看是否能找出其來源？

經常「遇到麻煩」及喜怒無常

　　類型四經常在無意中就遇到麻煩，這聽起來可能很奇怪。在一般狀態到不健康狀態的類型四，經常會死抓著痛苦與自憐自艾的感覺不放，哪怕這樣只會讓他們更痛苦。

　　然而，問題的根源其實不難理解。類型四小時候就懂得用情緒問題，或是表現出喜怒無常、悶悶不樂的樣子來吸引家人注意。許多類型四的人發現，他們可以藉由難相處的表現來確認別人對自己的愛，看看對方是否願意付出心力來回應他們。但是，類型四不愛發脾氣，更多時候是選擇生悶氣，一連好幾天都不說話，或是拒絕參加家庭旅行，或是一整個禮拜都穿全黑的衣服。生悶氣能讓大家都知道他們對某件事情不高興，而且又不用開口告訴別人究竟是怎麼回事。事實上，類型四自己可能都不知道，他們經常是被出乎意料的黑暗情緒困擾所壓垮。他們通常會認同這些情緒，認為自己一定要先解決情緒問題，才有辦法做其他事。不過，他們也期待在採取行動之前，別人能先注意到他們。

　　威廉是一位有才華的音樂家及網站設計師，他解釋了情緒起伏為工作及人際關係所帶來的麻煩。

我很少覺得自己處在一個穩定的狀態。我花了很多時間努力保持情緒平衡。情緒上的失衡是痛苦的主要來源。無論有什麼感覺，我都必須要立刻找別人傾訴或壓抑下來，絕對不能置之不理。我喜歡當類型四，但實在太辛苦了。

然而，假裝自己需要別人幫助，也有助於類型四得到正好願意扮演拯救者角色之人的關注，如此一來，類型四就有時間和空間去發現自我。不過，這只會讓他們的個人責任感越來越薄弱，更加疏離了能帶來價值感與身分感的經驗。這種模式也是起源於童年時期。

威廉繼續說道：

「大家都讓我失望。」

小時候，我躺在房間，把自己裹在毛毯裡假裝睡著，希望爸媽能打開房門進來看看我。我幻想著他們會看著我，覺得我很可愛，然後給我更多的愛。我渴望有情感上的接觸，這是我的精神糧食。我一直都知道父母是愛我的，但似乎怎麼都照亮不了我心中最深處、最脆弱的部分。

一般狀態的類型四會透過退縮與情緒喜怒無常的方式推開他人，但他們又希望能藉此得到所需的關注。他們會以各種方式堅持交流規則，強迫身邊的人行事要如履薄冰。（「你最好別提那件事，我們不想讓梅莉莎再次心煩。」）他們想

演戲的代價

許多類型四會陷入一種模式：與人發生激烈衝突，然後又努力彌補雙方關係。請注意你如何在重要的人際關係中構築內心劇場。真正讓你感到沮喪的原因是什麼？你想要誘發別人的何種行為？這種模式在多大程度上導致你疏遠了所愛的人？

要獨處的戲劇化要求本身就是為了獲得他人關注的一場賭注，希望別人能把他們找出來。類型四的退縮、保留其實是隱懷著一種期待，希望別人能跟著進入他們的孤寂世界。

正如我們所見，類型四經常會在浪漫的幻想中迷失自我，並且為了吸引注意及保護情感而選擇對人有所保留。這類行為無可避免會引發一些問題，而當類型四轉向類型二代表著他們努力彌補問題。因此，經過一段時間的退縮以及眼裡只關注自己之後，類型四可能會轉向類型二，並在無意中試圖以一種友善、但帶有些微強迫的方式來解決人際關係問題——只不過可能有點過頭了。正如類型二，他們開始擔心自己的人際關係，並尋找能更靠近喜歡之人的方法。他們需要確信這段關係是有穩固的基礎。為了達此目的，他們會經常對別人傳達情感，並提醒對方這段關係多麼有意義。

在更極端的情況下，類型四會陷入某種情緒狀態，想藉此看看別人是否真的關心他們。這種行為常會讓人反感，導致對類型四失去興趣或是選擇離開，進而無可避免的引發了類型四擔心遭到拋棄的問題。接著類型四可能就會往類型二發展，試圖以死抓不放的方式保持人際關係。此外，就像一般狀態的類型二那樣，類型四對於表達個人需求會感到不安，可能會把焦點轉移到別人的問題上，藉此隱藏自己的問題。（「我是來這裡幫助你的。」）

為了維持不切實際的生活模式，類型四對於情感及財務的支持需求會日益增加。他們擔心如果失去支持，夢想可能就無法實現。為了防止這種事情發生，在壓力下的類型四開始會誇大自己在他人生活中的重要性。他們會提醒別人與之交往過程中所得到的好處，把他人的幸福歸因於自己的存在，但卻無法提升別人對他們的依賴度。他們試圖創造需要滿足的需求，對關心之人所表現出來的嫉妒心和占有欲與日俱增。

應對壓力：
從類型四變類型二

在壓力下的類型四就像類型二一樣，無論做了什麼事情，可能都會強迫性的尋求他人讚美，但同時又抱怨別人不感激他們的付出。

示警紅旗：
陷入困境的類型四

如果類型四遭遇重大危機卻沒有得到足夠的支持或應對技巧，或是小時候遭受長期虐待，他們都有可能會跳過緩震裝置、直接進入類型四的不健康狀態。這可能會讓他們意識到一件事情，就是他們的幻想及情緒沉迷都是毀掉生活、浪費大好機會的主因──此一發現著實令他們害怕。

警示跡象
潛在病症：嚴重的抑鬱、自戀型人格障礙、迴避型人格障礙、激情犯罪──謀殺和自殺。
→ 一種與自我和他人疏離的壓抑感 → 極端的情緒波動與敏感（不是躁狂反應） → 只依賴一、兩個人，沒有穩定的人際關係 → 憤怒、敵意及怨恨的爆發 → 慢性、長期的抑鬱和絕望 → 自我毀滅及拒絕正面影響的情節 → 執迷於死亡、病態生活和自我怨恨

若類型四認識恐懼背後的真相，或許就能改變生活，朝健康和自由的方向發展。另一方面，他們也可能會更加努力去抓住一切幻想和幻覺，並與任何不支持其情感需求的人或事拒絕往來。（「他們都很殘忍、自私，沒有人懂我。」「我知道我得找工作，但我還沒準備好。」）如果類型四堅持這種態度，他們就會滑入不健康狀態的層級中。如果你或你認識的某人在很長一段時間中（超過兩、三個星期）有出現下列警示跡象，就極有必要尋求諮詢、治療或提供其他支持。

◆ 記住這句格言：「感覺不代表事實。」你的感覺也許很強烈，而且可能是你了解自己性格的見解來源。但是，感覺卻未必能提供關於他人動機或情感的準確訊息。無論是屬於哪種人格類型，我們對人的許多情緒反應都深受小時候的人際關係所影響。在「解讀」他人對你的明顯負面意圖或評價時，要特別注意。

◆ 情緒的多面性及情緒化都不代表真正的敏感。此外，這也是關上心房的明確指標。心靈深處的特質更加微妙，也不會因為他人行為或是身邊的環境而有所反應。情緒反應往往是防止我們被更深層的經驗所影響。諷刺的是，這說明我們害怕或不願意探索所處環境在個人身上所引發之深層、真實的情感。

◆ 辨識出與你現實生活中不一致的自我幻象。有創意的目標的確很棒。如果你覺得自己的「天分」沒有得到足夠的認可，或是因為你缺乏特定工具，又或者覺得作白日夢比較容易，結果導致你經常拖延或延誤，這就會帶來自我挫敗。同樣的，不要因為其他能力看似更具吸引力而排斥你的個人才華，要學習接受與欣賞。這種嫉妒心最具自我毀滅性。

◆ 找到可以誠實相待的真朋友。找到可以看到你的優點、才能，並且支持你發展，同時又能中肯、直接指出你盲點的人。就跟多數人一樣，類型四能從檢視現實狀態中獲益，尤其是涉及關於自身及其浪漫情懷感覺的時候。

◆ 注意在不知不覺中期待友人和密友變成你傾倒心事的垃圾場。關心你的人會希望能以適合他們的方式陪著你，但你不能要求他們像父母一般關照你，或是承擔你童年時期的問題。請記住，這些人也有自己的問題，他們沒辦法一直應付你的強烈反應。

◆ 養成積極、有建設性的習慣。類型四傾向等待靈感爆發，

**幫助類型四發展
的練習方法**

但如果你能把日常事務與生活空間安排得有助於發揮創造力、提高身心健康，並且積極投入生活，那麼，靈感出現的機率會更高。以此情況來看，些微的結構調整有助於創造力的長期發揮與釋放。

建立在類型四
的長處之上

類型四是心靈深處的潛水者：他們潛入人們靈魂深處的世界，然後浮回水面，報告發現的事物，並能以一種深刻、美麗動人的方式，傳達關於人類情況的微妙真理。類型四以一種打從根本的方式，提醒我們每個人內心深處的人性——那是一種自己最私人、最隱密且最寶貴的特質，卻也是最普遍的東西。

因為類型四會與內在狀態（潛意識的感覺與衝動）進行協調，他們通常都有極強的直覺，這是一種可以滿足其自我發現及創造力的態度。或許他們有才智天賦，但卻傾向依賴直覺的聲音來認識自己及所處環境。類型四經常不知道該如何落實想法，而且還發現內在意識的運作方式非常神祕、令人驚訝。

卡羅在前面曾討論過她的自我意識的侷限，現在要談的是她在直覺方面的天賦。

我經常在沒意識到的情況下，就對事物產生了感覺。舉例來說，我在某些時候，內心可能會感到不安，但又不知道為什麼。多年後，我開始知道要注意這種感覺……我的直覺很準，我不知道為什麼，但我就是知道應該要這樣。我會在半夜突然驚醒，然後想到解決麻煩的辦法。在這種時候，即便我想著不同的可能性，但我對內心的聲音絕對不會存有絲毫懷疑。

在此同時，健康狀態的類型四也不會把自己看得太重。

他們帶有一絲的幽默感，通常會以反諷的方式表達，以一種優雅而輕鬆的態度看待自身缺點。優雅的表達方式和幽默感是他們最強大的資產，在與他人相處及治癒自身都有很大的作用。

九型人格中的任何一種人格類型都有創造力，類型四並不是唯一。然而，類型四的創造力有其獨特性，那是一種個人化、打從根本自創的創造力。類型四的創造力通常是用來探索個人的歷史與感情世界，尤其是家庭、所愛之人以及各種過往事件所帶來的影響。這也是為什麼有許多作家、詩人、小說家都是類型四的人。

莉娃對於她觀察到的人類境遇，以及找到表達見解的方法感到非常開心。

在我狀態最好的時候，我能展翅高飛，看到廣闊的前景、看到不同層次的地方，能用充滿詩意且精準的語言，與人交流我所看到的東西，並且能吸引他人，讓他們也看到我所看見的東西。我能看到潛在的基本原則、看到普世的真理，以及不同經驗的微妙差別，並清晰準確地與人交流。在狀態最好的情況下，我沉浸在精神意識中，成為他人智慧與療癒的泉源。在我狀態最好的時候，我可以表達出言語難以訴說的事情。

健康狀態的類型四會藉由與他人分享個人靈魂深處的想法，進而獲得他們一直在尋求的心理鏡射。在這麼做的同時，他們會發現，自己的本性從根本上來說與他人無異，這個發現足以讓他們鬆一口氣。他們與內心生活的連結非但不會造成疏離，反而會促進與他人的接觸，進而建立有建設性的人際關係。

「我必須要做自己。」

**整合之路：
從類型四到類型一**

健康狀態的類型四會透過有意義的行為來投入現實。他們會以主觀反應之外的原則和行為做事，不僅能找到真正的自己，而且還會發現哪個自己最好。他們更傾向與本能的直覺互動，較不會受到心中上演的情緒化劇場所迷惑。

處在類型一狀態的類型四意識到，表達自我不代表完全以個人心情行事。他們變得自律，透過持續努力付出來對世界進行貢獻；他們不再是被動等待他人認同的冷漠旁觀者，而是完全投入生活之中，透過工作及人脈，以此獲得更強烈的自我感。

然而，這不能與一般狀態類型一的挑剔或完美主義混為一談。類型四的超我已經夠苛刻了，如果還要用自我提升來逼自己，很容易導致更進一步的自責。因此，發展出健康狀態類型一的另一種特質很重要——辨識力。類型四會學到健康狀態類型一所知之事：現實情況與個人情緒反應是兩回事。

健康狀態的類型一也是接受現實的典範——與現實共處，而非抗拒或排斥。進行整合的類型四也會知道，「接受」是放下過去，並在當下發揮生活創造力的關鍵。自我接受之後，隨之而來是對過去錯誤與困難的放下。接受他人之後，才能營造一段雙方滿意的人際關係。類型四不再需要把他人理想化、當成是拯救者，也無需因為別人沒有達到自己不切實際的期待而不滿。只要能把別人當成是別人，類型四就能更準確地去感受自身的珍貴特質，無需求助於自我幻象。

最後，進行整合的類型四得以建立一種長久而真實的身分及自尊，因為這一切都是建立在真實生活的行為與人際關係之上，而非僅憑想像或短暫的情緒狀態。他們終於察覺到之前沒發現的自身特質：力量、意志力、決心及清晰思路。此外，一旦類型四讓自己活在當下，生活中的方方面面就變成是創造力發揮的舞台。進行整合的類型四不會被無止盡的

內省狀態或情感反應所擾亂，而是會堅持活在當下、面對周圍世界，由此開始喚醒內心深處的真相。當類型四願意展開這段旅程，內心的真實狀態也會自然顯現。

在改造轉型的過程中，類型四會放下特定的自我形象，即：認為自己不如他人、缺乏別人所具有的某些特質。他們也會意識到，自己本身並沒有問題；他們跟其他人一樣好。而且如果自己沒有問題，就不需要別人的救贖。他們可以放心表現、創造自己的生活。類型四發現，當自己無需刻意去創造或維持某些事情的時候，那才正是真實自我存在最明顯的時刻。換句話說，「做自己」並不用特別費力。

在此階段，類型四不再**需要**覺得自己與眾不同，他們確實知道，宇宙只創造了一個他，自己是萬事萬物的一分子，而且不是自己一人，更不孤單。生活不再是一種負擔，不再是需要忍耐的事情。他們可能也是首次對過去的痛苦與折磨心懷感激，正是因為這些傷痛，才有機會變成現在的自己。「他們是誰」依舊是個謎，或許還是個難解之謎。但是，獲得自由的類型四不會再對於任何身分堅持先入為主的觀念，他們對於當下保持開放態度，體驗當下的自我所獲得的重生感。

金是一位治療師，透過多年的內心觀察，他逐漸認識到內在本質的豐富性。

在最佳狀態下，我活得很徹底。我快樂且充滿活力，與生活、與他人交心。我很充實！我會表達個人感受，而不是埋在心裡。做好該做事情的原則讓我充滿動力，而且我知道，我不需要因為自己跟其他人不一樣而「找理由」。我充滿創意與想像空間，能夠發現生活中所有挑戰的潛在結構、模式和意義。我很自由！

將人格轉為本性

只要確實活在當下，而非三心二意，那麼無論做什麼工作，我們每個人都是生活的藝術家。
──瑪莉・卡羅琳・理查茲
（M.C. Richards）

一旦類型四從基本恐懼中解脫，他們就會變成一件藝術品，不再需要用藝術來代替自身的美。他們意識到自我的本性，並且擺脫情緒反應的束縛，因此得以與不斷變化的真實本質進行深入接觸，並為此感到愉悅。

黛安是一位工程師，她清楚描述了這種聯繫感。

狀態好的時候，凡事我會順其自然，不會刻意行事。我不會受到心中的瑣事干擾，可以自由觀察世界以及身邊的人。我會放下平日習慣的自我監督、自我分析以及自我壓抑，去體驗獲得自由的美妙。如此一來，時間似乎慢了下來，並且能意識到，世界正在向我展現其豐富性與微妙感。我周圍的事物看起來都不同了──更立體、更詳細、更生動。我能夠輕鬆地去關注他人，與他人情感產生共鳴，傾聽他人的故事，而且不會一味陷入個人狀態而無法自拔。

▍本性的出現

類型四揭露了一個根本性的真理：**真實的自我並非一成不變，而是一種不斷改造、更新的過程**。真實的本性會不斷出現各種不同的樣貌，就像魔幻般的萬花筒，出其不意地變成另一種神奇畫面。類型四的精神工作就是不要讓如萬花筒般的自我變成一張快照、被定型表框掛在牆上。因此，類型四發現，探索自我是一段經驗之旅，比任何一段你所能想像的旅程都來得美麗、豐富且讓人滿足。

這段旅程中的親密接觸體驗，開啟了我們與他人更深入交往的大門，並更深入了解精神現實的微妙之處。這種接觸向來是非常私人、彌足珍貴，且僅存在於當下。在這種情況下，類型四幫助我們認識到個人自我與他人之間的統一性，

以及一個人真實本性中的普世面向。

因此，類型四本性的特質就是在神性中體現**個人**因素，我們身上的此一永恆之物正是透過個人經驗來體驗世界。人類靈魂的根本性極其敏感──是一種能夠被觸動且透過經驗成長的能力。當我們敞開心房、活在當下，我們的心就會受到經驗的影響和改變。事實上，每當受到生活真實觸動的當下，我們就打從根本發生了改變。最終，能夠觸動並改造人類的內心，這難道不正是所有具創造力的自我表達所希望達到的目的嗎？

當類型四安住其真實本性時，他們便與推動本性發展的動力（永不停止的創造力與改造過程）合而為一。類型四的核心是創造，正是這種不斷發展的創意讓宇宙發生了永恆的改變。類型四最大的天賦就是成為創造的代表，並提醒著其他人，類型四的人參與了神聖的創造力。

將你對類型四的十五項陳述選擇得分加總，得分範圍會在 15 到 75 分之間。參考得分說明，幫助你找到或確認你的人格類型。

15 分	你可能不是退縮型的人（不是類型四、五或九）。
15-30 分	你可能不是類型四。
30-45 分	你可能有類型四存在的問題，或是有類型四的家長。
45-60 分	你可能有某種類型四的元素。
60-75 分	你極有可能是類型四（但如果你對類型四的認識過於狹隘，也仍有可能是其他類型）。

類型四最有可能誤認自己是類型二、一或九。而類型一、六和五則最有可能誤認自己是類型四。

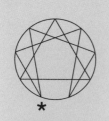

★
思考者

創新者

觀察者

專家

激進者

行家

第 11 章
類型五：探索者

醒悟的第一步就是扔掉標籤。
—— 艾多拉・維蒂（Eudora Welty）

物理概念是由人類心智自由創造，而非如其所現、完全取決於外在世界的樣子。
—— 愛因斯坦（Albert Einstein）

想要掌握任何一門知識，你必須先掌握周邊相關資訊，然後才能知道你所必須知道的一切。
—— 小奧利弗・溫德爾・霍姆斯（Oliver Wendell Holmes）

既然我們無法透徹認識萬物，那就應該對凡事都要有所涉獵。
—— 帕斯卡（Pascal）

里索—赫德森【人格類型態度】分類測驗

_____ 1. 我喜歡深入探索、鑽研細節，直到我弄清楚所有事情為止。

_____ 2. 我非常注重隱私，不喜歡太多人進入我的世界。

_____ 3. 我不認為自己很強大，我更喜歡當個低調的小人物——但我會是個好間諜。

_____ 4. 如果別人知道我大多時候的想法，他們一定會覺得我瘋了。

_____ 5. 唯有獲得準確訊息才能做出理性決策——但多數人都不太理性。

_____ 6. 家人覺得我有點古怪，都要我多出去走走。

_____ 7. 如果我願意，我可以滔滔不絕說到天荒地老；不過，大多數時候，我更想靜靜觀察身邊發生的瘋狂事情。

_____ 8. 如果你想解決問題，就讓我一個人獨自想辦法，我會找出答案的。

_____ 9. 當你仔細一想，會發現所謂正常的事情也很奇怪。

_____ 10. 我通常會用很長的時間來調整手邊工作。

_____ 11. 很多人都自大得讓人無法置信，但最神奇的是一切事物還能正常運作。

_____ 12. 我對許多事情都有所涉獵，而且我認為自己在某些領域可以算是專家。

_____ 13. 我的好奇心旺盛，喜歡探索眼前事物的狀態為何如此——當你仔細觀察，你會發現看似平凡無奇的事物，其實並不平凡。

_____ 14. 我的思維如此強烈、活躍，導致我經常覺得自己很激動。

_____ 15. 我經常因為過於專注眼前之事而忘了時間。

閱讀左側敘述後，根據下列描述情況給分：

1. 完全不符合
2. 幾乎不符合
3. 一半符合
4. 大部分符合
5. 高度符合

計分標準請見第 284 頁

人格類型五：探索者

認真、理智的類型：
思維敏捷、創新立異、行事隱密、獨來獨往

→ **基本恐懼**：無助、沒用、沒有能力（徹底被擊垮）

→ **基本欲望**：有能力、能幹

→ **超我的訊息**：「如果你能掌握某件事，你就很棒。」

我們將類型五命名為探索者，因為相較於其他類型，類型五更希望找出事物之所以如此存在的原因。無論是宇宙、微觀世界、動植物或礦物王國，甚至是個人內心的想像世界，他們都想知道世界萬物是如何運作。他們不停尋找、發問，並且深入探究事物。對於大部分的假設，類型五強烈認為必須親自驗證，不能輕易接受別人口中的看法與教條。

平面藝術家約翰敘述了這種生活態度。

做為類型五代表需要不斷學習、要吸收世界上的各種知識，一天不學習就好像一天沒有看到陽光。身為類型五，我想要認識生活的方方面面。對於事物的現象，我希望能有一套解釋理論。如果能弄明白事情，我才會覺得自己真正掌握一切。我經常是以觀察者的身分從旁學習，而非親身參與其中。有時候光是從旁認識生活，就足以讓人彷彿身歷其境般的美好，但其實生活必須親身體驗而非從旁研究，這條探索之旅並不好走。

「這裡發生了什麼事？」

在類型五不斷追求知識的背後，其實是對自己行事能力的不安。**類型五覺得自己沒有能力像其他人一樣把事情做好**，卻又不選擇可以直接增加其自信的活動，反而是「退回」到自認為可行的內心世界。他們相信，內心中的安全感最終能引導他們找到行事之道，並在某一天能夠重回現實世界。

類型五會花費大量時間觀察與思考，聆聽大自然的風聲或音響的聲音，或是觀察並記錄後院蟻穴的活動情況。一旦

沉浸在觀察之中，他們會開始將知識內化，然後獲得某種自信感。他們也可能偶然發現令人興奮的新知識，或是做出新的創造性組合（根據風聲或水聲演奏一曲）。當他們確認觀察發現，或是看到別人理解了他們的工作之後，這都是對他們能力的認可，並由此滿足其基本欲望。（「你知道自己在說什麼。」）

因此，類型五非常珍惜知識、理解力與洞察力，因為他們的身分是建立在當一個有想法、不平凡以及有洞見之人的基礎上。為此，類型五對於他們已熟悉、或已有完善認知的東西不感興趣；他們會受到不尋常、遭到忽視、隱密、玄妙、奇特、怪誕或難以置信的事物所吸引。探索未知的領域，知道其他人不知道的事情，或是創造某樣前所未有的東西，都讓類型五得以立於前所未有的特殊之地。他們相信，這是獲得獨立與自信的最佳方式。

因此，為了自尊與安全感，類型五至少需要在一門領域成為專家，如此一來，他們才會覺得自己有能力，沒有跟世界脫軌。類型五認為：「我要找到一條可以好好走的路，然後我就可以面對生活的挑戰，而且不能受到別的事物妨礙或干擾。」於是，他們專注在自己可以掌握且有安全感的事物上，可能是數學、搖滾樂，或古典音樂、汽車機械、科幻恐怖小說，或是一個想像世界。類型五並非全都是學者或博士。但取決於個人的智力水平及可用資源，他們會專注在感興趣的事情上，專心做到最好。

無論好壞，類型五所探索的領域並非取決於社會認同（social validation）；事實上，如果他人太快同意他們的想法，類型五也會擔心是不是自己的想法太過傳統。歷史上有許多著名的類型五人物（達爾文、愛因斯坦、尼采），他們顛覆了認識事情及做事情的既定方法。但是，有更多的類型

「我們換一種方法試試會如何？」

五都會迷失在複雜的思維迷宮裡，變得陰陽怪氣、行事孤僻。

　　類型五的專注可能會帶來卓越的發現與創新，但當人格變得更為固執時，自我挫敗的問題也會隨之而來，因為過度專注會導致他們在無意間忽視了迫切需要關注的現實問題。無論他們是為何焦慮——人際關係、缺乏體力、無法找到工作——一般狀態的類型五都是傾向不處理問題，而選擇找其他事情做，讓自己覺得有用。諷刺的是，無論他們在擅長領域中發揮得多好，都無法解決生活在世上的不安全感。舉例來說，如果一個類型五的海洋生物學家擔心無法處理好家務，那麼就算她對貝類瞭如指掌，也無法緩解心底的焦慮。

　　對類型五而言，直接處理身體問題會令其極度畏懼。洛伊德是一位生命科學家，他在一間重點醫學研究實驗室工作。

　　小時候，我會盡可能逃避一切運動及激烈活動。體育課我從來就爬不上繩索，只要可以，我就不參加任何運動，而體育館的味道至今依然讓我感到不舒服。在此同時，我的精神生活卻一直都很活躍。我三歲時就會讀書，在學校的功課一直是名列前茅。

　　因此，他們會花很多時間搜集、發展那些能提升自信的想法和技能，彷彿想要把所有學過的東西徹底刻在腦中。問題是，如果他們太過專注於此，就無法與人互動，甚至學不到其他實用的社交技巧。他們花在搜集和照顧收藏品的時間越來越多，卻越來越少關心他們真正需要的事物。

　　因此，類型五所面臨的挑戰就是要知道，他們可以追求任何能激發其想像力的事物，並**同時**維持好人際關係，要適當的照顧自己，並且要做有益健康生活的事情。

▌童年模式

　　類型五經常表示，他們從小就很難在家裡找到安全感，覺得常被父母弄得不知所措，因此開始尋找一種能帶給自己自信和安全感的方法。首先，他們遠離家人，尋找私人空間——精神、身體與情感上。第二，他們將注意力從個人和情感需求轉移到「客觀」的事物之上。

　　年輕的類型五通常會在自己身上投入大量時間；他們很安靜，不好意思跟別人一起玩耍，選擇用書本來占據內心世界與想像空間，或是練習樂器、打電腦，或者收集動植物、玩棋或做實驗。年輕的類型五經常在某方面（例如拼字遊戲或數學）特別出色，但卻不願意嘗試一些簡單活動（例如騎腳踏車或釣魚）。類型五其他的家人，尤其是焦慮的父母，經常會希望孩子能變得「正常一點」，並會施加壓力，希望他們參加社交活動——這些努力通常會換來強烈的抗拒。

　　麥克爾小時候很聰明，但也十分孤僻，常因為他的天賦受到許多處罰，甚至連父母也會處罰他。

　　我從小就過敏，八歲之前經常因為呼吸道感染而請假在家。結果就是：我有大量時間坐下來閱讀，但鮮少有機會跟其他小朋友一起玩耍。我的協調能力不是很好，也不想做大家都想做的事情。結果，我就變成大家口中那個流鼻涕的書呆子。

　　雖然類型五的想像力是其創意與自尊的來源，但獨來獨往的生活模式也難免會引發他們對自身及對世界的焦慮感。年輕的類型五不只應該知道如何清楚看待周遭世界，還要懂得在心中加以闡述——無論是好是壞，此一能力將對未來產生深遠影響。

※請注意————
此處所指的童年模式並不會導致人格類型的產生，而是描述了我們在童年的早期階段所觀察到的各種傾向，對於成年後的人格類型有重大影響。

梅森是一位建築師及社區規畫師,他回想起最終導致他縮回內心世界的困境。

我是家中五個小孩中最小的一個,父親是盲人,而慈愛的母親總是把時間用來照顧丈夫和其他孩子,很少把時間用在我身上。我有一個善妒的姊姊,她總說我的存在是個錯誤,沒人想要我,也沒人愛我,說我乾脆去死或離開算了。我信以為真,跟父母和兄姊保持一種充滿矛盾的關係。我只能保持低調,在心中創造屬於我的世界,並幻想自己是這個虛構世界的主宰。

因此,類型五不期待別人的付出,只希望別人能讓他們靜靜地去追求個人興趣,不要受外界干擾(尤其是情感需求)。他們彷彿在說:「只要你別要求我太多,我也不會對你有太多要求。」因此,類型五所尋求的獨立性(或者更準確來說,是**不受干擾**),正是他們獲得安全感、覺得能掌控人生的方法。

不受他人干擾也讓類型五有時間去發展某些在與人互動時能「端上檯面」的技能。舉例來說,他們可以學鋼琴,除了樂在其中,彈琴時間也正好可以讓自己獨處;此外還能提升自尊,並讓他們在家中擁有一席之地。音樂是與他人連結的橋樑,也是消失之道——不與人說話,沉浸在琴音之中。

類型五在心理上會陷入兒童時期的分離階段(大約是兩歲到三歲半之間),這是孩子學習脫離母親的時期。無論是出於何種原因,年輕的類型五都覺得,獨立的唯一辦法就是要求自己**不再需要母親的呵護以及脫離與母親的情感連結**。因此,類型五在非常小的時候就學會待在自己的內心世界,並擺脫因為需求與渴望所帶來的痛苦。

洛伊德對於造成他心中分離感的原因進行分析。

打從我有記憶以來，就覺得自己跟母親似乎沒有關係。在我出生之前，她至少有過兩次心碎的經歷：她嫁給了一個無法帶給她幸福的男人，對方把責任歸咎於她不漂亮、缺乏魅力；後來她又嫁給一個嘗試變成「直男」的同性戀。最後，她跟我父親結婚（是個可靠、值得信任且不會捻花惹草的人），他們曾有個兒子，但是出生三天就夭折了。又過了兩年，期間流產兩次，終於生下了我。我想，母親經歷過這些事情後，應該很難把全部的愛都給我。

學會擺脫呵護、甚至是擺脫對呵護的渴望，是類型五用來防止自己受到傷害或挫折的防禦方式。這對成年的類型五尤為重要，並且也說明了為何他們不願意與他人進一步建立情感連結的原因。走出內心的安穩世界，重新找回身體與情感，都會讓他們再次體會到幼時所經歷的挫折和痛苦。這類感覺會徹底影響類型五專注於內心的能力（也是他們獲得自信的基礎），因此他們會極力抗拒。即便連太想要某個普通東西也會擾亂內心的安穩，因此成年的類型五一生中都會迴避最想要得到的東西，壓抑他們的渴望，並在其興趣、喜好及創意中尋找替代的快樂感。

▋具有類型四側翼的類型五：反傳統者

側翼附屬子型

健康狀態：此側翼附屬子型的人結合了好奇心與觀察力，渴望提出獨特的個人觀點，比具有類型六側翼的類型五還來得情緒化、更懂得內省，並且更具創造力。他們尋找未被他人探索過的境地，想找出某種真正屬於自己的東西。他們並非以科學為導向，通常是具有創意的獨行俠，集熱情與疏離於一身。他們異想天開、別具創意，就算是平凡無奇的東西，

代表人物

大衛‧林區
史蒂芬‧金
格連‧古爾德
喬治亞‧歐姬芙
喬伊斯‧卡羅爾‧歐茨
西尼德‧奧康娜
摩斯‧康寧漢
莉莉‧湯姆琳
提姆‧波頓
科特‧柯本
文森‧梵谷

只要到了他們手裡，就可能有驚人的創意。他們通常對藝術感興趣，相較於有系統的分析，他們更善於發揮想像力。

一般狀態：此側翼附屬子型的人雖然認同內心的想法，但心中的強烈感受仍舊會對其持續性的努力，以及與他人的共識帶來困擾。他們比其他側翼附屬子型的人更為獨立，並且抗拒加諸在其身上的窠臼。他們的興趣通常是超現實與幻想的事物，不理性也不浪漫，很容易迷失在大腦的想像世界中，很難踏實生活，在追求興趣時也會變得不切實際。他們會被黑暗、禁忌、令人不安或稀奇古怪的東西所吸引。

▌具有類型六側翼的類型五：問題解決者

代表人物

史蒂芬‧霍金
比爾‧蓋茲
多麗絲‧萊辛
鮑比‧費雪
羅利‧安德森
布萊恩‧伊諾
珍‧古德
以撒‧艾西莫夫
愛蜜莉亞‧艾爾哈特
查爾斯‧達爾文

健康狀態：此側翼附屬子型的人，其觀察力中結合了條理與細節，能夠從各種事實中得出有意義的結論，並以此進行預測。他們尋求一處能提供安全感、並且能融入更大環境的合適之地。他們經常受以下學科所吸引：工程、科學及哲學，還有發明和修理等相關工作。他們有合作精神、遵守紀律、堅持不懈，比其他側翼附屬子型的人更注重實際問題。他們能把創新與商業頭腦結合在一起，有時會得到豐厚利潤。

一般狀態：他們應該是所有側翼附屬子型中最純粹的智力類型，對理論與技術十分感興趣，並想要取得事實與細節。他們是周遭環境中的「分析家」及「分類者」，擅長剖析問題，找出其運作機制。儘管具有類型六側翼的類型五對其生命中的重要人物具有強烈的認同感，但他們對於個人情感表現極其拘謹，注意力多擺在事物之上，而不是指向人。他們不會特別反省自己，而是更喜歡觀察、理解周圍的世界。相較於其他的側翼附屬子型，他們更喜歡爭論、更容易為個人觀點辯護。面對持反對意見之人，他們會咄咄逼人，選擇跟

對方進行對抗。

▌ 自保型的類型五

孤立與保存。在一般狀態下，自保型的類型五會試圖藉由降低需求來達到獨立與分離的目的。他們對於精力消耗非常注意，對自己的行為與追求會仔細考慮，並思考是否有足夠的內在資源來滿足需求。如果答案是否定的，他們就不會採取行動。自保型的類型五也會保存精力與資源，避免過於依賴他人，盡可能減少對於環境的索取。因此，他們非常注重隱私，十分保護家庭與工作。

自保型類型五是九型人格中真正的孤獨者，喜歡獨處，通常會避免社交。雖然他們會表現出友善和健談的模樣，但不會很快與人建立關係，常因為社交活動而感到精疲力竭，然後就需要有時間留在家裡重新充電。他們極度厭惡強加在自己身上的期待，會找方法將個人需求最小化，如此一來，生活就不需要用到太多錢，也就能避免自己的獨立性與隱私權受到干涉。他們也是情感最冷淡的類型五，雖然對朋友和熟人很熱情，但往往不會動真感情，也極難向他人表達內心情感。

在不健康狀態下，自保型的類型五會變成古怪的幽居者，長時間不願意有社交行為。不與人來往的結果就是導致他們思想扭曲、充滿妄想。他們會表現出偏執的傾向，尤其是具有類型六側翼的類型五。

▌ 社會型的類型五

專家。在一般狀態下，社會型的類型五會與他人交往，

並透過自身知識與技能找到自己的社會位置。他們喜歡自視
為智慧大師,希望因為自己在特定領域的專長(例如是辦公
室裡唯一會修電腦的人)而變得不可或缺。社會型是類型五
當中最具才智的一群人,經常從事學術、科學的工作,或扮
演某領域的大師。他們會扮演如薩滿巫師的社會角色,這是
一種生活在邊緣部落並掌握祕密訊息的智者。社會型類型五
喜歡討論重大話題與複雜理論,對應酬閒聊興趣缺缺。他們
會透過思想辯論、批評社會與分析時勢來與人互動。

　　較不健康的社會型類型五除了透過個人專長之外,難以
用其他方式與人建立關係。他們會用蒐集到的資訊做為談判
籌碼,這也是發揮影響力之道。他們會變得極具社會抱負,
想要成為思想界或藝術界的菁英。他們不想在無法理解其工
作的人身上「浪費時間」。

　　在不健康狀態中,社會型類型五傾向表達極端和煽動性
的觀點,往往是無政府主義者和反社會分子,對人們大肆嘲
弄,把眾人視為無腦之人。他們會對社會或現實生活提出各
種荒誕怪奇的理論,但不同於自保型的類型五,社會型類型
五是提出個人觀點供人參考。

▌性本能型的類型五

　　「這是我的世界。」在一般狀態下,類型五的疏離特質會
與性本能型想與人密切接觸的欲望相衝突。性本能型的類型五
喜歡與熟人分享祕密。(「我從來沒跟別人說過這件事。」)
但是他們在追求想要的人事物同時,又對自身社交技巧缺乏
自信,這兩者之間一直存在某種程度的緊張關係。因此,性
本能型類型五雖然感到焦慮且想退縮,但他們還是會與人進
行深度交往。他們比類型五的其他兩種變項更為和善與健談;

不過一旦他們無預警退出、消失一段時間，也會造成他人的驚訝與不安。一方面，當他們對某人產生浪漫情懷時，會變得極為坦率與合群，跟類型九很像；另一方面，當他們覺得不受欣賞或不被理解時，他們很快會在情感上與對方保持距離。與他人的密切接觸和長時間保持距離這兩種情況會交替出現。

結合了聰明與才智的性本能型類型五會發展出強烈的想像力，在各種可能的親密關係面前，創造出另一種現實的可能性──各種私密的「世界」。他們尋找的理想人生伴侶，是一個不會因為他們的奇怪而離開的人。（「這種親密感嚇到你了嗎？」）強烈的性欲讓性本能型類型五有冒險與人進行情感接觸的衝動，並且能以此舒緩他們持續的心理活動狀態。這變成了一種讓自己放鬆的方式。但是在較不健康的類型五身上，幻想與性欲的結合會變成黑暗與盲目崇拜──會在不安的幻想與夢想中迷失自我。

在不健康狀態下，渴望失去的愛情以及遭到拒絕的感覺會讓性本能型類型五產生孤立和自我毀滅的行為。他們經常會因為偷窺癖好而陷入危險的生活狀態中，深受社會的黑暗面所吸引。

大多數的類型五在生命中的某些時間點會遇到下列問題。請注意這些模式、「掌握自己當下狀態」，並且觀察自己平時的潛在慣性反應，這都有助於我們擺脫所屬人格類型的消極面。

**類型五成長
所面臨的挑戰**

類型五　發展層級				
		關鍵詞	
健康狀態	第一級	參與感 有遠見	類型五不認為自己與環境脫離，不會把自己當成局外人，便能帶著自信投入生活。他們也以一種矛盾的方式去滿足其基本欲望——做一個能幹、有競爭力，能夠立足於世界的人，然後就會變得頭腦清晰、理解力強、知識淵博與充滿同情心。
	第二級	善於觀察 洞察力強	類型五把注意力擺在環境上，讓自己可以自信地悠遊其中，並發展出對抗基本恐懼的技能。自我形象：「我聰明、好奇、獨立。」
	第三級	專注 創新	類型五藉由掌握能讓自己變得能幹、堅強的知識與技能，強化其自我形象。他們不願與人競爭，想要探索新的觀念與方式。他們的「小修小補」會產生具有深厚原創性的概念、發明和藝術。
一般狀態	第四級	概念化 有準備	類型五害怕自己的技能不足，覺得在進入社會之前，還需要多做準備。他們在許多方面不夠自信，更想停留在內心的安全世界之中。他們學習、練習，並累積更多的知識、資源與技能。
	第五級	疏離 專注	類型五擔心他人的需求會干擾自己的工作，因此選擇強化其內心活動，藉此阻擋「外界入侵」。他們將個人需求最小化，變得高度敏感、理智與神祕。他們獨處的時間越來越多，並且琢磨、揣測著其他可替代的現實情況。
	第六級	極端的 挑釁的	類型五擔心他人會威脅自己建立的地位，因此會試圖推開他人。他們討厭別人的自信與冷靜，並喜歡顛覆信念。他們的想法奇怪、令人不安，會嘲諷無法理解自己的人。
不健康狀態	第七級	虛無主義 古怪的	不健康的類型五擔心自己無法找到立足之地，這一點或許沒錯。為了獲得安全感，他們選擇與世隔絕、退縮到一個孤獨且日益空虛的世界中。除了基本需求之外，他們拒絕一切，但依然無法擺脫恐懼的心理。
	第八級	恐懼的 狂亂的	類型五覺得自己非常渺小無助，幾乎所有事情都成了不祥之兆。他們充滿暗黑幻想和奇怪想法。他們拒絕所有幫助、逃避人群，陷入惡夢與失眠之中，並且無法停止胡思亂想。
	第九級	想被遺忘 自我毀滅	不健康的類型五覺得無法保護自己免於痛苦和恐懼，想要逃避現實。在某些情況下，他們會精神崩潰或精神分裂，藉此逃避面對現實，甚至可能自殺。

▎類型五的警鐘：退回內心世界

當類型五招架不住身邊的人或環境時，他們會反射性切斷與感受和情緒的直接連結，並退回到內心世界。事實上，他們是想要找一處安全有利的位置，藉此客觀評估自身處境。

當類型五以此方式進入內心世界時，**他們會直接切斷與其經驗的直接連結，並以內心對經驗的評價取而代之。** 他們把經驗轉換成概念，看看這些概念能在多大程度上與先前對現實的認知相匹配。舉例來說，一名類型五的心理學家可能前一秒還跟友人相談甚歡，下一秒突然發現自己是以某種心理結構在思考對方的思維與情感，而非傾聽對方說話。另一個類型五的人在度假時，大部分時間可能都是用來構思正在撰寫的小說內容，而非放鬆享受旅程。

與世界重新接軌

看看你現在所處的地方，在你的內心狀態日記中列出你到目前為止沒有注意過的事情。看看你錯過了什麼，或是忽略了什麼？你可以找出多少新東西、顏色、不尋常或是有特色的事物？當我們注意當下，就能發現一切；但是當我們只注意內心世界，能注意到的東西就很有限。

當你身處新地方，可以練習注意當下。但是，首先你必須處在當下，要能感受到自己的存在與呼吸，然後看看身邊環境，彷彿你之前從未見過一樣。如果你是類型五，你可以用此練習與身邊世界重新接軌，並且「活化」你的警鐘；如果你不是類型五，也能藉此更好地認識與世界重新接軌的感覺。

隨著時間過去，類型五的內心聯想、評論和想法開始融合成我們所謂的**內心修補玩具**（Inner Tinker Toy）。這個內心修補玩具會主導類型五對現實的看法——這是他們體驗世界的過濾機制。漸漸地，他們會加入新的想法，並且重組舊的

觀念，試圖看清心理結構的不同部分是如何組合在一起，這成了類型五的主要消遣。由於他們總能不斷提出新點子，這就變成支撐其自尊以及守護自我的有利方式。可是，一旦把注意力完全投入到內心修補玩具上，便會導致類型五以一種抽象和概念化的方式來看待世界，而非直接親身體驗，這便無可避免會導致他們失去與本性指引的聯繫。簡單來說，操弄想法可以為類型五帶來短暫的自信，卻無法解決他們在真實世界中遇到的現實問題。

社會角色：專家

隨著類型五變得更加不安，他們發現如果不扮演專家的角色，就越來越難與人建立關係。出於類型五的基本恐懼（害怕無助、無用和無能），他們需要更多自信來為自己贏得有利位置。於是，他們透過獲取朋友圈中其他人都不知道的訊息（例如西洋棋、天文學的神祕知識，或是九型圖）來達到此一目的。他們可能會開創出獨特的創意領域。

然而，如果圈子裡也有人對西洋棋了解甚深，那麼就算他們知道大量關於西洋棋的知識也不夠；一般狀態的類型五要嘛必須在這方面超過其他人，要嘛就直接換另一種遊戲——可以是印加人玩的某種無名遊戲，也可以是某種極其複雜的電腦遊戲。

當類型五把更多時間用在其所選擇追求的事物上，他們也意識到自己在生活中的許多領域都還有待加強。即便成了傑出的物理學家或恐怖小說大師，這都無法完全彌補不會做飯、開車或建立良好人際關係方面的不足。對類型五而言，體育活動和競技運動向來會讓他們感到不好意思，因為在某種程度上，這些事情都提醒著他們——這些是無法掌握的事情。社交活動以及其他方面的人際關係也可能被類型五冰凍

起來。一個類型五可能出去約會過幾次，但若她在某些事情
上受到傷害，可能得再等幾年才有勇氣跨出去冒險。如果這
種模式持續下去，類型五的世界就會不斷縮小，他們覺得可
以安全參加的活動也就只剩下那少數幾樣了。

真正能建立自信的是什麼？

注意你對特定愛好的依賴程度。這方面的特長讓你對自己有什麼
感覺？如果在與他人打交道的過程中不聊你的特長，你會有什麼
感覺？你生活中是否忽略了哪些領域，導致你有羞愧感或焦慮感
呢？你是否只關注自身擅長的領域，並排斥其他領域的發展性呢？

貪婪與感覺渺小

　　類型五的「強烈情感」（罪）是**貪婪**，那是一種因為覺
得自己十分渺小、無力保護自己的扭曲情感。恐懼導致類型
五縮回內心世界，而貪婪使得他們不放過任何一種資源，哪
怕那資源是多麼的微不足道。類型五的人會覺得自己沒有足
夠資源，而別人的需求會瞬間耗盡自己所擁有的一切。

　　事實上，類型五是最不講究物質主義、不追求物質享受
的人格類型。但是，他們對於擁有時間、精力和資源卻非常
貪心，對知識以及提升專業技能的方式永不滿足。此外，因
為類型五覺得必須把時間用在發展想法與興趣之上，不希望
別人占用他們太多時間或注意力。他們因為覺得無能、無助，
所以認為自己必須要得到一切能讓自己提升能力、有安全感
的東西。他們可能會搜集過期的報章雜誌，或是整理一些感
興趣的冷門筆記與書籍，或者收集錄音帶和唱片，直到這些
東西塞滿屋裡為止。

　　類型五經常覺得要面對的人太多，而外界期待也壓得他
們喘不過氣。此外，類型五很容易覺得被侵犯，因此學會以

「裝滿硬碟。」

保留感情的態度來保護自己。

　　馬克是一位態度誠懇、非常有幽默感的電腦專家。他結婚多年，日子非常幸福，但依然被這些問題所困擾。

　　在我出生之前，母親有過兩個兒子，其中一個出生時，臉部皮膚就有問題，而另一個則在小時候就夭折了。在我出生後，大家都覺得一定要特別保護我、照顧我。很可惜，我沒辦法自己單獨做任何事。父母親必須知道我在哪裡、在做什麼、要做什麼、房間裡有什麼東西……等等。我很早就知道，我必須活在內心世界裡，如此一來，才能在充滿侵入性的人生中找到一絲自由——除非得到我的允許，否則沒人能闖入我的世界。不過，我從未允許任何人進入。在青少年時期，我變得更疏遠、更神祕，在情感上也很冷漠。時至今日，我與父母（以及別人）在情感上依然有隔閡。

無法結束：準備模式

　　一般狀態的類型五經常會陷入所謂的準備模式。他們會不斷搜集資訊，或是不停練習，始終不覺得自己已經準備好、可以採取行動了。精細調整與徹底分析會一點一點讓他們陷入細節的泥沼中，如此一來便形成見樹不見林的狀態。他們從不覺得已經充分準備好、可以上場了，他們就像不停繪圖的畫家，卻對展出作品躊躇不前；又像追求一個又一個學位的學生，永遠都不想畢業。

「我需要更多時間。」

　　類型五不見得意識到潛在的焦慮，他們經常覺得自己只是還沒做好準備，需要更多的時間與空間來完善工作。由於類型五的自尊有很大一部分是建立在工作表現上，因此他們深深害怕自己的工作不被接受，或是得不到他人的認可。不過，類型五會因為覺得需要做更多準備而導致多年停滯不前，

或許有一天他們會突然覺醒，意識到自己沒有好好生活過——因為他們一直在準備。

基本上，類型五會因為不斷出現的超我訊息而喪失行為能力，該訊息是：「如果你能掌握某件事，你就很棒。」但他們究竟需要掌握多少知識才算足夠？又怎樣才能知道自己已經準備充分，可以採取行動了呢？他們又該如何保持精通狀態呢？

摩根意識到他為此付出的巨大代價。

我當作曲家很多年，這一路走來都不太順利，現在回想起來，我才知道許多人都覺得我的作品還算不錯，但我卻始終不願相信。我會不停琢磨，可能覺得這個聲音不夠動人，或者某個橋段太粗糙，又或者某段聽起來像別人的東西。更糟的是，我整天都沒寫下任何東西，只是不停地在「做研究」、聆聽別人的音樂來找尋靈感。即便跟可以幫助我發展創作的音樂家在一起，我始終都不願意在這些人面前表演或請他們演奏一曲。我一直說服自己，我正努力變成一個更好的音樂家，有一天我會出人頭地的。我就這樣浪費了多年光陰。

實現你的想法

當你不再把力氣用在優化想法，而是實際採取行動時，你是最有效率的。盡可能找到你可以分享想法的對象。一群對你工作感興趣且有創意、有才智的同伴能幫助你繼續前進。此外，雖然你不熱衷與他人合作，但合作有助於防止你陷入準備模式而無法自拔。

離群與退縮

類型五是所有人格類型中最獨立、最有個性的，稱他們為孤獨者、甚至是異類都不為過；但這不代表類型五一直都

想獨處，或是與他人相處時無法扮演好同伴的角色。當類型五找到某個值得尊重的對象時，他們就會表現得很健談、合群，因為他們喜歡跟能欣賞自己說話內容的人分享想法與發現。但是，他們願意分享知識不代表願意分享個人訊息。

「走出去安全嗎？」

類型五與類型四的不同在於，後者渴望以局外人的角色被接受，而前者則不會因為沒有跟他人建立關係而感到痛苦。他們會感到無奈，然後把注意力轉移到其他事情上頭，並覺得自己的孤獨是無可避免的——這就是人生。（提姆·波頓的電影作品《剪刀手愛德華》完美地描述了類型五的內心情感世界。）他們的情感需求及欲望深深被壓抑。防禦不免帶來痛苦，但類型五也能藉此與孤獨感切割，繼續維持正常生活運作。

理查是一位成功的商人，他把自己對情感有所保留的原因追溯到童年時期。

我認為自己的疏離性格有很大一部分原因，是因為缺乏與父母的連結感。我大部分的童年時光中，父親一直都待在軍隊，母親更在意的是她自己的社交圈，而不是她的第四個小孩。對我家而言，我的存在就是個「意外」，而母親已經在我的三個兄姊身上完成了「做母親」的使命。因此我很早就懂得如何照顧自己，而且非常善於隱藏、不引起別人的注意。

類型五就跟類型九一樣，兩者都不善於在人際關係中維持自我意識及照顧個人需求。但與類型九不同的是，類型五會透過迴避他人來找回個人的優先順序及自我意識。與他人相處會模糊了內心世界，覺得是一種負擔——即便他們樂在其中。基於這些原因，一般狀態的類型五會把大部分的人際互動視為消耗精力，認為別人想要從他們身上得到他們所無

法給予的回應。

馬克坦白表示：

> 有時候跟別人相處真的很麻煩，總是要跟那些對你有期待的人打交道。得體的言行舉止、穿衣打扮（也就是要滿足社會期待）從來就不是我的強項，這讓我太太很不安。獲得社會認同需要付出努力，但我不禁心想：「何必呢？」

其實，類型五可能是個情感深厚的人，只是刻意隱藏、避免碰觸。事實上，類型五會避開許多人際關係，如此一來才不會被過多的情感所壓垮。**大部分的類型五也會回避試圖幫助他們的人。**（接受別人的幫助就等於表現了自己的無助及無能，會強化他們的基本恐懼。）尤其是幫助者表現出某種企圖或操縱手段，類型五的人更會有此反應：他們覺得自己都無法處理自己的需求，更不用說滿足他人的需求了。

離群的根源

在你的內心狀態日記中，記錄下你觀察到的離群現象。什麼情況會讓你產生情感上的分離狀態？在這種時候，你對別人是什麼態度？對社交生活的態度是什麼？你是否能回想起任何導致你強化此傾向的童年事件？你是否覺得自己被他人的需求或要求所吞沒？下次與人相處時，觀察一下自己是否出現疏離感。要如何與他人相處又不會失去自己的目標感呢？

需求最小化：變成一個「不具形體的人」

思維三元組的人格類型會透過發展策略來彌補內在指引的缺失，而類型五的策略就是對生活不要要求太多，同時也希望他人也不要對他們有太多要求。（其潛意識是覺得自己沒有太多東西可以提供給別人。）他們努力將**需求最小化**，

「我不需要太多東西，但我需要個人空間。」

藉以維持個人的獨立性，對於個人生活的舒適度，他們的要求簡單到了可以用「原始」二字來形容。他們活得像個「不具形體的人」，只在意理想和願景。

摩根是一位作曲家，他坦率表達了個人的極簡主義。

我搬進新家後，過了好幾個月才買了一張沙發床，在那之前，我都是睡在充氣床上，有時甚至直接睡在地板上。有好幾年的時間，我家除了放書和唱片的櫃子之外，幾乎沒有任何家具。我想應該有不少人都覺得我很可憐，還送了我一些破舊的二手家具，不過我欣然接受。雖然這些東西風格一點都不搭，但我不在意。重點是我大腦中的生活，至於房子只不過是我吃飯和睡覺的地方。

一般狀態的類型五會變得心不在焉，不僅越來越疏遠他人，也越來越脫離自己的身體。他們變得敏感、緊繃，開始不在意自己的身體及情感需求。他們可能會整晚坐在電腦前工作，然後只吃能量棒、喝蘇打水；要離開時才意識到，自己忘了把鑰匙或眼鏡放在哪裡了。他們的心不在焉與類型九的不在狀態上是兩回事，那是因為他們不斷過度憂慮和不安所造成的後果，才導致內心高度緊張。

確實執行

類型五必須深入身體。瑜伽、武術、運動、跑步，甚或只是快走，都有助於類型五重拾其身體和情感的存在感。找一項你能固定進行的活動。在內心狀態日記中寫下你的選擇，並做出承諾，看一週要做幾次，簽名之後記錄下來。記得留一點空間，記錄你對目標的執行心得，以及在你確實執行之後的內心感受。如果你沒做到，內心又會出現什麼樣的感覺？當你在進行活動時，你對自己的感覺又發生了什麼變化？會如何影響你的思考？

在此階段的類型五對其活動也有高度的保密性。他們看起來或許對朋友或所愛之人表現得很友善、很健談，但生活中依然有很多事情是即便熟人也不知道的一面。類型五希望能透過人際關係的劃分、減少個人需求，以及對某些事情保密，來維持其獨立性，並讓他們的事情不受干擾。

迷失在揣測與另類的現實中

一般狀態的類型五創造了一個內在世界，那是一處他們在面對外界不安時的撤退之地，而且經常流連於此。他們揣測著各種不同的可能性，並為其所幻想的複雜世界裡加入許多細節，或發展出一套聰明且令人信服的理論，因為他們的思考目的更多是為了遠離自己的現實問題和情緒問題，而非真的要探索或創造些什麼。

如果類型五覺得自己的能幹與強大狀態受到影響，他們就會用更多的時間幻想自己的權力與控制力。他們可能會被征服、打怪獸、主導世界、技術操控等主題的電腦或棋盤遊戲所吸引。

「如果……會怎樣？」

傑夫是一位軟體設計師，他對這方面非常了解。

我以前常玩這種非常複雜的策略桌遊，這類遊戲的主題五花八門，但大部分都是跟打鬥或戰爭有關。我會用好幾天找出規則，可是卻找不到誰有興趣玩這遊戲，有時候只好自己玩！當電腦版的遊戲出現後，我不需要找人了！這些遊戲很花時間，但最吸引人的地方莫過於其中的細節，以及打贏或蓋好一座城市所帶來的快感。不玩遊戲的時候，你也會幻想著自己的軍隊征服敵軍。我沉迷在這些遊戲中，後來才意識到這些遊戲占據我太多時間，以及如果我把打遊戲的精力和策略用在現實生活中，我的人生會變得多美好啊！

不健康狀態的類型五會陷入自己所虛構的奇怪「現實」中，就像在惡夢中無法醒來的作夢者一樣。

平衡內在與外在世界
幻想、推理和猜測都是令人愉快的消遣活動，但你必須學會誠實評估自己何時會以此方式來逃避現實生活中的麻煩事情。你一天花多少時間在做這些事？如果你不把時間用在這些費腦子的事情上，你會如何規畫時間？

無意識的焦慮與恐懼想法

聽起來可能很奇怪，類型五花了很多時間在思考他們覺得最可怕的事情，甚至會對此加以深入研究，或是以其害怕的事物為主題進行藝術創作。害怕疾病的類型五可能會變成一名病理學家；另一名小時候「害怕床底下有怪物」的類型五，長大後可能會變成科幻小說、恐怖小說的作家或電影導演。

李奇是一位心理學作家，他記得自己是如何克服早期的恐懼心理。

在我上幼稚園之前，某個週六，有些大孩子帶我去看了下午場電影。那部電影是有關維京人，而且非常血腥，至少對當時的我來說是如此。我回家之後真的是嚇壞了，一見血就害怕，還做了許多惡夢。但從那之後，一有驚悚電影上映我就想看。怪物、恐龍、外星人、大屠殺等，都是我最愛的電影主題，我樂此不疲。

類型五試圖將注意力擺在恐怖的事情上，藉此控制心中的恐懼。但他們無法完全避免這些事情所造成的情緒影響——

他們會有意無意地讓腦海中滿是令人不安的畫面。隨著時間過去，這種分裂的情感會以他們始料不及的方式重回腦海、夢中，並且揮之不去。

　　這會讓他們備感沮喪，因為一般狀態的類型五相信，他們自己的思想才是唯一可以完全信任的事實。如果他們的思想不受控制或處於害怕狀態，他們會選擇與引起恐懼的相關活動進行切割。舉例來說，如果他們喜歡上了天文學，可能就會開始害怕在晚上外出，就連空蕩蕩的天空也會讓他們徹底感到不安。

　　珍是藝術導演，也是雕塑家，她回憶起如下這段經歷，彷彿一切歷歷在目。

凝視深淵

觀察自己是如何深受生活中的「黑暗面」所吸引。雖然這有助於理解人類的存在方式，但要謹防對這些問題過於沉迷，注意觀察這些興趣是如何影響你的睡眠習慣。許多類型五也發現，探究幼時可能受到的心靈創傷會有所幫助，因為這類創傷事件往往會導致他們強迫自己喜歡上令人不安的事情。你對「黑暗面」的喜好是否影響了你的社會行為能力？

　　我七歲左右開始對研究人體非常感興趣。我喜歡閱讀有關體內器官的書籍，會查看家中百科全書中透明的身體器官圖，也閱讀有關健康與疾病的書籍與文章。記得有一年夏天，我在《讀者文摘》中讀到一篇有關吸菸致癌的文章，當中描述了治療癌症病人的氣切手術、人工呼吸器，以及各種根治手術。我傻眼了！在那一瞬間，七歲的我認識了何謂死亡，而且跟父母所說的都不一樣。我悶悶不樂、茶飯不思，無法停止思考。每個人都會死。我整晚都睡不著，思考著死亡到底是什麼樣子，以及上帝是否存在。我必須承認，我想得越多，懷疑就越深。我甚至到處去找死

掉的動物。這種狀態持續了好多年。我想,我花了好一段時間才
慢慢適應。

好辯、虛無主義和極端主義

「我真不敢相信有人會這麼蠢。」

每種類型都有好勝、攻擊的一面。類型五的個人想法是
獲得安全感的唯一來源,因此他們會全力投入支持並捍衛其
想法,哪怕他們並非打從心底相信自己的立場。

一般狀態層級偏低的類型五,對於任何介入其內心世界
與個人看法的人事物都抱有敵意。他人平靜的狀態會令類型
五感到不悅,並喜歡顛覆和破壞他人的信念。他們可能會以
極端的觀點來冒犯、觸怒或打擊他人。這樣的類型五是希望
能藉此嚇退他人,如此一來才能有獨自追求興趣的空間,並
與他人「愚蠢」和「盲目」的行為劃清界線,藉此讓自己覺
得高人一等。他們不再仔細思考,而是直接得出結論,並且
對事實強行加上個人的極端詮釋。如果有人不同意,類型五
就會變得惡毒、刻薄。若這種行為模式持續下去,他們很快
就能成功地把所有人從自己的生活中驅逐出去。

如果類型五無法找到適合的位置,很快就會陷入憤世嫉
俗的冷漠之中,對自己及所有人都失去信心。在所有人格類
型中,類型五是最容易產生凡事都毫無意義的感覺,而且許
多類型五的人對於宇宙中是否存在善的力量也深感懷疑。

使他人不安

當你發現自己跟別人發生爭執,或是因為別的事情生氣時,注意
觀察你的身體有什麼感覺。向他人解釋清楚你的觀點有多重要?
你想對別人產生什麼影響?你會把哪些動機或信念歸因於他人?
你在害怕什麼?

類型五會試圖透過縮小其關注焦點，並退回到思想中的避難所來應對外界壓力。如果此方法無法緩解焦慮，他們可能就會變成類型七，強迫自己投入各種活動來對抗疏離感。他們變得焦躁不安，思緒急速運轉，覺得自己必須擺脫不斷增加的焦慮感。此外，因為想找到適合自己的位置所帶來的焦慮感，也會導致他們在追求目標的過程中無法專心。正如一般狀態的類型七，他們會從一件事換到另一件事，從這個想法換成另一個想法，但卻似乎永遠無法找到任何能令他們滿意的狀態。

切斷個人需求之後（尤其是對感官和呵護的需求），轉變成類型七的類型五會盲目追求刺激與體驗。一般來說，這些轉移注意力的行為與工作無關——他們可能會沉迷於電影、酗酒、吸毒或亂七八糟的性行為來逃避。他們可能會經常光顧酒吧、濫交俱樂部，或是出沒於一些奇特場所；如果被發現的話，這些都是會讓那些自認為了解類型五的人詫異不已。

在極度壓力之下，類型五在追求所需的當下會變得咄咄逼人、麻木不仁，藉此來抵抗心中的焦慮感——就像不太健康狀態的類型七。甚至可能會透過物質濫用來尋求安慰。

如果類型五長時間承受過度壓力，如果他們遭遇重大危機卻沒有得到足夠的支持或應對技巧，或是小時候遭受長期虐待，他們都有可能會跳過緩震裝置、直接進入類型五的不健康狀態。這可能會讓他們意識到一件事情，就是他們所追求的工作和生活模式，實際上是破壞找到真正有利之位的機會——此一發現著實令他們害怕。

如果類型五認識恐懼背後的真相，或許就能改變生活，朝健康和自由的方向發展。另一方面，他們也可能會試圖切斷與所有人的聯繫，打從根本不再面對世界，藉此將自己與

各種「侵入」進行隔離，以便順著自己的思維軌跡得出一個
「符合邏輯的結論」——通常是一種陰暗、自我毀滅的結論。
（「都去死吧！再也沒人能傷害我了！」）當然，這種退縮
只會破壞類型五僅存的一絲自信。如果類型五堅持這種態度，
他們就會滑入不健康狀態的層級中。如果你或你認識的某人
在很長一段時間中（超過兩、三個星期）有出現下列警示跡
象，就極有必要尋求諮詢、治療或提供其他支援。

警示跡象

潛在病症：精神分裂症、分裂症障礙、迴避型人格障礙、精神崩
潰、分離、憂鬱和自殺。

→ 孤立自己的傾向不斷增加
→ 長期忽視身體狀況
→ 長期嚴重失眠、做惡夢及睡眠障礙
→ 更加古怪，不再在意社交技巧
→ 拒絕接受幫助，甚至對他人的幫助懷有敵意
→ 認知扭曲、產生幻覺
→ 談論自殺

**幫助類型五發展
的練習方法**

◆ 要記住，唯有靜下心來，那才是你的心最清澈、最強大的
時刻。花點時間培養心中的寧靜，但這不代表外在世界需
要保持安靜。要學會注意心中各種不停批判的聲音。當你
單純地接受了當下，而且不與任何你所知的事情進行關聯，
會發生什麼事？保持對身體感受的關注會有助於實現內心
的寧靜。

◆ 使用你的身體！在所有類型中，你大概是覺得不用身體就
能做事的那一種，而且會把很多時間用在打電腦、看書或
聽音樂上。雖然這些事情本身沒有什麼問題，但如果你要
保持身心平衡的狀態，就必須動起來。試著去跑步、練瑜

伽、跳舞、運動，甚至是散步。一旦喚醒你的身體、血液開始流動，你的思維也會更加敏銳，進而獲得更多的內在資源。

◆ 努力與他人接觸，特別是你覺得脆弱或害怕的時候。身為類型五，你已經習慣不指望他人的支持，甚至對他人伸出援手抱持懷疑態度。但這種想法可能不適用於你的現狀，你可以利用自己的聰明才智來思考，當你遇到麻煩時，誰會是可靠、能幫助你的人。大聲說出來，讓別人知道你的需求，或許會有意外驚喜。遠離眾人只會讓你在困境中越陷越深。

◆ 仔細想想，哪些領域最容易削弱你的自信。如果你覺得身體虛弱，學再多的世界地理也沒用，但是運動可以；如果你因為跟人相處而發愁，就算再譜一首新曲也無濟於事。你可以繼續做你有興趣的事情，但如果能直接探索被你切割掉的生活領域，效果會非常驚人。

◆ 感受你的難過。大部分的類型五擅長切割痛苦和傷害（尤其是被拒絕）的感覺。當這些感受浮現時，你知道那是什麼感覺。不要勉強吞下去。找一個安全合適的地方，好好感受一下內心以及被禁錮的情感。如果在朋友、治療師或其他可信任之人的見證下進行，效果會更好。要求在場者不要鼓勵你，只需要見證你的痛苦和掙扎。

◆ 當你更加平衡、更以身體為基礎時，讓你對他人和周遭世界的印象來影響你 —— 讓世界進來。你不會失去自己，而是會贏得世界。這會帶來你一直在尋找的自信和幸福感 —— 在這個過程中，你也會有許多新的想法。不要迷失在這些想法當中，記得要回到現實。請記住，**這是你的生活**：你不是一種抽象的存在，你就活在當下，這一點很重要。

**建立在類型五
的長處之上**

類型五驚人的**洞察力和理解力**，再加上某些領域的專長，就是他們帶給這個世界的最大禮物。理解力讓健康狀態的類型五能夠在同一時間理解許多不同的觀點與整體情況，並且看清細節。健康狀態的類型五能包容許多不同的觀點，而且不會讓自己身陷其中。他們知道在不同情況下，用什麼方式來看待問題是最有效的。

類型五具有傑出的觀察力和感知力，他們對環境非常敏感，能夠察覺許多人沒發現的微妙變化或不協調的情況。許多類型五的人在某一、兩種的感官功能上會出現非比尋常的狀態。某個類型五的人可能會對顏色極其敏感，而另一個類型五的人可能對聲音極為敏銳，能夠輕易分辨出節奏和音高。

類型五的童心一直都在，例如，他們一直在想「為什麼天空是藍色的？」或者「為什麼所有東西都是往下掉，而不會往上升？」類型五不會將凡事視為理所當然——如果他們想知道石頭底下有什麼，他們會找把鐵鍬，直接把石頭挖出來好好觀察一番。類型五還有過人的專注力，能夠長時間集中精神。此外，他們在探索的過程中會發揮高度耐心。專注與耐心讓他們能夠長時間堅持，直到找出寶藏為止。

由於有好奇與開放的心態，健康狀態的類型五具有高度的創新能力與創造精神。他們探索和琢磨的能力會創造出寶貴、實用且具原創性的東西——從科學或醫學上的典範到藝術領域的驚人成就，甚至連在車庫中儲物的舊盒子都能有一套安排的新方法。如果某個類型五對大提琴的聲音不滿意，他會先把聲音錄下來，然後在重播時改變錄音的音調。以科學為導向的類型五之所以能精準發現事物，是因為他們對**規則之外**的特例感興趣。他們會專注在旁人認為不重要的小事或沒有規則可遵循的領域之中。

類型五的人樂於跟他人分享發現，並經常以幽默方式來

如果你愛得夠深，任何事物都會與你對話。
——喬治‧華盛頓‧卡弗
（George Washington Carver）

表達對生活中矛盾之處的觀察。他們因為生活中不斷出現的奇特之事而感到玩味（和驚嚇），會做些微妙的調整，讓大家發現先前沒注意到的荒誕之處，藉此與人交流。他們喜歡透過黑色幽默、雙關語和文字遊戲的方式來擺弄事物，他們身上有一種頑皮、活潑、精靈般的特質，喜歡刺激他人更深刻的思考生活，經常以幽默的方式來溝通原本極具威脅性的想法。

類型五透過學習健康狀態類型八的方式，重新找回並主導身體存在的感覺以及本能力量，藉此實現自我並保持健康狀態。這是因為自信、充實、強大及有能力的根本是來自於身體的本能能量，而非心理結構。因此，進行整合的類型五在成長過程中，會從腦中的想像世界走出來，以身體力行的方式實現自我。

與身體進一步的連結通常會讓類型五感到焦慮，覺得彷彿要失去唯一的防線，失去心中的庇護所。內心世界帶來安全、可靠且堅不可摧的感覺；身體則讓他們感到虛弱、單薄和不可靠。此外，與身體深入接觸會喚醒類型五長期因孤立而造成的巨大憂傷和悲痛感。但唯有親身行動，類型五才能獲得內在支持，才有力量去處理長期被壓抑的情感。

當類型五學會運用本能的力量，就會更進一步投入到現實世界，運用其知識和技能來處理當下實際的問題。處於整合狀態的類型五不會透過離群索居來逃避責任，而是會覺得自己被賦予權利，必須要擔任領導者的角色去接受重大挑戰。其他人本能會知道，類型五是在毫不考慮個人利益的前提下，積極尋求解決問題的辦法，因此會團結起來給予支持。透過與現實世界的連結，類型五的人不但不會失去他們在孤立狀態下所建立起的心理能力或專業技能，反而會像高度功能的類型八，有策略且有建設性地善用自身天賦。

整合之路：
從類型五到類型八

然而，如果類型五試圖模仿一般狀態類型八的特質，受益效果很有限。而專注在自我保護，與自身的脆弱性切割，以及跟人際關係抗衡，這些對於類型五克服其與世隔絕及孤立感的幫助非常有限。但如果類型五開始直接去感受當下，並與內心想法達成共識，則健康狀態類型八所具備的力量、意志力與自信便會自然浮現。

將人格轉為本性

當我們真正活在當下，當我們放鬆、關注自己的身體，我們就會感受到一股內在的指引。我們會被引向恰好需要知道的事物，並依照內在智慧的引導做出選擇。但是，當我們存在的基礎失去了本性指引，人格就會取而代之，試圖引導行為方向。

類型五之所以「轉錯方向」，是因為他們**認同了對經驗的觀察，而非經驗本身**。類型五是那種總是站在一旁看人跳舞來學跳舞的人。（「看看，她往左兩步、踢腿，然後旋轉。接著他轉了一下她的背……」）最後，他們可能看懂了該怎麼跳舞，但等他們真正弄明白時，舞會也快要結束了。

很自然的，類型五在其一生中也會面臨相同困境：他們努力想弄明白該如何生活，但卻從未真正活在當下。然而，如果他們能活在現實的當下，就會明確知道自己在何時需要知道什麼。給出答案的並不是喋喋不休的內心聲音，而是與現實保持協調的清醒大腦。洞察力會視個人情況自然出現。如果類型五放下特定的自我形象——認為自己與環境是分開的，自己只是一個旁觀者——並且投入到現實之中，他們便能重拾真正的內在指引及支持。獲得自由的類型五還知道，他們不必害怕現實，因為他們就是現實的一部分。

此外，類型五會獲得一種全新的即時覺察力，知道該如何領會個人經驗，不用像平常一樣在心裡琢磨半天。他們敬

畏現實的浩瀚、頭腦清醒，並且信任宇宙之道。愛因斯坦曾經說過：「唯一值得提出的問題就是：『宇宙友好嗎？』」獲得自由的類型五知道這個問題的答案。他們沉醉在個人的觀察之中，不但不會被嚇跑，而且會變得真正有遠見，為其所投身的領域帶來革命性的改變。

▋ 本性的出現

　　類型五追求知識和主導，這正是人格試圖重塑我們所謂的**清晰思維或內在認識**的本性特質。伴隨清晰思維而來的本性特質是不依戀，但這不代表情感壓抑或分離，而是不再認同任何特定觀點。類型五知道，任何的立場或想法只有在少數特定情況下才有用，甚至可能只適用於其發生的特定環境。內在指引能讓他們以不同的角度來看待事物。

　　獲得自由的類型五會記住心靈的敞亮與清晰，這也是佛教徒所說的「空性」；那是一種寧靜、不受干擾的浩瀚虛空，也是萬事萬物、包括所有知識和創造力的起點。他們渴望重新體驗這種虛空，因為這裡曾經是他們的家，而且此處（從佛教觀點來看）是世界上萬物的起源。然而，我們必須對重返虛空的渴望有正確理解：這種「空」與灰飛煙滅的「空」不同，那是像一杯純水或完美藍天的那種「空」：這種「空」讓一切皆有可能。在這種狀態下，類型五擺脫了自以為與一切都切斷關係的想法，並且會直接去體驗自身與周遭事物的潛在關連。

　　此外，這種虛空與不依戀不代表類型五就沒有情感可言了。相反的，他們可能會為了日落、微風或漂亮的臉孔而深深感動。他們可以自由去感受、體驗一切事物，同時也清楚自己所擁有的一切都是暫時的——是來自浩瀚宇宙所贈與的

這麼說吧，在我們大腦背後有一道被遺忘的亮光、一種對存在的驚嘆。藝術與精神生活的目的就是要挖掘出這被掩蓋的奇蹟之光。
——吉爾伯特‧基思‧卻斯特頓
（G.K. Chesterton）

禮物，稍縱即逝。他們越能深刻認識到人類境遇的真相，對
他人的痛苦就會產生越大的同情，不僅願意與人分享豐富的
思想，也願意說出內心深處的聲音。

將你對類型五的十五項陳述選擇得分加總，得分範圍會在 15 到
75 分之間。參考得分說明，幫助你找到或確認你的人格類型。

15 分	你可能不是退縮型的人（不是類型四、五或九）。
15-30 分	你可能不是類型五。
30-45 分	你可能有類型五存在的問題，或是有類型五的家長。
45-60 分	你可能有某種類型五的元素。
60-75 分	你極有可能是類型五（但如果你對類型五的認識過於狹隘，也仍有可能是其他類型）。

類型五最有可能誤認自己是類型四、六或一。而類型九、三和一
則最有可能誤認自己是類型五。

第 12 章

類型六：忠誠者

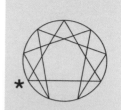

守護者

虔誠的信仰者

懷疑者

解決問題者

傳統主義者

堅定分子

我們的想像與思維能力加速了焦慮的形成；焦慮感不全然是由眼
前的威脅所造成（例如對考試、演講、旅行的擔憂），往往是由
象徵性且無意識的表現行為所致。
——威拉德・蓋林（Willard Gaylin）

沒有人會完全相信另一個人。一個人或許會對某種想法深信不
疑，但絕對不會完全相信一個人。
——亨利・路易斯・孟肯（H.L Mencken）

一個不相信自己的人，永遠都無法真正相信別人。
——雷斯樞機主教（Cardinal de Retz）

弔詭的是，唯有在成長、改革與變化之中，才能找到真正的安全
感。
——安妮・莫羅・林白（Anne Morrow Lindbergh）

里索─赫德森【人格類型態度】分類測驗

閱讀右側敘述後，根據下列描述情況給分：

1. 完全不符合
2. 幾乎不符合
3. 一半符合
4. 大部分符合
5. 高度符合

計分標準請見第 317 頁

____ 1. 我深受權威吸引，但又對其極度不信任。

____ 2. 我非常情緒化，但不會輕易表現出來；就算會，也是對身邊親近的人，但也不常如此。

____ 3. 我怕一犯錯，大家都會指責我。

____ 4. 比起要我自己放手一搏，依照期待行事會讓我較有安全感。

____ 5. 我不見得認同規則，也不一定會遵守，但我想知道有些什麼規則。

____ 6. 我對於難以改變的人，第一印象通常都很深刻。

____ 7. 我很崇拜某些人，他們是我心目中的英雄。

____ 8. 我不喜歡做重大決策，但也不希望別人幫我做決定。

____ 9. 有些人覺得我太過神經敏感、緊張，但他們一點都不了解情況。

____ 10. 我知道我會把事情搞砸，因此懷疑他人對我來說具有一定的意義。

____ 11. 我想要相信別人，但到頭來我都會懷疑對方的動機。

____ 12. 我非常努力工作，我會奮戰到最後一刻，直到把事情做完。

____ 13. 在我做出重大決定之前，我會試探我信任對象的意見。

____ 14. 我對所有事情都是抱持懷疑、嘲諷的態度，但奇怪的是，我也經常因為某些陷阱、圈套而受騙。

____ 15. 焦慮似乎是我的名字。

人格類型六：忠誠者

忠誠、以安全為導向的類型：
投入、負責、焦慮、多疑

我們將類型六命名為忠誠者，因為在所有類型當中，類型六是對朋友、對個人信念最為忠誠的類型。他們會一起共患難，比其他類型都更努力長期維持各種關係。即便類型六心裡很清楚，所有的想法或權威性都應該接受質疑或受到挑戰，但他們依舊對想法、體制與信念極度忠誠。事實上，並非所有的類型六都想要維持現狀：他們的信念可能是叛逆的、反權威的，甚至是革命性的。無論如何，他們為信念而戰的激情更勝於為自己而奮鬥，他們守護團體或家庭的堅持要比守護自己更為堅定。

類型六之所以對他人如此忠誠，是因為不希望被遺棄及得不到支持——這是他們的基本恐懼。因此，類型六的關鍵核心問題是缺乏自信。他們認為自己沒有足夠的內部資源來處理生活中的挑戰與異想天開的行為，因此會逐漸加強對外部結構、結盟、信仰與支持的依賴來尋求指引。如果沒有適合的結構，他們就會自行創造與維持。

類型六是思維三元組的主要類型，意味著他們與自己的內部指引之間有著極大的障礙。在此情況下，**他們對內心想法與判斷會沒有信心**，但這不代表他們不會思考。相反的，他們會思考，也會擔心——而且想很多、擔心很多！他們也害怕要做重要決定，不過在此同時，他們也抗拒別人為他們做決定。他們不想被控制，但又害怕承擔責任、令自己陷入麻煩之中。（日本有一句古話：「棒打出頭鳥。」形容的正是這種情況。）

→ **基本恐懼**：無法獲得支持與指引，無法靠自己生存

→ **基本欲望**：尋找安全感與支持

→ **超我的訊息**：「如果能夠達成別人的期待，你就很棒。」

　　類型六一直都知道自己的焦慮，也努力想辦法建立「社交安全」堡壘來抵抗焦慮。如果類型六覺得自己有足夠的後盾，他們便能帶著某種程度的自信前進；但如果遇到挫折，焦慮感與自我懷疑就會隨之出現，基本恐懼也將重新被喚醒。（「我只剩下自己！現在該怎麼做？」）因此，類型六要問問自己：「我何時才會知道自己有足夠的安全感？」或是直指問題的核心，問：「什麼才是安全感？」沒有本性的內在指引以及由此而生的支持感，類型六會為了尋找堅實基礎而不斷掙扎。

　　在不穩定和恐懼的背景下，類型六會試圖建立一套信任網絡。他們心中經常充滿莫名的焦慮，然後試圖尋找原因。因為想要感受生活的穩定與明確，他們就會非常依賴那些看似可以解釋其處境的說法或立場。因為對類型六而言，要擁有「信念」（信任、信仰、確信、立場）不是一件容易的事，而且因為涉及到穩定感，一旦確定了某種值得信任的想法，他們就不會輕易質疑，也不希望別人質疑。對其個人生活來說亦是如此：一旦類型六覺得可以信任某人，他們就會與對方長期保持關係，而被其信任的對象就像是個諮詢對象、導師或是規範類型六情緒反應及行為的人。因此，類型六會盡全力維持這種密切關係。（「如果我不信任自己，那就必須找到我**能夠**信任的事物。」）

　　康妮雖然很聰明也很有成就，但她依然得與個人的自我懷疑進行拉扯。

　　隨著焦慮感得到控制，我就不需要事事徵詢朋友的意見。以前我都得先得到幾百個「權威人士」的同意才敢行動（開玩笑的！）。幾乎做每個決定都要先問過朋友。我通常會一個一個問：「瑪莉，你覺得怎樣？如果我這麼做，可能會發生那種情

況。拜託你幫我拿主意吧！」……最近，我把心中眾多的權威人士縮減到只剩一、兩個值得信任的朋友，而且有時候我也會自己做決定！

除非能接觸到內在指引，否則類型六就會像乒乓球一樣，不停地在兩股力量之間來回。正是因為這種反應，無論如何評價類型六，**與該評價相反的表述也同樣成立**。他們既強且弱，既膽小又勇敢，信賴他人又滿腹懷疑，既是守護者也是挑釁者，又甜又酸，充滿野心卻又被動，欺負他人卻又懦弱可欺，既處守勢又做攻勢，是思想家也是行動者，既合群又孤獨，相信別人卻也懷疑對方，既能合作又會阻撓，既溫柔又刻薄，既大度又小氣……等等。類型六就是由一連串矛盾所構成的矛盾體，這就是他們典型的「特徵」。

他們最大的問題在於把安全感建立在環境之上，而不去解決自身情緒的不安。然而，當類型六學會面對焦慮，他們就會知道，雖然世界一直在變，哪怕萬物的本質就是充滿不確定性，但他們無論在任何情況下，都能處在安寧與勇敢的狀態。如果他們能明白，儘管生活存在許多的不確定，但自身的寧靜感一直都在——這就是最珍貴的禮物。

▌童年模式

類型六的基本恐懼（無法獲得支持與指引，無法靠自己生存）適用於每個小孩。小嬰兒沒有父母是無法生存下去的，小孩的成長也絕對需要依賴父母。大多數人對於這種依賴背後所隱藏的恐懼，即便心裡有數，但多少還是會壓抑。不過，有時候會因為恐懼過於強烈而爆發，正如五十多歲的諮詢師勞夫所經歷的事情一樣。

※請注意————
此處所指的童年模式並不會導致人格類型的產生，而是描述了我們在童年的早期階段所觀察到的各種傾向，對於成年後的人格類型有重大影響。

　　我記得小時候有一次醒來，聽見父母跟鄰居在客廳打牌的歡笑聲，還有牌落在桌上的聲音。我抓著嬰兒床的圍欄，喊了媽媽幾次，希望她能進來黑暗的房間裡看看我。我每喊一次，心中的恐懼就加深一層。在絕望中我也喊了爸爸，但就是沒人進來看我怎麼了。終於，我又睡著了。直到我十一歲，只要在離家十英里以外的地方，我絕對不讓父母離開我的視線範圍。我很怕他們會拋棄我。

　　然而，學步階段的小朋友在發展過程的某個時間點會做出驚人之舉。雖然他們有著極大的依賴性，但也會開始拉開與母親的距離，展現自己的獨立性與自主性。在兒童心理學上，這稱為**分離階段**（separation phase）。

　　孩童之所以有勇氣脫離母親，最重要的因素之一就是父親形象的存在。（大多數時候是指親生父親，但不全然如此。該形象可以是家庭中提供紀律、體系與權威的那個人。）如果父親形象長期處於一種強壯、一致的狀態，便能為孩子提供尋求獨立的指引與支持。他能教導孩子在世界的生存之道，讓他們知道什麼是安全的，什麼是不安全的，而且這也鏡射出孩子自身本性的內在指引與支持。當然，對大多數的我們而言，這段過程可能不夠完美，導致了我們在長大成人之後的不安全感。儘管大家或多或少都會有此經歷，但類型六對此尤其固執。

　　此外，如果類型六的孩子在獨立過程中，從父親角色獲得的支持力量不夠，孩子身上可能就會處處是母親的影子。這種情況強調了來自對於持續保護自己的需求，導致類型六對於信任、呵護與親密感的極度矛盾與焦慮。類型六渴望認同與親密感，但同時又覺得必須要與之對抗。他們想要得到支持，但又不想太過頭。

　　喬瑟夫是一位四十來歲的記者，他在治療過程中探索了某些相關議題。

　　我有一個非常強勢、控制欲強、經常令人招架不住的母親。她可以瞬間由愛轉恨，而且毫無軌跡可循。她的愛條件嚴苛，而且必須對她的價值、信念與判斷有絕對的忠誠度，哪怕再反常或再荒謬的情況都不能改變立場。我經常覺得自己和母親站在對立面——為了我的生存而抗爭。問題在於我的方法太過消極：我抗拒她的存在，我也活得好好的，但卻從未覺得自己因此得到了優勢。如果想要維持獨立性、發展自我，同時又需要取得他人認同（尤其是我母親），這幾乎是不可能的事情。

　　為了解決此一困境，類型六試圖與扮演父親形象的人結盟，但這往往會導致矛盾——父親形象或權威代表要不是太過嚴格、有控制欲，要不就是不給予支持、表現冷淡。最終，類型六只好無奈做出妥協：表面上服從，內心裡卻透過反抗、嘲諷及大大小小的消極對抗行為來保持某種獨立感。

▌具有類型五側翼的類型六：防禦者

側翼附屬子型

代表人物

羅伯特·甘迺迪
麥爾坎·利特爾
湯姆·克蘭西
布魯斯·史普林斯汀
蜜雪兒·菲佛
黛安·基頓
格洛麗亞·斯泰納姆
甘蒂絲·柏根
梅爾·吉勃遜
珍妮特·雷諾
理查·尼克森

　　健康狀態：此側翼附屬子型的人通常在各種專業技術方面表現傑出，善於解決實際問題，是優秀的分析家、社會評論員、教師與意見領袖等。他們深受已有明確規則與限制的知識體系所吸引，例如數學、法律和科學。他們比其他側翼附屬子型的人有更強的專注力，不過這也表示關注範圍可能過於狹隘。政治事務與社區服務是他們感興趣的領域，往往會扮演弱勢群體代言人或聲援者的角色。

　　一般狀態：相較於其他附屬子型，他們更獨立、更嚴肅，

而且很孤僻，不太需要別人的肯定或建議。他們是從體制與信念中獲取保證，但同時又抱持懷疑態度。此側翼附屬子型的人往往認為世界很危險，導致他們出現特定立場、扮演反動角色。神祕感會增加猜疑，他們通常會把自己視為叛逆者和反權威者；但諷刺的是，他們又深受帶有專制味道的體制、聯盟和信念所吸引。具有類型五側翼的類型六非常容易有反應且具侵略性，把一切歸咎於所感受到對其安全的威脅性。

▌具有類型七側翼的類型六：好夥伴

健康狀態：此側翼附屬子型的人擅長與人交往，非常風趣，比其他附屬子型的人少了幾分嚴肅；他們會迴避「沉重」的話題，並將注意力擺在個人的安全需求之上（稅金、帳單、辦公室政治等諸如此類的事情）。然而，他們非常重視承諾，會為了確保家人和朋友的安全與幸福而做出犧牲。他們也喜歡有人陪伴、跟大家一起嬉鬧歡笑，注重自己與他人的聯繫感。此側翼附屬子型的人把活力、幽默以及對體驗的熱情加入人際關係當中；他們也會自我貶低，將個人恐懼變成與他人開玩笑、拉近關係的機會。

一般狀態：他們渴望被喜歡、被接受，卻又不願意說出自己的事情或問題。在看似善於社交的同時，他們也明顯表現出不安全感，在做出重大決定之前，需要依賴所愛之人給予肯定與建議。他們有拖延事情的毛病，也難以自己發起工作項目。為了安撫心中焦慮，他們會用不同方式分散注意力，包括做運動、購物、跟朋友一起打發時間。暴飲暴食、酗酒、藥物濫用也有可能發生。他們不會特別政治化，但對喜惡會有明顯的聲音跟意見。對於個人失敗或重要關係的焦慮感會導致抑鬱。

自保型的類型六

責任。在一般狀態中，自保型類型六會養成責任感，並且努力工作、建立安全感，藉此減輕對生活的焦慮。他們提供服務和承諾，同時又希望能夠得到回報。儘管自保型類型六尋求穩定的夥伴關係，但在發展關係的速度卻十分緩慢：他們會花時間觀察他人，看看對方是否真的值得信任，是否真的跟他們「站在同一陣線」。他們比其他變項類型更加顧家，對於維持家庭生活的穩定性高度重視。家庭的安全需求經常是由他們負責處理：帳單、稅金、保險等等之類的事情。

自保型類型六不會輕易掩飾自己的焦慮和需求，而且還會以此做為尋求結盟和獲取支持的手段——表現出脆弱性可以得到別人的幫助。他們往往會為小事煩惱，進而引發災難性的思維與最壞的情況。（「房租遲交五天了？我們肯定會被趕出去的！」）自保型類型六通常很節儉，而且憂心財務問題。為了資源與他人發生衝突的情況屢見不鮮。

不健康狀態的自保型類型六會非常黏人、依賴性強，而且容易恐慌。因為深怕得不到支持，例如在一段糟糕的婚姻或壓力過高的工作中，他們會處在一種精疲力竭的狀態。他們可能會以強烈的焦慮感來穩固人際關係，結果最終卻疏遠了他們心中想要親近的人。偏執也可能導致侵略性：他們會放大危險並攻擊「敵人」，確保沒人能夠威脅自己。諷刺的是，最終遭到破壞的往往是個人的安全系統。

社會型的類型六

發展支持。一般狀態的社會型類型六處理焦慮的方式是尋求朋友及盟友的肯定與支持。他們會表現出友好態度，試

圖與他人建立關係，用熱情和幽默來獲取對方的好感。他們往往在提供支持、表達情感的同時，也會拿自己來開玩笑，因此有時會被誤認為類型二。社會型類型六最在意「融入」。（「在人多的地方比較安全。」）他們相當理想化，喜歡成為大團體的一分子（事業、企業、運動、團體），並且願意為了這種安全感而做出重大犧牲。

社會型類型六有時候也會跟類型一一樣堅守協議和程序。他們會透過承諾、責任和協議來尋求肯定，確保他們的努力付出不會變成別人的功勞。如果社會型類型六的不安全感加深，他們就會尋找有類似想法之人的地方，並在該處找到能互相幫忙的人（例如「十二步計畫團體」）。

雖然能為別人或其所屬團體做出重大貢獻，但社會型類型六很難為了個人成功或發展而努力。因為焦慮，他們在做出任何重大決策之前，都必須先與他人達成共識；焦慮也會導致他們幻想別人的可能反應。然而，這種優柔寡斷令他們困擾，進而產生依賴盟友或權威的矛盾心理。他們害怕失去團體或權威的支持，但又煩躁不安的想掙脫束縛。一旦受挫，便會對權威對象和朋友採取消極對抗；在壓力之下，他們很容易有受到壓迫、疲勞和不受賞識的感覺。這時，他們會變得消極和悲觀。

在不健康狀態中，社會型類型六會被狂熱的信念、事業或團體所吸引。他們可能會發展出「我們在對抗世界」的想法，覺得自己被充滿敵意的環境所包圍（某種程度上就像不健康狀態的類型八）。他們對個人信念毫不懷疑（即便別人覺得有問題），盲從於特定權威，但同時又對與自己信念有所出入的權威充滿懷疑。

▊ 性本能型的類型六

　　權力與連結的象徵。在一般狀態下，性本能型的類型六會為了獲得安全感而加強其體能、權力以及（或）身體的吸引力。更強勢的性本能型類型六會依賴其自身力量，並且表現出強悍的態度，這與類型八的作法相似（「別惹我。」），但隨著性本能型類型六的恐懼感加深，他們越懂得利用自身的性感與風情來取得別人的好感與支持，這種作法就跟類型四很像。他們會透過公開主張以及挑戰權威的方式，或是透過調情和引誘的作法，以此掩飾心中的不安。

　　性本能型類型六高度在意自己的身體狀態。舉例來說，他們會花時間健身，但並不是為了健康，而是要提升個人的優勢與吸引力。性本能型類型六想要吸引到有權勢、有能力的伴侶，因此會經常考驗對方；一方面是想知道對方是否會跟自己在一起，另一方面是想讓自己有時間去評估對方的性格與毅力。

　　相較於其他本能變項，性本能型類型六更敢公開挑戰權威，尤其是感到焦慮的時候。他們也最會懷疑別人與自己。當自身的不安全感爆發或是與他人的關係受到威脅時，他們會有爆炸性的情緒反應。焦慮時甚至可能會堅持與支持者或第三方唱反調，而不會正視其焦慮的真正來源。他們經常會阻撓他人，或是以不同方式詆毀他人名聲，尤以造謠最為典型。

　　在不健康狀態中，性本能型的類型六會表現出抑鬱和情緒失常，尤其是覺得自己的反應破壞了親密關係的連結感時。衝動、自我毀滅的行為常會與不理性的抨擊行為交替出現。多疑也是其中的一種表現，不過通常都會帶有一絲針對性和強迫的味道，因為其所猜疑的對象是特定的「仇人」。

**類型六成長
所面臨的挑戰**

大多數的類型六在生命中的某些時間點會遇到下列問題。請注意這些模式、「掌握自己當下狀態」，並且觀察自己平時的潛在慣性反應，這都有助於我們擺脫所屬人格類型的消極面。

		關鍵詞	類型六　發展層級
健康狀態	第一級	自立勇敢	得到自由的類型六會放下必須尋求外界支持的想法：他們找到了自己的內在指引。此外，他們還很奇妙地滿足了基本欲望——找到安全感與支持力量，特別是內在指引。於是他們對自己感到放心、立足當下，並且表現出寧靜和勇敢的特質。
	第二級	投入可靠	類型六之所以關注環境是為了尋求支持，並且提醒自己注意危險。他們的態度友善、值得信任，做事情十分投入，尋求建立穩定關係。自我形象是：「我很堅定、專心、可靠。」
	第三級	堅定合作	類型六會以負責任的方式強化其自我形象，創造並維持互利關係，並與他人形成聯盟。他們節儉、勤奮、注重細節。他們自律且務實，能夠預見潛在問題。
一般狀態	第四級	盡責忠誠	類型六擔心會失去個人的獨立性，但又覺得自己需要更多支持。他們會把時間和精力投入在自認為有利於個人的對象及組織當中，但又不會因此感到輕鬆。他們在流程、規則、權威和人生觀等方面尋求安慰和指引。
	第五級	搖擺不定心存戒備	類型六擔心無法滿足不同責任之間相互衝突的要求，因此試圖在不疏遠其支持者的前提下承擔更多壓力。他們焦慮、悲觀、多疑，進而變得更加謹慎、衝動和猶豫不決。
	第六級	專制挑剔	類型六擔心失去盟友的支持，對自己特別沒有安全感，因此會尋找焦慮的原因。他們充滿怨恨、憤世嫉俗、容易激動，覺得他人辜負了自己的善意。他們會指責別人，並捲入權力鬥爭。
不健康狀態	第七級	惶恐不安靠不住	類型六擔心個人行為會危害自身安全，這也許是真的。他們的條件反射行為可能會導致生活危機，因此對自己越來越不信任。他們覺得惶恐不安、壓抑、無助，想要尋找能幫助他們擺脫困境的事物。
	第八級	偏執抨擊	類型六變得不安、絕望，認定他人會摧毀自己僅存的安全感。他們帶有偏執的恐懼以及對這世界抱有不切實際的想法。他們大談自己有強迫性的恐懼心理，甚至可能會打擊真實存在（或想像中）的敵人。
	第九級	妄自菲薄自我毀滅	對不健康狀態的類型六而言，意識到自己的所作所為可能會受到懲罰，這令他們難以忍受。負罪感和自我厭惡會導致他們懲罰自己、招來羞辱，並且貶低自己的一切成就。為了獲得救贖而自殺的情形屢見不鮮。

類型六的警鐘：尋求確定的事物（來自外界的指引及支持）

一般狀態的類型六經常會擔心未來，因為他們嚴重懷疑自己與這個世界，於是就開始尋找能保證他們安全的「確定」事物，例如婚姻、工作、信仰、朋友圈、自助書籍等。為了預防萬一，大多數的類型六不會只追求一項能確定的事情。他們是那種相信要未雨綢繆**與**投資未來的人，**而且**為了確保能拿到退休金，一定要忠於公司的人格類型。

簡單來說，類型六尋求的是**肯定與保險**，試圖雙管齊下、確保萬一。他們覺得生活充滿危險與不確定性，因此必須保持謹慎，不要有過高的期待。當然，類型六有個人的希望與夢想，但他們也害怕因為採取行動而危害到自己。（「我想當演員，但得有退路。」）他們的重心逐漸轉向建立和維持個人的安全網絡，而非追求真正的目標和夢想。

「我能相信什麼？」

他們漸漸轉向安全的賭注、可靠的流程以及經過證實不會出錯的方法來解決問題。守舊的方法讓類型六感到安心。如果有過去經驗或有人在背後支持，他們才能踏實前進。舉例來說，如果讓類型六去一間名不見經傳的公司，或是一間

勇於順從心意

類型六往往在謹慎這件事情上選擇了錯誤的方向，因此錯失許多自我發展及自我實現的機會。在你的個人內心狀態日記中，記下你與重要發展機會（或挑戰）擦身而過的時刻。你為何決定放棄？如果你相信自己的能力，結果會不一樣嗎？

回想你之前挑戰常識、把握機會的時刻。我們所說的並不是衝動表現，而是你放手一搏的時候。結果如何？當下你有什麼感覺？如今你生活中是否在哪些時候，因為恐懼或懷疑而選擇抗拒心中最真實的欲望？你能有不同的選擇嗎？

看起來很有前景但風險很高的公司，他們肯定會猶豫不絕；他們喜歡經過長時間考驗且仍具影響力的雇主。然而，諷刺的是，當類型六對自己處境感到不確定的同時，他們也可能會衝動行事，以此終結焦慮。這招有時很管用，但有時也會危害其安全感。

社會角色：堅定分子

「你可以依靠我。」

一般狀態的類型六會希望強化個人的支持系統，增強自己的團體在權威面前的地位。為了達到此目的，他們會將多數時間與精力投入在實現個人承諾，希望自己的犧牲能提升安全感與相互的支持。同樣的，為了抵抗不停增加的焦慮或不確定性，類型六可能會在政治上、哲學上或精神上的領域，依附某些特定信仰。

類型六自願努力不懈的當個「負責任的人」。他們投入大量時間工作，確保其用心對待的關係、工作或信念能持續繁榮並支持著自己，但這也無可避免會引起心中懷疑的聲音：他們被利用了嗎？別人希望他們存在，只是因為他們努力工作、因為他們可靠嗎？如果他們不再努力付出，別人還想跟他們在一起嗎？結果有些諷刺，他們所扮演的社會角色造成了自己在**社交上的不安**。

類型六想要得到一份保證：如果他們做了該做的事情，上帝（或公司，或家人）就會照顧他們。他們相信，如果自己與盟友能把身邊的事情處理好，便能避免（或控制）所有不可預期及有潛在危險的事件。不過，凡事有起有落，國家會興衰迭起，即便是最有實力的企業也可能會破產──如果他們對內心感到不安，那麼無論在外部世界做何努力，都很難擁有安全感。

是什麼在支持你？

檢視你在生活中打造的「社交安全」系統。這是否讓你更有安全感？你付出了什麼代價？如果失去其中一部分，你會怎樣？撇開你所投入的時間與精力，想想你每天得到哪些不同支持。（提示：你今天所吃的東西是自己種植、處理和包裝的嗎？）

恐懼、焦慮和懷疑

　　恐懼雖然不屬於傳統的「七宗罪」之一，但仍被視為是類型六的「強烈情感」（或者說是隱性的情感扭曲），因為類型六許多行為的根源就是基於缺乏安全感，以及對恐懼的反應。類型六的恐懼不僅表現在對自身安全與對未來可能出現問題的擔憂，還有長期的自我懷疑和對他人的焦慮。雖然類型六表面上非常友善、以他人為導向，但內心深處一直擔心別人會拋棄、拒絕或傷害他們。他們害怕自己犯錯會破壞與他人之間的關係，並導致他人無預警地排斥自己。因此，他們所表現出來的友好態度，有很大一部分都是因為想要「檢查」他人，確保一切不出意外。

　　類型六與其他會壓抑恐懼及焦慮的人格類型不同之處在於，前者似乎一直都明確意識到恐懼和焦慮的存在。恐懼有時會激發他們的活力，但更多時候是令他們變得困惑、衰退、氣餒。然而，他們表面上看起來也許沒有那麼緊張，因為大部分的焦慮都是藏在內心裡的。

　　從表面上來看，蘿拉是一位沉著穩定、表現成功的律師，你絕對想不到她心中經歷過的恐懼。

　　我擔心過各種各樣的事情，例如屋頂漏水，或是輪胎突然沒氣，但這一切鮮少發生，而且很多事情幾乎是不可能發生的。恐懼是我日常生活中的一部分，無時無刻，無所不在。恐懼本身

「我很焦慮，我決定要找出造成焦慮的原因。」

會以緊張、焦慮和擔心的方式呈現，但很少是純粹的害怕。我只能說，刺激、焦慮和期待對我而言都是密不可分。我向來認為自己是個積極正面的人，不過當恐懼與悲觀不時露出猙獰的面貌時，我就真的慌了。

探索焦慮

在你的個人內心狀態日記中，你是否能列出十個以上習慣性出現恐懼、焦慮或懷疑的場合？

你是否能辨別會誘發焦慮和緊張的特定時間、人物、地點或其他因素？雖然這些狀態中明顯存在負面成分，但你是否可以找到某些正面的結果？或許這正是你在不知不覺中想要尋找的事物，例如獲得他人同情或保護？你會如何抱怨或是表現出你的不愉快？如果不用這種方式表現，情況又會變成怎樣？你會得到什麼？又會失去什麼？

　　類型六學會應對恐懼的方法是：要嘛與之結合，要不就反抗到底。某些類型六會表現得更加強勢，也有一部分的人會顯得更膽怯。這並不是說可以把類型六的人分為兩類，而是某些類型六的人比其他類型六的人更容易反抗恐懼，而這很可能是來自童年時期的超我信息。某些類型六得到的聲音是要變得更強悍，然後發現可以用相對激進的方式來保護自己；某些類型六得到的聲音是要避免麻煩、忍氣吞聲。

　　當然，在大部分類型六的身上，這兩種傾向是共存、交替主導的。對此，康妮深有體會。

　　我覺得自己像隻受驚的小白兔，不知道該何去何從。我需要找到前進的勇氣。另一方面，一旦發生危機，我又可以處理得很好，一點都不害怕。當我所愛的人受到攻擊，對方就要小心了！我會站在第一線，捍衛並拯救需要我的人。但是，當我陷在

自己的想法走不出來時，如果要為別人出頭或承擔責任，我就會很恐慌。

尋求獨立支持

雖然類型六的人想要得到他人支持，但他們並不希望被任何人包圍，而且如果有人過度專注或親近，他們會覺得很不舒服。類型六想與他人保持距離，但同時又希望他人能一直為自己而存在。

矛盾的是，他們會為了獨立而冒險依賴他人。他們就像一個渴望離開高壓家庭的女孩，但又嫁給了一個控制欲和占有欲極強的男人。焦慮會導致他們匆促選擇表面的解決之道，就像辭職自行創業的企業家，往往會因為投資者的要求或必須遵守的政府法規而備感壓抑。

諷刺的是，類型六越覺得不安、缺乏自信時，他們就越依賴外在支持，也更容易失去獨立性。如果自信受到嚴重打擊，他們對某人或某個信仰系統的依賴程度就會變得更加嚴重、更加徹底，到了一種無法想像如果沒有對方（或信仰系統）日子該怎麼過下去的程度。在其他情況下，他們會產生一種「受圍心理」（siege mentality），覺得別人都是在傷害或剝削自己——這種懷疑會導致社交孤立。

「有來有往。」

消除「忘記成功的失憶症」

你的能力比你所知的還強。每個人在不同時候都會需要協助與支持，但有時你會低估自己對於他人的支持貢獻。花點時間列出你在生活中對一些重要人士所提供的支持，然後再列出你支持自己的方法。在第二份列表中，務必要包含你對自己感到滿意的重大成就。研究這兩張列表，哪一張比較長？你對個別表中的內容有何想法？

尋找答案

　　因為類型六不信任自己的內在指引，因此常會從別人的想法與見解中尋找答案。但類型六並非是一股腦的跟風，而是客觀審視這些想法，最終可能還會用其他的想法來取而代之。越缺乏安全感的類型六越容易接受他人觀點，但即便在這種情況下，他們還是會強勢的加以抵抗和質疑。無論是哪種方式，他們的自然反應首先就是向外界尋求可以信任的事物，如果失敗的話，他們就會加以反抗，繼續尋找其他的替代方案。懷疑、質疑、信賴、搜尋、懷疑主義與抗拒都是這過程的一部分。

　　一般來說，類型六不相信權威，除非確信該權威是良善的，並且「知道他在說什麼」。不過，一旦類型六覺得找到一個「好的」權威，他們就會強烈認同，並將其價值與教導內化。（如果老闆喜歡他們，感覺會很好。如果他們發現一位看起來有智慧又熱心的新導師，他們會非常開心。如果他們相信某個政治體系或領導者是可以信任的，他們就會投入其中。）但類型六的人從來不會完全信服：他們懷有無法擺脫的質疑聲音，同時又會用更強烈的表述方式來壓制自己的質疑。

　　類型六往往會試圖讓自己和不同的權威與系統保持一致的方式，藉此尋找「正確」答案來解決問題。他們會相信某種宗教信仰，具有強烈的政治意識，聽從配偶的意見，按照健身教練方法學習，閱讀自助書籍獲取更多意見。如果這些不同的訊息與教法之間發生衝突，類型六的人會迅速回到起點——在不安的情況下試圖下定決心。

　　因此，類型六對於接受新的信念或關係是非常謹慎、抱持懷疑的態度。這是因為類型六意識到承諾的重要性，一旦做出承諾，他們希望能避免犯錯。一旦類型六有理由去懷疑

要有自覺並不容易。在我意識到選擇的深層意義以及隨之而來的責任之前，我的生活要簡單許多。就目前來說，把責任放在外部來源似乎比較容易。然而，一旦你深入了解，你就無法再以不羈的態度來面對了。
——卡羅琳‧米斯
（Caroline Myss）

權威的不公正或不明智，這種懷疑會迅速發展成為叛逆或抗拒的情緒。當然，沒有哪一種信仰體系或人際關係能永遠提供完美的指引與支持。在類型六意識到這種模式之前，他們都會在信任與懷疑之間游移不定。

質疑信念的源頭

你的信念系統是建立在什麼基礎之上？是根據個人經驗？或是根據信任的友人、導師、書籍、教法的權威性？你是如何評估該信念可信與否？

尋求結構與指引

　　類型六的人不喜歡有太多選擇。他們在具有明確程序、指導與規則的環境中會較有自信，例如法律界、會計行業或學術界。不過，如果能對他們提出明確要求，他們也可以非常有效率的創造結構與組織，通常還會扮演領導的角色。但考量到他們對權威的質疑，並非所有的類型六都能在組織中表現自如。

　　許多類型六在舒適圈的範圍內會表現出極大的靈活性與創意度。對他們而言，相較於在場上打網球或盯著一本書從頭開始閱讀，依照組織規則行事也不算太受限制。對他們而言，事情都有其自然秩序，而他們對於依照秩序行事非常滿意——只要能保留無視秩序的選擇權。（他們或許永遠也不會行使這種選擇權，但仍希望自己能夠有此選擇。）那些屬於類型六的藝術家、作家、治療師及靠創意吃飯的人，通常會願意遵循某些既定規則（例如藍調、鄉村音樂、奏鳴曲、俳句）工作，並能在這類結構中找到自由。

　　類型六在有所期待的情況下會較有安全感，因此通常不喜歡突如其來的改變。在某種程度上，可靠的預測有助於減

輕他們的焦慮。

安娜貝爾是一名治療師,她表示:

> 我是靠習慣和常規生活的人。你看,每次我刻意養成一種習慣,我就能少思考一件事情。否則,我就得用更多的力氣思考。我討厭改變,我對改變有一種下意識的負面反應,因為這意味著未來會有所不同。所幸只要我對未來能有所掌握,我就能迅速調整自己,或是想辦法上軌道。舉例來說,我都是去同一個加油站,如果沒有養成去相同地方的習慣,我就會在腦中不斷想著什麼時候、該去哪裡加油。

相信你的內在知識

留意一下你或某人對於該如何行事有問題的時刻。例如,要如何解決工作上的問題,或是有朋友來諮詢你婚姻意見。注意你是如何處理問題的。你是否會依靠前例?(「公司對此的政策是……」或者「我所學過的教法表示……」)或是你會求助於自己的智慧,尤其是內心智慧與本能呢?

過度承諾及「面面俱到」

類型六試圖對許多人與事做出承諾,卻也無可避免發現自己無法滿足所有人,最後會變得像童話故事中的荷蘭小男孩那樣,把十根手指頭都用來堵漏洞也無濟於事。他們會因為承擔過多責任,經常覺得自己被利用了。

「我做也不是,不做也不是。」

舉例來說,有個類型六的人在辦公室接到太太的電話,說週五晚上在一家高級餐廳訂好了位置,「就只有我們兩人」。這個類型六的人想要穩固婚姻的安全感,他同意了,也期待與妻子共度一個美好的夜晚。就在這個時候,老闆走了過來,知道他是個可靠耐操的員工,問他週五晚上是否能

加班完成週一早上需要交的工作。這名類型六的員工不想讓
老闆失望，也不想自找麻煩，於是答應留下來加班，然後開
始擔心該如何告訴妻子這件事。那天下午，他最要好的朋友
打電話來提醒他，他們上週已經約好這週五晚上要打牌。就
這樣，類型六陷入困境，他做出太多承諾了，他想面面俱到，
但最後還是不得不讓某些人失望。

　　類型六會因為擔心別人生氣而備受折磨，雖然他們也不
會真的去檢查情況是否如此。無論怎樣，類型六焦慮的內心
中充滿各種可怕的揣測，還有各種想像出來的抱怨和責難。
他備感壓力，「做也不是，不做也不是」。當覺得別人的期
待過多，類型六會變得易怒——他不可能滿足所有人的期待！

為所有人服務

你生活中有哪些方面承諾過度了？你的動機是什麼？當你分身乏
術時，為什麼不拒絕？承擔過多責任對你造成了什麼後果？對別
人呢？

內在委員會

　　類型一的腦海中有個強大的內在批評家，類型六則是有
一個**內在委員會**。類型六的人時不時會與內在委員會討論問
題，想像他們對於特定事情的反應為何。「哎呀，我不知道
是不是該接這工作。茉莉會怎麼看待這件事？她肯定會贊成，
但是爸爸絕對不會同意。另一方面，書上說的是……」）因
此，如果要類型六做決定，他們就會陷入各種內在聲音的爭
執之中，爭論著不同的立場與責任。有時候是最大的聲音勝
出，有時則會出現僵局與停滯。類型六可能會發現，因為自
己無法停止二次懷疑，就很難得出結果或做出結論。

　　結果就是類型六會覺得自己舉棋不定。雖然對某些事情有強烈的感覺，他們卻無法確定自己的行為是否會得到最佳結果。每一個選擇都會引發內在委員會的討論，這就導致類型六裹足不前。另一方面，在高度重要的事情上（例如住在哪裡或信什麼宗教），類型六的人通常會有強硬的觀點，而且難以變通，因為他們心中的疑惑之前已經得到答案，並且以此奉行。相較之下，讓他們反覆自我懷疑的，其實都是生活中的小事。（「我應該要買漢堡還是買熱狗？」）無止盡的內在對話擾亂了內心的平靜，也阻礙了來自本性的內在指引。他們必須解散這個內在委員會。

> ### 解散內在委員會
>
> 你是否意識到自己有內在委員會？誰參與其中？以前你預測過盟友和權威人士的反應，現實情況跟你想像的一樣嗎？

警覺、懷疑和災難

　　類型六會因為覺得沒有受到支持，對危險信號就非常敏感。如果他們是在不安全或不穩定的環境中成長，或是受過某種精神創傷，情況尤其如此。儘管這種警覺意識可視為是一種寶貴資產，甚至在必要時會救人一命，但許多類型六在沒有危險的情況下，依然會保持高度警覺。他們不會放鬆，也從不覺得安全。他們會緊張地審視四周環境，檢查是否有潛在威脅或問題。（許多類型六都表示，他們會檢查所處環境的逃生出口，並注意在自己與逃生出口之間是否有障礙物。）這種與世界相處的方式充滿壓力，時間一久就會改變大腦的化學機制。此外，這也會影響他們的想像方式，導致一**直期待著不幸或危險情況的發生**。

　　喬瑟夫對此情況非常了解。

身為類型六，總覺得天要塌下來了。我看世界的方式，就是覺得隨時會出事。從早上睜開眼睛開始，我就不斷在審視環境——包括內在與外在——看麻煩在哪裡。生活就像在等待意外降臨。即便是在最美好的時刻，我心中擔心的就是何時會出差錯。

一般狀態的類型六會變得非常悲觀與暴躁，自尊心會變得極弱，並且對於過去的成就「失憶」，彷彿過去的一切都無法說服自己是有能力並有效處理眼前的問題，而且無論從哪方面來看，似乎處處都是問題。

安娜貝爾生動地描述著這種情況所帶來的緊張感。

我坐車的時候，會看前面的車況如何。我會看到壞事發生的可能性，並且想像災難場景。心跳與脈搏加速，呼吸急促，腦子裡開始胡思亂想——無處可逃了！但什麼事情都沒發生。然後我會開始想像下一種可能性，自動在腦海中創造另一個災難現場。這種狀態會持續好一段時間，然後才意識到自己的狀態並停下來，但很快又開始了。

類型六覺得任何的小事都有可能造成悔恨，他們會大驚小怪，為某件事情的失敗找出各種理由。這種情況自然會影響到工作態度與人際關係。些微的誤會或觀點差異都會導致

克服悲觀情緒

學會從潛在危險中辨識出真正的危險。你預期發生壞結果的頻率有多高？你是否很難相信事情會順利解決？你是刻意思考問題還是不由自主去思考？雖然預測未來的問題某種程度上會有幫助，但往往也會讓你無法正視眼前現實的情況——正視當下才能找到穩定感與指引方向，方能繼續向前邁進。

類型六覺得自己馬上會被拋棄，覺得朋友和支持自己的人會站出來反對自己。這種情況若不加以控制，將破懷重要的人際關係，或是引發覺得自己沒有受到公平對待的猜疑。

責備與犧牲

當類型六無力去做任何有建設性的事情時，他們會藉由抱怨和責備他人來表現自己的焦慮，在害怕因為失敗而受到權威人士的斥責或懲罰時尤其如此。

「責備他人」的場景可能在童年時期就已經出現，例如父母回家時發現某個小擺設破掉了，問：「是誰做的？」充滿罪惡感的類型六小孩可能會回答：「是黛比。你知道嗎，黛比還把樓上搞得亂七八糟，還對我說髒話！」

在成人的世界裡，類型六更多的時候是對第三方抱怨令他們失望的對象，以此來釋放心中的焦慮。對許多類型六而言，家裡的餐桌是發洩工作不滿或批評某人無能的最佳地方。類似的情況也會發生在辦公室的咖啡機旁或下班後聚會的酒吧裡。簡單來說，類型六會覺得自己被騙、成了犧牲品，並經常**不停抱怨，卻又不肯採取任何實際行動改變現況**。一段時間過後，這種狀態會強化他們是犧牲品的自我形象，往往也會導致我們在不健康狀態類型六身上所看到的，那種胡亂猜忌與帶有破壞性的「解決問題」之道。

「我要氣死了，我再也不幹了！」

為什麼大家都要來攪亂我的生活？

在你與他人的對話中，有多少內容是在抱怨？抱怨工作、人際關係、孩子、父母、球隊、政治、地方，甚至是天氣？當你在抱怨某人時，你是否曾與對方充分溝通過？你會因為生活中的問題而去抱怨哪個人或哪件事呢？

正如我們所見，類型六會為了建構「安全系統」而不斷投入大量時間與精力。當壓力超過正常負荷，類型六可能就會變成類型三，變得更加努力，甚至成了工作狂。他們也會加倍付出，希望能融入或適應所處環境，努力把自己變成模範人物，藉此維持個人的社會與經濟地位。因此，變成類型三的類型六會更在意形象，把自己變成同儕眼中所認同的外表、姿勢、言語及態度。他們希望以此來獲得人心、避免遭到排斥。然而，在別人眼中，他們的友好態度或專業精神中帶有一絲強迫味道，會讓人不禁懷疑他們究竟意欲何為。

正如類型三那樣，類型六會變得十分要強，雖然多是透過群體認同或信仰認同之類的方式（喜愛的足球隊、公司、學校、國家或宗教）。為了抵抗自己薄弱的自尊與存在的自卑感，他們可能會自吹自擂，表現出優越感的態度，對別人不予理會，並且大肆宣揚自己的優越性。編造家庭或教育背景，壓榨自己或他人，渴望戰勝對手或意識型態，這些情況都有可能會發生。

如果類型六長時間壓力過大，如果他們遭遇重大危機卻沒有得到足夠的支持或應對技巧，或是小時候遭受長期虐待，他們都有可能會跳過緩震裝置、直接進入類型六的不健康狀態。這可能會讓他們意識到一件事情，就是他們的挑釁行為或防禦性反應都是毀掉安全感的主因——此一發現著實令他們害怕。

如果類型六認識恐懼背後的真相，或許就能改變生活，朝健康和自由的方向發展。另一方面，他們也可能會變得更加恐慌與被動，表示：「我願意為你做任何事情！不要離開我！」或者，另一種極端的情況是：「他們會因為惹我而後

應對壓力：
從類型六變類型三

示警紅旗：
陷入困境的類型六

悔的！」如果類型六堅持這種態度，他們就會滑入不健康狀
態的層級中。

　　如果你或你認識的某人在很長一段時間中（超過兩、三
個星期）有出現下列警示跡象，就極有必要尋求諮詢、治療
或提供其他支持。

警示跡象
潛在病症：偏執、依賴、邊緣型人格障礙、解離症、消極對抗行為、強烈焦慮。
→ 強烈的焦慮與恐懼發作 → 嚴重的自卑感與長期抑鬱 → 持續擔心失去他人的支持 → 依賴他人及任性對抗他人的兩種情況交替出現 → 結交「壞朋友」並且對虐待關係不可自拔 → 疑心病重、高度偏執 → 對眼中的敵人進行歇斯底里的猛烈抨擊

幫助類型六發展的練習方法

◆ 注意自己用了多少時間在思考如何解決「可能發生」的問
題。在現實生活中，你想像會發生的事件，實際發生的機
率有多高？此外，注意這種思維方式在多大程度上降低了
你處理眼前問題的效率。如果你擔心明天或下週即將舉行
的會議，你就很可能會忘記要打一通重要的電話——甚至
忽略了真正的危險訊號。透過冥想練習讓心靜下來，尤其
要專注身體的感受，這有助於類型六釐清腦中的嘈雜聲音。
請記住，內在的知識通常都難以用文字言語來表述。

◆ 你很難享受達成目標的喜悅。在達成目標的瞬間，你就會
開始下一輪的焦慮，甚至擔心別人會嫉妒你的成就！當你
達成目標，無論大小，請停下來好好放鬆、呼吸，盡情享
受當下。要接受「你是有能力」的這個聲音，要記住它。

這種感覺有助於你持續支持自己及他人。當你又開始懷疑自己的能力時，這個記憶會對你有所幫助。

◆ 練習觀察自己信任什麼，以及自己如何做決定。尤其要注意，當你沒把握的時候，你會不由自主去尋找何種規律或哪些盟友的幫助？你為什麼會覺得別人比你知道更多、做得比你好呢？也要注意，當你無法從他人身上得到想要的答案時，你對對方所表現出的憤怒與排斥。你可以試著傾聽心中的聲音、相信當下的本能引導，就可以避免上述情況發生。有許多的內在聲音在喧囂，但你要知道，這只不過是你的想像以及超我所恐懼的事情罷了。你心裡越清楚真相，心靈就越容易平靜，並且朝正確方向前進。

◆ 雖然你想要為生活中的所有人負責任，但又很難接受為了個人發展需要而讓自己去蹚渾水。如果害怕邁向未知的改變，事情只會越變越糟；涉及走出舒適圈的事情，更要放膽去試。找一個你可以信任的治療師或精神支持團體，在你面對困難的時候，他們可以提供非常寶貴的支持力量。但是要記住，最終所有的探索都是要靠你自己的勇氣與力量。

◆ 尋求多元化與多樣性。沒錯，你喜歡的是起士漢堡，但你也可以試試雞肉三明治；你喜歡籃球，但你也可以參加其他有趣的體育活動。結交朋友也是如此。有時跟不同背景、不同看法的人交往，你會更進一步認識自己與這個世界。這些都不會造成威脅或帶來危險，反而會擴大你的支持基礎，讓你活得更自在。

◆ 學會為自己保留安靜的時間。這不是要你在電視機前坐上幾個小時，而是要你用一種最簡單的方式和自己相處，你會因為接觸本性而大有收穫。散步、園藝、游泳或冥想都可以，最重要的是別把時間用在擔心，不要為工作上的事

情或人際關係而憂心忡忡。這些時間是要讓你更自在地去體會自己的存在。若能融入周圍環境、感知身體的狀態，這將能極大地安撫你忙碌的心靈。

建立在類型六的長處之上

健康狀態的類型六具有強大的容忍力，能夠堅定不移的實現目標。他們不浮誇，相信「成功是百分之十的靈感加上百分之九十的努力」這句話。他們極為關注細節，會仔細且有條理地解決問題。他們會整合資源，判斷事情的輕重緩急，能夠看清全局，並透過自己的可信度與工作質量來體現個人價值。高度功能的類型六尊重一個人的可靠性與精湛技能，也會盡力把同樣的價值提供給他人。

由於類型六對於危險訊號始終保持警惕與敏感度，他們能夠預知問題，並且「在緊要關頭加以阻止」。他們是天生的麻煩解決者，因為能看出異常情況或是潛在問題，因此經常能為自己、家人或夥伴解決不少棘手問題。他們喜歡掌控全局，如此一來才能確保世界正常運作。負責買保險、支付帳單都是類型六典型會做的事情。

類型六喜歡學習和思考，但是僅限於已知的範圍。他們深受規則明確、完整的體系所吸引，例如法律、會計、工程、語言與科學，在這些領域中都可以找到明確的答案。因此，對於需要仔細分析且追蹤各種變化的工作，他們會有非常傑出的表現。他們會察覺到系統內的不協調情況與潛在問題，或是找出他人表述中不準確或矛盾的地方。舉例來說，類型六所認同的許多價值都適用於學術界：遵循好的結構和模式，透過引用或做註的方式來引述權威的話，認真的分析和系統性的思考。

為了共同利益，類型六會努力表現個人的出色能力，但不用成為眾人注目的焦點。類型六會詢問需要做什麼，然後

著手執行，這份所屬感遠超過個人利益。他們讓大家知道承諾、合作和服務所帶來的好處與快樂。健康狀態的類型六對「眾志成城」這句話深信不疑，尤其是需要大家共同努力求生存的時候，例如生產食物、衣服、造房、改善社區或工作條件，或是保衛家園之類的事情。

雖然高度功能的類型六對他人極為忠誠、信守承諾，但他們也致力於更進一步認識自己。在這過程中，他們經常會意外發揮創意與發現豐富的才能。對自我發展的投入有助於類型六建立強大的自尊，並相信自己與他人旗鼓相當——同樣能幹，同樣值得尊重，同樣能夠承擔責任，並在生活中的方方面面負起責任。

康妮的成長過程就涉及了尋找個人核心所在。

或許，我的人格發生的最大變化就是在於可以自立。我現在知道，只要我好，一切事情都會好。在我狀態最好的時候，我足夠強大，不僅能照顧好自己，也能照顧身邊的人。我不用聽十幾個權威人物的意見，我只需要一、兩個可信任的朋友，而且我會傾聽心中的聲音。我確實不用把每件事情都與他人分享。過去我的人生就像一本敞開、毫無保留的書籍，但現在我會給予自己及他人必要的隱私與尊重。

「我們能做朋友嗎？」

高度功能的類型六是自信、自我肯定的，因為他們知道要分辨及信任自身的內在指引。他們對自己的信念往往會化成傑出的勇氣與領導力。他們的優勢在於深知別人的不安全感與弱點，而別人的響應則是因為看見他們面對自身弱點所表現出的真誠。他們鼓勵平等主義的精神，認為沒有所謂的領導者與追隨者，而是各自擁有不同才能的眾人為了共同利益而結合在一起。這種渴望團結、尋找共同利益，並且為眾

人的共同安全與福祉而努力,正是人類為了生存下去而需要的天賦。

整合之路:
從類型六到類型九

像健康狀態的類型九,類型六會藉由平衡自身本能、感知身體的存在,進而實現並保持健康狀態。對類型六而言,想要找到所需的穩定性,就必須先從身體存在的穩定支持開始:立足當下。有許多類型六非常活躍,甚至是精力充沛,但這不代表會與自己的身體時刻接觸。類型六對瞬間印象的關注會抵消他們不停思考的狀態,並且找到其他的關注方向。

一開始,把自己放在身體的感覺中心會引發恐慌或害怕,特別是當類型六過去曾經受過創傷時尤其如此。對於有受創背景的類型六而言,如果能更全面的接管身體,他們顫抖的情況就會越明顯。在這種時候,有一點很重要:類型六要知道這種的反應其實是身體在處理過去的恐懼與傷害,而**不代表眼前有危險**。如果類型六可以感受到自己的存在以及焦慮感,並且不用對其有所回應,那麼他們對生活就會有一種更開放、更信任的感覺。

然而,類型六是無法透過模仿一般狀態類型九的特質來找到穩定感。他們會變得滿足、試圖保持低調,或是陷入某種一成不變的舒適狀態,這些都只會強化類型六為了得到安全感,進而選擇帶著恐懼依附他人與某些活動的心理。刻意放鬆或表現被動非但無法消除類型六的焦慮感,反而可能會增加心中的動盪。不過,隨著類型六更熟練的關注自我,當他們對焦慮感不予回應,就會開始覺得獲得了支持;這種支持不僅是來自於某些重要人物或個人工作,而且還得到了「存在」本身的支持。他們感受到生活的仁慈,也知道自己的所處之地不會消失。這並非基於信仰或是幻覺,而是建立在無需解釋的一種安寧、穩定的內在感知之上。

類型六採取立足當下的開放心態之後,就能意識到自己

與全人類所共享的共通性。無論是否熟悉別人的觀點或生活方式，他們都會有包容心、能夠接納他人。他們充滿勇氣，但這種勇氣並非是反抗恐懼，而是本身的一種實際力量。他們的勇氣來自於內心的堅強，覺得自己與所有生物都有深厚的連結性。因此，進行整合的類型六可以依靠內在的平衡與穩定來面對生活中的巨大挑戰、悲劇與威脅，就像健康的類型九那樣。

為了生存，每個人都需要獲得支持與安全感，為了繁榮茁壯更需如此，**但我們卻鮮少意識到自己得到了多大的支持。**除了來自朋友與所愛之人的支持，我們還得到了許多人的幫助，例如提供食物的人、製造衣服的生產者、在電力公司工作的人為我們供電供暖。任何在讀這本書的人都不可能沒有得到過別人的支持，但是我們的人格因為想抵禦恐懼和匱乏感，始終看不到這一點。如果我們想要分辨並明智回應世界所給予的支持，以及「存在」所給予的內在支持與指引，唯有透過立足當下、遵循真實本性來實現。

類型六的「錯誤轉向」就是利用恐懼與懷疑的心理來找出可靠的引導與支持。諷刺的是，他們越質疑、越算計，能獲得的安全感也越低。認同焦慮的感覺非但無法帶來安全感，反而會讓自己覺得渺小、無助，不知該何去何從。唯有看清恐懼的思維模式，類型六才能重拾本性。當他們這麼做，就會找回自己的內在權威，並且開始意識到過去所尋找的支持力量，其實無所不在、隨手可得。

珍妮是一位五十多歲的治療師，她最近剛做了乳房切除手術，貼切地描述了此次的轉變。

經歷過這次手術後，我想我變成了自己的權威。我可以從家人與朋友那裡得到愛。我以前從不覺得有安全感。這是多麼美

將人格轉為本性

吃果子的時候，要想想種樹的前人。
——越南俚語

好的禮物啊！我可以做自己的主人，因為我能活下來並不容易，除了我自己，沒有人知道什麼最適合我！當我讓自己感到健康的時候，那種感覺真棒！最近，我把重心擺在種花，而不是一直除草。我的「內在聲音」——也就是以前的超我——只會要我關注雜草而已。

你無法依靠任何人。沒有嚮導，沒有導師，也沒有權威。只有你與他人、與世界的聯繫——別無他物。

——克里希那穆提（Krishnamurti）

類型六可以藉由克服其基本恐懼（害怕得不到支持與指引）來達成改造轉型的工作。在這麼做的同時，他們開始體會到內在有一個巨大、空洞的空間，會覺得自己落入那無邊無際的空間之中。如果他們能忍受這種感覺，這空間會發生變化，會變得穩固，或是變得閃亮——它會以各種方式改變自己。接著，類型六會意識到，他們所經歷的這個內在空間其實就是自己一直在尋找的支持力量的來源。它很自由、很開放，並且擁有無限的智慧與耐心。當這種空靈感出現時，類型六就會覺得可以自立、勇敢、聰慧過人——簡單來說，就是擁有他們一直在尋找的所有特質。

■ 本性的出現

在內心深處，類型六知道宇宙是仁慈、完全支持他們的，並且知道自己是立足於「存在」之上，是神性本質的一部分，而且恩澤始終照耀在自己身上。

當類型六靜下心來，便能體會到一種內在的空靈，這就是存在的根本。他們意識到本性是真實存在，而非僅是一種概念；事實上，本性是最真實存在的東西，也是存在的基礎。人們往往將內在的寧靜歸因於上帝的存在，無時無刻都在展示自己，無時無刻都可以獲得。當類型六體會到此一真相，他們會感到踏實、安穩，得到了支持，覺得自己似乎站在巨

石之上。他們意識到這是生活中唯一真正安全的地方，這是它帶給類型六巨大的勇氣。

這就是信念的真實意義，亦即本性的特質。信念不是一種信仰，而是從經驗中所獲得的真實認知。沒有親身經歷過的信念就是一種信仰；親身體驗過的信念所帶來的指引極為可靠。在類型六的人格中，有很大一部分可以說是在努力模仿或再造信念，尋找可以代替神性的方案。然而，當本性浮現，類型六就會知道自己存在感是一種不可改變、具有絕對性的狀態。「存在」之所以能提供支持，是因為存在本身便是存在感的一部分：存在感背後即是存在，沒有存在便沒有存在感。

將你對類型六的十五項陳述選擇得分加總，得分範圍會在 15 到 75 分之間。參考得分說明，幫助你找到或確認你的人格類型。

15 分	你可能不是服從型的人（不是類型一、二或六）。
15-30 分	你可能不是類型六。
30-45 分	你可能有類型六存在的問題，或是有類型六的家長。
45-60 分	你可能有某種類型六的元素。
60-75 分	你極有可能是類型六（但如果你對類型六的認識過於狹隘，也仍有可能是其他類型）。

類型六最有可能誤認自己是類型四、八或一。而類型二、五和一則最有可能誤認自己是類型六。

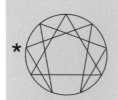

通才

一心多用者

神童

業餘愛好者

鑑賞家

催化劑

第 13 章

類型七：熱情者

愉悅是所有理性生物的宗旨、責任與目標。
—— 伏爾泰（Voltaire）

快樂本身並不邪惡，但獲得某些快樂的手段所帶來的痛苦遠大於
快樂本身。
—— 伊比鳩魯（Epicurus）

到手的瞬間也失去了追逐的樂趣。
—— 亞伯拉罕・林肯（Abraham Lincoln）

對一個人來說，如果他所需要的東西就是「變成」某種狀態，能
讓他在最後以完整自我的狀態下死去，那又怎麼會有獲得或擁有
的問題呢。
—— 聖修伯里（Saint-Exupéry）

里索—赫德森【人格類型態度】分類測驗

____ 1. 我喜歡旅行，喜歡發掘各種食物、人群與體驗——一連串生命的絕妙體驗。

____ 2. 我的行程表通常排得很滿，我喜歡這樣——我閒不下來。

____ 3. 對我而言，刺激與多樣性比舒適和求穩更重要——但我也會適時尋求安穩。

____ 4. 我內心的聲音此起彼落，有時彷彿同時在思考十件事情！

____ 5. 無聊是我絕對無法忍受的事情，我也絕不會讓自己感到無聊。

____ 6. 每段關係我都會全心投入，但關係結束之後，我也不會再留戀。

____ 7. 我充滿好奇心與冒險精神，通常是朋友中第一個去嘗試新鮮事物的人。

____ 8. 一旦我不再享受做某件事情，我就會停止。

____ 9. 我並非只是一個「有趣的人」，也有嚴肅、甚至是黑暗的一面，雖然我不太喜歡這樣。

____ 10. 我擅長掌握全局，不太注重細節；對我來說，動腦思考新點子比動手落實更有趣。

____ 11. 一旦我真的想要什麼，就會想辦法獲得。

____ 12. 我偶爾也會低潮，但很快就能恢復正常。

____ 13. 我的主要問題之一就是容易分心，注意力很容易飄散。

____ 14. 我的花費經常超出預期。

____ 15. 有人同行當然很好，只要他們的方向跟我一樣。

閱讀左側敘述後，根據下列描述情況給分：

1. 完全不符合
2. 幾乎不符合
3. 一半符合
4. 大部分符合
5. 高度符合

計分標準請見第 350 頁

人格類型七：熱情者

忙碌、喜歡有趣事物的類型：
自動自發、多才多藝、貪求、散漫

→ **基本恐懼**：害怕被剝奪、陷入痛苦

→ **基本欲望**：快樂、滿足、尋找成就感

→ **超我的訊息**：「如果能得到你想要的東西，你就很棒。」

我們將類型七命名為熱情者，因為任何能引起他們注意的東西，他們都很感興趣。類型七是以好奇心、樂觀態度與冒險精神來面對生活，就像孩子看到糖果店那般，睜大眼睛看著眼前的世界，期待去體驗生活中一切美好的事物。他們大膽且活潑，帶著愉快的決心去追求生活中所想要得到的一切。用意第緒語「**放肆**」（chutzpah）來形容他們再適合不過了——那是一種不知畏懼的特質。

類型七雖屬於思維三元組，但這種特質不明顯，因為他們非常務實，任何時候都能同時處理多項事務。他們的思維方式是**預測性**的：對事件進行預測，並在短時間內產生想法，喜歡能刺激其思考的活動——然後又會引發更多要做、要思考的事情。儘管他們有時看起來很聰明、廣泛閱讀、口才極佳，卻不見得是真的聰明或好學。跳躍性思維使其在集思廣益與信息整合方面頗具天賦。類型七會因為思緒湧現及自然喜悅而欣喜不已，他們既喜歡宏觀概覽，也喜歡深入探索特定事物初期時的興奮感。

德雯是一位成功的女商人，她以自己為例，分享了類型七的思維運作方式。

我這種人就是非得把每件事情都清清楚楚記下來，這不是為了幫我記事，我記性很好；純粹是為了儲存訊息，我的思維才不會一直繞著相同事情打轉。舉例來說，我去聽一場一票難求且票價昂貴的音樂會，但我就是沒辦法專心聽完，腦子裡會翻來覆

去想著其他該做的事情，最後導致不得不離開。這會讓一起聽音
樂會的夥伴不高興，而我也錯過了精采演出。

　　類型七的人反應迅速、頭腦敏捷，是少數能快速學習的
人。他們既能吸收資訊（語言、事實、程序），也能學習新
的技能，還有出色的身心協調能力和動手能力（打字、彈琴、
打網球）。所有條件加在一起，類型七就成了文藝復興的代
表人物。

　　諷刺的是，類型七的廣泛好奇心和快速學習能力也為自
己帶來麻煩。正因為可以輕鬆學習許多不同技能，便難以決
定自己該如何是好。結果會變成，相較於需要付出相當代價
才能獲得某種能力，他們不太會珍惜輕易到手的東西。但如
果在平衡的狀態下，類型七的多才多藝、好奇心及學習能力
都足以讓他們取得非凡成就。

　　缺乏內在指引與本性支持是思維三元組的共通問題，也
是類型七的根本問題所在，導致類型七出現更深的焦慮感。
他們覺得不知該如何做出對他人與自己最有利的決定。類型
七因應焦慮的方式有兩種。首先，他們會讓大腦隨時保持忙
碌，只要大腦不停下來，特別是能處在思考未來工作或保持
正面想法的狀態，在某種程度上就不會出現焦慮感及負面情
緒。此外，由於類型七的思考方式是受到行為所刺激，他們
的思緒會不停前進，從這一個進入到下一個，不停尋找更多
的刺激。但這不代表類型七會一直轉個不停。一般來說，他
們享受的是務實感，是一種要把事情做好的感覺。

　　法蘭西斯是一名成功的商業顧問，聽起來精力比普通人
更充沛。不過，她是典型的類型七。

　　我的工作生產力非常、非常高。在辦公室裡，我總是心情

愉快，思緒活躍。我可以替客戶設計出不同的營銷方案，準備會議大綱，在電話中跟客戶討論棘手問題，處理完兩筆生意，製作項目清單，寫幾封信，然後抬頭一看，時間是早上九點半；而我的助理才剛踏進辦公室，準備開始一天的工作。

其次，類型七會透過嘗試錯誤來應對失去本性指引的問題：他們會以各種方式確保自己的所知是最好的。在類型七的內心深處，**他們不認為自己能找到生命中真正想要的東西。**因此，他們會進行各種嘗試，最後甚至會以各種可能的東西，將其視為真正尋求之物的替代品。（「即便得不到真正能滿足我的東西，我也會心滿意足。我嘗試了不同的體驗，如此一來，哪怕沒有得到心中想要的目標，我也不會覺得太糟。」）

這種現象在類型七的日常生活中也可窺見一二。他們很難決定到底應該要買香草、巧克力或草莓口味的冰淇淋，三種口味都想要——只為了確保自己有吃到「對的」口味。到歐洲度假兩週也會陷入類似的選擇困難，到底該去哪個國家、哪個城市比較好？要去看什麼景點？類型七解決難題的方式，就是去越多地方越好。看似豐富精采的體驗過後，他們心中真正想要的東西（正如玫瑰花蕾）※譯註：電影《大國民》中，主角凱恩臨終前只留下「玫瑰花蕾」一字。此字代表主角在光鮮亮麗的背後，隱藏著一段至死都難以忘懷的傷心往事。或許依然埋藏在潛意識深處，甚至真正的答案永遠不得而知。

此外，隨著類型七加速追求自由與滿足，他們越容易做出錯誤決定，也就更難獲得滿足感；所有事情都是經由快速的心理活動層層過濾，屬於間接體驗，最後就會變得焦慮、沮喪和憤怒，能支持他們在身體、情感或經濟上的資源也越來越少。尋找快樂的過程中，下場可能是失去健康、人際關係與財富。

「我還是沒想好長大之後到底要做什麼。」

　　葛楚特一直忙於發展工作與經營家庭，她回想起這種傾向最初帶來的困擾。

　　無論是在家裡，還是在我成長的南方小鎮，我幾乎都無事可做。我迫不及待想要逃離，去某個更刺激的地方。我十六歲就開始約會，沒多久就懷孕，但孩子的爸爸不想娶我，不過無所謂，反正我也不想嫁給他。沒多久，我又跟別的男人在一起，我們婚後搬到一個更大的城市，但一切並沒有照我預期的方式進行。孩子出生之後，我們分手了，而我不得不搬回家。我在老家待了一、兩年，才又重新站起來。在前景暗淡的情況下，我再婚了。當時我才十九歲，卻覺得自己好像已經過了一輩子。

　　然而，從正面的角度來看，類型七是相當樂觀的一群人。他們天生活力充沛，樂觀向上，渴望積極度日。他們的喜悅與幽默都是發自內心，不會把自己看得太重。當他們處於平衡狀態，喜悅與熱情會油然而生，自然影響周圍的人。類型七的存在喚醒大家對單純喜悅的印象——這是他們最棒的天賦。

「如果生活給你檸檬，那就拿它來做檸檬汁吧。」

▌童年模式

　　類型七的童年在潛意識中充滿了與照顧者（通常是母親，但並非絕對）脫離關係的情感。一般來說，類型七的人因為過早脫離母親的照顧，例如太早被人從母親的胸前抱走（有時確實如此），導致了一種深層的挫敗，他們對此非常敏感。年輕類型七的因應之道便是經常在無意中「決定」要自己照顧自己。（「我才不要坐在那邊可憐自己、等別人來照顧我。我可以照顧好自己！」）這種模式不代表類型七在童年時期疏離了母親，而是在情感層面上會下意識決定自己照顧自己

※請注意──────
此處所指的童年模式並不會導致人格類型的產生，而是描述了我們在童年的早期階段所觀察到的各種傾向，對於成年後的人格類型有重大影響。

的需求。

　　形成這種想法的原因有很多，可能是因為多了弟弟妹妹，而年輕的類型七突然覺得自己在母親心中的地位被取代；也可能是生病的關係——類型七小時候生病需要住院，或是母親病了。

　　先前提過的女商人德雯，她回憶道：

　　我三歲時發生了一件印象深刻的意外事件，現在回想起來依然歷歷在目，就像昨天才發生的事情。當時還在襁褓之中的弟弟突然抽搐，母親就站在一旁，抓著自己一頭美麗的黑色長髮放聲尖叫。我清楚記得母親頭髮散落在玫瑰和奶油色地毯上的畫面。當時已經很晚了，救護車帶走了弟弟和媽媽，爸爸也跟去了。在我一歲半之前，媽媽把我照顧得很好。後來，媽媽又懷孕了，而且懷孕期間非常不舒服，弟弟出生之後身體也很不好，我漸漸覺得失去了母親的照顧。

　　類型七在學習脫離母親獨立的過程中，深受自我發展中「分離階段」的影響。他們應對分離過程的方式，就是專注在心理學上所說的「過度對象」，例如以玩具、遊戲、玩伴或其他能使其分心的東西，都有助於轉移焦慮感。

　　而類型七似乎一直都在尋找過度對象。只要他們能找到有趣的想法、體驗、人物和「玩具」，就能壓抑其內心深處的沮喪、恐懼和傷害。不過，無論基於什麼原因，若類型七無法找到適合的過度對象，他們的焦慮和情緒衝突就會湧現，必須盡快找到其他能使其分心之物，壓制不安的情緒。可想而知，如果類型七在小時候遭遇的實質剝奪和沮喪感越多，成年後需要更多分心之物來「占據內心」的程度也越強烈。

具有類型六側翼的類型七：表演者

健康狀態：此側翼附屬子型的人產能極高、非常愛玩，相信生活是美好的、活著是快樂的。他們具有旺盛的好奇心與創造力，比其他側翼附屬子型更具幽默感和正面態度。他們思維敏捷，具有合作精神與組織能力，更具事半功倍的條件。他們尋求多樣化，能輕鬆與人互動，演藝事業、公共關係、廣告、媒體以及娛樂圈都屬於他們的天地。

一般狀態：這種側翼附屬子型的人會因為新點子而激動，他們能言善道且機智，精力充沛，能夠帶動眾人情緒。一般來說，他們產能極高，但容易分心，精力分散，跟其他附屬子型相比，續航力較低。他們在不安時會表現出一種狂躁、緊張的特質。他們尋求高強度的體驗，可能是一段關係，也可能是要建立某種關係；他們不喜歡獨處，但是對伴侶的要求很高。他們往往會在尋求更好發展與害怕失去連結之間徘徊。此側翼附屬子型會因為焦慮和潛在的自卑感而有濫用藥物的可能性。

具有類型八側翼的類型七：現實主義者

健康狀態：此側翼附屬子型的人真心喜歡這個世界，是廣義上的「物質主義者」。他們結合了靈敏與驅動力，往往能帶來物質上的成功，獲得權力、名聲與地位。他們決心從生活中獲得一切想要的東西；他們有策略性的思考方式，可以迅速組織內部及外界資源來追求心中所想。他們腳踏實地、注重現實、講求實際。他們的幽默感會以某種辛辣機智的形式表現，還帶有讓人震驚的感覺。

一般狀態：這種側翼附屬子型的人會把精力用在許多地

側翼附屬子型

代表人物

羅賓・威廉斯
史蒂芬・史匹柏
莫札特
金・凱瑞
歌蒂・韓
卡洛・柏奈特
約克公爵夫人莎拉
班傑明・富蘭克林
蒂莫西・利里
湯瑪士・伍爾夫

方，他們可以一心多用，甚至從事「多項工作」。他們會表現強勢，在照顧自身需求上不乏意志力與驅動力。跟其他附屬子型相比，因為強烈想要積累財富與個人經驗，變成工作狂的可能性極高。（「我配得上它！」）他們的焦點更多是擺在落實行動，而非與人交往。因此，他們對人際關係是抱持一種實用主義的態度；他們要找的是夥伴，而非浪漫人物。他們不害怕獨處，清楚知道自己的期待及忍受程度。他們直接到近乎口無遮攔，甚至會把人推開，導致得不到想要的東西。他們會變得疲憊不堪、冷漠無情，與具有類型六側翼的類型七那種赤子熱情形成鮮明對比。

▌自保型的類型七

得到我自己的東西。一般狀態的自保型類型七是堅決、充滿活力的人，他們會驅使自己去滿足基本欲望，讓自己過的舒服。他們的態度與關注重點通常是擺在強調實際性和物質層面。（用郝思嘉的話來說，那就是：「上帝作證，我絕不讓自己再挨餓了！」）他們會展現出雄心壯志，努力工作來確保擁有選擇權。

自保型類型七也是典型的消費者。他們喜歡購物、旅行，並且寵愛自己，把收集資訊（購物目錄、電影表、旅行與餐飲指南）當做一件獲得快樂來源的大事來做。這些類型七尤其會注意特賣會與打折商品，並喜歡跟朋友討論。（「我剛在陶瓷市場發現了超可愛的杯子。」「這電腦螢幕真不錯，你花了多少錢買的？」）雖然他們喜歡社交，但自保型的類型七害怕依賴他人，也會避免自己依賴別人。

較不健康狀態的自保型類型七在需求沒有迅速得到滿足時，會變得不安和不耐煩，也會因為缺乏舒適感或物質支持

而焦慮，很容易出現被剝奪的感覺（害怕挨餓是非常常見的情形）。在遭遇挫折時會變得嚴苛與暴躁，期待他人能快點滿足自己已經表達出來的需求——而且還要再快一點！

　　不健康狀態的自保型類型七在追求安全感時，會變得極為輕率、不會踩煞車。在追求自以為能獲得安全感或消滅焦慮的一切事物時，他們會不顧一切，不接受任何的干涉行為。他們毫不考慮自身的經濟條件與資源，恣意消費或賭博，甚至賭上健康與內在資源。他們把自己推到理性邊緣，暴飲暴食，徹底放縱自我。

▋社會型的類型七

　　遺漏。在一般狀態下，社會型的類型七會結交到一群朋友和「建議者」，這些人會與類型七一同分享熱衷的事物與興趣，讓類型七認識新的可能性，並提供類型七所喜歡的刺激感與多樣性。理想主義的他們喜歡社交，且從中尋找刺激感。不過，一旦投入到他人的活動之中，社會型類型七又會因為他人的慢節奏而感到不舒服、陷入困境。在這種時候，社會責任就成了一種負擔——他們陷入衝突狀態，一方面想實現自己的承諾，一方面又想離開去做自己的事情。此外，社會型的類型七一直不停在尋找更刺激的環境（「今年的新年聚會非常棒，但我敢打賭，泰德舉辦的派對在午夜過後會更勝一籌！」）。社會型類型七也討厭權威，視其為一種武斷且不必要的存在，覺得那只不過是另一種社會約制的源頭。

　　較不健康狀態的社會型類型七往往會分散自己的精力與資源，事情經常只做一半。他們會確保行事曆上填滿各種活動安排，但也會「草擬」備案，如此一來才不會被任何特定行為所困。他們同時想做好許多事情，卻因無法集中火力，

最後很多事情都做不好。他們友善且有魅力，甚至很迷人，但也容易覺得受到限制，一旦焦慮感浮現或出現更有利可圖的應酬場合時，他們甚至會在不通知對方的情況下取消約定或約會。

　　在不健康的狀態下，社會型類型七會把力量與才能浪費在無止盡的會議、聚會，以及永遠得不到結論的「計畫會議」中，最後給自己留下一連串未完成的事情和破碎的心，他們永遠無法在同一個地方長期停留。他們心神不寧，也讓人感到不安；想要擺脫焦慮導致了不負責任，並把自己帶往充滿危險與破壞性的「社交場合」。

▋ 性本能型的類型七

　　新鮮事物愛好者。在一般狀態下，性本能型的類型七會不斷尋找新鮮、不尋常的事物；就跟類型四一樣，他們拒絕平庸。在所有的活動與互動中，他們想要去體驗生活的強烈刺激感。他們加強想像生活，將自己、人際關係以及現實都加以理想化，擁有廣泛的好奇心及興趣，並陶醉在自認為是前沿的新觀念和主題當中。他們深受有趣或讓人眼前為之一亮的人所吸引；當「雷達」鎖定這樣的人，他們會毫不猶豫發揮魅力、使出渾身解數去接近對方。引起他們好奇心的人會讓他們感到「暈船」，也會讓對方有類似感受。性本能型類型七的人喜歡想像未來跟新朋友攜手共同冒險，一起做些有趣的事情。他們喜歡狂野的想法、機智和幽默；他們腦筋動得快，但也會因此危及自己與人際關係。

　　較不健康狀態的性本能類型七在情感與興趣方面十分易變。他們害怕承諾，傾向停留在關係發展初期時的迷戀感（喜歡墜入愛河的感覺）。他們陶醉在浪漫情懷以及互相熟悉的

過程，但真正熟悉之後，又會開始尋找其他的可能性。同樣的，這種不安會導致洞察力薄弱，容易被精美包裝或譁眾取寵的事物所吸引，但這些愉悅都只是暫時的，隨之而來的是失落感。

在不健康狀態下，性本能型類型七在追求刺激的過程中會無所顧忌，可能會參與什麼瘋狂計畫，或是投身不實際、危險的戀愛關係。他們變成了尋求刺激的人，不斷尋找各種奇奇怪怪的娛樂，也越來越難用心對待眼前事物。他們因為在邊緣生活而變得冷酷與放蕩，更因為放蕩無度而傷害、甚至毀滅了自己。

大多數的類型七在生命中的某些時間點會遇到下列問題。請注意這些模式、「掌握自己當下狀態」，並觀察自己平時的潛在慣性反應，這都有助於我們擺脫所屬人格類型的消極面。

**類型七成長
所面臨的挑戰**

▌ 類型七的警鐘：「吃著碗裡，看著鍋裡」

類型七的典型個性就是對自己正在做的事情越來越不滿意，永遠覺得別人碗裡的菜比較好吃，因而不停展望未來，始終覺得可以用另一件事情來解決眼前的問題。（「我現在在跟朋友吃晚餐，但不曉得今晚開幕的畫廊那裡有沒有發生什麼事情？如果我吃快一點，或許也能去那裡看看！」）如果類型七忽視了警鐘——受到未來的可能性所影響而忽略眼前事物——他們可能就會朝錯誤的方向前進。

想像一下，你跟某人在一間擁擠的餐廳吃飯，無意中聽到隔壁桌的談話內容，你是否會把注意力轉移到他人身上，並假裝自己還投入眼前的對話呢？若是如此，你就成功忽略了類型七應該注意的警鐘，可預期的結果是——你既無法融

入眼前對話，還會在無意中得罪對方，因為人家察覺了你的分心。

類型七　發展層級			
		關鍵詞	
健康狀態	第一級	喜悅的 滿足的	類型七不認為自己需要藉由某些特定對象或體驗才能得到滿足。因此，他們可以充分感受、從中汲取滋養。他們滿足基本欲望的方式有點矛盾——得到滿足、實現心願——然後會變得心存感激、欣喜若狂、滿懷謝意。
	第二級	充滿期待 充滿熱情	類型七把焦點擺在身邊的各種可能性之上，一想到要做的事情就很亢奮。自我形象：「我很快樂、隨心所欲、外向開朗。」
	第三級	務實 有成效	類型七全身心投入生活，做一些保證能滿足個人需求的事情，以此強化自我形象。他們的多才多藝與豐富成果都代表對生活的熱愛。他們樂觀大膽，但也非常務實、有成就。
一般狀態	第四級	貪心的 消耗的	類型七擔心自己會錯過其他更有價值的體驗。因此，他們會變得不安，一心只想要有更多選擇。他們會讓自己保持忙碌，努力兼顧不同的任務和計畫，試圖跟上最新潮流。
	第五級	分心的 散漫的	類型七擔心自己會無聊或沮喪，擔心痛苦出現。因此，他們想讓自己變得興奮和忙碌。他們與人交談、開玩笑、展開新的冒險，並且散發活力，但往往都是心不在焉。
	第六級	自我中心 過度	類型七擔心自己需要的東西不夠，因此會不耐煩，想要立刻獲得滿足。他們極為苛求，但對於到手的東西卻永不滿意。他們疲憊不堪又恣意揮霍，對於個人習慣表現得漫不經心，否認心中的內疚感。
不健康狀態	第七級	不知足 逃避	類型七害怕個人行為會帶來痛苦和不幸，這也許是真的。因為害怕，他們便會不惜任何代價逃避痛苦。他們極為衝動、不負責任，只要能暫時緩解焦慮，任何事情都願意做。不過在追求過程中，他們毫無快樂可言。
	第八級	狂躁 （壓抑） 不顧後果	類型七因為急於擺脫焦慮而失控，不顧一切釋放痛苦，而非去感受痛苦。當他們越來越不安，表現越來越古怪時，歇斯底里的行為與強烈的壓抑會交替出現。他們麻木、心不在焉，竭盡全力壓抑痛苦。
	第九級	不知所措 麻痹	對不健康狀態的類型七而言，意識到自己賠上了健康、生活與享樂的能力時，感覺實在太難受了。當他們覺得沒有選擇、無法擺脫痛苦時，會變得極度恐懼，覺得陷入困境。他們過度的反應往往會引起嚴重的財務和身體問題，甚至造成長期痛苦。

對類型七而言，注意力飄移不定的狀態主導了他們的生活，而後果遠比想像中還嚴重。他們的**思考變成了預測**，無法長時間關注任何事情，既不能深刻體驗，也無法從中得到任何真正的滿足。當類型七錯失警鐘，無論他們做什麼，心都會跑到別的地方去。因為無法集中注意力，他們會突然站起來打開電視、看看冰箱裡有沒有零食、打電話給朋友，或是在筆記本上塗鴉，什麼都做，就是不定下心來做事——甚至連好好讀完喜歡的小說都成了問題。

「我不想錯過。」

訓練調皮的心猿

選擇一件平常活動，當你把注意力擺在你所選擇的事情時，觀察注意力何時開始渙散，然後慢慢把注意力轉回眼前的事情。如果又一次走神，就再把它拉回來，一直重複練習，努力集中注意力。這個過程不容易，尤其是剛開始練習的時候。但如果你能保持下去，並找出分心原因，便能深刻認識警訊。是不是身體緊繃導致注意力渙散？還是因為飢餓、疲憊或焦慮讓你分心？

社會角色：活化劑

一般狀態的類型七將自己定位成「活化劑」，專為周遭環境注入能量與刺激，讓每個人感到振奮，如此一來自己也能保持興奮狀態。由於類型七能量充沛，要扮演這樣的角色自然不難。然而，跟所有的社會角色一樣，一旦得到認同，他們就越來越難拔掉這張標籤。

扮演活化劑、火星塞或催化劑的角色（還包括惡作劇共謀和教唆者的角色），都會讓類型七成為關注的焦點。別人通常會想與之為伍，因為可以從中獲得鼓舞。

堪薩斯是一名傑出的女演員，她也享受當經紀人的樂趣。

知道可以用自己的活力去影響他人生活時，感覺很不錯。

我經常可以看到自己振奮了他人士氣，我喜歡讓大家快樂，更享受擁有這種能力的感覺。不過，有時我也很矛盾，因為吸引了太多「沮喪者」；坦白說，我不認為他們想變得快樂。我試著學習放手讓他們走自己的路，把我的力氣用在更好的地方、用在會感謝我的人身上。能自然鼓舞他人是一種天賦。

「來吧！動起來吧！」

但是當一般狀態的類型七如果只能扮演率性直言的「超級充電器」、必須隨時鼓舞他人時，問題就出現了。這無可避免會對他們造成極大負擔，甚至也會損耗他人。大多數人（包括其他的類型七）會發現，這種用不完的活力最終只剩單一面向，令人感到乏味。如果別人不跟上類型七的節奏，他們會解讀成是一種拒絕和背棄，憤怒與受挫的感覺便油然而生，隨之轉向新的領域與受眾。但是，他們漸漸也會覺得自己被這個角色所困，不知該如何與他人交往或讓自己的需求得到滿足。

維爾瑪是一位多才多藝的教育者兼商業顧問，她在青少年階段就體會過這種挫折感。

攪動心湖

當你發現自己帶給別人開心時（也可以說是幫助別人思緒碰撞），注意你是為誰做這件事。這種興奮的狀態如何幫助你跟自己保持連結？如何幫助你跟他人保持連結？能讓人滿足嗎？如果你沒有把這份刺激注入周圍生活環境中，又會發生什麼情況呢？

小時候的我很自由、無拘無束、充滿活力，而且知道我的存在能給大家帶來歡笑，別的孩子也願意和我一起玩，因為跟我在一起很有趣。進入青少年階段後，我希望別人（尤其是家人）能嚴肅看待我的存在，但我始終得不到那種感覺。因此，我選擇

不表現出真實的想法，而是以行動發洩，又或者表現得愚蠢、搞笑或戲劇化，以此回應外界期待。

暴飲暴食、永不滿足

類型七典型的問題就是**暴飲暴食**。從字面上來解釋，就是渴望用食物填滿自己。類型七對暴飲暴食懷有罪惡感，就像他們也會誇大身體上的滿足感一樣。雖然按照字面意義的解釋有時適用於類型七，但從隱喻的角度來理解這種強烈情感，將其視為是想用事物和經驗來填充某種內在空虛，或許更具洞察力。

為了應對挫折、空虛和缺失等感受，類型七選擇用暴食的外在滿足方式填充個人內心的感受。他們不會直接體會到空虛和不足，而是會讓肉體的歡愉和精神上的刺激來分散注意力，藉此擺脫焦慮感。童年時期的情感扭曲程度越嚴重，就越會覺得沒有足夠的事情能滿足自己，必須用**更多東西**來全面充實自己，因此便陷入暴食的「強烈情感」當中。

為了不讓焦慮感浮現，類型七選擇讓腦袋塞滿東西；結果，除非該事物能讓他們留下深刻印象，否則他們很難對任何事情真正有感覺。類型七的認同建立在保持**精神興奮**的基礎之上；相較於刺激程度以及預期可能得到的喜悅，他們的思想內容（個人想法）並不重要，因此他們會再次尋求強烈刺激，而由此獲得的印象就能帶來滿足。由於類型七的認同是建立在保持興奮的基礎之上，他們往往不太會約束自己，也不喜歡受到別人限制。他們想要在刺激和欲望出現的瞬間可以毫不遲疑地自由反應。從長期來看，就跟所有的「強烈情感」一樣，暴食也是一種自我挫敗。類型七為了找回小時候被剝奪的呵護感，便會不分青紅皂白地「填充自我」，導致越來越難滿足。

> 生活是一連串的想要，而非不斷享樂的過程。
> ——塞繆爾‧詹森
> （Samuel Johnson）

尋求刺激、獲得新體驗

無論是哪種人格類型，我們經常會追求自認為能帶來快樂的東西，而不加以考慮這種選擇是否**真的能**帶來快樂。在什麼情況下，快樂才會出現？什麼東西能讓快樂持久一點？我們如何增加快樂，又不會做過頭？上述問題都是類型七的專屬問題。

一般狀態的類型七都很世故，是內行人或收藏家，他們知道哪間法國餐廳最好，哪瓶白蘭地或哪件珠寶最有價值，哪部電影值得一看，並且時時更新新聞與趨勢潮流——因為不想錯過任何一件事。

健康狀態與一般狀態的類型七之間最明顯的界線在於，前者知道專注與產能所能帶來的巨大滿足，因而願意為世界貢獻某些新穎、寶貴的東西；而後者會因為焦慮而分散注意力，多方關注能讓自己感到開心的方式，導致產能較低，而不斷增加的渴望和消耗取代了創造力。

塔拉是一名電影製作人，她發現了自己的行為模式。

尋找收穫

注意觀察一下，你對其他事情的期待與渴望是如何影響你對眼前事物的體驗？為了探索這個問題，你可以玩個小遊戲：花點時間從你眼前的事情找出好玩的東西。現在，你得到了什麼？

我常會因為某樣新東西而興奮，然後又感到厭煩，不再繼續堅持下去。對我而言，多樣性是生活的調味料，談到某件「有趣」的事情會讓我開心，就算不做也無所謂。我喜歡學習新東西，熱愛各種課程，無論是烹飪、跳舞或溜直排輪，我統統喜歡。我會閱讀至少十種不同的雜誌，也喜歡去逛特價店，因為我想要知道所有的選項，確保我花的錢最划算。在人際關係上我也

很難維持不變，因為我一直在尋找更好的事物，要確保自己看過所有的可能性。

乏味與保持選擇的權利

類型七經常會抱怨乏味、說自己有多麼討厭這種狀態，但其實他們口中的無聊是因為環境缺乏足夠刺激，進而無法壓制痛苦與負面情緒。同樣的，這種受困、停滯不前的感覺不僅使人煩悶，甚至會感到恐懼。他們不希望陷入任何「被束縛」的處境，或是被迫在沒做好準備之前就要面對痛苦。

為了對抗乏味及其所帶來的感覺，類型七希望自己心中能裝滿各種想法，想要確保獲得新奇、刺激和時髦訊息的來源永不間斷。

先前提過的維爾瑪表示：

乏味的本質就是發現自己不斷在尋找新意。
——喬治·倫納德
（George Leonard）

我喜歡事物的多樣性，在思維、情緒和性方面都有不同群體的朋友，不同面向的我都在尋求滿足，這是我難以抗拒的感覺。體驗越多，我想要的就越多，需求也越高。因為經歷各種體驗，我的能量就會不斷循環和補充。我在努力把各種事情做好的同時，也不讓自己感到疲憊；我算是被迫去「做」每件事情，也有足夠的精力完成一切。我不想做大家都在做的事情。所有嘗試過的新鮮事物都滿足了我求新求變的渴望，這是一個永無止境的循環。

在缺乏內在指引的情況下，類型七必須透過嘗試與犯錯的過程來學習，而且他們不喜歡聽取別人意見，想要親自體驗一切。他們相信，多方嘗試才能知道什麼選擇可以帶來最大快樂。但是，人不可能試遍一切：有太多地方要去、太多食物要吃、太多衣服要穿、太多體驗要試。在類型七試遍所

有可能性之前，生命可能已經先走到盡頭。把所有事情都試過一遍，可能得花上好幾輩子的時間，更何況世界上無限的可能性也會不斷增加。此外，生命中不乏有傷害性或有危險的體驗，在這類體驗面前，我們都要避免、必須非常小心。但無論是好是壞，類型七通常不會選擇簡單的那條路走。

乏味這個字
研究一下你口中的乏味吧。你身體對此有什麼感覺？乏味的感受是什麼？如果你能感受到它，那是因為什麼事情或記憶所引起的？

不加選擇，行為過火

　　一般狀態的類型七分不清輕重緩急，不斷投入各種活動，許多事情經常都做過了頭，並在情況允許之下揮霍金錢。他們的生活步調始終慢不下來，如果住在小鎮，他們可能就一直往商場或保齡球館跑，藉此滿足自己；如果是住在大城市，他們就有更多的娛樂和便利性了。若沒有出遠門，類型七可能就會在家看電視一整天，菸一根接一根地抽，或是講電話，也可能就找朋友、或在附近酒吧閒晃。

「為什麼大家都跟不上我？」

　　做過頭也包括思考在內。類型七的人往往會陷在想像世界中而無法自拔，變得過分熱情與投入。但反之亦然：隨著他們落入不健康狀態的範圍裡，注意力就越來越無法集中，對事情也難以堅持，這就是為什麼很多事情都只做了一半。雖然他們有許多好主意（甚至是非常棒的想法），不過因為想法永遠無法落實，這也成了挫折感的來源之一。如果類型七不好好處理導致他們遠離自我的焦慮感，最終只會錯失許多絕佳機會與靈感。

　　他們的敏捷思維與口才也可能變成別人眼中華而不實、油嘴滑舌的表現——儘管類型七覺得這是為了讓事情進展順

利、讓故事更為精采的表現方式。一般狀態的類型七覺得自己學任何事情都很快，但往往都是憑空想像，並試圖用「臨場發揮」來處理事情。

可行的計畫

這幾天，記錄下你實際付諸行動所需的時間：去上班、去商店、去購物、見朋友等事，看看這些與你原計畫的契合度有多高。每天是否有可能放棄一、兩件事情，讓自己有一點喘息的空間，並且確保能充分享受投入眼前事物的感覺。

避免焦慮和痛苦的情緒

就像在戰爭時期敵人會干擾無線電訊號一樣，類型七也會一直把各種有趣和刺激的事物塞進腦中，以此「干擾」自己對痛苦、被剝奪和悲傷的感受。但這不代表一般狀態的類型七不會感受到痛苦或壓抑——對痛苦的感知遲早會衝破防線——不過類型七很快又能重新出發。他們會利用敏捷思維來重塑經驗，找出某種積極的方式來轉移對痛苦、對重大創傷的感受。

潔西是一名治療師，身上有許多類型七閃亮的特質。她回想起生命中在痛失親人之後、重新出發的記憶。

> 一個對自己不滿的人，無論在什麼地方都找不到滿足感。
> ——拉羅希福可公爵
> （La Rochefoucauld）

接觸更深層的感覺

在你的個人內心狀態日記，讓自己停下來，好好去體會一下內心深處的感覺。回想你曾經對其有強烈感覺的某人或某事，默想著這個人或這件事，直到你對他（它）的情感湧現。注意在你轉移注意力之前發生了什麼事情？這種感覺維持了多久？你是否能找出阻礙你深入感受的原因？是什麼讓你分心了？

我十一歲時，父親突然死於嚴重的心臟病。媽媽當時嚇壞

了，一心想跟著去死，而妹妹又控制不住情緒。我依稀記得當時在想：「我下一步要怎麼做？怎樣才是最好的？」我已經長大，我要當個快樂又能幫助別人的人，我沒有時間沉浸在痛苦之中。這是我唯一可以保有自由，並且免於壓抑和絕望的方式。

挫折、不耐煩和以自我為中心

「我想要，現在就要！」

類型七的人要求很多。他們越焦慮，對自己與他人就越不耐煩，任何事情都不夠快，也沒有東西能滿足他們的要求。在不知不覺的情況下，類型七會把潛在的挫折感投射到個人經驗中而不自知。

他們也會變得極度沮喪，對自己非常沒耐心。類型七會避免處理痛苦，但也很警覺，心裡清楚自己浪費了才能與資源。正因為類型七對自己沒耐心，沒讓手邊工作充分發展，導致許多不錯的想法付諸流水、未能實現。

這種潛在的沮喪感會讓他們無法容忍別人的小缺點，既不願意忍受自己肩負過多期待，也無法忍受他人未能滿足**自己的**期待。他們的不耐煩也可能以惱怒或挖苦、拒絕的態度表現。

商業顧問維爾瑪繼續說：

小時候，我會撲到媽媽的床上跟她說話，她總會先哄我，然後把我推開。她說我很乖，希望我能一直快樂下去。我從母親身上學會了拒絕，我發現自己對那些讓我沒耐心的人也是這樣。

以挫折感為基礎的三種類型（類型四、類型一和類型七）中，類型七或許是最能明顯表達不悅的人，因為他們也非常固執。任何讓他們感到不悅的人事物，他們會毫不掩飾的表達自己的不高興和沮喪感。他們潛意識的想法是：「如果我

大發脾氣，媽媽就會過來照顧我。」這種強求的表現方式，有時的確能幫助他們得到想要的東西。

其他人把類型七的不耐煩視為是一種以自我為中心的放肆表現。雖然類型七有辦法得到關注，卻不見得是因為想要得到他人的尊敬和崇拜（情感三元組中典型的自戀動機）。事實上，在某些情況下，只要能振奮起來、避免潛在焦慮，就算要類型七做些蠢事都無所謂。相較之下，類型三從不願意表現出缺點和不完美，而類型七正好相反。

發現沮喪

觀察一下身上的沮喪能量。當你發現自己受挫時，先停下腳步，做個深呼吸。挫折感究竟是什麼感覺？如果你單純只是去感受而不釋放它，會發生什麼事？

遲鈍與衝動

既然保持生活狀態是類型七的首要任務，他們會採取一種打帶跑的策略，把傷害與困惑留給他人。保持前進狀態意味著要壓抑其行為所帶來的愧疚與後悔。類型七通常無意傷害別人，但防禦心使其難以承認自己所造成痛苦，甚至沒有察覺。

「這不是我的問題。」

為了逃避焦慮，他們會越來越衝動——連看都不看就跳了。酗酒、亂吃東西、抽菸，或是為了尋求刺激不斷逼迫自己，這些都會導致嚴重的健康問題。在最糟的情況下甚至會口出惡言，要求很多，非常固執，相當討人厭。

德雯坦白說出她如何處理情緒問題。

有時候我會突然關上心房。今天別人還以為我們會有美好未來，明天我可能就會開口說再見。在那當下，我並不後悔，覺

得是他們逼我離開，這一切全是他們造成的；但現在我覺得很遺憾，因為我不曾關心別人的感受。如果我開始覺得痛苦，感覺自己無法承受，這就是我的底線。於是我選擇逃離，到別處尋找新的樂趣。確定的是，一旦我情緒低落，我就會精心打扮，穿上最漂亮的裙子與高跟鞋出去跳舞。

收拾殘局

認識你的人會知道，你其實無意傷害他們；但是在壓力重重之下，你也許在無意中傷害了他人而不自知。
如果你擔心自己曾經傷害朋友或所愛之人，在適當的情況下，找他們聊聊。先徵求他們的同意進行對話，然後道歉，再傾聽他們的想法。跟他們分享你對懸而未決之事的感受。這對你而言可能不容易，但用這種方式來消除誤會，有助於減少潛在的傷痛和焦慮，也能緩和你為了埋藏負面情緒的過度行為。

逃避現實、過度投入與行為成癮

　　一般狀態的類型七覺得自己很隨性、很有趣，奉行及時行樂的生活哲學。但是他們沒注意到的，是被這種態度所掩飾、日漸逃避生活的傾向。當類型七受恐懼與焦慮所驅動時，他們可能就沒有自己所想的那般隨性與自由，取而代之的是盲目與衝動的追求直接滿足，而不考慮後果。他們的哲學是：「享受當下，有事以後再說。」

「無論如何，只要能度過今晚就好。」

　　即便是痛苦、負面的經驗也能讓他們感到興奮，並以此掩蓋深層的痛苦。舉例來說，酗酒與吸毒的痛苦很可怕，但對於惡化的類型七來說，這種痛苦要好過被更深的悲哀與恐懼所壓倒。

　　類型七會陷入期待、渴望和過度的循環，我們稱之為**巧克力綜合症**。得到一盒昂貴的巧克力時，最讓人激動的事情之一莫過於期待第一口咬下去的滋味。同樣的，在某種程度

上，讓類型七感到刺激的並不是體驗本身，而是對**體驗的期待**。正如大家所知（除了類型七），過度的愉悅很快就會變成不快樂的來源。吃了幾塊巧克力之後，就會嚐到快樂的另一面：痛苦和膩味。

類型七追求滿足感的行為會引出一種上癮的特質：為了保持刺激和歡快的狀態，他們對快樂的標準與要求會越來越高，哪怕有危險也視若無睹。

塔拉坦白說出她在這方面的經驗。

逃避加深了焦慮，當焦慮變得難以忍受，分散注意力的需求也越強烈。為了壓制焦慮，分散注意力的強度也要加大。我想這就是我在生活的不同階段都會失控的原因。我沒有選擇與恐懼和痛苦共存，而是不計一切代價逃開，直到無路可退。我曾經嗑藥、飆車，到現在沒死都是奇蹟。

堅持到底

在你的個人內心狀態日記中寫下兩份列表。首先，列出你成年之後開始做、但沒做完的重大事項；然後，列出你確實完成的事情。你有看出這兩份列表的模式嗎？相較於完成計畫的滿足，你是否更在意籌劃時的興奮感？你在多大程度上對變動「上癮」，甚至寧願放棄完成重要的事情？一直讓你前進的目標是什麼？你又一直在逃避什麼？

應對壓力：從類型七變類型一

隨著壓力不斷增加，類型七會意識到，如果想要完成某事，他們就必須集中精力。因此，正如一般狀態的類型一，他們開始覺得要約束自己，努力工作，感覺可以把事情做好，並試圖限制個人行為。他們強迫自己堅持下去，但同時很快又因為限制而感到沮喪，結果只有兩種：變得更加不安和散漫，或是更加自律與僵化。在此情況下，無論平常如何活潑，

在嚴肅面前也不得不低頭。

　　跟一般狀態類型一還有一點相似之處：類型七在壓力之下會試圖教育他人──包括令人興奮的書籍或工作坊、購物的好地方，或是特定的政治、思想觀點。他們對自身觀點的熱情會迅速轉變成辯駁或批評他人的觀點；變得易怒、沒有人情味、對自己和他人都很沒耐心。在高壓之下，潛在的怒氣與怨憤會浮出檯面，他們會以責罵、挑剔和冷嘲熱諷來發洩內心的挫敗感。

示警紅旗：
陷入困境的類型七

　　如果類型七長時間壓力過大，假若他們遭遇重大危機卻沒有得到足夠的支持或應對技巧，或是小時候遭受長期虐待，都有可能會跳過緩震裝置、直接進入類型七的不健康狀態。這可能會讓他們意識到一件事情，就是他們的生活逐漸失控，而其選擇與行為正是痛苦增加的主因──此一發現著實令他們害怕。

　　如果類型七認識恐懼背後的真相，或許就能改變生活，朝健康和自由的方向發展。另一方面，他們也可能會變得更加不專注、衝動與狂躁，不顧一切、採取不計後果的行動，不惜任何代價擺脫痛苦。（「無論如何，只要能度過今晚就

警示跡象

潛在病症：躁鬱症、邊緣狀態、戲劇性人格障礙的部分特徵、強迫症、藥物濫用。

→ 極度散漫，試圖擺脫焦慮
→ 使人衰弱的長期嚴重上癮症狀
→ 衝動、無理及幼稚的反應
→ 強迫性的行為與極度亢奮的情緒
→ 失控一段時間
→ 狂躁、憂鬱及狂野的情緒波動
→ 恐慌和麻痺一段時間

好。」）如果類型七堅持這種態度，他們就會滑入不健康狀態的層級中。如果你或你認識的某人在很長一段時間中（超過兩、三個星期）有出現下列警示跡象，就極有必要尋求諮詢、治療或提供其他支持。

◆ 當你心中躍躍欲試，先停下來深呼吸，**觀察自己真正的狀態**。尤其要注意你是否對某事特別害怕或沮喪，看看你能否觀察到思緒的速度是如何引導你遠離心中感受。當你看到自己思緒加速、天馬行空的思考時，是時候問問自己：「怎麼了？」大多數的情況下，你會發現自己在掩飾某些焦慮的來源。**乏味**一詞就是一條明顯的線索。任何時候，如果你覺得「乏味」而蠢蠢欲動，記得要停下來，看看自己在逃避什麼。

◆ 徹底忽視負面情緒與只處理一半負面情緒並沒有太大差別。你多少都會注意到它的存在，然後希望擺脫它，繼續前進。讓自己真正受到深層影響跟沉浸在消極狀態是兩回事。相反的，如果能讓生活中的事件深入心中，包括痛苦的經歷在內，這不僅能豐富人生體驗，也能讓你的喜悅更加有意義、更加真實。看看你的身體是如何體驗這些感受的。悲傷是一種什麼樣的感覺？你是用身體的哪個部位注意到的？是在你的胃裡、胸口還是臉上？渴望又是什麼感覺？只要你能辨識感受，例如難過，你就對自己說：「我覺得悲傷。」這就是開始，但不代表你已經充分體會或受其影響。

◆ 學習注意你的不耐煩及其來源。做為類型七，你不僅會對別人的步調與能量極為不耐煩，對自己也是一樣。因為你在許多方面頗具天賦，結果可能會變成對任何事情都不精通。因為你對自己以及學習技能的過程不耐煩，你就選擇

欺騙自己。同時也要警惕「速成專家」綜合症。掌握某項主題或技巧的基本技能，再加上你的魅力與口才，要打開機會的大門並不難。但如果你不知道自己在說什麼，如果你沒有真的做好功課、你的想法尚未成熟，其他人很快就會發現。屆時即便你再有才能，名聲也難免受損。類型七討厭被當做膚淺之人，但正是因為你缺乏耐心，導致別人如此看待你。花點時間讓你的能力開花結果吧。

◆ 在尋常事物中找尋喜悅。跟類型四一樣，類型七往往會尋找強化的真相——喜歡那種不同凡響、驚人、令人興奮、刺激的事物。但最神奇的是，只要我們活在當下，**所有的體驗都是非比尋常**。如果你百分之百投入，即便是打掃房間或吃柳丁都可以是一次充實的體驗，每一分每一秒都是獨一無二的喜悅與神奇之源。你擔心被剝奪，渴望令自己快樂，這些都會妨礙你找到滿足感。想想過去最生動、最滿足的時刻——孩子出生、婚禮、大學時跟朋友野餐、完美的夕陽——這些事情是如何讓你感到滿足與真實的？此外，你也要注意，這些時刻其實並不刺激，但同樣具備能讓你感到滿足的特質。總之，當你找到真正所需的特質，生活就會發生改變。

◆ 正如對類型六的作用，冥想對類型七也是極為有益，尤其有助於讓心靜下來。一旦開始冥想，你很快就會察覺到內心雜亂的聲音，要努力放鬆與認同當下的存在就成了一大挑戰。更重要的是，要注意你是如何結束冥想狀態的。類型七通常是瞬間結束，這種人格似乎連一秒都等不了，又急著要重新興奮了。在你結束冥想時，仔細觀察你是否能將內心的安寧帶到行為當中。如果我們一天當中，只願意保留短短幾分鐘讓內心沉澱，那麼透過冥想的改變效果也將十分有限。

◆ 你比大多數人更快樂、更有活力。試著與他人分享你的感
覺，但不要強迫對方接受，不要「示範」給他們看，觀察
看看會發生什麼事情。當你活在當下、站穩腳步的時候，
你是最強大、最有效率的；在這種時候，你的喜悅表露無
遺，而且能影響所有人。除此之外，如果你的喜悅是發自
內心，不用去擾動他人，即便別人沒有回應，你的喜悅也
不會因此減少或消失。

就連一般狀態的類型七也深具創造力。當他們處於平衡
狀態、立足當下，會是一群極為優秀、多才多藝的人，能夠
橫跨各領域。他們具有各種才能和興趣，樂在工作與外向特
質會帶領他們通往成功之路。

正如類型七自己所說，他們腳踏實地，不會沉迷於白日
夢，也不是遊手好閒之徒；他們與現實接軌，投入生活中的
實際事務。他們知道必須務實、要有產能，並且努力工作，
才有足夠的經濟條件支持自己實現各種夢想。

因此，健康狀態的類型七不會僅僅滿足於享用他人的努
力成果——無論是一個漢堡或一件名牌衣服。他們心裡清楚，
對他們而言，生活最大的樂趣在於對世界有所**貢獻**。比起買
衣服，健康狀態的類型七更願意選擇設計衣服；他們更想拍
自己的電影，而不是看別人的作品。畢竟，如此一來他們就
能讓事物按照自己的想法發展。

透過同時進行多項任務，類型七就可以發揮各種才能，
有建設性地完成工作，並滿足追求不同體驗的欲望。當手邊
隨時有不同的事情待辦，他們就能運用各種技能在事情之間
遊走，看看如何連結自己不同的技能與興趣。這一切都可以
讓類型七感到滿足，而且只要他們知道輕重緩急、設定界線，
就能把這種工作模式發揮到極致。

**建立在類型七
的長處之上**

「世界任我遨遊。」

同樣的，類型七有一種可以迅速想出點子的天賦。他們是看大局的人，喜歡起草項目，也善於碰撞思考，找出新方法來解決問題。他們的腦中充滿各種創意，擅長思考別人想不到的選項。健康狀態的類型七還保持著一種為了讓想法成熟發展所需具備的自律性格。

或許類型七最大的天賦就是保持樂觀與富足感。當他們的樂觀受到現實挑戰、必須面對難題時，類型七無論身處何地，都能散發一股有感染力的熱情。他們不會膽怯，反而活得充實，也鼓勵別人這麼做。（「你只需要出去走走。」）此外，類型七願意探索，樂於展開雙臂嘗試新體驗，這有助於他們全面發展、增廣見聞。他們把世界當成自己的家，樂於與他人分享旅途中發現的精采時刻。

塔拉繼續表示：

生活就是一個大遊樂場，每樣東西都很有趣。我對生活有著一種天生的喜悅與好奇，我能感受到宇宙萬物的支持，知道一切都會好轉。即便眼前陷入黑暗、情況糟糕，某部分的我依然相信事情最後終究會好轉。這個世界或許殘酷可怕，但我相信這並非針對我個人。因為有了這種基本的安全感，凡事我都願意以開放和好奇的態度去面對。

整合之路：
從類型七到類型五

對類型七而言，他們可以學習放慢腳步、讓活躍的心安靜下來，如此一來，事物的影響力便能更為深刻，方能以此來實現個人想法，並且保持健康狀態，正如健康狀態的類型五那樣。整合中的類型七不再沉迷於尋求不同凡響的經歷，而會將注意力擺在觀察與體驗之上，發掘自身與周遭世界的各種奇妙之處。這既解決了他們一心尋求指引的問題，還能提升工作產能與創造力。此外，他們做出來的成果更能引起

他人共鳴、更具意義。

　　培養一顆安靜專注的心能讓類型七更靠近內在指引，也能知道什麼樣的經驗才是真正有價值的。他們不再因為焦慮而做出錯誤決定，不會與正確的選擇擦身而過，整合中的類型七知道應該怎麼做。深入探索現實並不會讓整合中的類型七失去自發性或熱情；相反的，他們能更自由地去感受生命的分分秒秒。

　　然而，模仿健康狀態類型五的特質對於整合中的類型七幫助不大。迷失在各種想法、情感疏離以及應對他人需求的焦慮，只會加深類型七內心的嘈雜聲。努力強迫自己專注也沒用，因為這種努力是建立在壓抑之上。但隨著類型七學會讓心安靜下來、包容浮現的焦慮感之後，思緒自然就會變得清晰、創新、有洞見，並且具備健康狀態類型五的特質。

將人格轉為本性

　　類型七認識自己的關鍵在於，如果選擇直接追求快樂與滿足，他們永遠都得不到想要的結果。因為滿足感並不是「得到」任何事物的結果：那是一種存在的狀態，如果我們能允許自己接觸當下的豐富性，滿足感自然就會出現。若類型七能明白這一點，放下心中對快樂所設定的條件，那麼內在寬敞的世界便會開啟，存在所帶來的單純快樂便會油然而生。他們認識了存在的本質，知道純粹的存在令人愉悅，進而懂得打從心底欣賞並感謝生活。

　　經過幾年的思想工作後，塔拉也發現了這一點。

　　我開始明白，生活不是一直都很有趣。我重新定義了有趣和無趣，並且意識到這些想法通常都是錯的。很多我以為無趣的事情其實很有趣，例如洗碗，而且跟其他我覺得有趣的事情並無兩樣。

感恩開啟了充實的人生。
——梅洛迪·比提
（Melody Beattie）

思考未來當然沒錯，但對類型七來說，這是他們與當下失去連結的主因。類型七改造過程最具挑戰性的部分涉及到他們與當下現實的連結性。這一點很難做到，因為更清醒地活在當下，最終會讓類型七意識到自己一直在逃避的感覺：痛苦與被剝奪。在這種時候，類型七會清楚記得，自己真正害怕遭受的痛苦出現了——而且他們挺過來了。接著，唯有記得活在當下所得到的支持感，類型七才能長期與痛苦共處，真正代謝掉它。如同所有的有機過程，悲傷也有週期，而且需要一定的時間——急不得！此外，如果我們無法與痛苦共處，自然也無法與快樂同在。

當這項工作完成後，高度功能的類型七就很容易滿足，因為他們會意識到，自己與所有人自始至終都不虞匱乏。或許他們最大的天賦是**有能力看到物質世界的精神層面**——感知到日常生活中的神性。

先前提過的治療師潔西，她跟我們分享了這種能力所帶來的幫助。

我的繼子罹患愛滋病彌留之際，我把他抱在懷裡。我問自己，現在最好的選擇是什麼？此刻他能體會到最美妙的事情是什麼？於是，我引導他保持平靜與舒適。格雷戈里漸漸放下肉體，去感受生命的結束，並選擇嚥下最後一口氣的時刻。一切都很完美，我們都陪伴在他身邊。

▋ 本性的出現

印度教認為，上帝是把萬物當做一場舞蹈所創造而來的，如此一來，祂的創造反映了自身，也才能享受這份喜悅。正是這種對生活之美的讚嘆和敬畏，徹底激發了類型七。

從本性的觀點來看，類型七將**快樂**的特質——大家想得到的最終狀態——加以人格化。當我們體會到自己的存在狀態（擺脫內心不停嘮叨的聲音，擺脫各種計畫與事情），就會發現快樂其實是一種自發性的自然體驗。從基督教的觀點來看，人類的存在就是為了進天堂、享受美妙的景象——在永恆幸福之中，榮耀讚美上帝。因此，**超脫忘形**（ecstasy）是我們最終應有的狀態。當類型七記住這個事實，他們就能返璞歸真、回到快樂的本質，並且加以實現，將快樂傳播給他人。

潔西繼續說道：

我學會透過安靜的思考和反思來重新定位自己。我在心中發現了另一個世界；在那裡，我的靈魂是自由的，而且有許多精神糧食。我的內心世界超越了外在行為，它噴湧而出，為外在行為增添幾分顏色。快樂就這麼湧現，而生活本身就是一種喜悅。我發現自己不需要擁有太多東西，但依然心滿意足。在最好的情況下，我充滿敬畏與感恩。我活在當下，相信所有的需求都能得到滿足。

最重要的是，類型七在意識深處知道生活真的是一種餽贈。類型七所能帶給大家最重要的一門課，就是認識生活本身沒有錯，物質世界也沒有錯，一切都是造物者的恩賜。如果我們不把所有事情視為理所當然，便能隨時感受到喜悅與感恩的流動。當我們對生活不再有要求，所有事情都會變成神聖的餽贈，能夠將我們帶往忘形的極樂狀態。在所有人格類型中，類型七更需為此而努力，要牢記快樂真正的來源，並且在生活中奉行。

最大的喜悅就是在萬物中看見上帝。
——諾里奇的朱利安
（Julian of Norwich）

將你對類型七的十五項陳述選擇得分加總，得分範圍會在 15 到 75 分之間。參考得分說明，幫助你找到或確認你的人格類型。

15 分 你可能不是張揚型的人（不是類型三、七或八）。

15-30 分 你可能不是類型七。

30-45 分 你可能有類型七存在的問題，或是有類型七的家長。

45-60 分 你可能有某種類型七的元素。

60-75 分 你極有可能是類型七（但如果你對類型七的認識過於狹隘，也仍有可能是其他類型）。

類型七最有可能誤認自己是類型二、四或三。而類型九、三和二則最有可能誤認自己是類型七。

第 14 章

類型八：挑戰者

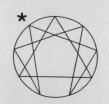

問題是：受人愛戴與令人恐懼哪個比較好？或許我們兩個都想
要，但畢竟愛戴與恐懼很難共存，若必須擇其一，後者似乎較為
安全。
—— 馬基維利（Niccolò Machiavelli）

投身戰場卻無戰勝之意是會要命的。
—— 道格拉斯·麥克阿瑟（Douglas Macarthur）

力量無需炫耀。力量是自信、自我肯定、自我開始、自我停止、
自我暖身與自我證明。一旦你擁有力量，你自然會知道。
—— 拉爾夫·艾里森（Ralph Ellison）

為了化解衝突，人類必須發展出一套拒絕報復、侵略和復仇的方
法——而此法的基礎，是愛。
—— 馬丁路德·金恩（Martin Luther King, Jr.）

領導者

保護者

提供者

企業家

特立獨行者

中間分子

里索—赫德森【人格類型態度】分類測驗

閱讀右側敘述後，根據
下列描述情況給分：

1. 完全不符合
2. 幾乎不符合
3. 一半符合
4. 大部分符合
5. 高度符合

計分標準請見第 382 頁

_____ 1. 我非常獨立，即便有所需求，我也不想依靠他人。

_____ 2. 我覺得「不入虎穴，焉得虎子」。

_____ 3. 我會把關心對象當做是「我的人」，並且必須為他們的利益著想。

_____ 4. 我知道如何達成目標：我知道怎樣獎勵他人與施加壓力，讓大家把事情做好。

_____ 5. 我不太會同情軟弱、搖擺的人，軟弱只會造成麻煩。

_____ 6. 我的意志堅強，不會輕易放棄或退縮。

_____ 7. 看到下屬能獨立作戰，我感到非常驕傲。

_____ 8. 我有柔軟、多愁善感的一面，只是很少表現出來。

_____ 9. 認識我的人都欣賞我的開門見山，我會毫無保留地說出想法。

_____ 10. 我必須為了我所擁有的一切去努力——我認為奮鬥是好事，因為它使你堅強，讓你知道自己想要什麼。

_____ 11. 我認為自己是挑戰者，是那種會把人推出舒適圈、發揮巔峰狀態的人。

_____ 12. 雖然我知道大多數的人都很拘謹、臉皮薄，不過我表達幽默的方式還是很直接，有時甚至算粗魯。

_____ 13. 我會勃然大怒，但也會平息下來。

_____ 14. 做別人認為不可能的事情是我覺得最有活力的時刻：我喜歡挑戰極限，看看自己是否能突破困境。

_____ 15. 經常有人遭受到不平等對待，我希望那個人不是我。

人格類型八：挑戰者

強而有力、主導類型：
自信、果斷、意志力強、勇於面對

　　我們將類型八命名為挑戰者，因為在所有的人格類型中，他們最喜歡接受挑戰，同時也給別人機會來挑戰他們，以此超越自我。他們具有人格魅力，能夠從身心兩方面來說服他人跟進努力——從開公司到重建城市、經營家庭，還有宣戰與講和，處處可見類型八的身影。

　　類型八有強大的意志力和生命力，能在日常生活中發揮作用，那也是他們覺得最有活力的時刻。他們會利用充沛的精力來改變環境或是留下印記；但也會避免環境及其他人傷害自己與其所關心之人。類型八很早就知道這一切都需要力量、意志、堅持和忍耐，這些是他們在自身上發展的特質，也希望能在別人身上找到相同之處。

　　塞耶是一名股票交易員，她努力想搞清楚類型八的人格類型是怎麼一回事。她提起童年的一樁意外事件，讓她看清楚類型八人格發展模式。

　　我的堅強與韌性大多是來自於父親。他一直告訴我，不要受任何人擺布。還有，哭是沒用的。我很早就學會要控制自己軟弱的一面。在八歲這個脆弱的年紀，我騎上了一匹大馬，沒想到馬兒失控；大人控制住那匹馬之後，我堅持自己下馬，沒掉一滴眼淚。我看得出來，父親為此感到很驕傲。

　　類型八不想受到控制，也不允許別人對自己在心理上、性方面，還是社交或經濟方面以權力施壓（他們的基本恐

→ **基本恐懼**：害怕受到傷害或控制、害怕違反規則

→ **基本欲望**：保護自己、決定自己的人生

→ **超我的訊息**：「如果你夠強大、能掌控好自己的處境，你就很棒。」

我們要嘛讓自己可憐，要
嘛讓自己強大。付出的代
價都是一樣的。
——卡洛斯·卡斯塔尼達
（Carlos Casteneda）

「我主宰自己的命運。」

懼）。他們做的許多事情，都是為了確保自己能長期擁有一
定的權力。類型八可能是將軍或園丁，也可能是小商人或權
貴，可能是家庭主婦或宗教領袖，無論扮演何種角色，擁有
主導權並讓人印象深刻是他們的獨有特徵。

　　類型八是九型人格中真正的「嚴格個人主義者」，比其
他類型都更為孤獨。他們想要獨立、不想欠下一絲人情。他
們拒絕向社會習俗屈服，只要做了，就不會因為後果而感到
害怕、羞愧或擔心。別人如何看待，他們心裡有數，但不會
被他人的想法左右。他們會以鋼鐵般的決心做自己的事，這
一點令人讚嘆，甚至讓人敬畏。

　　雖然在某種程度上，類型八害怕受到身體傷害，但更主
要是因為恐懼失去權力或受到控制。類型八極其堅強，可以
忍受身體上的巨大痛苦而毫無怨言。但這是一種雙面刃的天
賦——因為他們經常把健康和毅力視為理所當然，卻忽略了
別人的健康和幸福。不過，他們在情感上也很怕受傷，因此
會利用外部力量來保護個人情感，並與他人保持情感上的安
全距離。在他們堅強的外表下，內心其實很脆弱，只不過是
用一層情感盔甲來武裝自己罷了。

　　因此，類型八通常很勤奮，代價卻是失去生命中許多人
的感情，身邊的人會對這種狀態越來越不滿意，但類型八始
終無法理解原因何在。（「我不知道我家人在抱怨什麼，我
這麼努力都是為了他們，他們還有什麼好不滿意的？」

　　一旦發生類似情形，類型八更可能因為覺得受到誤解而
選擇拉開距離。事實上，在類型八嚴肅的外表下，他們經常
會覺得受到傷害、被拒絕，但因為不願意對自己承認自身的脆
弱性，他們很少說出感受，更別提在別人面前表現出來。因
為害怕被拒絕（離婚、受嘲諷、被批評、被辭退或受傷害），
類型八會先先下手為強，先拒絕別人來保護自己。結果是：

一般狀態的類型八**與別人交流或愛人的能力都會受阻**——因為愛會讓別人凌駕於自己之上，會重新喚醒內心深處的基本恐懼。

　　對於任何輕視其自尊、權威或才能行為，無論是真實發生或出於想像，一旦類型八為了保護自己而建立越高的自我，就會對上述行為變得越敏感。他們越不想受到傷害或痛苦（無論是身體上或心理上），就越會封閉情感，表現得像石頭一樣堅硬與冷漠。

　　然而，當類型八處於情緒健康狀態時，就會表現出高度機智、什麼都願意幹的態度，再加上穩定的內在指引力量，他們會帶頭落實工作，對生命有極大的熱情。他們會是受人尊敬、有權威性的領導人，具有堅定且威嚴的風範。他們腳踏實地，有足夠的常識和能力做決斷。類型八願意站在刀口上承擔壓力，知道無論是什麼決定，都一定會有人不滿意，但他們想盡可能在不偏頗的情況下，多照顧自己人的利益。他們會發揮才能與勇氣，為生命中的每一個人打造更好的世界。

▊ 童年模式

　　大多數的類型八都表示過，他們從小就覺得不得不「當大人」。他們可能因為父親不在或其他變故而必須幫忙賺錢養家，也可能要面對危險的環境（例如毒販、街頭幫派或某處戰區），或是跟家中情緒不穩定或有暴力傾向的大人周旋。然而，在一般家庭中成長的類型八也會基於不同原因，覺得必須要保護好個人情感。簡言之，類型八往往會快速成長，而生存下去是最為重要的問題，他們彷彿不停在問：「我和我所關心的人要如何在這殘酷、冷漠的世界生存下去？」

　　類型八的羅森娜回想起童年所面臨的巨大壓力。

※請注意————
此處所指的童年模式並不會導致人格類型的產生，而是描述了我們在童年的早期階段所觀察到的各種傾向，對於成年後的人格類型有重大影響。

　　在我漸漸長大之後，因為父親的堅持加上我的強硬態度，我們的相處方式連帶改變了我跟母親的關係。如果要安排家庭活動，例如出遊或看電影，母親都會說：「你去問問你爸，如果是我說的話，他肯定不會答應。」我一方面覺得這代表母親認為我夠強大，我為此感到自豪；但另一方面，我很不喜歡這樣，因為即便我與父親之間看似彼此尊重，但我還是很怕他，畢竟我只是個小女孩。我很清楚這一點，但就是不想承認。

　　年輕的類型八很快會發現，表現溫和或一味付出並非安全的作法。這類態度代表「溫柔」與「軟弱」，在他們看來，這最終只會招來拒絕、背叛和痛苦，最好不要放棄防衛心。如果生活中需要有人呵護或給予溫暖，這一定是別人的事。

　　類型八經常表示，小時候就常會陷入遭到排斥或背叛的強烈情感掙扎。他們堅持己見、富有冒險精神，經常讓自己陷入被懲罰的處境。年輕類型八不是選擇遠離懲罰者，而是會以抗拒的態度來保護自己，心想：「去死吧，誰需要他們？不用別人來告訴我該怎麼做！」當然，就跟其他人一樣，類型八也想被愛，可是一旦覺得自己被拒絕或受到不合理的對待時，他們會表現得越強硬，把自己的心鎖起來。

　　阿琳是宗教組織的成員，一直扮演團體中力量與支持來源的角色。她回想起早期一起不愉快的事件，引發了她身為類型八的防備心。

　　我兩歲半時，妹妹出生了。當時媽媽在床上照顧妹妹，我則一直想爬上床找媽媽。她說了好多次，要我去找阿姨。阿姨都會把我抱坐在她的大腿上。媽媽擔心我會傷著寶寶，但我還是堅持要擺脫阿姨，想爬回床上跟媽媽在一起。最後，媽媽把我推開，在那一刻，我心裡有個聲音說：「總有一天我要報復！」後

來，我稍微大一點之後，我決定八年級畢業就要離家去女修道院，我知道這會深深傷害到我的親人，但我不顧父母的意願，堅持要這麼做。

年輕的類型八可能會扮演替罪羔羊（不合群者或問題孩童）的角色。在家庭系統理論中，「替罪羔羊」典型的行為是以言語或行為來突顯家庭中隱藏的問題。成年的類型八會變得特立獨行、反抗制約，並盡其所能對抗體制。

當孩子覺得受到**父母**或重要人物的**背叛**時，就會做出讓自己更強硬的「決定」。例如孩子被送到寄宿學校或交由親戚照顧之後，父母就不聞不問，或是存款、貴重物品被以不當的方式取走，甚至可能受過虐待或性侵害。但因為年輕的類型八與沒有善待他們之人有著不平等的關係，導致他們的無能為力，只能在心中默默下定決心，永不讓這種情況再次發生。

基特是時尚產業一位頗具成就的企業家，她回憶小時候做出重大決定的時刻。

七歲的時候，我的黑人奶媽突然去世，這是我人生中重要的轉捩點。在我心裡，她是我的支持力量來源。每次我被父母處罰時，她都會用不同方式安慰我。但是她的過世讓人措手不及，我真的覺得很孤單，甚至惱火父母不讓我參加她的喪禮，也氣兄弟們毫不在意，更恨奶媽棄我而去。但是我沒有掉一滴眼淚。我決定要靠自己，我不需要任何人。

類型八認為遭到背叛的當下是生命中的關鍵時刻，因為這象徵天真與善良的死亡。當真心受到重要人士的背叛，類型八就會下定決心，絕不允許自己再繼續表現出天真或脆弱，

也絕對不會卸下防備。類型八會悄悄哀悼失去的天真一段時間，但最終會接受，認為這是必須面對的人生挑戰。如果他們的生活背景充滿無情威脅，類型八也會對自己很無情，正如他們對別人一樣。他們一旦把心埋藏起來，甚至會忘記如何為失去的天真而感到悲傷。

側翼附屬子型

代表人物

富蘭克林·羅斯福
米哈伊爾·戈巴契夫
唐納·川普
芭芭拉·華特斯
唐·伊莫斯
法蘭克·辛納屈
寇特妮·洛芙
蘇珊·莎蘭登
貝蒂·戴維斯
瓊·克勞馥

▌具有類型七側翼的類型八：獨立者

健康狀態：此側翼附屬子型的人思考敏捷且想法務實，頗具吸引力，能讓別人願意一同為夢想而努力。他們是行動導向，想要對所在之處有所影響，也善於挑戰他人發揮實力、超越期待。如此一來，他們可以用更實際的方式讓生活更美好。這是最獨立的附屬子型，有事業心，喜歡做能確保他們獨立性的工作。

一般狀態：此側翼附屬子型具有冒險精神，喜歡面對風險，常有「大計畫」，而且為了讓其他人配合，他們會做出過於華麗的承諾，誇大其冒險後的可能成果。他們也是最擅長社交的附屬子型之一，開朗健談且極度自信。他們務實、喜歡競爭且不會過於在意討好別人，也不會忍受軟弱或無效率的表現。他們會變得沒耐心、容易衝動，比其他附屬子型更容易受到情緒影響。他們不會掩飾其強勢和對抗態度，面對鬥爭也不太可能退縮。

▌具有類型九側翼的類型八：承擔者

健康狀態：此側翼附屬子型的人將力量、自信和決心與沉著冷靜的特質結合在一起。他們在追求目標的過程中無比堅定，也不會像其他類型八明顯過於激進或容易心神不寧。

他們更為熱心，是家庭導向的人，堅持透過保護方式來行使權力和領導力。他們比較不會專斷獨行：雖然他們也想獨立自主，但會以自己的步調來進行。他們穩定人心的能力也連帶提升了領導力。

　　一般狀態：此側翼附屬子型的人似乎有雙重天性，在不同場合會有不同表現。舉例來說，他們在家時可能是溫暖、感情充沛的人，但在工作上卻表現得十分堅決與強勢。一般來說，他們喜歡低調安靜的生活，並喜歡在幕後操控個人事務。他們的表達方式緩慢而溫和，且對他人的非語言暗示及肢體語言高度敏感，友善的同時又會默默評價他人。他們深謀遠慮、十分警覺，讓人無法小覷。此側翼附屬子型的類型八有時也會非常固執、冷漠且具有潛在的威脅性。他們的脾氣來得快，去得也快。

▍自保型的類型八

　　倖存者。一般狀態的自保型類型八是本類型當中最實際的，他們會密切專注在務實的事務上，並且要「造福眾人」，如此一來，他們就需要有足夠的金錢與權力來確保自己與所愛之人的幸福。他們是類型八中最居家型的一群，喜歡享受家庭的私人生活；但無論男女，他們肯定堅持要做一家之主。自保型類型八比其他兩種本能變項更為物質主義，想要得到金錢帶來權力的同時，也想獲得擁有能象徵影響力與重要性的物品（例如汽車或房屋）。他們也最有可能變成工作狂，可能會身兼數職或是超時工作，藉此賺取足夠收入，讓自己感到滿足與覺得受到保護。

　　自保型類型八會擔心要如何保護個人財產與投資。事實上，即便在家裡，他們對個人物品也有極強的界限概念（「沒

代表人物

馬丁路德‧金恩
果爾達‧梅爾
托妮‧莫里森
約翰‧韋恩
史恩‧康納萊
雪歌妮‧薇佛
保羅‧紐曼
英迪拉‧甘地
葛倫‧克蘿絲
諾曼‧梅勒

本能變項

有我的允許，誰都不可以進入車庫！」）唯有確定個人財產安全無虞才有安全感。因此，他們會不斷檢查，確保自己的經濟情況、個人地位或職業地位，以及財產等各方面都沒有受到威脅。

在不健康的狀態下，自保型類型八會變成惡霸或小偷，會以「讓他人變強」為由，將個人的破壞行為合理化。畢竟，這是一個弱肉強食的社會。他們經常會覺得自私的表現、追求個人所需都是合理的——通常是經濟上與性方面——而不考慮後果或他人感受。為了保護個人利益，他們會毫不猶豫去傷害或攻擊他人，確保沒人可以威脅到他們的物質安全。

▌社會型的類型八

熱情與友情。一般狀態的社會型類型八會透過與他人建立牢固連結來表達個人的情感強度。榮譽與信任是大事，他們喜歡跟能證明自己值得信任的人打交道。他們會考驗關心之人，藉此確認友誼的牢靠性。社會型類型八的社交尷尬或覺得格格不入的感覺，會隨著跟那些他們早已習慣、能接受他們做自己的友人在一起而得到緩解。（不是每個人都能進入他們的內部圈，但通過忠誠與團結考驗的人，可以得到最大的信任。）社會型類型八的放鬆方式包括晚上出去玩、週末小旅行，或是跟內部圈的人在一起，他們可以為了自己所在意的少數人做任何事情。他們喜歡組織社交活動，跟朋友一起吃飯喝酒，並與「真誠的人」共同冒險。他們也喜歡談論政治、運動或宗教話題——越激烈越好。

處於較低層級的社會型類型八可能會把朋友的存在視為理所當然，也可能因為意見不合而分道揚鑣。他們很容易覺得遭到背叛，而心懷怨恨的狀態也比多數人都久。一旦決定

將某人逐出內部圈，類型八就極度不願意再與對方有所往來。此外，他們編故事的嗜好也會惡化成誇大事實與哄騙他人，變成舌燦蓮花的騙子，滿口承諾卻無法付諸行動。

在不健康狀態下，因為覺得自己遭到背叛與拒絕，社會型類型八會變成極端反社會的獨行者，做事不顧後果，充滿自我毀滅的味道，特別容易陷入藥物濫用的情況。行為紊亂加上憤怒會迅速摧毀生命中許多美好的事物。在這種狀態下，社會型類型八便很難看清他們對自己或他人所造成的傷害。

性本能型的類型八

主導。在一般狀態下，性本能型的類型八是這種人格類型中，最具神祕激情和個人魅力的。他們對關心之人充滿熱情，希望感受到自己對他人的生活有重要影響。（當然，這影響可能是正面的，也可能是負面的，取決於發展層級而定。）他們跟社會型類型八一樣，喜歡激發出美好的時刻，不過更多時候，性本能型類型八所表現出來的是叛逆氣質。他們擁有一絲狡點的幽默感，喜歡表現出「壞壞的」模樣。

性本能型的類型八會愛得很深、瘋狂付出，但也會把建立親密關係視為是爭取控制權或建立自尊的機會。他們對親密之人態度強硬，即便是善意的討論也會大受刺激，對美好事物也會不耐煩。正如自保型類型八，他們同樣爭強好勝，但更多是因為享受競爭的刺激感，而不是以安全感為出發點。事實上，性本能型的類型八會因為太容易得到而不加珍惜，同理適用於他們對親密關係的態度。

		關鍵詞	
		類型八 發展層級	
健康狀態	第一級	忍讓英勇	類型八不會堅持自己必須掌控一切，如此一來便能放下戒備、療癒心靈。他們也意外可以藉此實現基本欲望——保護自我。變得有雅量、忍讓、勇敢、寬容，有時還具有英雄氣概。
	第二級	自立堅強	類型八會以個人精力及意志力來達到獨立目標，掌控自己的人生。他們充滿活力，以行動為導向。自我形象是：「我堅定、直接且足智多謀。」
	第三級	自信領導	類型八會藉由接受挑戰來強化自我形象。他們透過行動與成就，透過保護他人並為他人考慮、透過激發他人潛力等方式來證明自己的力量。他們講求策略、有決斷力，喜歡實現具有建設性的事情。
一般狀態	第四級	務實有魄力	類型八擔心沒有足夠的資源完成工作或是扮演好供應者的角色。因此，為了得到所需資源，他們會變得更加機靈和圓滑。他們做事有條理、具競爭力，不輕易流露情感。
	第五級	自誇專橫	類型八擔心別人不尊重自己或不給予應得之物，因此會試圖說服他人相信自己的重要性。為了讓他人認同自己的承諾，他們會大肆吹噓、做出不切實際的承諾。表現固執且驕傲，想要讓別人知道一切都在自己的掌控之中。
	第六級	對抗令人害怕	類型八擔心得不到他人支持，憂心失去生活的主控權，進而試圖以威脅或壓迫的方式對他人施壓。他們脾氣暴躁，不服從加諸於自身的要求，並會把他人逼到無路可退。
不健康狀態	第七級	無情專制	類型八害怕別人反對，這一點或許沒錯。他們覺得遭到背叛、無法相信任何人，因此決心要不計一切代價保護自己。他們覺得自己是被放逐者，不為社會制度所管，會做出損人利己之事，並有報復心強及兇暴的表現。
	第八級	妄自尊大令人恐懼	類型八迫切想保護自己，害怕因為個人行為遭到報復，因此會在對手採取行動之前就先下手為強。他們無視界限，很快就因為行事過度而失敗。他們幻想自己無堅不摧，進而對自己與他人帶來危險。
	第九級	反社會破壞性	對不健康狀態的類型八而言，意識到自己招惹到強大對手，無異是一種打擊。他們會試圖破壞一切，就是不讓他人的勝利凌駕於個人之上，也不想受到他人控制。他們會暴跳如雷、無情地摧毀生活中的一切，甚至可能在過程中殺害他人。

在較低層級中，他們會要求別人的忠誠度、一致性及關注度，無法容忍他人的興趣搖擺不定。事實上，他們認為自己是扮演父母、導師的角色，希望將他人塑造成更符合自己需求及想要的模樣，並對他人生活的各方面都有意見。他們很難維持人際關係的平等性這一點就更不用說了。

在不健康狀態下，性本能型的類型八會試圖完全控制與主導另一半的生活。他們具有強烈的嫉妒心，把他人視為個人財產，並試圖把重要之人跟其友人隔離。在最糟的情況下，虐待配偶、衝動報復或激情犯罪都是有可能的。

大多數的類型八在生命中的某些時間點會遇到下列問題。請注意這些模式、「掌握自己當下狀態」，並觀察自己平時的潛在慣性反應，這都有助於我們擺脫所屬人格類型的消極面。

類型八成長所面臨的挑戰

▌類型八的警鐘：拚命自給自足

類型八覺得需要保護自己──這會變成一種害怕依賴的心理。（「我覺得不安全，我必須要硬起來，得到更多資源來保護自己。」）因為類型八認為，如果要得到別人的支持或幫助，難免會失去自主權，因此乾脆選擇與全世界對抗。生活中的每件事情都很困難、都是鬥爭，而類型八就會不斷堅持自我，並與他們眼中不和諧或是充滿敵意的環境對抗。（「我必須為我所擁有的一切奮鬥。」「你必須夠強大，否則就會被生吞活剝。」）

一般來說，類型八不喜歡在別人底下做事，喜歡做自己想做的事情，並為此承擔風險。許多類型八都是具有企圖心的追求利益者，不斷有新想法。他們也會公開表現出自己的野心，但不是為了表現優越感，而是要確保擁有足以維持幸

福與安全感的資源。唯有類型八覺得凡事都在掌控之中，他們才能放輕鬆。

當然，沒有誰活著是真的完全靠自給自足。包括類型八在內的每個人都需要別人的幫助與支持才能達成目標。如果類型八仔細看看，他們就會發現，事實上，自己是依賴許多人來達成目標。只不過因為類型八害怕過於依賴他人及遭到背叛，故而不想承認這一點，也不想與他人分享榮耀。他們說服自己是獨自作戰，並且必須強迫他人服從。

如果這種想法變成習慣，而且如果他們忽視警鐘，類型八就會陷入更為狹隘的執著當中，相當危險。當類型八覺得自己必須要控制他人、控制生活的時候，這就表示他們正朝錯誤方向發展。這些都會體現在工作態度、與所愛之人的衝突上——甚至因為打不開花生醬而破口大罵都是一種警訊。

與世界對抗

當你為一件事情（或活動）投入過多精力時，你就要注意了。當你開門或握住某物時，注意你的力度。當你在做事時，例如掃地、擦洗或使用工具，你能否少用點力氣，但效率依然不減呢？當你跟某人說話時，聽聽自己的聲音。你花了多少的力氣來表達真正想說的事情呢？

社會角色：中堅人物

一般狀態的類型八會把自己視為中堅人物，是個強大且不可撼動的角色，更是家庭或工作圈中的重要人物。（「我很強大，是大家依靠的對象。」）他們可能會有意識或無意識地把自己和這個角色的力量及不可撼動性畫上等號，強化了自信與無所不能的想法，但這也意味著類型八必須壓抑個人的弱點、自我懷疑與恐懼。此外，跟其他類型的人一樣，

一般狀態的類型八如果沒有帶上社會角色的面具，他們跟身邊的人相處起來就會不自在。

如果類型八扮演中堅分子的角色，他們會選擇相信自己可以捍衛自己，避免受到傷害。遺憾的是，做為中堅分子也意味著他們會抵抗生命中許多美好的事物，例如：他人關心、親密關係和周遭善意，也可能會自我犧牲。在困難與痛苦面前，他們必須不動如山。

先前曾提過的阿琳，她就發生過類似情形。

我是個憑感覺做事的人，大腦反應會慢半拍。很多時候我都是活在未來。在面對失去時，我也能輕易否定或忘掉感覺，繼續過日子。

類型八受到的威脅或壓力越多，就越會變得強勢與激進。一般狀態較低層級的類型八會認為，自己對別人採取強勢手段毫無問題，就彷彿是在宣告：「有意見來找我！」他們把自己當做是在冷酷無情世界中求生存的人。

基特回想起童年時這種情況所帶來的問題。

並不是我想反抗，我也想當個「好女孩」，或者最起碼表現出大家可以接受的樣子。但我就是很衝動，不惜一切代價想占上風，並堅持依照內心想法行事，捍衛自己與個人信念。我習慣性把一切都歸咎於父母，我在別人眼中是非常放肆和無禮的。小

恢復親密關係

找出生活中不需要你表現強勢的領域——人際關係、地點或時間。觀察你在此時的狀態或與特定人士相處的情形。感覺如何？跟生活中其他領域有何不同？

時候，如果我的想法遭到誤解或批評時，我都無法理解。所以我從小就決定要切割個人情感，假裝什麼都不在乎。

貪欲和「強度」

類型八想要表現強大與自主性。簡單來說，他們想要感受到穩固與活力。因此，**貪欲**這種傳統的強烈情感（罪）迫使他們以能刺激活力的方法行事，讓生活**充滿強度**。與他人之間的互動必須強烈，工作必須繃緊，玩更要玩得徹底，類型八彷彿不停在衝擊生活。

但是當他們屈服於貪欲的強烈情感時，類型八就會為了堅持自己的主張而陷入與環境（包括他人）對抗的泥沼中，藉此獲取所渴求的感覺。諷刺的是，他們越逼自己，就越沒有力量去建立與自己或他人的連結。最終，**逼得越緊，就越難體會真實的存在感**，自己和別人都變得不重要，成為受環境操縱的對象。結果就是一種內在的僵化，但隨即又讓他們為了克服這種感覺而付出更多代價。過於強烈的情感只會增加需求的強度。

在一般狀態類型八的身上還存在某種蠻勇氣息。他們或許不會賽車或豪賭，但所有的類型八都對刺激的強度有種迷戀，喜歡把自己逼到極限、接受挑戰以及克服困難的感覺。這或許很刺激，但隨著時間過去，他們也會精疲力竭，最終賠上健康。對某些類型八而言，他們可能會出現飲食不正常、抽菸或喝酒等不良習慣，卻不當一回事。（「不會發生在我身上的，我身體很好，不會怎樣。」）類型八習慣了這種想法之後，只要這種想法成功凌駕的時候越多，他們就越容易覺得自己無堅不摧，最終錯估形勢，導致悲劇性的結果。

當貪欲與控制欲結合在一起，情況就更諷刺了。正如我們所見，類型八想要主控一切，但是當貪欲占上風時，他們

選擇站在控制的對立面：貪欲是對自身以外某件事情的反應。對於某人或某物的貪欲會使當事人受其所控，無論是對金錢、對性伴侶或權力皆是如此。跟所有人格類型一樣，受到扭曲的強烈情感最終會引發與心中真正所想恰恰相反的結果。

逐步發展

你之所以喜歡競爭與冒險，有一部分原因是因為可以從相關活動中得到活力感。這與你在放鬆時所得到的活力感有何不同？你現在是否能有意識地放輕鬆？這對你的自我意識有何影響？

處理事務的代價

一般狀態的類型八向來很務實，但內心還是存有某些夢想，通常是跟賺錢、創業或股市有關；可以是複雜如創業，也可以簡單如定期買樂透。並非所有的類型八都很有錢，但大部分的他們都在尋找「重大轉機」，使其獲得想要的獨立、尊重與談判本錢。

治療師艾德回想起從小發展出的企業家精神。

記得五歲時，我到附近的一塊空地，在草地上搜集了一些草籽，拿去找住在對街的房東太太，告訴她這是非常好的鳥食，並以五分錢賣給了她。我拿著錢到當地的小店，買了兩個杯子蛋糕。接著，我到當地的網球場，又把手上的杯子蛋糕一個賣了五分錢；然後我又拿著一角硬幣回到小店，再買了四個杯子蛋糕。故事就在這裡結束了。因為當我回到網球場時，零食攤的人衝我吼了一頓，把我趕出球場。

類型八害怕依賴別人，因此想要確保擁有主控權。當他們滿意於掌控一切的同時，也會因為要處理所有事情而給自

「我得造福眾人。」

己帶來沉重負擔。如果他們扮演父母的角色,重點就會擺在生存事項,例如確保孩子們有足夠的食物、遮風擋雨之處,以及有像樣的衣物與接受良好教育。如果經濟條件較佳,他們就會想為孩子提供車子與房子,並替孩子們的未來鋪好路。(「長輩要負責一切。」)他們會投入大量精力、有各種想法並主動出擊,不停做各種決定,然後促使眾人實現。類型八會在身邊展現出各種力量,激勵並保護身邊的某些人,但也會令某些人害怕。這對類型八而言,是一種微妙但真實存在的負荷。

因此,即便對一般狀態的類型八而言,親密關係也是個問題。他們往往想接近他人、表達強烈的情感,但卻不知該如何放下戒備心,尤其是需要掌握控制權的時候。由於類型八無法與他人保持直接的情感聯繫,他們便選擇透過競爭、挑戰與肉欲來建立關係。他們受衝突所刺激,而這往往會變成誤會之源。類型八樂於與人激烈討論,甚至是爭執,並會強力推銷個人觀點,但最後卻常意外發現自己的強勢行為傷害了他人。許多類型八都表示,他們是透過性行為和身體接觸跟他人建立關係,又或者是透過打鬧吵嘴來表達情感。

不過,一般狀態的類型八不希望別人知道他們所承受的壓力。他們試圖自己處理所有的問題而不讓任何人知道,或至少不會讓人知道問題的嚴重程度。他們經常超時工作,生活在興奮與壓力之下,不願意採取適當方法來處理壓力,一

否認脆弱

類型八會讓自己承受巨大壓力。他們要照顧別人,必須表現堅強,不能哭也不能表現出軟弱、懷疑或猶豫不決。
找找看,在哪些情況下你會讓自己承受上述壓力。你這麼做是為了誰?結果值得嗎?如果你對自己寬容些,會發生什麼事情?

直等到健康惡化才不得不面對。類型八的人會不斷消耗精力直至精疲力竭，罹患心臟病、高血壓、中風和癌症都時有所聞。

妄自尊大及「印象深刻」

當一般狀態類型八害怕別人沒意識到自己所付出的精力時，他們就會想辦法讓大家注意到，究竟誰才是主事者。他們會有許多動作讓大家知道誰最重要——通常是大聲咆哮和虛張聲勢——就像動物世界裡的雄性動物宣示主權一樣。一般狀態的類型八希望別人知道他們是可以把事情辦好的「大人物」。（「我知道有人可以幫你解決問題，我會幫你跟她談談。」）他們會把話說得很大方，讓大家配合，正是所謂的胡蘿蔔加棍棒——恩威並施。他們也會跟別人交換條件，「你幫我做這件事情，我會罩你。」一般狀態的類型八更傾向採用勸說和激勵的方法，讓別人配合自己的計畫；一旦遇到阻力，就會採取更激進的主導方式。

有辦法幫助別人是必須的。如果手中沒有籌碼，一般狀態的類型八就會覺得在與別人打交道時，自己處於不利地位。更糟的是，他們最後可能欠下無法償還的人情，進而引發其基本恐懼。

他們也會試圖擴大影響力，在某種程度上，也算是擴展自我界線，並把事業與所有物都視為是自我的擴張。（「這是我的——我的城堡、我的財產、我的事業、我的配偶、我的小孩。這些都代表了我。」）構思並完成所想是獲得永恆不朽的方法；這是在向全世界宣告：「我一直都在。」相較之下，王國的大小遠不如這是**他們的**王國來得重要，以及他們才是真正的主事者。如果財務情況良好，他們可能會有隨從，並像貴族般旅行，期待獲得他人的敬意、尊重與服從。當他們下達命令，就希望大家沒有二話、立刻執行。

「你得跟我打交道。」

讓大人物退休

你為自己的直接和誠實而自豪。當你試圖給人留下深刻印象或征服他人時，你的誠實度有幾分？以此方法讓大家跟你站在同一陣線，你對自己滿意程度為何？你是否能想出其他更有效的方式來獲取他人的支持與配合呢？

當堅持己見遇上激進

　　類型八喜歡直截了當把話說清楚，如果有人說話拐彎抹角，他們就會起疑，這也是為什麼某些人格類型的溝通風格跟類型八不來電。他們無法理解為什麼別人不能像自己一樣直接。而同時，某些人格類型的人也對類型八的大膽和強勢感到不解。

「你想怎樣？」

　　原因在於，類型八需要明確的界線：他們需要知道自己的立場，並且出於本能的想知道事情從何開始，又將在哪結束。他們想知道別人會容忍什麼，不會容忍什麼。**類型八會試探底線**。如果跟自己有關係的人沒有給予回應，類型八就會不斷試探底線，直到對方有所回應。試探底線的方法有時是刺激或取笑他人，有時候會給予性方面的壓力，或是要求他人在交流過程中立刻有所回應。

　　類型八的一意孤行和直截了當往往會嚇到別人。旁人經常將類型八咄咄逼人的交流方式解讀為憤怒或批評，不過類型八覺得自己只是想要獲取注意、讓別人知道自己的立場罷了。某部分的問題在於，類型八其實並不知道自己該在何處施力。正如我們所見，他們在許多事情中經常投入過多不必要的精力。類型八的不安感越強烈，就越會以激進方式來堅持主張。而諷刺的是，這麼做反而造成更多的反抗與更少的合作。

　　阿琳對自己鮮明的類型八性格做出評論：

　　我一直覺得自己無堅不摧、刀槍不入，大家也都這麼說。一般而言，我非常肯定自己願意冒險。有好幾次，我在不清楚細節的情況下就「提槍上陣」，結果往往是成功的。然而，在我內心深處，我並非如外人想的那般堅強，這一點很困擾我，因為我彷彿對別人構成了「威脅」。

　　當類型八覺得受到威脅與不安時，他們會變得十分暴躁、難以捉摸。身邊的人很難知道到底發生什麼事，可能是沒有準時吃飯這種小事，或是屋內沒有照他們預期布置，也可能只是因為說話的語氣。因為擔心別人會反抗或超越自己，陷入焦慮的類型八就會開始任意將個人想法強加於他人身上。（「要嘛聽我的，要不就走人！」「照**我**說的去做就對了！」）

　　其他表達不悅但不直接爆發的方式包括削弱他人自信及分化策略。類型八在生氣或受挫時，可能會訴諸言語暴力或對人咆哮。當然，如果他們一直這麼做，就會導致其他人聯合起來反抗，這也是類型八最怕看到的情形。一旦陷入害怕被他人冒犯或拒絕的恐懼中，類型八就無法判斷哪些是曾經傷害過自己的人，哪些是現在需要打交道的人。他們就是覺得別人肯定不會公平對待自己，因此決定盡一切所能來保護自己、避免受到傷害。

感受直覺能量

下次當你想爆發內心想法時，先試試做個小實驗：不要衝動行事，停下來深呼吸，觀察衝動的能量是如何在你體內流動。看看你是否能跟上。這股能量維持了多久？有隨著時間發生改變嗎？是否因為你的關注而產生其他感覺？用一隻手輕輕摸著你最能感受到這股能量的區域。有發生什麼事情嗎？

控制與人際關係

　　類型八擔心受控制的恐懼心理很容易被觸發，導致即便是稀鬆平常的事情，他們都會覺得備受控制。如此一來，類型八在事業與人際關係上出現重大問題也就不意外了。舉例來說，他們很難接受別人的意見，更別說是命令了。（「不用告訴我該怎麼做！」）類型八的主要資源在於充沛的精力和意志力，但這些經常浪費在不必要的衝突之上。

　　童年成長環境失能程度越高，類型八就越需要有控制權來獲得安全感。對於成長環境失能的類型八而言，他們需要有更多的「證據」來證明自己夠強大、有足夠的掌控能力。

　　伊恩以前是一名飛行員，他坦承了自己對家人的控制欲，尤其是對妻子。

「要嘛聽我的，要不就走人。」

　　現在回想起來，我感覺不太好，但是年輕時，我覺得有必要向自己證明，我在各方面都是贏家。我要求兒子每天早上都要像當兵一樣早起，也完全掌控家中財務，妻子的任何開銷都要經過我，我要確保她沒有多餘的閒錢可花，如此一來也沒有閒逛的自由。如果她沒有錢，就無法離開我。

　　類型八為了爭取掌控權，如果覺得他人取得了不公平的優勢地位，他們就會讓事情演變成公開衝突，並且憑藉著強大的本能力量及鋼鐵般的決心，有效畫出界線，就看誰有膽量跨越雷池。（「別想加薪，如果你不滿意，現在就可以辭職！」）遺憾的是，一旦類型八下達最後通牒，即便是衝動之下做的決定，他們都覺得必須遵守到底。讓步或是軟化態度都是懦弱的表現，甚至可能失去獨立性和掌控權。

　　如果未加注意，控制的欲望會導致類型八把重要的人也視為是自己的所有物，並把依賴他們的人視為無用之人，不

值得受到尊敬或公平對待。在忽略自身情感與感受的情況下，他們也會嘲笑或無視其他人的痛苦或情感需求。遇到麻煩的類型八也會因為下屬展現能力而備受威脅，進而試圖削弱其自信，隨意下達命令讓人不知所措，而當所有方法都失敗後，就會進行尖酸刻薄的言語攻擊。

<table>
<tr><td>**如果有人這麼對我，怎麼辦？**</td></tr>
<tr><td>回想一下，你是否曾經強迫他人做違反意願的事情。你現在是否能想出其他辦法，同樣也能達成相同目的？你所追求的是合理合法的嗎？如果你無需對他人施壓，他人也能提供你所想要的東西，那又會是什麼情況？同樣的，想想他人試圖對你施壓的情形。他們的手段是如何影響你配合的意願？</td></tr>
</table>

對抗與叛逆

為了堅持自我與反抗權威，類型八可能會選擇早婚，或是與家人反對的對象在一起，抑或拒絕上學、表現出各種反抗行為。他們從小就會反抗權威。

艾德回憶道：

我小時候就脾氣火爆，只要有人指使我，我火就上來了。記得八歲時，有一天放學回家路上看到在施工，我好奇走上前，有個警察就叫我走開。我回答：「不要！」結果他把我帶回家交給爸媽，還說我是他見過「最沒禮貌的小孩」。

深受恐懼困擾的類型八容易忿忿不平，易與他人發生衝突、威脅他人，以此達到目的；並會試圖加強恐嚇程度來脅迫他人。因為預設了他人會拒絕或不配合的立場，即便是面對昔日戰友和夥伴也難免形成敵對關係，最後甚至可能連家

「沒人能逼我做事！」

人都站在對立面。接著，類型八不禁會想，為什麼別人會抗拒、討厭自己？從他們的角度來看，明明自己所做的一切都是為了大家好，眾人最終都是受益者。內心受傷的感覺再加上怨憤，促使他們覺得自己進一步傷害或霸凌他人以求配合都是合理的。

類型八通常不想開戰，但為了使他人讓步，他們會不惜一戰。如果別人不退讓，他們就會威脅「還有更糟的事情將發生」。（「你真的不要賭！你**不會**想讓我抓狂的。」）

基特貼切地闡述類型八的強烈意志與反抗精神。

家裡每個人都有特權，我卻總是受處罰的那一個。我決心要以意志戰勝，忍受所有的懲罰，覺得沒人能逼我做任何我不想做的事情！挨打時我會笑出聲，讓自己顯得不脆弱；我會把自己關在房間裡好幾個小時，而不選擇讓步。

昂貴的勝利

許多類型八的健康狀態與人際關係問題都是來自於不願意讓步、屈服或表現出害怕的模樣。請在你的個人內心狀態日記中回答以下問題：
在早期的經歷中，你是否曾拒絕對他人屈從或妥協？你是否記得讀書時或近期有發生過上述情形？你的身體對此有何感受？情緒上有何感覺？心理上呢？（寫得越具體越好）是什麼情況讓你知道你「贏了」這場競爭？別人必須先怎麼做？這種感覺持續了多久？

應對壓力：
從類型八變類型五

隨著壓力增加，類型八只能一直用特定方式來處理問題。他們對自己的堅持加上對抗的立場，最終會讓自己面對難以承受的挑戰。一旦超出類型八所能負荷的範圍，他們就會轉向類型五，將一觸即發的衝突轉為制定策略，並爭取時間與累積力量。

此時，類型八可能會變成獨行俠，把大量時間用於沉思、閱讀，並且蒐集資訊，以便做出更好的判斷。在採取行動之前，他們堅持要有時間、空間及獨處的思考機會。正如類型五那樣，他們可以完全投入在計畫和工作之中——熬夜工作，在此同時並遠離他人、保密行動。他們也會莫名的安靜與冷漠，會讓已經習慣他們固執、激情特質的人感到無所適從。

處在壓力期間的類型八會高度緊繃，像一般狀態的類型五。他們會將個人的舒適與需求最小化，也不會好好照顧自己。失眠與不健康的飲食習慣更是屢見不鮮。

感到被拒絕也會導致類型八表現出類型五所具有的陰暗面，會變得憤世嫉俗，並且蔑視他人的信念與價值觀。處於惡化狀態的類型八可能會變成虛無主義的局外人，對於與他人重新建立關係，或是在自身及世界上尋找正面力量幾乎不抱任何希望。

**示警紅旗：
陷入困境的類型八**

如果類型八長時間壓力過大，如果他們遭遇重大危機卻沒有得到足夠的支持或應對技巧，或是小時候遭受長期虐待，都有可能會跳過緩震裝置、直接進入類型八的不健康狀態。這可能會讓他們意識到一件可怕的事情，就是他們的反抗及試圖控制他人的行為實際上是為自己帶來更多危險——安全感不增反減。類型八會害怕其他人（包括所愛之人）真的離開或反對自己。事實上，這些擔憂並非空穴來風。

意識到上述情況或許會讓類型八感到擔憂，但這也不失為人生的轉捩點。一方面，如果類型八認識恐懼背後的真相，或許就能改變生活，朝健康和自由的方向發展。另一方面，他們也可能變得更加好鬥、目中無人且具威脅性，並試圖不惜一切代價保持掌控權。（「我要對抗全世界。」「別想干涉我——我會消滅他們！」）如果類型八堅持這種態度，他

們就會滑入不健康狀態的層級中。如果你或你認識的某人在很長一段時間中（超過兩、三個星期）有出現下列警示跡象，就極有必要尋求諮詢、治療或提供其他支持。

警示跡象
潛在病症：反社會人格障礙、施虐行為、身體暴力、偏執、社會隔離。
→ 覺得被「自己人」背叛的偏執感 → 日益嚴重的社會隔離與痛苦現象 → 缺乏良知與同情；冷酷無情 → 憤怒、暴力和糟蹋身體的行為 → 計畫向「敵人」進行報復和反擊 → 把自己當成「無法可管之人」；涉及犯罪行為 → 反擊社會的行為（反社會）

**幫助類型八發展
的練習方法**

◆ 留意個人感受或許是心理學上老生常談的建議，但是在類型八身上，這個建議非常管用。沒有人會懷疑類型八的熱情，而且也不會有人比你更清楚自己內心有多麼想親近他人，但這一切唯有你學著釋放感覺、讓感受浮上檯面才有可能為人所知。你的脆弱會讓他人知道他們很重要、知道你關心他們。不是說要讓你掏心掏肺，但否認傷痛或以發洩方式表現都不是解決之道。

◆ 排解悲傷對類型八非常有幫助。你不是那種獨自久坐舔舐傷口的人，如果感到痛苦，重要的是要找到建設性的方式來排解失落與傷痛。你那堅硬的保護殼之所以存在必然有其原因，也該是探索究竟的時候了。

◆ 一般來說，類型八有一顆真誠的心，也樂於跟他人分享快樂時光，但這不等同於親密感。找到你真正可以信任的人，跟他們談談困擾你的事情。如果你生命中已經有這個人存在，大膽地對他們敞開心房，不要預設立場，以為人家不

想傾聽你的感受或麻煩。此外，當你撤除界線的同時，也要仔細聆聽他人跟你說了什麼。要注意，當人家專心聽你說話的同時，你也應該用相同的態度對待他人。

◆ 花點時間安靜地修復心靈。這不是要你去看電視、吃東西或喝酒——是要真正花時間跟自己相處，並享受簡單事物。從你的鄰居——類型九——那兒尋求一點建議，讓你的感官自然重新活化。雖然你不是那種能靜下來冥想的人，但練習安靜與專注有助於減輕壓力。

◆ 工作很重要，但你的家人和朋友也需要你、希望能得到你的支持。在這種時候，如果你忙得要命，就很難有機會幫助別人；同理也適用於你毫無節制的「惡習」。類型八是工作拚命、玩樂也拚命的類型，如果在工作與玩樂之間都能有所節制，方能以更深刻且微妙的方式長久享受生活。學著質疑自己對強度的需求，這種需求從何而來？如果你對自己、對生活不要逼得那麼緊，又會發生什麼事呢？

◆ 檢視你對遭到拒絕的預期。你是否曾注意到，覺得別人不會喜歡你、或覺得自己必須採取特定方式行事才不會被拒絕的預期頻率有多高？這類感受是你孤立感的主要來源，也正是你長期不滿的原因。如果覺得自己長期不斷被拒之門外，任誰都會感到憤怒，甚至怨恨。或許你所傳遞的訊號在別人解讀、看來就是代表拒絕，原因可能在於他人，也可能是因為你的自我保護態度。這就回到脆弱性的話題：你能得到多少正面感受，完全取決於自己。

類型八是具有行動力、有務實本能的一群人。他們有遠見，會因為做出建設性的貢獻而感到滿足。所謂建設性，可以從字面上及比喻層面來看。他們領導力的關鍵要素就是務實的創意。他們喜歡從零開始，把不可能變成可能。類型八

**建立在類型八
的長處之上**

可以看到人事物的可能性，可以在一堆破銅爛鐵中找出商機，可以在身陷困境的年輕人身上看到領導潛能。為了激發他人力量，他們樂於提出激勵和挑戰。（「如果你成績能連續拿A，我就買那輛車給你。」）如此一來，他們就能幫助他人找出對方所不知道的資源與力量。因此，對類型八而言，最重要的關鍵字是「賦能授權」。健康狀態的類型八肯定會認同這句話：「授人以魚不如授人以漁。」類型八知道這一點是對的，因為他們經常教自己要「如何抓魚」。

榮譽對健康狀態的類型八很重要：一言既出，駟馬難追。當他們說出「我向你保證」時，他們是認真的。他們說話直截了當，不會耍花招。健康狀態的類型八會在他人身上尋找類似的特質，而且如果有人意識到他們身上的這類特質，他們會感到很欣慰——即便別人不欣賞他們的誠實特質，他們也不會有所改變。

「我可以幫你。」

此外，類型八想要**受到尊重**，而健康狀態的類型八會尊重他人與所有生命的尊嚴。他們會因為他人需求和權利遭到侵犯而覺得自身受到傷害，任何的不公平都會導致健康狀態的類型八發自內心採取行動。他們會介入並停止鬥爭，以此保護弱勢的一方，或是給予他們認為沒有受到公正對待的人幫助。他們充滿勇氣與強大力量，卻也不失溫和與謙遜，願意為了公平正義而赴湯蹈火。高度功能的類型八有遠見、同情心和力量，足以為世界中的美好事物帶來重大影響。

先前提過的羅森娜表示：

當類型八感覺很好，不僅強大、能掌控一切，而且受人尊敬，大家都希望有我在。我記得有一次，我接到友人電話說前男友跟蹤她時，我連忙衝去她家，當時她一見到我就說：「謝天謝地，妳來了。妳是我的救星！」

　　對健康狀態的類型八而言，掌控必須從自我控制做起。他們知道每天都想「當老大」會適得其反。從深層角度來看，掌控權並不是健康狀態類型八的最終目標；相反的，那是他們想對眾人與世界帶來有利影響的欲望。處於平衡狀態的類型八知道，這種影響力是來自真正的內心力量，而不是靠外力強迫或扭曲事物來配合個人想法。他們會意識到，控制局面或控制他人其實是一種禁錮。真正的自由與獨立有賴於建立更簡單、更自在的關係才能實現。

　　最後，健康狀態的類型八其實很大度，這種慷慨氣量的特質能讓他們超越個人利益。他們有足夠的自信面對自身脆弱性，也因此能感受到自己對他人的關懷和照顧之心。他們會在保護他人的過程中展現上述特質，包括像保護同學不受霸凌，或是為受到不公平對待的同事發聲。健康狀態的類型八願意赴湯蹈火，盡一切可能保護應該保護的人。

　　當類型八做到這一點，便能在所處環境中（家庭、國家、世界）得到某種程度的成就感，並獲得榮耀與尊敬。他們實現了某種程度的不朽，將自己提升到英雄的境界。他們就像自然界的力量，能得到眾人出於本能的讚美與敬意。歷史上有許多健康狀態的類型八願意放下小我、挺身而出——程度有時甚至超出當下其所能理解的範圍——而正是因為有他們的決心與奮鬥，這個世界才有許多美好的事物存在。

　　類型八可以透過學習健康狀態類型二對他人敞開心房，以此保持健康狀態。要做到這一點，類型八需要的不是新的特質，而是必須重拾內心，看清楚自己有多麼關心他人。許多類型八是在面對小孩或動物時，發現自己自然流露的愛才看清這一點。孩子可以帶出許多類型八最美好的一面，因為類型八珍惜並尊重孩子的純真，並想加以保護。面對小孩和

**整合之路：
從類型八到類型二**

動物，類型八可以放下戒備，流露心中溫柔的一面。

若要讓類型八擁抱內心的大度，首先要有足夠的勇氣。他們必須信任某樣超出其智慧和力量的東西——當然，這也需要放下打從根本的戒備心。無論類型八有多憤怒、多封閉，內心那個決定要保護自我的敏感小孩依然存在，在等著與世界再次接觸的機會出現。

更重要的是必須知道，僅僅是模仿一般狀態類型二的特質是不夠的。強迫自己去奉承或取悅他人無法真正敞開心房，反而會給人家留下虛偽的印象。事實上，類型八該做的是放下戒備，深入接觸個人內心。在這過程中不免會害怕受到傷害，但要學著與這種恐懼共處、讓它過去，才能與這種較為溫和的感覺自在相處。

整合中的類型八會是傑出的領導者，因為他們能清楚表達出對他人的尊重與欣賞；他們會像健康狀態類型二那般有效率，因為知道界線與限制所在——尤其是後者。隨著類型八學會照顧自己、接受自己的脆弱性，健康狀態與幸福感也會大大提升。他們努力工作，但也知道何時該停下來休息、吃飯和恢復精力，並懂得選擇真正對自己有益的休閒活動，不會沉浸在個人欲望之中，或尋求高強度的刺激行為。

將人格轉為本性

隨著類型八允許自己流露出脆弱的一面之後，他們也將學會一次次面對當下，逐漸放下長期以來需要保持強大與掌控一切的自我形象。如果可以堅持下去，最終必能直接面對害怕受到傷害或受人控制的基本恐懼，然後會理解恐懼的根源。當他們能面對舊有的恐懼與傷害，對於想要保護自己的基本欲望也就不會緊抓不放了。

當一個人可以從自身的基本恐懼和基本欲望當中解脫，一切所有發生在發展層級較低範圍的現象皆可反轉。類型八

人格結構中的自立與堅持己見都將瓦解，為本性力量的浮現創造空間。類型八也願意為了某些更偉大的計畫而放下原有的個人想法。做得到這一點的類型八會格外具有英雄氣概，代表人物如馬丁路德‧金恩、尼爾森‧曼德拉或富蘭克林‧羅斯福。這些人為了實現更高的理想，放下了個人生存的小事。（「如果他們要殺我，就讓他們殺吧。雖然我付出了生命，但理想永存。」）克服個人的基本恐懼之後，就會出現某些鼓舞人心、崇高的自由感覺。

▋ 本性的出現

在類型八內心深處的自我，依然記得簡單快樂的存在：活著就能打從根本、從本能層面體會到美妙的滿足感。他們依然保有某種程度上最純淨、最有力的本能反應，同樣也提醒著我們，這一切都是神性秩序的一部分。如果我們與本性的泉源失去連結，形同切斷了改造的基本動力。

類型八的本性核心可以戳穿人格的假象，讓自己看清簡單無私的真相。奧斯卡‧依察諾將此特質稱之為「天真」（Innocence）。在某種程度上，天真是類型八從小便渴望擁有的特質──只是為了變得強大，不得不將其隱藏。

類型八也表現出這種自然的天真，這也是世界上所有生物都具備的本性。即便會追逐動物，貓的表現也是天真；鳥類如此，魚類亦然。似乎只有人類失去了與這種內在能力的連結。我們可以說，類型八的天性喚醒了我們對生而為人的認識，讓我們想起當一個完整、有生命力的人是什麼樣子，讓我們想起做為浩瀚、完美平衡的自然秩序之中的一分子又應該是什麼樣子。

當類型八放下個人欲望，他們便會發現神性的意願。他

> 我實在告訴你們，你們若不回轉，變成小孩子的樣式，斷不得進天國。
> ──耶穌
> （Jesus of Nazareth）

們不再試圖藉由彰顯自我來獲取權力，而是將自己與神性力量做結合；他們不再採取一種「一個人對抗全世界」的態度，而是找到自己的定位。只要全心全意去做，也能為自己在史上留名，與千古英雄和偉人並列。獲得解放的類型八也能夠激發他人變成英雄人物，影響力甚至可能長達數世紀。

　　類型八也會牢記身為神性的一部分所能獲得的全能力量。神性的意願不等於隨心所欲。類型八了解這一點後，他們就會終止與世界的對抗，並發現自己一直在尋找的穩定、力量與獨立其實一直都在身邊。他們是自身真實本性的一部分，也是所有人類真實本性的一部分。當他們對此有了足夠深刻的體驗後，就能充分放鬆、完整地活在當下，並能毫不費力感受到自己與世界、與生命中不斷解密的過程合為一體。

將你對類型八的十五項陳述選擇得分加總，得分範圍會在 15 到 75 分之間。參考得分說明，幫助你找到或確認你的人格類型。

15 分	你可能不是張揚型的人（不是類型三、七或八）。
15-30 分	你可能不是類型八。
30-45 分	你可能有類型八存在的問題，或是有類型八的家長。
45-60 分	你可能有某種類型八的元素。
60-75 分	你極有可能是類型八（但如果你對類型八的認識過於狹隘，也仍有可能是其他類型）。

類型八最有可能誤認自己是類型七、六或四。而類型六、三和七則最有可能誤認自己是類型八。

| **15** 類型九：和平者
383

第 15 章

類型九：和平者

療癒者

樂觀者

調解人

撫慰者

空想主義者

非特殊人物

許多人都認為，和平是一種沒有壞事發生或沒有發生太多壞事的狀態。但如果和平真正降臨、帶來寧靜與幸福，那應該是發生好事的狀態。

——埃爾文·布魯克斯·懷特（E. B. White）

為了和平所需付出的代價太高。這個代價只能用一個詞來形容——自尊。

——伍德羅·威爾遜（Woodrow Wilson）

人類需要某些外在活動，因為他們的內心缺乏積極性。

——阿圖爾·叔本華（Schopenhauer）

懶惰是一種令人愉悅卻又沮喪的狀態；我們必須做點什麼才感到快樂。

——威廉·赫茲里特（William Hazlitt）

里索—赫德森【人格類型態度】分類測驗

閱讀右側敘述後,根據下列描述情況給分:

1. 完全不符合
2. 幾乎不符合
3. 一半符合
4. 大部分符合
5. 高度符合

計分標準請見第 413 頁

_____ 1. 人們喜歡我的原因之一是因為在我身邊有安全感。

_____ 2. 我不介意身邊有人,也不介意獨處——只要內心平靜,兩者皆可。

_____ 3. 我已經找到生活的某種平衡狀態,也覺得無須攪亂這份平靜。

_____ 4.「舒適」一詞無論從哪方面來看都深深吸引我。

_____ 5. 我情願讓步也不想大吵大鬧。

_____ 6. 我不知道確切是怎麼做到的,但我絕對不會引火上身。

_____ 7. 我很容易被取悅,而且覺得現在所擁有的一切已經夠好了。

_____ 8. 有人說我看似心不在焉,但其實我心裡有數,只是不想表現出來。

_____ 9. 我自認為不固執,但別人說一旦我下定決心,就很難動搖。

_____ 10. 許多人都太容易被影響;相較之下,我的狀態還比較平穩。

_____ 11. 你要接受生活所帶來的一切,因為別無選擇。

_____ 12. 我可以輕易明白不同的觀點,而我往往會選擇認同,而非否定。

_____ 13. 我相信要強調積極面,而非關注消極面。

_____ 14. 我有一套指引自己平穩度過難關的人生哲學。

_____ 15. 我每天都會把該做的事情做完,但一天結束後,我也知道如何真正放鬆與休息。

人格類型九：和平者

平易近人、謙遜類型：
包容、可靠、親切、自滿

我們將類型九命名為**和平者**，因為在所有的人格類型中，沒人像他們那樣致力於為自己與他人追求內在與外在的平和狀態。他們是精神靈性的追尋者，渴望跟宇宙及他人建立聯繫。他們努力維持內心和平，也努力與所處世界和平共處。類型九所遇到的問題皆與內心的根本狀態有關，即本性究竟是：覺醒或沉睡、活在當下或渾噩度日、緊張或放鬆、平靜或痛苦、統一或分離。

諷刺的是，對於以精神靈性為導向的類型九卻是本能三元組的中心，而且在最大程度上必須以物質世界和身體力行為準則。不過只要知道類型九的兩種極端情況 —— 要不就是基於本能特質，擁有巨大力量和個人吸引力，要不就是失去與本能力量的連結，變得脫離與疏遠、甚至無足輕重 —— 就不難理解為何類型九會如此矛盾了。

為了彌補與其之本能能量失去連結的缺口，類型九會選擇退回到內心世界與情感幻想之中。（這正是為什麼類型九有時會誤以為自己是思維型的類型五或類型七，或是情感型的類型二或類型四。）此外，當類型九的本能能量失去平衡時，他們會反過來對付自己，以此抑制本身的力量。如此一來，心靈便會靜止、停滯。當能量無處發洩，就猶如滿水位的湖泊一樣，新泉水將無處可進。然而，當類型九與其本能中心和能量處於平衡狀態時，他們就會像一條大河般，輕而易舉地載物前行。

我們有時會說類型**九是九型圖中的皇冠**，因其位於圖形

→ **基本恐懼**：害怕失去與分離、害怕毀滅

→ **基本欲望**：保持內在穩定與內心平靜

→ **超我的訊息**：「只要你身邊的人都過得好，你就很棒。」

「**我順其自然。**」

頂端且幾乎涵蓋了所有特質。類型九有類型八的力量、類型
七的好奇心與冒險精神、類型六的責任感、類型五的理智、
類型四的創意、類型三的吸引力、類型二的大度和類型一的
理想主義。然而，他們缺乏一種真正屬於自己的感覺，即：
強烈的自我認同感。

因此，類型九是唯一不像類型九的類型，這一點有些諷
刺。如果因為堅持個人主張而與他人對抗，這種特立獨行的
自我會讓類型九感到不安。他們情願融入別人的世界中，或
者安安靜靜去追求自己恬靜的白日夢。

國內知名的企業顧問瑞德針對此提出看法：

我知道自己常把焦點擺在別人身上，猜想他人喜歡什麼、
住在哪裡、以何維生等等。在人際關係中，我經常為了別人放棄
自己原有的安排。我得注意自己屈從他人需求而忽略自身所需的
傾向。

類型九會選擇忽略生活中的不安因素，讓自己變得麻木，
以此尋求某種程度的安寧與舒適。面對痛苦與折磨時，他們
選擇保持一種不成熟的安寧狀態，例如依附著虛假的精神成
就，也可能表現出某種更嚴重的否定態度。類型九的人比其
他人格類型更傾向尋求簡單、無痛的方式來解決問題，以此
遠離矛盾與緊張的生活。

當然，想讓生活保持愉悅並非壞事，但這只是一種有限
制性的生活方式。當類型九把每朵烏雲的金邊視為一種保護
自己免於寒風和暴雨侵襲的方式，其他人格類型也會有自己
扭曲的觀點。舉例來說，類型四會關注自身的傷痛與個人犧
牲，類型一在意的是事情發展方向。相較之下，類型九傾向
關注生活的光明面，如此一來，他們內心的平靜狀態才不會

受到撼動。但類型九必須知道，與其否定生活的黑暗面，**別人的觀點也有其真實性**。他們必須遏止自己往「不成熟的佛性」方向竄逃的衝動，別讓自己遠離了真實的世界。他們必須記住，親身經歷才是唯一的出口。

▌童年模式

　　許多類型九都表示自己的童年很快樂，但事實並非全然如此。如果童年時期家裡出現問題，年輕的類型九會學著以疏離周遭的威脅或創傷事件做為適應之道，並在家庭衝突中扮演和平者或協調者的角色。他們相信如果要讓家庭保持和諧，最好的辦法就是「消失」，而且不要給任何人製造麻煩。他們發現，如果自己沒有要求，也不要有太多期待，就能有效地保護自己，也能讓父母冷靜下來──簡單來說，當一個好養的小孩就對了。（在失能的家庭系統中，最常用「消失的孩子」來形容此一情況。）類型九認為：「如果我站出來堅持自己的意見，勢必會製造更多問題；如果我別這麼做，家庭就能凝聚在一起。」

　　知名的治療師喬治亞，多年來一直在關注內心狀態。

　　我母親是酒鬼，還有暴力傾向，所以我從小就知道有多遠閃多遠，絕不搗亂。我學會退到生活的邊緣，並想辦法滿足他人需求。我害怕如果我堅持做自己，別人就不愛我了。我選擇以內向保守的方式過日子，這招很管用，而且不會與人起衝突。

　　隨著類型九長大，他們慢慢發現擁有個人需求、堅持立場、發脾氣或給父母製造麻煩都是不應該的。結果類型九的小孩永遠學不會如何適度堅持個人看法，或從廣義來說，他

※請注意──
此處所指的童年模式並不會導致人格類型的產生，而是描述了我們在童年的早期階段所觀察到的各種傾向，對於成年後的人格類型有重大影響。

們**從來沒學會如何實現自我**。類型九從小學會躲在幕後、不接觸任何事情；長大之後，他們心中塞滿別人的事情，以至於經常無法聽到內心需求或渴望的聲音。

他們也學會徹底壓抑憤怒及個人想法，最後變成意識不到自己也可以有不滿或想法。他們學會調整自己，配合生活與他人所帶來的一切。他們鮮少會問自己到底想要什麼？有何想法或感覺？類型九最後都需要費一番功夫才知道自己想要什麼。

瑞德花了數年時間研究如何不出鋒頭與壓抑憤怒。

因為我一直是個「乖小孩」，所以我覺得自己好像經常被遺忘。母親經常告訴別人，說我就像個「天使」，可以不吵不鬧自己玩上好幾個小時。我覺得我母親應該是類型九，而我從她身上學到了許多生活哲學……如果她跟我爸之間發生衝突，她就會說「別找麻煩」和「如果你說不出好話，那就啥都別說」之類的話。她最常說的另一句話是「一個巴掌拍不響」，並以拒絕吵架的方式結束爭執，這就是她教我的方式。

在高度失能的家庭中，如果類型九小時候經歷過情感上、身體上或性方面的創傷，他們會選擇孤立或封閉自己來保護個人情感。從一方面來看，他們不用活在創傷的記憶或憤怒中，這也不失為一件好事；但從另一方面來看，他們接觸現實的深度和能力也會越來越薄弱。有些人甚至會迷失在幻想之中，或是只關注環境中正面與祥和的事物——即便最後發現一切都是假象。

安德烈是大都會區一名成功的房地產商，他的成功很大一部分是因為保持自然、不愛出鋒頭這些類型九的共通特質，不過他也付出很大的代價才學會這一切。

我小的時候，母親非常憂鬱。我知道只要別惹麻煩，就不
會有事，所以我都盡可能與大家和諧相處。我會躲在外婆的後院
裡，我喜歡那裡的大樹和她養的動物。

▌具有類型八側翼的類型九：仲裁者

健康狀態：此側翼附屬子型的人會將與他人相處自在愉
快的特質和堅忍、力量結合在一起，在強大之餘不失溫和，
能輕易融入人群與事物，在不同的人之間扮演潤滑劑，減少
衝突的發生。他們經常尋找新鮮事物，讓日常生活的節奏偶
爾發生變化。他們也非常務實，關心自身直接的需求以及身
體和財務狀況。他們比其他附屬子型更擅長社交，喜歡與人
共事。他們在協助專業工作與諮商領域有傑出表現，做生意
也很有一套，尤其是在談判或人力資源等方面。

一般狀態：此側翼附屬子型的人喜歡社交和歡樂時光，
容易迷失在感官享受和舒適的日常生活中，對重要目標的專
注也因此受到干擾。他們很固執、戒備心強，會為了堅持個
人立場而拒絕接受他人意見。此側翼附屬子型的人脾氣往往
很差，而且難以預測何事會引爆他們的脾氣——最典型的原
因莫過於對個人幸福感或對其家庭、工作和信念的威脅。他
們說話直接、脾氣火爆，但下一秒又變得心平氣和。

▌具有類型一側翼的類型九：夢想家

健康狀態：此側翼附屬子型的人充滿想像力和創造力，
經常能結合不同學派的觀點，形成一個理想世界。他們尤善
於非語言的溝通模式（藝術、樂器、舞蹈、運動，或與動物
和大自然為伍），並能在大型機構中展露頭角。他們友善且

側翼附屬子型

代表人物

隆納・雷根
傑拉德・福特
「小瓢蟲」詹森
凱文・科斯納
蘇菲亞・羅蘭
華特・克朗凱
琥碧・戈柏
珍妮・傑克遜
林哥・史達
英格麗・褒曼

可靠，但卻有種獨特的目的性（尤其與理想世界有關）。他們通常會是優秀的治療師、諮商師或傳教士，懷著助人之心，不帶成見地聽取各方意見。

一般狀態：此側翼附屬子型的人希望透過外在命令來指揮內在世界，經常會陷入毫無意義的活動與忙碌狀態。他們充滿活力，但又有一種疏離感，不想介入過多事情，這導致他們在面對長期目標時難以堅持，也無法找到別人一同完成事情。相較於其他附屬子型，他們較不願意冒險、較為保守，即便是發怒，也會以克制和壓抑的方式表現。他們在意名聲，經常覺得自己的一切比其他階級、文化和生活形式更為優越。他們似有一種清教徒的味道，在個人作風上也有一種拘謹、正派、完美主義的特質。

▌自保型的類型九

本能變項

追求舒適者。一般狀態的自保型類型九是愉快、隨和的人，對生活要求不多。自保型類型九喜歡簡單的快樂——在附近吃個速食、看喜歡的重播節目，或是窩在舒服的椅子上「發呆」。儘管相當有才，卻無雄心壯志。經常會用忙碌（胡亂找事或做例行事務）來面對焦慮感，有時甚至會用處理小事來逃避面對大事。在無法追求內心真正的欲望時，他們會被一些微不足道的小利所吸引，以此彌補心中遺憾；但結果往往會因為無法正視其真正需求，導致心懷隱性焦慮度日。

類型九的怠惰特質在此一本能變項中尤其明顯。冷漠和忽視自我導致自保型類型九難以激發自己去獲取真正想要之物，或是滿足真正的自保需求。漸漸的，他們會以食物來掩飾焦慮或憤怒，往往會大吃特吃，而且還會上癮。為了不讓愉快心情受到他人影響，他們通常會選擇不回應、固執地保

持沉默來拒絕別人。

在不健康狀態中，自保型類型九會陷入了無生趣的狀態，看起來要死不活，做事也毫無效率可言。他們會整天窩在沙發上看電視、封閉情感，慢慢耗損自己的健康、人際關係與各種機會。吸毒上癮更是屢見不鮮。

▎ 社會型的類型九

幸福家庭。一般狀態的社會型類型九最喜歡把大家聚在一起、致力於創造和平。他們喜歡與人互動，無論何事都想參與，但也抗拒外界加諸過多期待於其身上，而且可能是「人在心不在」。社會型類型九往往精力充沛，喜歡在已知的熟悉環境中保持活躍狀態。他們不介意幫助他人或與人共事，但需要清楚知道別人的期待。他們隨波逐流的程度出人意料，但在滿足社交圈期待的同時也會擔心失去自己的身分，害怕變成某些人的「複製品」或附屬品。

對個人價值的不安感加上想要取悅、融入他人，會導致類型九難以拒絕別人，結果就是經常以被動反抗的方式表達反抗。試圖取悅生命中不同的人與群體會導致他們注意力分散、對自己越來越不滿意，正如一般狀態的類型七。他們不太會設定獨立目標，更別提順從個人心意堅持到底。

在不健康狀態中，社會型類型九會對個人缺乏發展感到無奈與消沉。雖然表面看起來風平浪靜，其實隱藏在面具之下的，是他們的強烈需求與不安。而其所表現出來的憤怒又會讓旁人選擇迴避，更加深了他們在社交上的孤獨感。

█ 性本能型的類型九

融合。在一般狀態下,性本能型類型九會想要擁有他人充滿能量的特質,經常受到強勢類型的人所吸引,也會跟著表現出某種程度的激進特質。相較於其他兩個變項的類型九,他們的表現更無禮,如果覺得自己與他人之間的連結受到威脅,也更容易被激怒。他們想尋找一種完整的夥伴關係,認為是「我們的生活」而不是「我的生活」,總想與對方融為一體。性本能型類型九經常將他人理想化,不想看到別人缺點,但也十分挑剔、要求很多,尤其是具有類型一側翼的類型九。對他們而言,讚美別人就是讚美自己,同理也適用於批評或失望的表現。

其他人會變成性本能型類型九身分認同的重心與中心。此變項最後可能會無法發展出身分認同或任何真實的獨立感。性本能型類型九也能很浪漫,跟類型四很像。不切實際的英雄救美幻想、「灰姑娘情節」和一廂情願的想法,還有跟所愛之人形影不離,這些都有可能發生。

在不健康狀態下,性本能型類型九會變得極為疏離與壓抑,似乎缺少核心自我。由於無法適度與他人融合,他們會覺得若有所失,對他人的幻想中夾帶著(幻想的)憤怒與復仇,不過後者鮮少真的發生。此類型的人最後要嘛會活在高度依賴性的人際關係之中,或是活在自己的想像世界裡,等待對的人出現。他們也可能會活在過去的人際關係之中。(「我跟梅格很相愛。她過世之後,我非常想念她。」)

類型九成長所面臨的挑戰

大多數的類型九在生命中的某些時間點會遇到下列問題。請注意這些模式、「掌握自己當下狀態」,並觀察自己平時的潛在慣性反應,這都有助於我們擺脫所屬人格類型的消極面。

		關鍵詞	類型九　發展層級
健康狀態	第一級	鎮靜的 堅定的	類型九不會覺得自己的存在不重要，也不會覺得別人不需要自己的存在，因此能真正與他人建立連結關係。在此同時，他們也實現了基本欲望——保持內在穩定與內心平靜。實現自我的結果就是變得鎮靜、有活力、穩重、活在當下。
	第二級	自然的 平靜的	類型九關注環境或人際關係的整體性，渴望能在內心世界與所處環境之中保持一種和諧的穩定。自我形象：「我很踏實、隨和、善良。」
	第三級	無私的 溫暖的	類型九會藉由創造、維持世界的平靜與和諧來強化自我形象。他們會以耐心和穩健的方式調解衝突、安撫他人。往往具有高度想像力，能以一種療癒、正面的生活態度來激勵他人。
一般狀態	第四級	不出鋒頭 從善如流	類型九開始擔心生活中的衝突會破壞內心平靜，因此會選擇配合他人來避免可能的衝突。他們認為很多事情都不用爭，但也開始同意去做許多自己不想做的事情。
	第五級	自由閒散 自我滿足	類型九擔心任何重大改變或是強烈的情緒都會干擾他們脆弱的平靜狀態，因此會想辦法不要惹事生非。他們會在例行公事或習慣中迷失自我，無視問題的存在。
	第六級	順從的 讓步的	類型九擔心別人會要求他們做出引發焦慮、破壞內心平靜的回應，因此會選擇淡化問題的重要性、轉移他人的注意力。他們會一步步走下去，緊抓著充滿希望的想法不放，並且壓抑憤怒。
不健康狀態	第七級	壓抑的 疏忽的	類型九害怕現實會強迫自己面對問題，而這一點可能沒錯。他們可能的因應之道是欺騙自己一切都好，並且頑強抵抗任何要他們面對問題的力量。他們感到壓抑、徒勞和倦怠。
	第八級	分裂的 迷失方向	類型九迫切想要留住心中僅存的一絲安寧感，不願意面對現實。他們選擇遠離與否定，將一切可能影響自己的事物排除在外。他們看起來很悲慘、麻木且無助，經常失眠。
	第九級	自我放棄 「消失」	極不健康狀態的類型九會覺得完全無法面對現實。他們退回到內心世界裡，對一切變得毫無反應。他們可能會試圖抹滅個人思想意識，把自己變成各種附屬子型的人，以此留住他們幻想中的和平世界。

❚ 類型九的警鐘：努力與他人和諧相處

「我不在意，我無所謂。」

從一般狀態的層級開始，類型九會體會到想要迎合他人的感覺，因為害怕一旦與人發生衝突，自己可能會失去對方。舉例來說，如果另一半詢問晚餐想吃什麼，類型九可能會說：「都可以。親愛的，你想去哪我都好。」

簡單來說，即便是不想做的事，類型九也會習慣說好。這是短期可以避免意見分歧的方式，但長期下來，雙方還是會有不滿。此外，類型九的不滿通常會導致消極抵抗的行為——答應了某事又不做——最終就會導致雙方更嚴重的衝突與誤會。類型九的高配合度也會讓人得寸進尺，畢竟他們願意為了維持和平狀態而付出昂貴代價。

霍普是一位非常有才華的治療師，她意識到自己的行為模式。

我一直都很好說話，而且說話很婉轉、很容易跟著別人走。我清楚記得有很多時候，我應該要採取行動、捍衛自己或別人，但我卻什麼都沒做。一來是怕衝突、讓情況越變越糟，二來是希望大家「都能和平相處」。有很長一段時間，我會刻意隱藏實力，無論是在運動或工作上，只因為我不想出鋒頭。我希望站在台上的是別人，不是自己。

不斷配合及不出鋒頭代表類型九開始「消失」。他們不會強調自己的想法，又不想冒險疏遠他人，於是選擇隱身在傳統角色及老套說詞的背後。如果衝突和焦慮感增加，類型九就會變成不存在的透明人。他們努力融入環境，避免「製造問題」，但也會在此過程中失去自我。

霍普指出影響她人生的關鍵時刻。

　　一年級的時候，我還很有個性，告訴老師說我不會把她寫在黑板上的東西全抄下來。結果老師走到我身邊，用力捏著我的臉頰。從此之後，無論在學校還是在教堂，我都變得很乖，是個人家怎麼說我就怎麼做的「乖女孩」。

內心說「不」，嘴上說「好」
回想一下，你之前選擇配合他人的計畫、喜好或選擇，並且因此隱藏了自身想法的時刻。這對你的參與感有何影響？對你自己及個人經驗有何影響？你是否討厭必須配合別人的感覺？你是如何放棄自己的選擇？你這麼做是想要得到什麼？

社會角色：無足輕重

　　一般狀態的類型九會覺得自己無足輕重，是一個樂於待在幕後、不給別人製造麻煩的普通人。（「我知道你很愛我。別給我買生日禮物。」）他們覺得自己的存在、意見與參與都不重要，也不會造成任何影響。從某方面來看，這種觀點很狹隘，但類型九覺得這種自我定義的方式很自在，能將個人的期待與希望最小化，如此一來就不會受挫或是遭到拒絕，也不會生氣或失望。

　　類型九的社會角色難以捉摸，不過一旦相處過後，還是有脈絡可循。類型九所扮演的身分角色就像是鑲著寶石的戒環或是裝著圖畫的畫框，他們會把焦點擺在寶石或圖畫之上，而非自己；與其重視之人建立關係（哪怕只是想像）就是身分感與自尊的來源。

　　把自己當成普通人也讓類型九獲得某種程度的偽裝，能融入背景又不受到外界干擾。這樣的社會角色也讓他們懷有一絲希望：一旦別人看到他們的低調，如果他們沒照顧好自己，別人就會迅速給予關心。他們也相信，只要自己夠低調、

夠謙虛，生活中絕對不會出現遺憾或悲劇。可惜常常事與願
違，而且因為類型九一直躲在最後面，難免會感到孤獨與憂
鬱，並且與機會擦身而過，最後別人也開始不把他們當一回
事。

菲利普是一位傑出的大學教授，即便他在學術生涯上十
分活躍，但並不代表他內心真正的想法。

我一直都覺得自己不重要，認為別人比我更重要、必須優
先考慮他人的需求。我面對健康問題的方式就是最好的例子。如
果我不舒服，通常就是撐著讓它自然好；但像孩子小時候生病，
我都是立刻帶去掛號看醫生。

如果不加以注意，無足輕重的社會角色會讓類型九在面
對生活時缺乏活力與自信。他們會變得憂鬱、容易疲憊，經常
打盹兒或睡上好幾個小時，最後也越來越難採取積極行動。

我值得擁有

列出生活中能讓你感到興奮的事物。不要刻意調整自己。如果可
以，你想當哪種人？你今天要怎麼做，才能變成自己想要的那種
人？這週呢？今年呢？

惰性和自我遺忘

死亡不算什麼，沒有活著
才可怕。
——雨果（Victor Hugo）

類型九的惰性跟做心裡不想做的事情有關。他們不見得
是懶得做日常事務，相反的，他們可能會極度忙於工作、做
生意或做家務。他們的惰性是來自於內心，是一種精神上的
懶惰，不想碰觸現實或受其影響，也不想以積極自發的方式
過生活。最後連一般狀態的類型九都會變成自動駕駛模式。
如此一來，生活就沒有那麼大的迫切性與威脅感。也可以說

他們是在生活中保持安全距離。

　　因此，所謂的惰性是懶得記住自我和自我意識。類型九不太會花力氣經營與自己、與他人和世界的關係。認同身體及其本能反應就等於直接意識到死亡的必然性。類型九會堅守某種舒適的內在狀態或是認同某種自身以外的東西。事實上，藉由**轉移意識焦點**，他們就不會注意到死亡的必然性，世界會變得柔和，類型九也會更有安全感——只是必須付出全部的活力與生機做為代價。

　　儘管類型九是靈性的追求者，他們卻經常選擇與活在當下背道而馳，藉此來獲得內心狀態在身心方面所帶來的好處。他們對真正的感覺選擇麻木、視若無睹，但卻又希望一切能輕輕鬆鬆在現實生活中發揮作用。諷刺的是，類型九想要將自己與世界融合，但最後只會得到一種虛假的和平，一種由麻木和疏離所帶來的假象，而且極其脆弱，會輕易受到干擾。就如同自我意識所投射出的欲望，注定要失敗。

缺乏自我意識和麻木

　　聽起來可能有點矛盾，類型九是以缺乏自我意識的方式來創造、維持其身分感，而不是以自己是獨立個體為出發點。其他的人格類型**多少都會做些事情**來創造、維持自己的身分感。舉例來說，類型四會不斷沉浸在個人的情感與內在狀態之中，而類型八會不斷以各種方式來主張自己的存在。相較之下，類型九為自己創造的身分感並不是直接以個人為出發點。相反的，他們是**把重心擺在與他人的人際關係之上**。就像他們是容納別人的空間，或是蒐集照片的相簿。因此，他們的自我感是一種「負面能力」，是一種抓住別人、而非抓住自己的能力。

　　這就會讓健康狀態的類型九極為支持他人。但類型九打

從根本的錯誤認知就是認為如果要保持與他人的連結，就必須先切斷與自我的連結。這也會給類型九帶來麻煩，因為為了要維持這種負面能力，他們就必須不斷抵抗一切會干擾其和諧感的事物。他們的自我感是建立在不停排除許多事物的基礎之上，尤其抗拒任何會讓他們意識到憤怒、痛苦、沮喪或任何負面情緒的東西。

從表面上來看，類型九可以做許多事情，但其多數行為都只是為了讓自己保持忙碌。他們會東摸西摸的瞎忙一通，然後延後處理重要問題。在此狀態下，類型九就無法理解為什麼大家會對他們不滿，他們又沒有去煩任何人，為什麼還有人不高興？他們沒看到的，是缺乏適當回應所帶給他人的不滿。他們也沒意識到，這麼做是給自己帶來一種自我應驗預言：介於一般狀態到不健康狀態的類型九，他們所表現出來的疏離感，最終會導致自己最害怕的事情——失去他人、與他人分離。

對類型九來說，重點是要知道**麻木並不代表放鬆**。事實上，麻木是需要身體不斷保持緊繃狀態。當我們放鬆時，我們可以深深感受到自己的呼吸、身體感受與周遭環境。真正的平靜具有生機勃勃的特質，而不是我們所以為的一刀兩斷、與世隔離。

安德烈繼續表示：

在最糟糕的情況下，我會覺得自己變得很麻木。不是憂鬱，是麻木，一件小事都會讓我覺得需要付出天大的努力。我可以長時間一直凝視窗外思考，或是坐在電視機前面睡著，節目還繼續播放。對我來說，時間是靜止的，而我成了一具有體無魂的殭屍。我還是可以上班、表現得很友善，但我內心的感知能力完全封閉，並對於找到人生方向感到絕望。

| 心不在焉 |

當你發現自己「心不在焉」、一直處在缺乏自我意識的狀態時，回想一下走神之前是什麼情況。是什麼東西威脅到你，讓你決定從眼前的情況中抽離？這威脅是來自於環境，抑或只是你的一種狀態或反應？當你找出發現之後，利用相關訊息做為預警機制，避免你之後再度封閉自己。

進入內在密室

相較之下，類型九其實是所有人格類型中最內向的一群，只是他們的內向並非表現在外在行為之上，因此不會像其他類型一樣讓人有明顯感覺。類型九會繼續參與活動，但不會主動積極投入。他們尋求創造並維持一處內在密室，這是他們心中的私密空間，無人可以干預。（「我在裡面很安全，沒人可以指使我。」）

「我不會讓事情發生在我身上。」

當類型九感到焦慮、沮喪或是可能發生衝突時，他們就會退回到內在密室裡。他們會用理想化的記憶與幻想塞滿整個內在密室，而且此處不容現實世界中的人事物及問題進入。內在密室只有類型九自己可以進入，他們在裡面就不用理會別人的要求。從正面來看，這讓他們在危機中得以保持平靜，但也會導致人際關係問題，並且缺乏自我發展。

在較高的發展層級中，他們會表現出內心冷靜的模樣。安德烈表示：

大多數時候我是很平靜、很鎮定的，那是一種從容、安全的感覺。我喜歡身為類型九的這種特質。舉例來說，在最近一次地震中，我家彷彿要被震垮了，但我沒有很害怕。當時我家裡有來自紐約的訪客，我聽到他們在客廳裡大叫，而我就像從另一個世界觀察著這一切。我其實覺得挺有趣的。反正緊張也沒用，我

又不能控制地震,那還有啥好擔心的?

　　類型九在內在密室中待越久,就越容易迷失在白日夢之中。他們無視身邊發生的一切事物,這種安寧與和諧都只是假象,而且會越發不可自拔,導致別人不滿,也使得類型九的能力越來越弱。如果他們深陷其中,便會對所愛之人、甚至對陷入困境的陌生人或動物產生感情,但他們的感情卻不會有任何有意義的行動。漸漸的,他們的人際關係就只存在於幻想世界。

探索內在密室

你的內在密室非常平靜、安寧且安全,但是待在裡面需要付出昂貴的代價,或許你現在已經慢慢發現了。你是否能察覺注意力是何時轉向內在密室?你的內在密室有什麼東西或特質,讓你覺得很安全?其中不切實際的東西是什麼?自己心裡要清楚,如果能活在現實世界中,而不是在心中的密室尋求庇護,你會因此得到多少收穫。

將人際關係中的他人理想化

　　類型九會將他人(通常是家人或親近的朋友)理想化,然後帶著特定想法過日子。正如某位類型九的人所說:「我不用一直跟某些人聯繫,我知道他們都在。」如果這種情況持續下去,類型九就會一直用自己的想法去想別人,但想到的都不是對方的真實情況。舉例來說,某個類型九的人可能會把家人理想化,可是一旦其中一個小孩吸毒或有嚴重問題,他就很難面對現實。

　　理想化使得類型九把關注焦點擺在他人身上,而非自己。因此,他們對別人一直都是抱持正面態度,以此滿足超我所想要的訊息。(「只要你身邊的人都過得好,你就很棒。」)

將他人理想化的類型九經常受到更強大、更強勢的人所吸引，期待對方能在人際關係中提供「能量」。那些更活躍的朋友能帶來活力——那正是類型九一直壓抑的東西。通常這種沒有說出口的交易都進行得非常順利，因為那些強勢類型的人往往都在尋找能配合他們計畫與冒險的人。將他人理想化也間接維持（甚至提升）了類型九的自尊：如果能與某個傑出人士建立關係便能提升個人價值。

但這種作法會有三大危險。首先，類型九的人會被這些更堅持、更獨立、更強勢的人占便宜。其次，更隨心所欲、更獨立的人格類型會對類型九的順從和缺乏冒險精神感到厭倦。最後，也是最重要的是，如果類型九一直試圖借助他人活力來充實自己，他們就很難為自己做該做的事。

尋找隱藏的力量

當你在一段人際關係中將對方理想化時，注意你是關注到對方身上的何種特質。這是你覺得自己缺乏的特質嗎？請記住，在你的本性中，你早已有了這些特質——從這個角度來看，對方的表現只是提醒你，看看自己有哪些特質受到了阻礙。如此一來，你將他人理想化行為便是一種可靠的指南針，指引著你找出自身的正面特質。

依照公式或「生活哲學」過日子

一般狀態的類型九對「生活哲學」的依賴度會逐漸增加，所謂生活哲學指的是一些熟悉的格言、常識、經文和諺語，也包括民間俗語及各種引言在內。這類文字便是一般狀態類型九在面對麻煩的人事物時的處理公式。他們對生活中的麻煩已有既定答案，儘管這些「答案」在某些情況下或許管用，但類型九會把事情過於簡單化，而考慮不到細微差異或個別情形。問題在於，類型九面對困擾時，他們是用這些看似無

「屬於我的機會，總有一天會到來。」

懈可擊的哲學來逃避問題,而非深入挖掘真相或真正去了解情況。此外,許多這類的文字哲學也為類型九提供了慰藉。(「我就是上帝。」「萬物歸一。」「一切皆愛。」)如此一來,這些所謂的生活哲學,自然而然就成了類型九更加疏離與被動的藉口。

較不健康狀態的類型九也會用神性來主張某種宿命論,對逆境或甚至具有傷害性的情況全盤接受,好像自己無論如何都已無能為力。(「這是上帝的旨意。」)類型九為了想讓自己相信的一切成真,甚至不惜放棄個人的直覺、判斷、感知能力,甚至是個人經驗或專業技能,似乎無視內心警鈴大作也不會有任何影響。他們會輕易放棄,然後努力說服自己與他人不用擔心或難過,要相信上帝會有最好的安排。

無懈可擊的哲學

當你發現自己「正在」思考或想說出某些格言或諺語時,請注意兩件事情。首先,你是為了要用這些話來處理哪些不愉快或負面的情緒?你是否能將注意力轉移到身體之上,觀察身體有何感受?其次,練習找出這句話不適用的地方——也許跟你原本所想的正好相反。或許真相是介於其中。

固執與內在抗拒

「我等一下再處理。」

類型九或許很清楚自我發展、處理問題或建立有意義的人際關係所需的注意力與精力,但他們就是有一種說不出的猶豫,彷彿若要更充分參與自己的人生,還需要投入大量努力,而且看似非常麻煩。大家應該都有類似經驗,早上還想繼續做著美夢,卻不得不起床面對充滿挑戰的一天。我們經常會按下貪睡鍵,讓自己再多睡一會兒——甚至會按很多次,最後就遲到了。一般狀態的類型九就有類似的心理機制,會讓自己延後清醒的時間。

越是對類型九施壓，越要他們醒來回應，他們就會越退縮。他們希望大家「別來煩」，因此會想辦法安撫眾人，不計一切代價尋求和平。

安德烈提起自己曾經想要反抗母親，但終究還是徒勞無功。

唯一能讓我母親感到滿足的，似乎就是裝修我們的家。身為類型四的她，總是想盡各種辦法讓位在郊區的普通房子看起來與眾不同。輪到要裝潢我的房間時，她把我的海報全部撕掉，換上色調柔和的壁紙。我覺得自己彷彿徹底被掏空，我討厭這種感覺，但也知道她不會改變心意，所以我也就算了，覺得連跟她討論都是浪費力氣。

雖然類型九配合度極高，但內心深處也有固執與抗拒的一面，希望安寧生活不要受到任何人事物的威脅。其他人可能覺得類型九很消極被動，但為了讓自己不受打擾，他們內心的港灣其實無比強大。在平靜的表面下，一般狀態的類型九是一堵硬牆；在特定界線的後方，是難以撼動的想法。

在許多類型九不想受到他人影響或改變的同時，較不健康狀態的類型九也不想讓自己受到自己對某些事件的反應所影響。他們覺得任何改變現狀的事情都是一種威脅，諷刺的是，這不僅包括負面情緒，連正面情緒也算在內。如果自己對某件事情太過興奮，這也會對情緒穩定產生威脅，無疑也是一場災難。

奇怪的是，無論生活多麼不愉快，較不健康狀態的類型九依然會強力抵制一切幫助他們擺脫困境的援手。他們的耐心變成了堅忍不拔的忍耐：人生就是要熬過去，而不是輕鬆度日，更不是享受。他們之所以允許自己得到的快樂，其實

是要用來轉移對內心枯萎的注意力。但是邊看電視邊吃零食，或是跟朋友出去，或是對別人的生活產生共鳴，這些都無法掩蓋意識到自己生活停滯不前的痛苦。

被壓抑的怒氣與暴怒

「你越說我就越不做。」

　　一般狀態層級較低的類型九骨子裡似乎缺少了強勢（或堅持）的本能。在其知足、與世無爭的外表下，隱藏著類型九不想承認與面對的憤怒與憎恨。

　　生氣是一種本能反應，如果不處理的話，最後就會變成暴怒。如果繼續壓抑憤怒，許多強烈的人類情感與能力（包括感受愛的能力），也會跟著受到壓抑。一般狀態的類型九擔心如果表現出憤怒，就可能會失去生命中最重要的兩件事情：平靜的內心，以及與他人的連結。但事實正好相反。一旦類型九意識到這一點，壓抑的怒氣便能轉化成逃離內在惰性的動力。

　　類型九生氣（憤怒或負面情緒）有幾個原因，但並非都是顯而易見的因素。在潛意識中，他們生氣是因為覺得沒有足夠屬於自己的「空間」，總是忙著滿足別人的要求與維持和諧的人際關係，不知不覺就累積了許多怨氣。他們生氣也可能是因為覺得他人不斷讓自己不高興，在他們想獨處時卻不斷催促他們採取行動，或是提醒他們處理不想面對的問題或麻煩。最後，類型九會生氣是因為他人以某些方式霸凌或

占便宜，而他們卻對此無能為力。

　　較不健康狀態的類型九往往會變成「受氣包」，被動的接受他人施加在自身上的一切。一般狀態的類型九在需要自保的情況下會表現非常冷淡。他們覺得明顯無法保護自己、為自己發聲，或是即時為自身利益採取行動，而這些無力感正是導致壓抑憤怒的主要原因之一。

　　我們往往會覺得生氣是一種負面表現，但其正面力量卻鮮為人知：生氣有助於掃除把我們困在舊有模式的障礙物。生氣也是有它有益的　面，甚至可以說是**神聖的怒氣**——是一種可以堅定立場、劃清界線與保護自己的能力。類型九重拾自我的前提就是要知道自己是如何壓抑能量，並要允許自己去感受怒氣。

整合你的怒氣

你需要練習接受生氣這件事，並當做是一種合理的力量。從靈性的角度來說，生氣讓你可以有勇氣拒絕，保護自己不用做不想做的事情。因此，如果你可以開始練習拒絕去做自己不想做的事情，這會很有幫助的。如果你因此覺得有罪惡感或是擔心後果，你只需觀察自己的反應，然後保持冷靜與專注。然而，你是要學會在有意義、在適當的情況下說「不」：如果你擔心會拒絕過頭，你也可以先練習一段時間，直到能掌握感覺為止。

**應對壓力：
從類型九變類型六**

　　正如我們所見，類型九會試圖減少選擇和欲望，並且退回內在密室，以此面對壓力。當這些方法都不足以消弭焦慮時，類型九就會轉向類型六，將精力投入到可以帶來更多安全感與穩定性的想法或人際關係當中。

　　當擔憂與焦慮浮現，類型九就會高度專注於工作之上。就像放手讓事情自然發展一段時間後，他們會突然採取行動，在高壓之下一口氣完成所有事情。在此同時，他們對別人的

要求也會迅速做出反應，變得更加消極反抗與充滿戒心。正面的「人生哲學」瓦解之後，他們一直不願意面對的懷疑與悲觀就會顯露無遺。跟類型六一樣，壓力下的類型九會爆發對自己和對他人長期隱忍的不滿。雖然發洩可以暫時釋放壓力，但效果短暫，因為類型九依然不願意面對鬱悶的根源。在極度壓力下甚至會發展出一種受折磨的心態。偏執的疑慮會迅速變成把自己的問題歸咎於他人身上，並且大膽與之對抗。暴怒與發脾氣的行為不僅會讓類型九自己感到訝異，身邊目睹一切的人也會感到不可思議。

**示警紅旗：
陷入困境的類型九**

　　如果類型九長時間壓力過大，如果他們遭遇重大危機卻沒有得到足夠的支持或應對技巧，或是小時候遭受長期虐待，他們都有可能會跳過緩震裝置、直接進入類型九的不健康狀態。這可能會讓他們意識到一件可怕的事情，就是他們生活中的問題與衝突不會消失，甚至會變得更糟──尤其是因為他們不採取行動。他們也可能會迫於現實而去處理問題。（儘管類型九不願意接受，但他們依然得面對孩子被警察送回家的現實，或是有「輕微酗酒問題」的配偶因為喝醉酒被開除，或是乳房腫塊並未如預期消失。）

　　意識到上述情況或許會讓類型九感到擔憂，但這也不失為人生的轉捩點。一方面，如果類型九認識恐懼背後的真相，或許就能改變生活，朝健康和自由的方向發展。另一方面，他們也可能會變得更加固執，一心一意要維持天下太平的幻覺。（「為什麼大家都要讓我不開心？」「你越說我就越不想做！」）如果類型九堅持這種態度，他們就會滑入不健康狀態的層級中。如果你或你認識的某人在很長一段時間中（超過兩、三個星期）有出現下列警示跡象，就極有必要尋求諮詢、治療或提供其他支持。

警示跡象

潛在病症： 解離症、依賴型及類精神分裂人格障礙、失樂感憂鬱症、徹底否認、長期嚴重人格解體。

→ 否認嚴重的健康、財務或個人問題
→ 長期頑固的拒絕接受幫助
→ 意識與活力消退、受到壓抑
→ 感到不足與疏忽
→ 依賴他人、讓他人占便宜
→ 長期憂鬱與情感失調（乏樂）
→ 高度疏離（感到迷失、困惑、不與人往來）

幫助類型九發展的練習方法

◆ 真正的謙虛是一種值得欣賞的特質，但不是需要你拚命努力爭取才能獲得的東西。要學會區分真正謙虛與貶低個人及自身能力之間的差別。換句話說，要記住類型九是覺得自己的社會角色無足輕重，你要注意自己何時會出現這種想法。生活中的各種問題可能會壓得你喘不過氣，覺得自己也無法給予別人什麼。但你可以看一看這世界上的紛爭、暴力行為與苦難，或許能指引你找到寧靜的智慧，知道自己能夠做什麼。如果有一種力量能讓亂世重拾平衡，那肯定是健康狀態類型九所擁有的那種安寧、療癒效果的調節力量。能夠真正與自我連結時，就能擁有面對生活所需的力量與能力。

◆ 學會說「不」的價值。不想讓別人失望是很正常的，但如果當下處境讓你感到為難，最好一開始就直接表達，而不要默默接受，事後才來後悔。此外，如果你一開始答應，後來卻採取消極抵抗的手段，這才會讓別人更不悅。哪怕你當下覺得自己的想法不重要，但其實大多數的人都是想知道你真正的想法或喜好。

◆ 學會知道自己當下想要什麼。你常常忙著考慮別人的立場

與想法，結果卻忽略了自己。因為這種思考習慣，你當下可能很難立刻知道自己想要什麼。必要時別害怕讓別人給你一點時間思考，如果你知道自己想要什麼了，也可以放心追求。要記住，你可以**擁有**自己想要的東西。

◆ 學習健康狀態的類型三，把時間與精力用在發展自己與個人才能。你可以用許多愉快、完美的方式消磨時間、讓自己開心，或是跟朋友、喜歡的人出去，但是要確定你沒有委屈自己、欺騙自己的真實心意。一開始的掙扎或許會引起你對自己的焦慮，但堅持下去，就能得到許多更棒、更深層的滿足感。此外，投資自己並不會導致你疏遠他人：大家都會因為**擁有**一個更強大、更完整的你而受益。

◆ 注意自己何時會幻想與他人建立關係，而不是真正與對方建立關係。如果有人跟你坐在一起，結果你滿腦子想的是去露營的白日夢或最近看的電視節目，我想正常人應該都不會高興。如果你發現跟特定人士在一起時特別容易「心不在焉」，你可以問問自己，對方是否有哪裡讓你覺得不舒服或不高興的地方。在任何情況下，正面討論此事有助於你與自己和與對方重新建立連結。

◆ 學會分辨與處理怒氣。對大多數的類型九而言，生氣是非常可怕的事情。在所有的情緒中，怒氣是最容易摧毀內在平靜的力量。但也唯有透過生氣，你才能與自身內在的力量連結——憤怒是摧毀惰性的燃料。不過，這不代表你需要到處衝著別人亂吼一通或是對陌生人不客氣，而是說如果你覺得生氣，坦白說出來讓人家知道是沒關係的。學著去感受體內的怒氣。那是什麼感覺？在身體的哪個部位表現最強烈？熟悉這種感覺之後，你就不會再害怕它的出現了。

類型九強大力量的來源之一就是**打從根本的耐心：一種讓別人「順其自然」發展的態度**。就像一對好的父母會耐心教導孩子新的技能，但同時也會保持尊重又不失關心的距離。

類型九的耐心來自於寧靜的力量與巨大的耐力，能在困境中「堅忍不拔」。類型九經常會表現其能力，以求在工作或人際關係的競爭中勝出——就像龜兔賽跑的寓言故事一樣。處於健康狀態的類型九可以穩定並堅持朝目標努力前進，也往往能達成心中所願。他們的意志得到解放，也發現了自己無比的勇氣和毅力——正是本能三元組核心類型的模樣。

健康狀態的類型九在處理危機時也極有效率，因為他們的內心無比穩定，生活中的輕微起伏个會令他們失去平衡，重大問題、挫敗與災難也影響不了他們。當所有人極度焦慮時，類型九依然能保持平靜、穩定前進，並且完成任務。

安德烈知道這有多簡單——又多麼具有挑戰性。

要擺脫某些時候的莫名不安與麻木很簡單：只要對自己承認某些地方有問題，然後把想法告訴某個信任對象。要承認「混亂」情緒難免不舒服，但說出來似乎也能沖淡這種感覺。另一種策略就是上健身房或去按摩，幫助我重新感受身體的存在。養狗對我來說也是一件很棒的事情。我的狗時刻都「活在當下」，而且我得時刻注意牠，所以我不太可能走神。

健康狀態的類型九能高度包容他人，在今日多元化的全球社會中，這是一項尤其重要的才能。（這也說明為何類型六的整合方向是類型九，因為類型六會把人群區分成「內」與「外」。）雖然類型九都會看到別人的優點（並且希望融入對方），但真正處於健康狀態的類型九也能看到自己的優點（並且渴望更加獨立、與世界連結）。

「我們都能和睦相處。」

　　雖然類型九明顯會支持他人，但他們卻不認同拯救者或幫助者的角色。他們受到別人重視是因為他們能不帶批判角度傾聽別人說話，並能以互相寬容的生活哲學給予他人足夠的自由與尊重。他們懂得諒解他人，也讓別人有提出想法的空間，凡事都從正面角度來詮釋。他們能為別人保留空間，讓大家都有公平說話的機會，這也正是大家都願意找他們的原因。他們可以包容不同觀點，但必要時立場也很堅定。他們的單純、天真、直接與坦率都令他人放心和信任。

　　健康狀態的類型九能接受並重視不同的觀點、衝突與緊繃狀態。他們通常能找出新的共識，站在另一個高度解決矛盾或衝突。因此，類型九具有高度創造力，但也不失謙虛。此外，典型的類型九會以非語言的方式表達觀點，例如音樂、藝術、繪畫或舞蹈。他們的想像力非常豐富，並且喜歡探索充滿夢想與符號的世界。類型九的人會從大局思考，渴望保持跟整個宇宙融為一體的感覺。神話是探討人類本性與存在的道德秩序其中的一種方式：最終，一切皆為善，萬事也會以應有的方式運作。

整合之路：
從類型九到類型三

　　類型九可以透過學習健康狀態的類型三，認清並保持個人本性的價值，以此保持健康狀態，並且可以克服社會角色無足輕重的感覺，也認識到為自己所投入的時間與精力都是值得的。他們會致力於發展自我與個人潛能，並向世人展現自己，讓別人知道自己的能力所在。

　　類型九的自我實現之路最大的障礙就是習慣慣性。只要想為自己做點什麼，整合中的類型九就會出現沉重感或困乏感。但隨著整合持續進行，他們會發現自己的能量增加，個人魅力也隨之提升。以前總覺得自己應該當個隱形人，現在整合中的類型九意外發現，大家不只聽他們的話，甚至是在尋求他們的幫助。當類型九意識到個人價值之後，別人也會

更加欣賞他們。重拾本能天性的活力之後，他們也能鼓舞旁人。因此，隨著整合中類型九發現，他們投射在別人身上的特點其實是自己與生俱來的個人價值之後，他們會很驚訝，也會很開心。

整合中的類型九也會接觸到本心、找到身分定位，並以一種簡單動人的方式表達自己。在必要時懂得堅持自己，知道堅持自我不代表激進。此外，對現實的抗拒會消失，也變得更加靈活、更能適應環境。

當然，類型九的整合不代表要模仿類型三一般狀態的特質。變得被動、爭強好勝或在意形象都無助於建立自尊——相反的，這只會對個人價值持續感到焦慮，並且遠離了真實身分。但隨著類型九找到自我發展的能量，他們心中的愛與力量都會變成生活中一股不可戰勝、具有療癒效果的力量。

類型九最終得以面對其基本恐懼（害怕失去他人），並且不再認為自己對這個世界的參與與否不重要，也不會認為自己的存在可有可無，以此重拾本性。他們意識到，找到真正想要的統一性與完整性唯一的辦法並非「飄入」幻想世界，而是完全融入當下。這需要他們與本能天性及立足當下重現建立連結。這往往就需要直接面對被壓抑的憤怒情緒，這也難免對平時的自我造成威脅感。但當類型九能與自己共處且能整合憤怒時，他們就能感受到自己一直在尋找的安穩感。透過這種內在力量的平台，進行自我實現的類型九就會有一股戰無不勝的力量，變得優雅且強大，能與神聖的意志結合。在亞伯拉罕·林肯或達賴喇嘛身上，我們都能看到類型九這種無與倫比的特質。

為了實現真正的連結與完整性，類型九必須學會接受與包容這種人世經歷。在真實世界中還有許多不為人知的現實事情，但我們並不是透過否認或否定這些事情來實現自我。

將人格轉為本性

統一性無需創造，而是需要加以辨識。
——威廉·斯洛恩·科芬（William Sloan Coffin）

換句話說，我們無法真正超越人類的境遇：唯有完全面對，才能看見真實本性的全貌。

當類型九意識到並接受此一真相後，他們會變得高度沉著與獨立，能更自由地維護個人立場，感受更深層的平靜、鎮定和滿足。沉著使其能建立更令人滿意的人際關係，因為他們真正面對了自己——充滿活力、覺醒、生氣勃勃和機警。他們會變成充滿活力與喜悅的人，為了內在平靜及療癒個人世界而努力。

擺脫了疏離或壓抑的情況後，他們發現自己非常享受投入生活及為自己探索新世界的感覺。正如瑞德所說：

我知道自己該說什麼、該做什麼，而且我也有足夠的力量與信心去完成。我不再試圖取悅他人，而是專注於滿足自己。奇怪的是，滿足自己需求的同時經常也能滿足大家，彷彿如果我注意到個人需求，也就能直覺知道大家想要什麼。

▌本性的出現

類型九會記住本性的完整與全面特質，也會記得萬物之間的關聯性——宇宙中的一切都與其他事物息息相關。此一認知會帶來強大的內心平靜。而從本性的觀點來看，類型九生活的目的，就是要提醒大家現實中的精神本質以及人類真實本性的潛在統一性。

獲得解放的類型九能充分意識到存在的完整性與統一性，並且同時留住了自我意識。較不健康狀態的類型九能夠看到現實無窮特性的一部分，但往往又會迷失在其所處環境中。獲得解放的類型九並沒有忘記自己的狀態，也不會在幻想的理想世界中失去自己。他們能看清好與壞的交織（「上帝一

幸福就是融入某件完整與偉大的事物之中。
——薇拉·凱瑟
（Willa Cather）

視同仁。」），也接受了對立面共同存在的矛盾性——喜悅與痛苦、悲傷與快樂、統一與分離、善與惡、生與死、清晰與神祕、健康與生命、優點與缺點、智慧與愚昧、平靜與焦慮——全部都是交織在一起的。

這正是企業顧問馬丁學到的一課。

我妻子去年過世時，我整個人都垮了。後來我才意識到，她的生與死都是浩瀚世界中的一小部分。或許我無法看到全部，但我知道這就是其中的一部分。一旦我接受了她生命的完整性，而死亡只是其中一部分，我就能接受她的離開。

類型九的另一個本性特質就是奧斯卡·依察諾所說的「神聖之愛」，不過我們必須對此有正確的認識。我們所指的本性之愛是一種存在的動態特質，是會流動、轉變並且突破眼前所有障礙。它會克服自我內心中的隔離感與孤立感，這也是本能三元組會面臨的問題。這正是為何真正的愛會令人害怕——這需要消弭界線與自我死亡。不過，當我們學會順從神聖之愛，便能與浩瀚無垠的存在感重新連線，並且意識到，我們的核心本質就是這種愛。我們的存在就是這種無窮無盡、生機勃勃、不斷轉變的愛，而這種愛一直都在。

將你對類型九的十五項陳述選擇得分加總，得分範圍會在 15 到 75 分之間。參考得分說明，幫助你找到或確認你的人格類型。

15 分	你可能不是退縮型的人（不是類型四、五或九）。
15-30 分	你可能不是類型九。
30-45 分	你可能有類型九存在的問題，或是有類型九的家長。
45-60 分	你可能有某種類型九的元素。
60-75 分	你極有可能是類型九（但如果你對類型九的認識過於狹隘，也仍有可能是其他類型）。

類型九最有可能誤認自己是類型二、五或四。而類型六、二和七則最有可能誤認自己是類型九。

PART 3

自我的改造方法

第 16 章
九型人格與精神實踐

　　九型人格學說本身並不是一條精神道路，而是一種獨特的工具，能有效幫助在**任何道路**上的我們。不過，我們必須將該學說的主張融入日常生活中，每天都要練習，才有助於重新找回人格的根本真相。

　　要將九型人格學說與精神實踐結合包括以下過程：

　　一、每天都要努力活在當下，並且盡可能保持清醒。

　　二、在行為中觀察你的人格。

　　三、不要衝動行事。

　　上述三項條件是本書中所有方法與實踐的基礎。無論在何時，一旦意識到人格浮現，就要記得深呼吸、放輕鬆，同時並持續觀察及克制衝動，直到覺得事情有所變化以及個人狀態發生改變。與其去分析發現，更重要的是覺察意識及放鬆身體，並且不要輕易發洩情緒。

　　儘管九型人格學說無法做為一套完善的精神指南，但它為從事精神或治療領域相關行業者提供了大量而豐富的見解。其所提供深入人性的分析，尤其是考慮到發展層級的特殊性，內容可謂「一針見血」，著實有助於個人成長。

▋ 選擇實踐方式

　　世界上各大宗教都提出各種改變自我的實踐方法；現代心理學、自我幫助運動與當代精神思想家也同樣如此。無論

現今的問題之一在於對精神相關的文獻不夠熟悉。我們只對眼前的事情與當下問題感興趣。
——約瑟夫‧坎伯
（Joseph Campbell）

我們選擇哪種實踐方式（冥想、禱告、瑜伽、閱讀勵志書籍等），要評估其改造自我的有效性可以從以下三點進行。

首先，**該實踐方法是否幫助我們更加警覺、清醒，並對生活保持開放的態度**？抑或是讓我們更沉浸在幻想世界之中，包括負面的幻想在內？該方法是否培養出一種存在感，並強調關注當下的重要性？

其次，**該實踐方法是否能探索人格中某些不安或侷限性的部分**？許多方法都主張「精神魅力」，保證其追隨者能在某種程度上與眾人不同，甚至更加優秀，並且很快能得到無比強大的力量。雖然得到某種獨特力量不無可能，但往往都代表眼前是令人分心的岔路，而非真正實現自我的代表。（另一方面，如果有一條路是不斷出現羞辱或批判，結果也可能會失衡。）

第三，**這個方法是否能鼓勵我們為自己思考**？成長是來自於渴望深入探索個人與現實的本性。任何來自於導師或刻板教條的既定答案都會阻礙此一過程。這類的「答案」短時間內或許能安慰我們的人格、掩飾深層的焦慮與傷痛，不過一旦危機真正出現，所有的短處就全攤在陽光下了。

事實上，**生活本身就是最偉大的導師**：無論我們做什麼，在辦公室也好，跟另一半談話也罷，甚至在高速公路上開車，都是有意義的行為。如果我們能與經驗同時存在，對該行為的印象就會非常清晰，也能從中學到新事物。但如果我們人在心不在，那麼無論發生什麼事情，哪怕是生命中再珍貴的時刻，也都無法打動我們。

冥想並不是覺悟之道，也不是達成任何目的的途徑。它本身就是安寧與幸福。
——道元禪師（Dogen）

沒有哪一種心理工具或精神實踐方法是隨時適用於所有人。不同的狀態與條件需要不同的選擇。有時候，我們的思緒與內心可能很安靜，於是可以輕鬆地進入冥想、沉思或想像狀態。也有的時候，我們可能很累，無法進入冥想狀態；

在這種時候，也許禱告、唱誦或是行禪都會有所幫助。

人格類型或許也會影響我們喜歡用哪種實踐方法。舉例來說，類型四、類型五和類型九（退縮型）是失去對身體行為的覺察，因此行禪、瑜伽、伸展，甚至是慢跑都會大有幫助。但因為他們有時候更喜歡久坐不動的方式，因此退縮型的人往往會說這些方法都不管用。

對於類型三、類型七和類型八（張揚型）的人而言，透過慈心禪和做善行來與內心建立連結的方法，或許跟他們所認知的精神實踐搭不上邊，但其實這麼做對他們很有幫助。同樣的，這群行動導向的人可能會覺得，冥想「只不過是坐在那裡什麼都不做」的行為。

類型一、類型二和類型六（服從型）可能不認為安靜的禪修或去按摩會與精神實踐有關。對這些受良心驅動的人而言，坐著沉思似乎無法造福他人。但其實任何事情只要能專心完成，都能成為精神實踐的基礎──只要能以身體為出發點，能平靜思緒並打開我們的心扉。我們在此所述的實踐方式與方法都有助於實現與自身的平衡關係。

▌進行改造的七種方法

如果想要運用九型人格學說進行自我探索，我們需要更多關於九種人格類型的資訊。唯有與某些關鍵要素結合，這幅靈魂地圖才能發揮作用。為達此目的，我們提供以下七種方法，這些都是精神之旅不可或缺的一部分。

一、尋找真相。 如果想要改造，最重要的是要培養對真相的熱愛。尋找真相意味著對我們及身邊所有事情都要保持好奇心，不能滿足於人格所給予的既定答案。如果好好觀察自己，就會發現我們對個人或他人行為的慣用解釋，其實都

祈禱並不是老婦人無聊的消遣。若能正確理解與運用，它會是最有效的行為手段。
──甘地（Gandhi）

我們並不需要特別努力以求獲得內在自由的指引；內在的自由來自於看到何為真相。
──佛陀（Buddha）

是一種抗拒，是我們逃避深入探究當下狀態的方法。舉例來說，像「我真的很氣我爸」這種常見說法，其背後真相可能是「我真的很愛他，渴望得到他的愛」。這兩種層面的真相可能都令人格難以接受；或許需要花很長一段時間才願意承認自己對父親很生氣——而要承認隱藏在怒氣之下的愛也許需要更長的時間。

當我們學會接受當下的真實情況，就越能接受發生在自己身上的感受，因為我們知道，**這不是我們的全部**。真相不僅包含了我們充滿恐懼的反應，**也包括**了靈魂的資源。雖然人的自動反應會干擾尋找真相的過程，但接受這一切存在便能拉近我們與真相的距離。當我們願意與完整的真相共存——無論真相為何——我們都將擁有更多的內在資源來面對眼前的一切事物。

二、不作為。改造的過程有時會充滿矛盾，因為我們一邊說要拚搏與努力，一邊又說要允許、接受和放下。對於這些明顯對立情況的解決之道取決於「不作為」的概念。一旦我們知道何謂「不作為」，便能看到**真正的拚搏是為了放鬆、獲得更高的自覺，如此才能看清人格的顯現**。如果我們不要輕易發洩不滿與壓抑衝動，就能開始知道衝動背後的起因為何。（在前言提過唐的故事就是一個例子。）克制衝動行事之後，當下可能會出現不同想法，開啟許多的可能性，通往自己真正擅長的方向；而這些瞬間浮現的想法往往是最寶貴的一課。

三、願意保持開放心態。人格最主要的功能之一，就是從各方面將我們與真實本性分離。它阻礙了我們去認識不符合心中自我形象的部分，也限制了自身經歷的體驗。如果能放鬆身體、讓心中嘈雜的聲音安靜下來，並讓內心對周遭環境更加敏感，便能迎向有助於成長的內心特質與資源。

你們必曉得真理，真理必叫你們得以自由。
——耶穌
（Jesus of Nazareth）

生活中的每分每秒都有帶來喜悅、培養及支持我們的可能性——只要我們能看見。生命本身就是一個巨大的餽贈，但多數人選擇專注於個人內心的電影世界而對生命本身視而不見。當我們學會信任當下的每個時刻，且學會珍惜自覺意識，就會知道該如何關掉內心的電影播放器，迎接更有趣的生活——一個真正以自己為主角的世界。

四、獲得適當支持。如果能從內心狀態得到更多支持，改造的過程就會越容易。如果我們是在失能環境中生活或工作，要進行內心工作不是不可能，只是會比較困難。哪怕在工作或家庭中遇到困難，大多數的我們都無法輕易放下（工作或家庭），不過可以尋求他人給予鼓勵並見證我們的成長。除此之外，還可以尋找相關團體、參加工作坊，讓自己置身在可以加速真正成長及發展的環境中。獲得支持也能讓我們在日常生活中騰出一些空間來實踐滋養心靈的方法。

五、從萬事中學習。一旦開始進行改造自我就會知道，當下無論發生何事，我們都必須立即處理。而無論內心或思緒浮現任何想法，那都是我們可以用以成長的原材料。逃離現實、進入想像世界之中、對當下處境加以浪漫化或戲劇化、證明自己的合理性，甚至是躲入「精神世界」中，這些都是十分常見的傾向。不過，我們要與現實共處，才能學到成長真正所需之事。

六、培養對自己的真實之愛。經常有人說：「如果我們無法愛自己，我們就無法愛別人。」但這究竟意味著什麼？我們往往會認為這是與自尊有關，又或者是用情感上的美好感覺來彌補某些缺陷。事實或許如此。但如果對自己的愛夠成熟，就會知道最重要的一點是要足夠關心自己的成長，才不會一心想逃離現實情況中的不適或痛苦。我們必須先夠愛自己，才不會拋棄自己——沒有活在當下就是拋棄自己的一

有人問米開朗基羅是如何創造雕塑作品，他回答說，大理石中本身就蘊藏雕像⋯⋯而他的工作就是要去除上帝作品周圍不必要的部分。

同理可證。完美的你無需創造，因為上帝已經做出來了⋯⋯你的工作就是要移除身邊的恐懼思維，讓完美自我的靈性發亮。
——瑪麗安娜·威廉森（Marianne Williamson）

每個東西都表現出真主的部分力量。祂的喜悅或憤怒，祂的愛或輝煌，都是藉由這些東西所散發。這正是為什麼我們會深受吸引或被擊退。只要創造過程不消失，這些表現就不會停止。
——托蘇·貝拉克（Sheikh Tosun Bayrak）

種表現。我們陷入擔憂、幻想、緊繃和焦慮時，不免會與身體及情感分離，最後就離真實本性越來越遠。

對自己真正的愛也需要充分接受自己——重拾當下，並且在不用改變過去的情況下，接受自己的真實面貌。如果能與帶有此類特質的人相處，也會有加分效果。

七、練習。大部分與精神相關的教法都強調實踐的重要性，無論是冥想、禱告、瑜伽、放鬆或運動，重點是每天要空出一些時間，與自我的真實本性重新建立連結。固定的實踐（參加某些學派或團體）有助於不斷提醒自己經常會被人格所催眠。精神實踐會介入我們根深柢固的習慣之中，並給予機會，讓我們從渾噩狀態中醒來。最後我們會知道，每一次的實踐都會學到某些新東西，而每一次忽略實踐，都會失去讓生活轉變的機會。

進行定期實踐的最大阻礙就是期待得到特定結果。諷刺的是，當我們在實踐上有重大突破時，這個阻礙就會成為問

就其根本而言，精通就是要練習，要一直保持進行狀態。
——喬治・倫納德
（George Leonard）

走自己的路

在精神實踐的道路上，如果能誠實面對當下，每天肯定都能體現我們所認識的真相——沒錯，就是每天的每一刻。我們必須學會在生活中的方方面面該如何「走自己的路」。但我們該怎麼做？我們就跟所有人一樣（尤其是剛開始實踐的人），都帶著過去的壞習慣、舊傷口以及未解的矛盾。僅有精神實踐的意圖尚不足以構成轉變。

歷史上有許多精神導師都已針對此問題為其追隨者提出引導方向。佛陀建議人們要遵循「八正道」，即：正見、正思維、正語、正業、正命、正精進、正念和正定。摩西提出十誡來幫助猶太人按照上帝的旨意生活。基督贊同十誡，同時也要求其信徒要實踐兩大戒律：「盡心愛主、愛人如己。」由於九型人格學說與宗教無關，因此無涉任何神論戒律或道德法令。不過，問題依舊存在：「所謂我們正走在精神道路之上，究竟意指為何？」

在你的個人內心狀態日記中，探索一下這個問題對你有何意義。為了讓精神工作發揮作用，你個人「每日最低要求」是要做到什麼？在這件事情上，你個人的理想有哪些？你對自己真正的要求是什麼？當你「說到做到」、開始轉變和爭取從人格中解放時，你對自己做了哪些承諾？

題。我們的人格會利用突破的經驗，希望在有需要時重新再造突破。但事實上這不可能。因為唯有完全活在當下，才有突破的可能，而期待某種回報，只會讓我們在生活中分心。在這種情況下，我們會得到一種新的天賦或洞察力——雖然可能跟之前得到的感覺不一樣。此外，人格可能也會利用我們的突破做為停止練習的正當理由，讓你心想：「太棒了！我已經有所突破！現在已經『改造成功』，不用再繼續做了。」

除了每天固定實踐之外，生活中也有許多機會可以觀察到人格的作用，並能讓本性浮現，以此改造人格。但改造不是用想的、用說的或用看書就能達成。拖延是自我最大的保護罩。運用改造方法的唯一時刻就是當下。

藉口及更多的藉口

對於展開精神之旅，人們最常用的藉口是沒有足夠精力同時應付生活與改造工作。事實上，我們的精力不虞匱乏，要面對改造工作綽綽有餘，只不過我們把百分之九十八的精力都用在焦慮、用在憂慮不見得會發生的事情，還有用在作白日夢跟內心糾結上。其實，我們的精力有兩種發展方向：可以用於附和人格結構，也可以不認同人格結構，進而促進我們的發展與成長。當我們體會到此一真理，就會知道建立精神銀行帳戶、學會儲存能量進行改造工作的必要性。

另一個導致內心工作拖延的主因，是因為人格會讓我們看到各種干擾日常實踐的「條件」和「要求」。（「只要我把生活中的問題解決了，只要溫度合適、沒有噪音干擾、沒人打擾，我就會認真考慮練習冥想。」）

若想激發為自己而努力的意願，最佳辦法就是要知道自己隨時可能會死。
—— 葛吉夫（Gurdjieff）

	唯有在……的情況下，我才會真正面對生活
1	我得到徹底平衡與感到完整，不犯過錯，我的世界井然有序。達到完美狀態，我就會出現。
2	我得到他人無條件的愛，並且能感受到他人的愛。當他人完全感謝我的情感與付出、滿足我所有的情感需求後，我就會出現。
3	我有足夠的成就能帶來成功感與價值感。當我得到想要的欣賞與關注，並覺得已經夠優秀時，我就會出現。
4	我已經徹底解決所有的情感問題，並找到自己真正的重要性。當我可以隨時對任何人表達情感時，我就會出現。
5	我有充分的自信與能力來處理一切事物。當我能完全了解並掌握生活中所需知道的一切時，我就會出現。
6	我有足夠的支持讓我感到徹底安心與穩定。當生活一切都在掌控之中，不會發生意外時，我就會出現。
7	我打從心底感到喜悅與滿足，並找到自己該做的事情。當我徹底感到滿足後，我就會出現。
8	我能完全獨立、不需為了任何事情依靠任何人。當我覺得一切都在掌握之中、不會有人挑戰我的想法後，我就會出現。
9	我打從心底感到平靜，心中沒有任何衝突或問題。當世界上沒有事情能困擾我，而我生活中的每個人都很快樂、很平靜時，我就會出現。

實踐的回報

條件和要求只不過是精神上的拖延形式，如果我們把這個內在聲音放在心上，可能就得等到天荒地老才有機會付諸行動，因為生活永遠都不可能完美。無論再怎麼想，我們都無法控制所有外在情況。不過，有一件事情我們可以做到的：經常讓存在感與意識浮現——這正是我們最排斥的事情。

你或許已經發現，要讓自己真正存在的先決條件永遠都不可能滿足——至少始終不會滿意。諷刺的是，當我們真正出現時，就會發現自己長期尋求的特質一直都在身邊。因為這些特質就是本性的一部分，而非屬於人格；唯有活在當下，

方能感受本性的存在。

最後，許多人都會抗拒對生活採取更開放的態度，因為**我們害怕一旦表現得太健康，別人會不知道我們受的傷有多深**。如果表現得太正面，就無法繼續懲罰父母（和生命中的重要人物）給我們所帶來的痛苦。如果對父母或配偶有不滿，我們會暴飲暴食、酗酒或抽菸來表達自己的不高興。如果一直讓這種感覺主宰人生，我們就只是成功地虐待自己罷了。

實踐的「回報」

圍繞著九型圖的這些特質都是實踐所得到的重要回報，可以說這些都是發展自己所不可或缺的特質。自我並非天生就具備相關特質（或「優點」，這是更傳統的說法）。事實上，如果我們跟人格站在同一陣線，這些特質就在對立面之上。但如果我們學會本性所面臨的**阻礙**時，成長所需的特質就會自然湧現，並在我們需要的時候派上用場——自我是無法主導這一切的。除了認清阻礙，我們什麼也不用做（事實上也做不了）。

面對成癮

如果我們是主動濫用藥物、酗酒或使用管制物品，在此所談的改造工作就不可能進行。如果有濫用藥物的問題，就得先讓自己固定保持「清醒」，才有可能長期深入探索真實本性。若因為藥物濫用或疏忽而讓身體難以正常運作，就不可能得到清楚觀察自己所需的敏感度與注意力。

所幸現在有許多資源可以幫助我們擺脫成癮，包括利用書籍、工作坊、支持團體、各類療法與住院治療等方式。九型人格學說並不是要取代上述資源，而是要與之結合，這對認識成癮模式的根源有極大幫助。

在許多關於成長的領域中（悲傷和其他未完成的事情、人際關係的溝通與成熟度、性與親密關係、職場和工作上的問題、特定的恐懼與害怕、早期創傷等），西方治療方式的成效，整體來說都比練習冥想來得迅速且成功。我們做為一個人的存在，不能只以「人格特質」來帶過。佛洛伊德說過，他希望能幫助人們去愛、去生活。如果一個人無法好好去愛、為世界做些有意義的事情，那他的精神練習又有何意義？冥想在這些領域確實有所助益，但如果坐了一段時間之後，你發現還有努力空間，那就需要找個好的治療師或其他方法，用更有效的方式來解決問題。

——傑克·康菲爾德（Jack Kornfield）

各類型之飲食失調問題及成癮症狀	
1	過度飲食、服用維他命與淨化體內手段（禁食、減肥藥、灌腸劑）。為了自我控制而飲食減量過度。在極端情況下，會以厭食、暴食和酒精來舒緩壓力。
2	濫用補品與非處方藥物。暴飲暴食，尤其是甜食和碳水化合物。因為覺得「缺乏愛」而暴食；讓自己看起來很憂鬱以尋求同情。
3	為了獲得認同而讓身體過度緊繃；工作到精疲力竭；飢餓或節食；工作狂。過度攝取咖啡、興奮劑、安非他命、古柯鹼或類固醇，或是為了美容而狂動手術。
4	過分沉迷於大餐與甜食；利用酒精舒緩情緒、拓展社交及獲取情感慰藉；缺乏運動；貪食症；鎮靜劑。為了緩解社交焦慮而抽菸、服藥或吸食海洛因。做整形手術除去不喜歡的身體特徵。
5	為了將需求最小化，導致不良的飲食與睡眠習慣；忽視衛生與缺乏營養；缺乏運動。為了刺激頭腦與逃避現實而服用精神藥物，因為焦慮而吸毒與飲酒。
6	偏食導致營養不均衡；（「我不喜歡吃青菜。」）過度勞累。為了保持耐力而使用咖啡因與安非他命，為了消除焦慮而飲酒及服用鎮靜劑。是最容易酗酒的類型。
7	這類型的人最容易對興奮劑（咖啡因、古柯鹼與安非他命）、迷幻藥、精神藥物、毒品和酒精上癮；會傾向避免使用別的鎮靜劑。為了時刻保持狀態而累垮身體。過度進行整形手術及服用止痛藥物。
8	忽略身體的需求與問題，能不看醫生就不看醫生。過分喜好大餐、飲酒、抽菸，同時又把自己逼得太緊，導致高血壓、中風與心臟問題。控制欲是核心問題，不過仍有可能酗酒與吸毒。
9	由於缺乏自我意識與壓抑憤怒，導致飲食過量或不足；缺乏運動。為了消除孤獨感和焦慮感而服用鎮靜劑和精神治療藥物、酒精、大麻及毒品。

所有人格類型都有可能在某方面成癮，而這九種類型之間是相互依存的關係。我們在九種人格類型身上都發現某種特定的成癮趨勢，但下列所述的關聯性僅供初步參考，並非代表全部，也無意在此複雜問題上進行全面討論。（儘管上表提出你解離方向上的人格類型所會出現的飲食失調問題及成癮症狀，但這些情況不會說出現就出現。）

▍與超我共事

　　超我就是在我們未達標準而貶斥、或是實現其要求而獎勵的內在聲音。當我們順從超我時，它就會拍拍我們，說：「好孩子！這麼做就對了！」一旦我們做了超我不贊同的事情，它就會譴責我們——而且是以第一人稱來說。（「看看我都做了些什麼！我能想像別人是怎麼看我的！」「就算我試了，肯定還是會失敗。」）

　　如果把這些內在批評的聲音從第一人稱的「我」變成第二人稱的「你」，或許就會發現，這些刺耳的話語是來自於童年的經歷。事實上，超我就是來自父母或權威人士的「內化聲音」，其原本的功用是讓我們以某些方式行事，確保父母會繼續愛我們、保護我們。我們在無意中認同了這些聲音，並將其融入到內心之中，以至於我們不想冒險行事，害怕失去父母的愛與支持。為了不讓父母懲罰自己（因此必須面對可能的痛苦），我們倒學會了先懲罰自己。

　　問題在於，兩歲時對我們有用的超我聲音，現在不見得管用了。不過這些聲音的力量依然像過去一樣強大，只不過如今是弊大於利——使我們一再遠離真實本性。事實上，超我是人格最強大的代言人之一：正是這「內在批評」的聲音限制住了我們的可能性。

　　在改造轉變的初期階段，有很大一部分的重心是擺在辨識偽超我的「聲音」（包括正面與負面），該聲音會持續把我們拉往人格引導的方向，並以各種自欺欺人的方式來表現情緒。若我們能活在當下，就能聽到超我的聲音，但不會認同；我們會看到超我的立場與態度，它有如戲劇中準備登場的各種人物，準備有所動作、再次掌控或攻擊我們。若活在當下，我們會聽到超我的聲音，但不會賦予其任何能量；那

> 最了不起的事情莫過於愛人如己：我們像對待自己那般的對待別人。我們討厭自己的時候，也討厭別人。我們容忍自己的時候，也會容忍別人。
> ——艾力克·賀佛爾（Eric Hoffer）

九種人格類型的「前進指令」		
	前進指令	矛盾之處
1	「只要你做正確的事情，你就很棒。」	聽起來很合理，但你如何判斷何為「正確」？是誰說的？你的標準是客觀還是主觀？這些想法從何而來？類型一努力想要表現優秀，但永遠達不到超我的標準。
2	「如果有人愛你，並跟他人相處關係密切，你就很棒。」	為什麼你的價值取決於別人是否愛你？而你又如何知道別人是否愛你？就算別人不愛你，那又如何？類型二努力想拉近與他人的關係，但始終感覺得不到愛。
3	「如果你做了有價值的事，你就很棒。」	為什麼你會認為做某件事情能讓你變得有價值？為什麼你要做某件事情來覺得自己有價值？你要取得多大成就才算有價值？類型三往往有超乎預期的成就，但內心依然感到空虛。
4	「如果你能真實面對自己，你就很棒。」	何謂「真實面對自己」？這個需要被真實面對的自己又是誰？這代表要保留過去的反應與情緒嗎？類型四努力讓自己變得獨一無二，導致放棄了生命中的許多選擇。
5	「如果你能掌握某件事，你就很棒。」	你怎麼知道何時才算真正完全掌握了某件事？你打算何時畫下句點？你對此事的掌握跟日常生活的真正需求有何相關？類型五會在某件事或某技能上鑽研多年，但依然缺乏自信。
6	「如果能面面俱到、達成別人的期待，你就很棒。」	你要如何做到面面俱到？你所有的奔波與擔憂真的能讓你更有安全感嗎？去做別人期待你做的事情，對你而言真的有意義嗎？類型六努力讓自己有安全感，但始終感到焦慮與害怕。
7	「如果你感覺很棒、能得到想要的東西，你就很棒。」	你能分辨「需要」與「想要」嗎？如果得不到某個想要的東西，你能接受嗎？若能接受，那麼這真的是你需要的東西嗎？類型七追求能帶來滿足感的東西，但始終覺得不滿意、有受挫感。
8	「如果你夠強大、能掌控好自己的處境，你就很棒。」	你何時會知道自己夠強大、覺得受到保護呢？你需要多大的控制權？你對控制權的追求真的能提升幸福感嗎？類型八不斷追求控制權，但始終沒有安全感。
9	「只要你身邊的人都過得好，你就很棒。」	你要如何確定大家都真的過得很好呢？你又如何知道他們好不好？為什麼你的幸福感取決於他人的幸福與喜悅呢？這件事情是無解的，於是類型九開始「漠視」問題。

「全能」的聲音就只會變成一部分的當下狀態罷了。

　　然而，我們也必須注意到在心理實踐與精神實踐的過程中，超我的新層面所釋放的訊息。我們可以稱其為**精神上的超我**或**精神療法中的超我**。我們不再以父母的聲音來訓斥自己，而會以佛陀、耶穌、佛洛伊德，甚至是我們治療師的聲音來要求自己！事實上，運用九型人格學說最大的危險之一，就是超我往往會「接管」我們的實踐過程，並加以批評；例如會批評我們在發展層級上沒有進步，或是往整合方向移動的速度不夠快。但是，只要越能面對現實，就越能意識到這些聲音其實無關緊要，並成功地拒絕賦予其任何能量。最後，超我會失去力量，我們便能重拾空間與寧靜，讓他人接受我們，並讓內在充滿鼓舞生命的力量。

超我的「前進指令」

　　在事情發生之前，我們必須先意識到超我的「前進指令」。這些前進指令是精神生活的基礎，支配著我們大部分的日常行為。某些指令一開始聽起來很合理。（你覺得很「正常」，但又覺得受到限制，這就是超我訊息的指標之一。）然而，如果我們仔細聽，也許就會發現這些指令不僅是武斷和主觀，而且還具有強制性與破壞性。超我會提出越來越難達到的標準，讓我們付出巨大的代價。如果我們感到焦慮、壓抑、失落、無助、恐懼、悲慘或軟弱時，便可以確定超我正在發揮作用。

療癒態度

　　另一種從超我中解放的方式，就是提高自己在面對問題或衝突時自動反應的意識 —— 然後找到「療癒態度」。下表是本書為九種人格類型提供的部分療癒態度。

用一週的時間去探索你所屬人格類型的療癒態度，看看這種方法會對你的人際關係、工作與家庭帶來什麼影響。在個人內心狀態日記中記下觀察發現或許大有幫助。之後，或許你也會想繼續探索其他人格類型的療癒態度。

九種人格類型的療癒態度	
1	或許別人是對的；或許某些人有更好的想法；或許其他人會自己學；或許能做的我都已經做了。
2	或許我能讓別人來做這件事；或許這個人實際上已經用自己的方式來表達對我的愛；或許我也能為自己做點有益的事情。
3	或許我不必當最優秀的那一個；或許大家會接受我現在的樣子；或許別人對我的看法並不那麼重要。
4	或許我沒有做錯；或許別人會理解我、支持我；或許我不是唯一一個有這種想法的人。
5	或許我可以信任別人、讓他們知道我需要什麼；或許我可以快樂的生活；或許我的未來會很好。
6	或許一切都會順利進行；或許我不用要求自己預見所有可能發生的問題；或許我可以相信自己與判斷。
7	或許我所擁有的已經足夠了；或許我現在不必馬上去別的地方；或許我沒有錯過任何事物。
8	或許眼前的這個人不是要占我便宜；或許我可以稍稍放下戒備；或許我能讓他人接觸到我的內心深處。
9	或許我能有所改變；或許我需要得到能量並全心投入；或許我比自己所想的更加強大。

▌與身體共處

身體對於內心狀態非常重要，因為身體對現實感受的可靠程度是思維與情感（另外兩個中心）所不能及的。因為正

如先前提過，**身體一直都是處在當下**，而我們的思維與情感可以在任何地方——想像未來、沉迷過去，或是陷入某個幻想之中——但身體哪兒都不在，就只在當下。因此，如果我們能意識到身體的感受，這就是我們活在當下的有力證據。

有意識的飲食

大部分的人都知道，健康生活的基本條件就是要有良好的飲食與運動習慣。不過，當我們談論心理或精神成長時，卻經常忘記這些簡單的真理；當我們合理飲食、充分運動與休息時，情緒就會更加穩定，思緒也會更為清晰，而我們的改造過程就會更加順利。

我們通常很難注意到自己的飲食習慣。事實上，我們吃東西的方式可以說是人格中最深受習慣影響且無意識性。但隨著我們越注意飲食習慣，就會發現人格經常會引導我們攝入比身體真正所需更多（或更少）的食物。我們可能會吃太快而沒有吃出食物的任何味道，又或者在吃飯時拖拖拉拉。我們也可能吃下許多不適合的東西，並且被那些對身體健康沒幫助的食物所誘惑。雖然現在有許多寶貴的飲食計畫和健康養生方法可供選擇，但不同的人明顯在飲食方面有不同的側重點。對某些人來說，素食主義或養生飲食能夠提升身體機能與幸福感；對某些人來說，他們需要的是高蛋白飲食。正如其他所有事情一樣，意識有助於我們聰明飲食、對進食保持敏感度。

放鬆

或許接觸身體及其能量最重要的技巧，就是學會如何完全放鬆，讓自己能深入接觸每一個當下。我們並不是只能在瑜伽課或冥想過程中得到放鬆，這是一種無論做任何事情都

能獲得的特質。我們可以凡事用放鬆的心態生活，也可以選擇節奏匆忙、內心壓力重重的方式度日。基本上，有意識的放鬆就是學會如何一次又一次地把自己拉回當下，以開放的心態來接受現實生活越來越深刻的影響。

許多人會把麻木當成放鬆，但其實兩者正好是處於天平的兩端。我們可能會認為，只要沒有痠痛或緊張，那就是放鬆了。但是，當我們長期嚴重處於肌肉緊繃的狀態，身體的因應之道就是麻痺有問題的肌肉。對多數人而言，長期的緊繃導致身體有很大一部分都已經變得麻木，而**我們也無法感覺到身體的存在**！實際上，我們都是帶著各種痛苦在生活，只是麻木掩蓋了其所引起的不適。但如果我們不去感受這種緊繃狀態，就永遠無法得到放鬆，最終會拖垮個人的健康與活力。

與身體共事

有一些與身體共處的方法值得一試，包括按摩、針灸、瑜伽、舞蹈、太極和武術。任何一種都有效，但如果要長期發揮作用，你必須考慮以下兩件事情。

→ 你的身體對此療法或練習方式有何反應？你的身體是否更加舒服？它是否提高了你的靈活度？是否能讓你更輕易地面對自己與周遭環境呢？
→ 你是否能堅持做此療法或練習一段時間呢？你是否願意為了達到某些成效而努力堅持此一方法？

弔詭的是，如果我們越放鬆，就越會意識到身體實際的緊繃狀態。這令人不解，**為什麼一開始放鬆反而更加不舒服**。於是第一反應就會想要再變得麻木，但如果想要得到自由，我們就必須面對當下，包括緊繃狀態。當我們堅持下去，就會發現緊繃狀態奇蹟般地開始消失，而人格也會變得更加輕

鬆及靈活。

看到自己如此容易麻木，又如何知道自己是否真的放鬆了呢？答案出奇簡單：**真正放鬆到一定程度之後，我們便能感覺到當下身體的每個部位；如果無法覺察到身體的感覺時，就是處於緊繃狀態，而非處在當下。**放鬆就是要能覺察到有一股暢行無阻的感知在體內從頭到腳的流動。放鬆讓我們對自我與環境有更完整的意識——置身於當下及存在的流動之中。**我們充分主導身體：**感受身體正面、背面及介於兩者之間的感覺。但請不要誤會，想體會這種自由、放鬆與流動的感覺需要先經過多年不斷地練習，並非一蹴可幾。

▌培養安靜的心

如果我們能多注意自己一點，就會發現一件一直存在的事實：我們的心一直在說話！在我們清醒的時候，幾乎隨時都有某種形式的內心對話、批評或判斷的聲音。到底是誰在跟誰說話，又是為了什麼？

我們與自己對話最大的原因是要知道下一步要做什麼。我們與自己對話是為了要評估處境、演練對未來事件的反應，以及重演過去的事件。但隨著注意力被此聲音占據的同時，我們卻忽略了內在的智慧之聲——它被人格淹沒了。這就猶如在屋內瘋狂尋找鑰匙，最後卻發現東西原來就在口袋裡。

不過，讓心安靜下來的想法一開始會帶來奇怪的感受。我們可能覺得，停止內心的思緒運作最後會變得很無聊，所有事情都是一成不變。但這種相對的想法也沒錯。讓這個世界變得煩悶無趣的，正是日常的思維模式以及成見所帶來的重複性特質。更重要的是，持續進行的內心聲音阻礙了我們對生活的印象——而這正是成長與自我實現所需的條件。基

不要關注（你的思緒），也不要與之抗衡。什麼都別做，讓一切自然地順其發展。你的反抗只會給它們帶來活力。不去理會就好，要視而不見。你無須停止思考，只是不要對其產生興趣。停止慣常的占有欲及尋找結果的習慣，所有的自由都將屬於你。
——尼薩加達塔
（Nisargadatta）

於此原因，我們必須知道如何區分嘈雜之心（內心的嘮叨聲、擔憂、毫無目的的想像、設想未來的場景、重拾過去的畫面）與安靜之心（發生認知的神祕空間）。

隨著更加放鬆、更自覺之後，我們會知道，原來所謂思維「正常」運作方式其實是恍惚、茫然與混亂，而安靜的心則有清醒、明晰和堅定的特徵。簡單來說，當心變得安定與安靜時，智慧便會環環相扣，以客觀的角度看待當下，也能看清自己該做什麼、不該做什麼。我們對周遭萬物也會保持警覺與關注。感知能力變得敏銳，色彩與聲音變得生動——一切看起來都是如此鮮活。

許多冥想練習都是為了讓內心聲音安靜下來，然後得到更寧靜、更寬闊的心靈。幾個世紀以前，佛教徒提出了兩種讓內心安靜下來的禪坐方式。第一種是「毗婆舍那」，又稱內觀，意思是以簡單而開放的心態如實觀察事物的實相。我們可以讓思緒與印象穿越意識，但不會依附其上。

第二種稱為「三摩地」，主要是要培養專注的能力。在這些練習中，我們會學到專注於重複的聲音、音節（**禱文**），或是專注於內在想像、神聖意象及圖解（**曼陀羅**）。靜修者學會透過將心安於聲音或圖像，以此排除雜念、訓練心靈。儘管在培養安靜的心靈上，這兩種方法都極為寶貴，但我們覺得毗婆舍那（即內觀）與九型人格學說的結合，以客觀方式觀察人格行為，會帶來加分效果。

「不知道」的藝術

進入寧靜內心的主要方法就是「不知道」。一般來說，我們的心中會充滿各種意見，比如我們是誰？我們在做什麼？什麼重要、什麼不重要？什麼是對、什麼是錯？以及事情究竟該如何發展？因為心中充滿各種想法與舊思維，便沒有空

有耐心的好脾氣，對於面對淘氣的小孩和自己的心靈都有其必要性。
——羅伯特·艾特肯·羅希
（Robert Aitkin Roshi）

人所蒙受最大的欺騙來自於自己的想法。
——李奧納多·達文西
（Leonardo Da Vinci）

定心冥想

以下是正念禪坐的一個例子。這是根據非常簡單的引導——保持當下的印象與感知，跟隨呼吸的節奏，在安靜的同時保持與環境的接觸。自由地去感受，看看哪種方式最適合你。

找一處你覺得放鬆、自在和舒適的地方坐下。開始時的姿勢很重要，因為緊張的姿勢無助於你安定與專心。在坐姿方面，雙腳平放在地上，打直脖子與背部，但不要緊繃。你或許也想放鬆肩膀，讓手臂自然垂下。你也可以閉上眼睛。你將以此坐姿，遵循世界各地各宗教那些淵遠流長且內容豐富的冥想傳統，並像所有在此旅途上的偉大靈魂一樣，進入核心之處。

找到能讓自己自在、放鬆與專注的姿勢之後，先做兩、三次深呼吸，讓空氣進入腹腔，然後緩緩吐氣。然後吸氣，讓胸腔也充滿空氣，接著再吐氣，放鬆緊繃的身體。在你這麼做的同時，無論一開始有什麼壓力或焦慮都會消失，然後由安靜的內心所取代。

當你漸漸平靜下來，腦海中的聲音慢慢減弱，你會開始發現自己及周遭環境的不同之處。你也許會更加意識到自己當下的行為，對周遭聲音、味道與溫度也有所覺察。當你坐著時，你也許會開始意識到自己實際的存在，而你的存在具有一種特殊特質。你只需要更深入去「審視」自己的體驗。沒有目的地，沒有終點，也沒有你應該有的行為方式，更沒有必須有的激勵或「精神情感」。你知道注意自己的本來面目就好。如果累了，你會意識到自己的疲憊。如果你激動了，你會意識到自己的不安。

現在，你的身體有什麼樣的印象和感受？你能感覺到自己坐在椅子上嗎？你是否察覺到自己的腳放在地上？它們現在有什麼感覺？是冷還是熱、緊繃還是放鬆、刺痛還是毫無感覺？你現在身體有何感受？是否變得更迅速、敏捷？是否安寧、開朗？是沉重還是輕盈？

隨著你持續放鬆，你身體內的某些緊繃狀態開始浮現，也許會表現出某種表情，也可能頭頸歪斜，出現肩膀一邊高一邊低的畫面。你身體的某些部位可能會變得僵硬或刺麻。如果你發現這些情形，不要對其做出反應或試圖改變，你只需要讓意識更專注於其中即可。

繼續靜靜坐著觀察自己與思緒，加深你安定自己的能力，充分存在於當下，徹底感受你的存在，並讓你身上更豐富、更核心的特質湧現出來。

如果你剛接觸禪坐練習，一開始每天大約練習十分鐘即可，最好是在早上、在你開始一天的活動之前進行。隨著你對此過程越來越習慣，你可以延長禪坐的時間。事實上，如果你能保持此一習慣，可能就會想增加練習的時間，因為與本性核心密切接觸可以徹底修復我們的內心，同時為更強大的個人突破奠定基礎。禪坐成了一種緩解，那是一片我們想要造訪的綠洲，而非不得不做的事情。

唯有內心得到平靜 ——
透過自知而非強加的自我
紀律 —— 只有在這平靜
與安寧之中,現實才會存
在。唯有如此才有幸福、
才有創造性的行動。
—— 克里希那穆提
(Krishnamurti)

間能容下現實世界所帶來的新事物。我們學不到任何東西,
也無法真正認識他人 —— 尤其是我們所愛的人。我們只是想
像著自己認識別人、甚至知道對方想法。許多人對事物的認
識都是從經驗而來,但如果能真正去認識他人,我們與對方
的狀態都會迅速發生轉變。在某些情況下,這種作法甚至可
以挽回一段關係。

　　「不知道」牽涉到擱置個人觀點,並且讓內心的好奇感
主導。我們開始相信自身的深層智慧 —— 知道如果能保持好
奇心與開放心態時,我們所需知道的事情就會浮現。我們都
有過對於一個問題百思不得其解的感覺,而最後選擇放棄、
去做別的事情,可是一旦放鬆心情、不再糾結該問題時,答
案自然就出現了。對於創造性的啟發來說也是一樣。這些洞
見來自何處?答案是安靜的心靈。當我們不再依靠自我為了
生存而採取的思維策略後,我們的「不知道」就成了引線 ——
像一塊磁鐵般吸入更高層次的知識,得以迅速進行改造。

┃ 敞開心扉

你的大腦可能無法理解上
帝,但你的心靈知道。大
腦的存在是為了執行心靈
的命令。
—— 以馬內利
(Emmanuel)

　　如果沒有碰觸到內心,如果沒有轉換情緒,改變與轉型
就無法發生,也不可能發生。我們感受到內心傳來渴望改變
的聲音,而也唯有內心能回應此一訴求。真正能讓我們有所
行動的是「E-motion」,即本性的活動、愛的活動。如果我們
關上心門,無論累積了多少精神知識,我們都無法回應內心
召喚;而我們所得到的知識也無法真正改變生活。

　　開放的心靈讓我們能更充分地去感受生活,並且與生命
中的人建立真實連結。我們是打從內心去「品味」生活經驗,
去發現真實與寶貴的事物。由此來看,我們可以說,能夠感
受到這一切,是心靈而非大腦。

治癒傷痛

改造內心的過程或許不容易，因為當我們打開心房，無可避免要面對自身的傷痛，也會更加意識到別人的痛苦。事實上，人格的存在有很大一部分原因就是要讓我們免於經歷這種痛苦。我們把心中的感應器關掉，就能隔絕痛苦、與萬物相安無事地繼續過日子，但我們終究無法成功避免一切。我們經常會發現，自身的痛苦足以讓自己和周圍的人感到悲慘。榮格有一句名言說：「所有的神經症都是痛苦的替代品。」指的就是此一真理。如果我們不願意面對傷痛或難過，一切便無法得到治癒。與痛苦的隔離也會造成我們無法感受喜悅、慈悲、關愛或任何內心的感受。

重點不是沉浸於傷痛之中。精神工作不是為了讓我們變成受虐狂，其目的在於改造痛苦，而非延長。我們不需要承擔更多痛苦，而是要探究痛苦的根源。我們必須深探人格防禦面具之下的情形，並探索一切驅使我們行為背後的恐懼與傷痛。正如我們所見，若身上背負過去的傷痛越多，人格結構就越僵化、越具控制力，但並非無懈可擊。如果願意一點一點去探索傷痛，再深的傷痛都有得到緩解的時候。

所幸在探索傷痛、探索隱藏在人格底下的恐懼時，這段過程雖然艱難，但本性始終會支持我們。無論何時，只要願意無條件或不帶偏見去探索當下經驗的本質真相，我們的慈悲本性特質就會浮現、撫慰傷痛。

慈悲不是感傷、同情或自我憐憫。相反的，這是一種神聖之愛。當某個人遭受痛苦時，這種愛能夠消弭所有的防備與抵抗。人格無法造就慈悲。不過，當我們願意敞開心扉、誠實面對個人真實感受時，慈悲就會自然浮現、撫慰傷痛。（我們可以說，沒有慈悲的真相就不是真正的真相，沒有真相的慈悲也不是真正的真相。）

要愛那些傷害我們、打擊我們的人似乎不可能。但這個世界也不存在別種人了。
——法蘭克·安德魯
（Frank Andrews）

你難道不知，最初的靈魂源自於上帝的本性，而所有人類的靈魂都是上帝的一部分？當你看到祂神聖的火花之一失落在迷宮中，在幾乎熄滅之際，難道你沒有憐憫之情？
——尼歌詩堡的撒母耳拉比
（Rabbis Shmelke of Nikolsburg）

試圖藉由我們來表現的神聖之愛是一股強大的力量，足以消弭我們身上所有的陳舊障礙與假象。雖然我們的內心狀態在此過程中不可避免要面對悲傷與痛苦，但最重要的是要記住，**愛就藏在這一切的背後**。這是鼓舞人心的力量，也是驅使我們向前的目標。

關於寬恕

精神上進步的重要指標之一，就是有能力且願意放下過去，而這意味著要先解決一個問題：以各種方式原諒曾經傷害過我們的人。但我們要如何放下那長期跟著我們、阻礙我們生活前進的傷痛與怨恨呢？正如之前說過的，我們無法「決定」去愛，同樣也無法「決定」原諒。寬恕是一種源於本性的特質，需要我們對所處環境真相有深層的認識。這需要以更深層的角度去認識發生在自己與他人身上的事情，也需要我們充分感受心中的厭惡、仇恨、惡意與報復心，但在感受之餘不會衝動行事。在探索討厭某人的情緒背景並明確意識到這些情緒是如何操控我們的同時，我們就會開始放鬆怨恨情緒的結構。心中會充滿存在感，並且擺脫過去加諸在身上的束縛。

▌放下的九型圖

經過多年反思之後，對於改造自我的過程，我們兩人意識到無論在何時，只要能成功觀察到自己的行為模式，並放下防備反應或限制模式，就會發現自己自動遵循著某種特定順序。我們發現，一個人不會因為刻意戒除舊習而自然學會放手。這種事情更無關意志力。不過，有許多時候當特定習慣（或反應）自然減少（或看似減少）時，我們總想找出究

要愛你們的仇敵，為那逼迫你們的禱告。
——耶穌
（Jesus of Nazareth）

放下的九型圖

確認寬恕

我願意去原諒自己或自己的錯誤。
我願意原諒自己或自己的錯誤。
我原諒自己或自己的錯誤。
我視錯誤為學習分辨及耐心的機會。
我感謝生命給予我變得更有智慧與包容的機會

我願意去原諒我的父母。
我願意原諒我的父母。
我原諒我的父母。
我視父母為導師與指路人。
我感謝生命在發展之路上給予我如此棒的導師。

我願意去原諒那些傷害過我的人。*
我願意原諒那些傷害過我的人。
我原諒那些傷害過我的人。
我視受過的傷害為學習同情心的機會。
我感謝生命給予我保持寬容與慈悲的精神。

我願意去放下受過的苦難與傷痛。
我願意放下受過的苦難與傷痛。
我放下受過的苦難與傷痛。
我視苦難與傷痛為讓心靈保持開放與鮮活之處。
我感謝生命給予我敏感而開放的心靈。

我願意去放下過去的侷限。
我願意放下過去的侷限。
我放下過去的侷限。
我把過去視為成就自己所必須發生的過程。
我感謝生命讓我透過過去而成就自己。

※當然，你可以在上述段落中代入特定名字。例如：「我願意去原諒……。」你也可以視個人需求，以結構寫下自己的承諾。每段話都以「我願意去……」開頭，接著逐漸減少每句話中的限制條件。到第三句時，你放下了阻礙你的那些東西。在第四句時，指出該情況的正面特質，並在第五句感謝生命中有過這段經歷。以更寬廣的角度來看，這或許是因禍得福，也可能是你生命中最重要的改變。

竟是何原因讓我們願意放下。我們知道,九型人格學說也可以視為是一種處理模式(這要感謝葛吉夫),我們會根據九型符號來組織觀察結果,並發展出一套放下的九型圖。

「放下的九型圖」是你隨時都可以做的練習。這九個階段對應著九型圖上的九個點,但此九個階段與人格類型並無直接的關聯性。右圖為九個階段的過程。(請注意,前四個階段的英文都是以 S 字母開頭,接下來四個階段的英文是以 R 字母開頭。)

放下的過程固定是由第九階段開始,我們賦予此點的特質是「存在感」。除非我們具有某種程度的存在感,否則是無法展開第一步。存在感讓我們能處在最初的認同階段之中。

請注意,我們必須依序完成每個階段才能進入下一個階段,而此過程具有累積性:我們會帶著前一階段的特質進入到下一個階段。藉由練習此過程,在順利經歷前幾階段之後,放下的過程就會隨之加速。因此,擁有足夠的存在感讓我們能看清某些負面或不希望見到的狀態,進而促使我們走向第一階段。

看到
1

在第一階段,因為有存在感的支持,我們能夠「**看到**」。我們看到自己認同某件事物——觀點、反應、要把事情做對、愉悅的白日夢、痛苦的感受、一種姿勢——幾乎可以是任何東西。我們發現自己被困在某種人格機制之中,處於一種恍惚狀態。這就是我們之前所說的「掌握自己當下狀態」。這就像剛醒來、開始「恢復感知能力」的感覺。

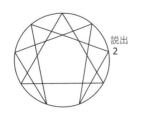

説出
2

在第二階段,我們有意識地給自己在第一階段觀察到的狀態命名。我們要「**說出**」——「我生氣」、「我氣惱」、「我肚子餓」、「我很無聊」、「我受夠了」、「我不喜歡」等等之類的。我們只是簡單而誠實地說出當下狀態,並不加

以分析或評判。

在第三階段，這個過程從思維轉移到身體之上，我們要去「**感受**」。任何強烈的情緒或思緒都會導致身體出現某種緊繃反應。舉例來說，某人可能會發現，無論在什麼時候，只要她對配偶火大，她就會咬緊牙關、肩膀緊繃。另一個人可能會注意到，只要他一生氣，腹部就會有灼熱感。而另一個人可能會發現，只要自己在自言自語，就會瞇著眼睛。恐懼也許會讓我們有「被電到」的感覺，也可能收起腳尖或屏住呼吸。在第三階段，我們要感受這股緊繃的力量，但不要加以想像，單純去感受當下的狀態。

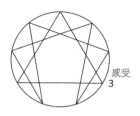

感受 3

在第四階段，我們要「**保持**」。我們要與體內那股緊繃的感覺（或能量）共處。在此階段是要試著告訴自己：「好吧，我很生氣，我牙關咬得很緊。我真的很生氣！」如果我們無法保持緊繃感，這種狀態就無法得到釋放。此外，若能與此情緒共處，潛藏的痛苦或焦慮才有機會浮現。假如發生了上述情形，我們需要懂得憐憫自己，如此才能與情緒共處。

我們需要一點時間才會對這種簡單化的自我覺察方式產生興趣。大家都希望成長的過程會越來越有趣、越生動，誰都不希望是在緊張狀態下的痛苦之中度過。但如果不先經歷痛苦階段，任何非凡的經歷對我們的人生都將毫無影響。

4 保持

如果已經順利通過前面四個階段，在進入第五階段之後，我們會感覺到身體裡彷彿有東西被開啟，緊繃感也慢慢消失。我們會「**放鬆**」，覺得更加輕鬆與清醒。我們無須強迫自己放鬆——在第四階段要先與緊繃感共處，放鬆感才會隨之而來。

放鬆不是變得麻木或要死不活的樣子。當我們能更加深切察覺到自己的身體與感覺時，就會放鬆下來。一旦放鬆，便能更深入地認識自己，此時經常會浮現焦慮感。或許焦慮

放鬆 5

感會讓我們再度緊張，但如果我們能感受到緊張，同時也能覺察到放鬆，先前一直束縛著我們的感覺就會慢慢消失。

我們去感受自己、去保持狀態，接著放鬆之後，身體的緊張感會消失，所有導致緊張感的情緒模式也會不見。**在意識之光底下，緊張感與情緒模式都會消失。**

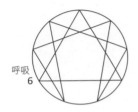

呼吸
6

在第六階段，我們記得要「呼吸」。這不是像練習拉梅茲呼吸法那樣的吸氣吐氣，而是更深刻去體會呼吸過程，要讓第五階段所帶來的放鬆感「碰觸」到我們的呼吸。這一點很重要，**因為如果我們越注意人格所在意的事情，我們的呼吸就會越發受到限制、越發淺薄。**（舉例來說，我們可能會發現，當處在輕微壓力狀態時，比如開車或處理工作，呼吸就會變得較淺。）呼吸有助於我們感受當下、釋放被阻滯的情感能量。隨著呼吸的加深與放鬆，緊繃模式就會持續轉變。我們無須試圖逃離任何浮現的情緒，只需要持續呼吸去感受這過程。如此一來，或許就可以感受到自我感的擴張，會覺得更加「真實」、更加專注。

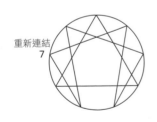

重新連結
7

在第七階段，我們會與更完整的自我感知及周圍世界「重新連結」，會讓其他的感官印象進入到意識之中。我們可能開始會注意到牆上的陽光、氣溫或空氣品質，也可能會注意到所穿衣服的材質或顏色。

重新連結意味著開啟之前不允許自己接觸的領域。我們會發現，當真正與經驗連結時，不見得會出現先前以為會發生的事情。我們的慣性目標、行事方式和內心戲都會漸漸消失。突然之間，我們的所看、所聽及內外的感官能力都變得極為清晰。

如果我們的問題與另外一人有關，不要用過去的慣性方式來因應。當我們被人格弄得暈頭轉向之際，我們會覺得自己知道別人「總是怎樣」，以及他們會怎麼做；但是當我們

與他人重新連結，就會意識到自己有多麼不了解他人。當我們加強與自己的連結性，就會懂得尊重並欣賞他人存在的神祕性。一旦我們允許自己「不知道」別人打算怎麼做、怎麼說，允許自己「不知道」他人的想法，就有可能與他人建立更真實、更直接的關係。

在第八階段，我們「重構」覺得造成麻煩的情境。我們以更加客觀的方式看待整件事情，從平衡與明確的角度出發，就能發現更為有效的處理方式。

重構
8

舉例來說，如果我們對某人惱火，透過上述方式，或許就能看到對方的傷痛與恐懼，也就能以更具同情與包容的方式與之溝通。如果覺得自己快被一個問題壓垮，與自己建立更為真實的連結能讓我們看清自己的真實能力。又或者我們可能會發現，自己承擔了超出能力範圍的工作，應該尋求協助。在任何情況下，重構能讓我們用更寬廣的角度看待自己與問題。

最後，我們回到第九階段，有更多的存在感，自覺意識也較高。隨著此一能力的提升，如果有必要重新經歷這九個步驟的話，過程會比較容易。

存在感
9

一旦開始使用「放下的九型圖」，我們可能會發現自己一再困在此過程的同一點（或「階段」）。例如我們會看到某件事、說出來，但卻停滯不前。我們也可能感受到自己的緊繃，但卻因為分心而無法保持足夠長的時間去釋放它。觀察自己會在此過程中的何處中斷並更加注意，這會對完成此過程大有幫助。

隨著我們持續練習，在一次又一次的循環中，過程會變得越來越輕鬆與快速。此外，只要越熟練，每個步驟之間的界線就越模糊。一開始可能有點困難，可是**一旦開始往存在感移動，存在感也會給我們更多的支持。**

　　透過練習「放下的九型圖」，我們會加深並擴展自己的根本體驗，會更加放鬆、充滿活力，並與自己和周圍世界建立連結，變得更為通情達理。相較於練習此過程之前的狀態，我們會很訝異自己在自我體驗上的改變程度之大。藉由與自身之外的事物合作，我們把人格的渣滓變成了黃金。

第 17 章

精神之旅——活在當下

閱讀完本書之後，我們無疑都會有所改變；變得更能與自己和平共處、更加腳踏實地，也更能寬恕自己與他人。不過，我們有時也會懷疑，心想自己的進步是否只是一種幻覺？是否只是自我欺騙或一廂情願的想法？我們也可能會想：「在這條路上，我真的有進步嗎？」

關於這個問題，發展層級提供了有效的解答。如果我們看到自己的行為或態度與之前有所不同，行事方式與較高層級的描述相似，那就能合理相信自己正朝著正確的方向前進。舉例來說，如果我們是類型四，可能會退縮、會有消極的自我意識，對於批評極為敏感，表現得喜怒無常（全都是第五層級的行為模式）。如果現在我們能一直保持外向、開朗，不再把所有事情都當成是針對自己，並且能在他人面前展現真正的自我，變得更有活力、更具創造力，將注意力擺在外界（第三層級的所有行為模式），就能合理相信我們的重心有所轉移，並取得了某些實質進步。同樣的，如果類型七發現自己不再散漫、衝動，能更加專注於當下經驗，發現生活有更多選擇性而變得愉快，那麼這就算是有實質進步了。

不過某些微妙問題依然存在。我們可能會覺得自己變得更快樂、更懂得如何面對生活中的起伏——但或許我們只是更善於疏離環境，並將個人經驗「精神化」。究竟什麼是真相？我們真的變得更好了嗎？

答案取決於**我們在各種情況下的自然反應**，尤其是以前

愛的方式並非謬論。
那扇門，是毀滅。
鳥兒在天空自由盤旋。
牠們何以學會？
下降、再下降，
然後展開翅膀。
——魯米（Rumi）

自我認識之路沒有盡頭。沒有里程碑，也不會有結論。這是一條無盡之河。
——克里希那穆提
（Krishnamurti）

無論你走多遠，都無法碰觸到靈魂的極限。
——赫拉克利特
（Heraclitus）

會激發負面反應的事情。如果以前會讓我們痛不欲生的人與事不再如此，那麼就能肯定我們真的有所進步。如果先前我們在面對特定的人或事會失去耐心或同情，但現在不會了，那就說明我們真的有進步。如果生活變得更簡單、更開闊和更有滋味，而不是得「撐」到結束，那麼便可以確定我們真的有實質進步。如果我們發現自己更能腳踏實地、心胸開闊，並能用像孩子一樣的好奇心和客觀角度看事情，用全部的力量完成每日任務，那麼我們可以確定自己真的有所進步。

此外，九型人格學說本身也指出了實質進步的明確指標：各種人格類型在第一層級中所表現出來的高度功能特質（實際上是優點），正是開啟精神之旅途中各扇大門的鑰匙。擁有其中的任何一種特質就已足夠，但如果能得到一切，就代表我們無時無刻、在任何環境下都能接觸到本性。因此，如果能接受自己與他人的侷限性（類型一）、接受自我培養和無條件肯定所有事物的價值（類型二）、接受誠實並謙虛地和自己相處（類型三）、接受更新後的自己並提升個人與他人的生活品質（類型四）、接受個人思緒與行為背後更深層的意義與背景（類型五）、接受腳踏實地活在當下，並有勇氣面對一切情況（類型六）、在面對死亡、失去與改變時依然能充滿喜悅與感恩（類型七）、心胸寬大及寬恕待人（類型八），以及接受無論生活帶來了什麼，都能包容一切、心平氣和（類型九），那麼我們就能確定，自己在這條路上真的有所進展。

▌放下痛苦

葛吉夫曾說過一句耐人尋味的話：人類最後才願意放下的，是痛苦。這句話是正確的嗎？如果是，為什麼？

　　首先，我們熟悉自己的痛苦。相較於其他未知的事物，因為認識痛苦，相對會覺得比較安全。或許，我們是害怕一旦放下個人痛苦，可能會有某些新情況或更糟的事情發生。第二個原因可能更為重要，而且不該被低估——我們的認同大多是來自對痛苦的堅持，是來自於因為痛苦所產生的抱怨、緊繃、衝突、責備、戲劇化、理性化、投射作用、正當性與「能量」。我們甚至可以說，痛苦深植於人格之中。如果沒有痛苦及其相關事情，我們又會變成什麼樣的人呢？

　　如果一切都很順利、沒有任何問題，我們依然得面對當下獨處的恐懼，而且必須為自己負責。我們必須願意做出選擇、確保事情順利完成。不再有責備，也沒有關於過去的故事，更不會有涉及未來的安排。我們就只是面對存在之謎的生物罷了。事實上，我們只是變回原有的模樣；也唯有此刻，我們才能完全面對真相、以此真實的方式生活。

　　唯有當我們完全自覺、充分實現自我，才能降低人格的影響力。我們必須有心理準備，否則很容易會因為過程受挫而放棄。然而，只要能堅持展現自我，哪怕過程有所走神，最後都還是會發生改變。至此，我們的本性就會湧現。覺醒之後就會有新的東西浮上檯面，直至整個情況出現顛覆性的轉變。葛吉夫認為，此一過程可以用鹽巴加水的故事來形容：一開始似乎沒反應，可是一旦飽和，水中便會出現結晶體。

　　如果我們不再對人格機制抱持消極態度，便有機會打開心門、迎接神聖之光，使其在我們身上發揮積極作用。因為存在而累積的力量讓我們願意放下不必要的痛苦，進而深刻地意識到生命所賦予的驚人饋贈。簡單來說，我們在多大程度上放下執著以及隨之而來的痛苦，我們就在多大程度上解放了自己追求快樂及生活的能力。

　　一旦進入到這種狀態，就不難理解神祕主義者的偉大詩

聽到我初戀故事的那一刻，
我開始尋找你，卻不知，
自己多麼盲目。
戀人們最終不是在某處相遇，
而是始終都擁有對方。
——魯米（Rumi）

意──我們的旅程不像是一場鬥爭,更像是活在愛之中。實際上,根據蘇菲派的描述,這段旅程是回到被愛的狀態。如果我們不向真實本性敞開心扉,生命中將沒有任何事情能滿足我們;但如果我們打開心扉,則一切都將滿足我們。如此一來,我們就能體會到,原來這個世界有無限的愛。

生活支持著我們

總體來說,我們有百分之九十九的時間都是處於仁慈及願意助人的狀態,但自我會引導我們去關注那百分之一──充滿痛苦、黑暗或悲劇的時刻。但在這些時候,所謂的痛苦與悲劇也只是從自己的角度來看罷了。(我們的悲劇可能是別人的幸運。)就像內心會想像最糟糕的事情發生,例如車禍,但這類事件畢竟都只是生活中極少數的情形。如果我們能更客觀地看待生活,就會發現自己其實受到現實的大力支持──如果我們能看清事物真相,就會知道這是奇蹟。宇宙比我們所知的更為慷慨,若能自我覺醒並擁抱這份慷慨,在面對生活中排山倒海而來的豐富性時,一切都會變得更有意義。

世界上所有偉大的宗教皆表示,人生活在這世界上並不孤單,而且有超乎想像的無形、深層力量在支持著我們。基督教傳統相信「聖徒使團」,認為整個天堂都不斷在為地球上的人們求情。印度教徒認為處處都是神蹟的顯現,包括樹木、湖泊和高山,甚至從暴風雨和火山之中也能看到神蹟,正如佛教徒看到無窮盡的佛性顯現一樣。基督教的聖人塑像和無數的菩薩都提醒著我們要注意精神上的根本真理:我們並不孤單,而且一路上會得到各種幫助。

三十三間堂是日本最著名的寺廟之一,裡面供奉的是南無大慈大悲觀世音菩薩。該寺廟最大的特色便是排成十行的

無論你是否向祂祈禱,上帝一直都在。
──榮格(Jung)

要求,你可能就會得到;尋找,你可能就會發現;輕敲,或許就會向你開啟。
──耶穌
(Jesus of Nazareth)

覺醒之人是活在源源不絕、充滿驚奇的狀態。
──佛陀(Buddha)

潛意識害怕放下人格	
許多人害怕活在當下的潛在原因之一，是因為直覺認為這麼做會降低對自我既定安排的依賴性。因此，對於是否需要持續自我的作法，三個三元組都有各自典型的錯誤認知，再加上潛意識害怕萬一停止自我的想法，不知道最後會發生什麼事。這些害怕的念頭會不斷出現，成為活在當下的障礙，也變成不肯放棄先前認同事物的「理由」。以下是各三元組的部分潛意識恐懼。	
本能三元組 （類型八、類型九及類型一）	「如果我放下戒備、讓自己放鬆融入生命之流，我將會消失。我所熟悉的『我』將不復存在。如果敞開心扉，我便無法保護自我感。如果我接受了世界並受其影響，我會徹底被擊垮，並且失去自由與獨立性。我將會被打垮。」
情感三元組 （類型二、類型三及類型四）	「如果我不再認同自我形象，就會徹底暴露自己毫無價值，也會失去體驗愛的可能性。在內心深處，我懷疑自己是個糟糕、不受待見的人。唯有保持自我的作法，我才有希望被世界所接納或對自己感到滿意。」
思維三元組 （類型五、類型六及類型七）	「如果我停止這個策略，如果我不再追求自己要做的事，這個世界就不再有『支持』我的理由。這個世界不值得信任——如果沒有思維想法，我就會變得很脆弱。所有事物都將分崩離析，我也會落入萬劫不復的深淵。如果思緒沒有保持『游動』，我將沉入深淵。」

一千零一座觀音金身像，足足有兩個足球場的寬度。此處安靜得驚人，充滿了精緻與力量，提醒著信徒上天會不斷派來協助者，在慈海上向每一個人揮手致意，大慈大悲不斷給予祝福。金色之海所釋放出的慈悲與祝福讓每位到訪者留下深刻印象，而這一切早已超出我們的日常所知。

我們慢慢感受到神恩，而這一切都將不可撼動：當我們對當下敞開心扉，所有事情都會變成我們的老師，因為生命中的萬物都在支持著我們的存在與成長。九型人格學說讓我們知道自己是如何拒絕生活、是怎麼背棄生活中的豐富性。然而，正如那一千零一尊的觀音像提醒著我們，我們真正想

要且一直向外尋求的東西，其實一直都在身邊。

▌挖掘與恢復真實自我

有天晚上，我們飛到加州進行培訓課程。在飛機上，我
們開始反思自己在實踐內心狀態過程中所經歷的各個發展階
段，而其中一部分的討論內容，是我們究竟能否看到俗話說
「苦盡甘來」的那一刻？畢竟在處理陳年舊習與問題時，人
們難免會經歷不同程度的痛苦。我們也在想，剝開心中這顆
「洋蔥」的過程是否獨一無二？抑或能推己及人？在飛機上
的那幾個小時，我們概略說了各自的觀察並進行經驗比較。
飛機降落後，我們得出了下列模組，之後的幾年裡，我們也
針對此模組持續進行反思與完善工作。

我們那晚得出的答案是「會」！我們堅信，「挖掘真實
自我」是對此轉變過程的準確描述之道，而且隨著時間過去，
我們對此信念更加堅定。挖掘內心的不同層面意味著要經歷
不同層次的痛苦和負面因素，也會意識到先前一直不願意碰
觸的心理垃圾。但即便如此，還是值得採取一番行動。我們
有可能會發現，原來本性（黃金核心）不僅一直在等待著我
們，而且還一直在催促著我們前進。

我們必須一層一層挖開人格的外在結構，才能深入本性
的核心特質。這段過程堅持了數年後，我們最終達成共識，
整理出在**恢復自我過程**中會出現的**九種特殊層次**。此九種層
次與九種人格類型及其發展層級並無相對應的關係，而是應
該將其視為是在深入探索精神本質的過程中所會遇到的不同
「世界」——就好比一顆九層的洋蔥。

在進一步反思與講授上述九種層次的概念多年之後，我
們不僅相信其真實性與有效性，更看到了有一部分內容已經

被運用在其他傳統之中。當人們在實踐內心狀態過程中遇到常見障礙時，這張改造的地圖便能提供必要之引導。

第一層：習慣性的自我形象

第一層是由「我們想成為什麼樣的人」，以及「如何自然看待自己」的觀點與形象所構成，而這其中往往包含了一定程度的誇大與幻想。例如，我們可能覺得自己從不說謊、不遲到，或是覺得自己總是優先考慮他人需求之類的。我們也可能習慣性地用負面角度來看自己，覺得自己沒有吸引力、不夠聰明或是缺乏運動資質。當人格恍惚之際，我們鮮少質疑這些自己對自己的堅定看法，而一旦有人提出質疑或不支持我們對自己的（虛幻）看法時，就很容易出現強烈反應。

處在第一層的人是介於一般狀態到不健康狀態的層級之中（發展層級中的第四層級及以下）。除非是得到某些有意義的覺醒手段（通常來自於外界），否則要發生改變很難——因為當事人深陷在人格認同之中，無法自己覺醒。如果我們誤認了自己的人格類型（例如以為自己是類型五，但其實是類型九），那就會自動陷入習慣性的自我形象之中，**就很難使用九型人格學說進行任何有意義的轉變工作**。這正是要正確判斷自己所屬人格類型及清楚認識其運作原理的重要性。

第二層：實際行為

如果我們踏上了內心狀態這條路，並持續進行自我觀察，就會發現我們有許多行為其實與習慣性的自我形象有所出入。意識到這一點之後，便能進入第二層，開始「注意個人行為」。自我形象可能認為自己很誠實，但進入第二層後，我們就會注意到自己為了避免衝突、或為了取悅他人而說出多少次的善意謊言。

最常見的謊言，就是自己對自己說的話。
——尼采

　　所幸，人人都有在不經意間覺醒的本能，能看清處境的真實情況以及看到更大的可能性。但若想延長覺醒的時間，就必須先有足夠的重視，才能找到方法保持下去。這意味著要找到能支持內心狀態的方法，例如閱讀書籍、加強練習或透過朋友的協助，或是尋求治療師或導師之類的正規指導。在不往深層前進的前提下，要停留在第二層就必須培養活在當下的能力。越往深層走，就越需要活在當下。

第三層：內在的態度與動機

　　如果堅持走下去，就會開始注意到隱藏在行為背後的態度與動機。是什麼導致我們做了這些事？我們做這些事是為了引起注意嗎？還是因為我們很氣媽媽？又或者是因為想要排解痛苦或羞愧感？心理治療和大部分的治療目的都是要將意識帶入此層的自我，如此一來，我們的行為就不會受到無意識的衝動所主導。當我們越深入探索問題，答案就越模糊，因為我們也很難準確指出到底是什麼「導致」了特定的行為。

　　在此層中，我們也會看到學習行為和習慣的深度，當中甚至有些是可以追溯到幾代以前的家族史或文化背景。人格類型的動機核心（尤其是基本恐懼和基本欲望）是讓我們自然而然保持人格習慣與反應的重要因素。在認識動機的過程中，我們也會發現靈魂真正渴望的事物。動機揭露了我們覺得自己缺乏、需要以不同形式來尋找的東西。

第四層：潛在的感受與緊繃

　　隨著我們越深入意識到當下的自己，就會開始察覺自己在當下的感受。舉例來說，在第二層時，我們可能會發現自己在派對上假裝對對話內容很感興趣；在第三層時，我們可能會意識到自己其實很想離開派對現場；在第四層時，我們

可能會感受到腹部有一股焦慮感，或是肩頸有一種緊繃感。

如果能夠充分發展觀察自己的能力，就會意識到身體肌肉緊繃狀態的微妙層次，還有身體有哪些部位的能量遭遇阻滯或不足。在此情況下，放鬆與呼吸就變得很重要。相較於前面三層，第四層更需要具備關注身體當下感受的能力。

第五層：憤怒、羞愧、恐懼和欲望能量

如果能保持在第四層，那麼接下來更深入之後，就會遇到更原始、更令人不安的情緒狀態。這包括了自我的「三大情緒」：分別是控制著本能、情感和思維三元組的**憤怒**、**羞愧**和**恐懼**。

在此層中，我們會遇到最原始的本能型能量（本能變相的根本）──驅動著我們的自保行為、社交行為與性本能。在此層中也能看到依戀、挫折和拒絕的影響。此層往往會讓我們感到非常不舒服，這就是為什麼我們需要練習放鬆技巧，而且最重要的是，要以不帶偏見的態度來看待並解決我們所發現的問題。傳統的心理治療往往會在此階段劃下句點。

第六層：悲傷、悔恨和自我缺陷

此階段所經歷的情緒不同於我們在日常生活中會遭遇的罪惡感、悲傷感或失落感。我們在此所感受到的難受與悔恨是因為意識到自己與本性分離的程度之深、之徹底。

因此，此層中包含了大量「有意識的痛苦」，這是追尋者為了追求進步與真相而願意承受的痛苦。在此層中所經歷的痛苦具有淨化效果，能消除自我最後殘留的幻覺；在本性與真相的照耀下，這些幻覺將無所遁形。這一切無關一個人究竟是好人還是壞人，而一個人所經歷的狀態也無關任何人的事情。總的來說，在此層會經歷對人類境遇的深層悲哀，

當重大改變迫在眉睫時，你抗拒改變的心情會到達最高點。
──喬治·倫納德
（Goerge Leonard）

認為靈性在你身上逐漸消失是令人難以置信的想法。然而，確實是有一種死亡形式會讓人們為此感到悲傷──當你覺得自己開始消失時，悲傷便油然而生。
──拉姆·達斯
（Ram Dass）

內心彷彿有一股著火般的灼熱感。從精神傳統層面來看，此層與靈魂的黑暗面脫離不了關係。

第七層：空虛與空白

仁慈能填補空白，但只能進入到願意接受其存在的虛空之處；而造成虛空的，正是仁慈本身。
——西蒙娜‧韋伊
（Simone Weil）

許多東方宗教傳統都曾對此層進行描述，尤其是佛教。在此階段中，我們充分意識到人格只不過是短暫的虛構產物，是長期以來，我們自己告訴自己的故事。一旦擺脫自我認同的熟悉感，就像是進入了虛空世界，彷彿隨時會墜落深淵。因此，我們需要某種信仰來對抗此層的恐懼與絕望。

人格將此層視為是結束、是死亡。然而，如果我們有足夠的支持與信念，堅持下去並一躍而起，就會得到前所未有的發現。我們所感受到的，不會是人格所期待的痛苦，而是人格所認為的「虛無」將會代表一切，並由此產生「閃耀的虛空」（禪宗稱之為**空性**）。我們所知的一切都是來自於虛空；完全是虛無的，但又充滿潛能，是自由和生活的泉源。觀察者與被觀察者之間不再有區別；當事人與其經驗是合而為一、不可分割的。

第八層：真正的個人存在

矛盾的是，在此空虛狀態中，我們依然會感受到自己做為個體的存在，在世界上有效地發揮作用；但我們的認同感是集中在本性之上，而行為是受到神聖意識所引導，並非跟著人格的投射與成見走。我們依然會有個體感與個人意識，還伴隨著大量湧現的個人之愛、感恩之心、敬畏之感，以及靈魂因為存在的欣喜之情。在此層中，我們充分感受到個人本性的存在，這在某些神聖的傳統中被稱之為「我在」的狀態。在蘇菲派中，這是與個人精華（即本性的自我）所建立的一種認同，是神意的個體表現。在基督教中，此層代表開

始獲得榮福直觀（Beatific Vision），做為獨立個體的自我會因為直面神意而狂喜。

第九層：非關個人、普遍存在

此層因為難以用文字形容，能具體描述的內容不多。世界上所有的現象無論大小，皆起源於此處。如果尋求者夠有福報，能堅持對神性的追求，則其靈魂最終將會在與上帝（某些傳統稱之為「至高無上的存在」或「絕對」）的神祕融合之中，找到自己的歸宿。這代表完全獲得非雙重意識，則個體意識與上帝合而為一，如此一來便只存在「上帝—意識」。在此狀態下，個人的自我與神性是一體的。這種意識狀態超越了任何形式的個人存在感，而且是以非個人化的本性意識為顯現之法，由其所生的無限存在則證實了宇宙的發展。

這就是某些偉大而神祕的傳統所許諾的最終歸屬之地，但要想長期維持這種意識狀態的仍屬罕見。唯有某些了不起的神祕主義者和歷史上的聖人，才能以如此豐富的意識狀態過生活。不過，大多數的人只要能稍微碰到邊，往往也就足夠了。哪怕只嚐了一次味道，都能打從根本改變我們的生活。一旦我們感受到了存在的一致性，就不會再以同樣的方式來看待別人、自己或是生活的饋贈。

> 我拋棄我的自我，正如蛇蛻皮一般。這樣我就可以審視自己，看到我就是他。
> ——拜亞茲迪・巴斯塔米（Abu Yazid Al-Bistami）

意識的連續性

如果我們回顧上述的九個層次，就會發現層層之間有著連續性，從與現實幾乎毫無關係的想像空間，進入到純粹心理領域，然後再到精神領域。從第一層到第三層主要是心理上的。第四層到第六層包含了心理因素（尤其是深層心理），但也不乏精神領域的要素；這是一種「心理精神」，如果我們想要成功穿越，就必須整合心理與精神的條件。而第七層

> 因為上帝的國就在你們心裡。
> ——耶穌（Jesus of Nazareth）

到第九層主要涉及精神領域。

九型人格學說主要是幫助處在第一層到第五層之間的讀者,而且在初期(第一層到第三層)效果最佳。從第一層到第三層是幫助我們進入發展層級中的健康範圍;第四層到第六層是幫助我們穩定健康的人格,並開始從認同人格轉為認同本性;第七層到第九層則涉及本性自我的實現與成熟,並且處理在發展層級中第一層級及相關問題。

這趟旅程中無可避免會面臨一些挑戰,但要記住,我們心靈真正渴望得到的一切,會在終點等待著我們。

┃ 超越人格

本性就在眼前

在改造轉變的過程中,我們必須保持恆心與耐心,畢竟要感受到本性的存在並沒有想像中困難。自我之所以抗拒的主要原因之一,就是認為靈性是某種罕見、不切實際且遙不可及的東西。事實上,正如神祕主義者所主張的,靈性所在之處其實比我們所想的還要近,無須遠求或強求。我們所要學的,就是**停止逃離自己**。當我們能看見自己的本來面目——自己最真實與虛假的一面——就**不再會**繼續拋棄自我,也不再活在幻想、反作用和戒備之中。

好消息是,你已經走到這一步了:你的本性已經完全且完美地存在。讀到此頁的讀者也無需做任何事情讓自己看起來很真實或是很「靈性」。只要我們開始看到自己拋棄自己、脫離當下的原因,就沒有繼續做下去的理由。認識自己的人格類型有助於我們意識到這些「理由」。當我們不再試圖變成別人,真實天性就會浮現:我們「先觀察,然後放手」,不再干涉轉變過程,也不再捍衛特定的自我定義。

重繪或轉變(自我)界線最極致之處,莫過於至高的認同經驗;在此,人們會擴大自我認同的界線,將整個宇宙納入範圍之中。
——肯恩・威爾柏
(Ken wilber)

……自我實現只是實現一個人的真實本性。尋求自由的人能藉由區分永恆與短暫來實現其真實本性,沒有疑惑也不會有誤解,並且從不背離其自然狀態。
——拉瑪那・馬哈希
(Ramana Maharshi)

我們無須為了表現真實本性而去學習新東西或是增加條件。精神上的提升真正涉及的是如何看到眼前的東西——即在人格之中到底有什麼。因此，精神工作是一個減法問題，是要學習如何放下，而不是在既有的事物之上繼續增加些什麼。從一方面來看，這非常具有挑戰性，因為我們的存在早已深受人格模式所影響；但從另一方面來看，整個宇宙的力量都支持著我們進行改變。神聖的意識希望我們能進行實踐，並且始終在此過程中給予支持。因此，內心狀態工作可說是一個在我們和他人身上不斷持續展開的神話和奇蹟。不過要記住，這一切我們無法單憑個人力量辦到；但沒有我們，這件事也無法完成。

生活的當下

佛教徒說：「沒有聖人或聖地，只有神聖的時刻。」所謂神聖的時刻，指的是仁慈。我們所有人都有經歷過這樣的時候。當我們完全清醒投入生活時，會有一種完全不同的特質，就連回想起來時，都會覺得格外不一樣。本性的時刻則更為生動與真實，因為它與我們同在；本性的時刻之所以具有直接性，是因為生活的影響力已經穿透了遲鈍的意識、喚醒了我們。我們意識到，如果能學著放下恐懼、抗拒和自我形象時，就能夠更加融入轉變性的時刻，並讓其滋養我們的心靈。因此，儘管我們無法隨心創造這種時刻，但仍可以為自己創造條件，讓自己能更容易擁有。

這些「生活的當下」最令人驚訝的，莫過於不需要透過任何了不起的事件來觸發，它們總是悄然無聲、在不經意之間發生，可能是在早餐桌上、通勤列車上，或是走在街上時、與朋友交談時。即使只是看著門把，或是凝視著熟人的面孔，甚至哪怕什麼都沒做，但每個人都肯定有過某些充實的精神

……當上帝在某時某地發現你已準備好，祂必會有所動作、會流溢到你心中，就如空氣清新純淨時，陽光必會注滿其中，這是無法抑制之事。
——埃克哈特大師
（Meister Eckhart）

意識生活的終極餽贈是將其包含在內的一種神祕感知。
——劉易斯·芒福德
（Lewis Mumford）

體驗。這類體驗的美妙之處極為驚人，足以改變生活。因此，重要的不是做了什麼，而是我們當下意識的特質。

生活中幾乎沒有什麼事情能夠比我們與他人面對面的生動時刻更為不平凡。能在當下真誠面對一個人，這就足以令人敬畏，有時甚至是勢不可當的。真誠與他人相處有助於提醒自己，我們一直都與神性同在。

邁向精神成熟

沒有什麼比做人這個基本任務更有價值、更困難。
——約翰・麥奎利
（John Macquarrie）

對許多人來說，精神之旅的初期階段涉及了尋找深刻且令人炫目的體驗。大家都想獲得神性的暗示，證明我們所期待或所學到的一切都是真實存在。如果在實踐過程中夠投入，我們就能得到許多相關體驗，除了靈魂的真正特質之外，還能直接感受到仁慈、喜悅、內心平靜、力量與意志。我們會認識到佛教徒口中的空性，或是蘇菲派詩人所說的「被愛者」（Beloved）是何意思，亦可能以一種全新且個人化的方式來理解基督復活的神祕過程。但除非這些體驗融入到我們的日常生活之中，否則都將成為模糊的記憶——成為茶餘飯後聊天的話題，或者更糟糕，只是為了讓朋友覺得我們比較「高級」的手段。

生活的當下

花三十分鐘在你的個人內心狀態日記寫下生命中最真實的時刻。那是什麼樣子？在這種時候，你是什麼樣子？這些時刻是發生在重要事件或日常事件之中？跟其他時候的記憶有何不同？

然而，如果我們堅持實踐並持續尋求事實真相，就會知道這些令人崇敬的狀態並非什麼了不起的事情，也不代表我們比別人更「特別」。相反的，我們會開始意識到，自己只

是掃了現實一眼；它就如天空和海洋一樣重要，是人類生活不可或缺的一部分。我們會意識到，自己的眼界變得清晰，當下正在感受現實的真實狀態。不過，因為現實的真實狀態讓我們直接感受到愛、價值、智慧與力量，我們就不用再拚命去追求這些事物，也因此不會再對特定事物或結果有所執著。我們能夠懷著感恩之心放下自我的追求，感謝它把我們帶到此處。在此階段，我們可以當一個成熟的人，可以自在生活，胸懷責任感與同情心。這就是「在世而不為其所囿」這句話的真正含義。

不久前，我們在一次精神實踐練習過程中領悟到了這項真理。就像唐在本書一開始提過的，那天下午我是被派去擦窗戶。當時的我已經參加過無數次類似的精神實踐活動，因此即便內心出現抗拒和牴觸，對我來說也不是什麼大問題。雖然過程也不容易，但我學會了享受當下，當做是讓我深入認識自己的寶貴機會，並藉此重塑內心、取得更進一步的平衡狀態。

我當時在宿舍二樓，慢慢地認真擦著窗戶。因為這件事情跟平日的自我安排無關，我便能在專注當下任務的同時，也可以不受限制地看著自己的人格機制如何瘋狂運作。我心裡想著自己是否能把事情幹得漂亮、希望老師會注意到我的努力、考量著當下對我的重大意義……還有許多想法在我腦海裡翻騰。但在最後，我注意到了一件更根本的事情：我發現身上有某件東西想要「掌控」一切。我注意到自己的心中忙著安排劇碼、記錄事件、記下重要觀察以便日後使用，而且在更深層中，維持經驗的方向不只是我熟悉之事，也有其必要性。事實上，我就是方向。

在那一刻，某件神奇的事情發生了。我發現自己無須保持警戒，我可以放輕鬆、讓事情順其自然，最後還是會把窗

我們一直在尋找事實，但我們本身的存在就是事實，沒有比這更神祕的事情了。我們一直認為事實被隱藏起來，需要打破某種東西才能看到。多麼荒謬啊！當你嘲笑過去一切努力時，以為黎明就要升起；而你所嘲笑的時刻，其實就是當下。
——拉瑪那・馬哈希
（Ramana Maharshi）

如果能清楚看見一朵花的神奇之處，我們的生命會徹底改變。
——佛陀（Buddha）

本性的展開變成了生活的過程。生命不再是一連串不相關的喜怒哀樂，而是由川流不息的活力所構成。
——阿瑪斯
（A.H. Almaas）

戶擦乾淨。內心一旦放鬆，感受就會變得直接且不受思緒影響。我單純做著當下該做的事情：擦窗戶、身體在動和呼吸，外面樹葉飄動，一切都在流轉，而我屬於其中。整個世界，包括我在內，都是一項神奇且偉大的持續展開過程，而所有事情都是發生在巨大的靜謐之中，不受現實世界中的流轉、變化所影響。一直以來，我所認為構成現實世界基礎的事物，的確都是真實的，但這種認知方式就有如照射在海面上的陽光——我看見了波光粼粼，但也需意識到海面下的深度，並提醒自己身處其中。

完成任務之後，我與現實的聯繫感依然存在，而且變得更深。除此之外，我還能繼續用這個經過擴展的自我與人互動。我無須靠此「成就」帶給他人深刻印象，因為我知道這並非成就，而僅僅是對世界真實本質的一次體驗罷了。此外，我也可以看到，每個人都是眼前世界相同本質的一部分。既然如此，我這麼做又能讓誰印象深刻呢？

這個經驗最震撼之處在於：我看到自己可以過著平凡的日常生活，該吃飯吃飯，該說話說話，該工作工作，該休息休息，但卻依然能擁有一種豐富且有深度的存在方式。至於在尊重他人和關愛他人方面，我也能自然表現，因為我確實已經感受過何謂真實本質。換句話說，意識到自己的真實本性能讓我們從人格的渴望與幻想之中得到解放，進而能隨時與單純、仁慈和無可撼動的內在平靜進行互動。我們知道自己是誰、是什麼，而內心的騷動也能趨於平靜。我們可以自由地接受這份最偉大、最珍貴的禮物——這深不可測且神祕的存在之道，正是我們的存在本身。

實踐的勇氣

當我們在探索個人習慣、反應和內心聲音時，最讓人驚

訝的發現之一，莫過於看到自己身上有多少東西是遺傳自父母，雖然許多人都想做一個有別於父母的獨立個體，但如果越深入檢視自己的態度和行為，就越能看見父母遺傳了多少心理因素與「解決」問題的方法給我們。同樣的，父母身上也帶有許多來自於他們父母的因素與反應；以此類推，我們身上的一切源頭，可以追溯至無數個世代之前。

從這個角度來看，當我們把意識帶入習慣性的人格行為之中時，獲得治癒的不僅是自身的問題，還包括了從祖先開始流傳了好幾代、甚至好幾世紀的破壞性模式。因此，從我們自身開始實踐改變，不僅讓自己從痛苦與掙扎中得到自由，也解除了祖先身上的痛苦與掙扎，連帶讓後人得到自由。這就像當了幾世代奴隸的家族獲得自由之後，意識到自己的自由為前人的抗爭努力賦予了意義與尊嚴。

此外，進行實踐更吸引人的另一個理由或許**是為了避免把破壞性行為模式傳給下一代**。舉例來說，當我們開始意識到自己在環境或種族方面的某些無意識習慣和態度已經到達了改變的關鍵時刻，許多年輕的父母可能會盡力展現出全新的社會意識及環境意識的價值觀。如此一來，孩子們才不會繼續走在破壞性的舊路上。因此，從個人角度與世代角度來看，從自身做起就是一種高尚的表現，養育孩子的方式也是一種覺醒之道——全身心地去看、去回應以及去付出。養育孩子就像是大多數人在精神靈修學校時的感覺一樣，在過程中無可避免會重新面對個人的童年問題，而這類問題往往都會透過重複的行為模式或反應傳給下一代——除非我們利用機會進行實踐，除了克服自身問題，也能讓自己從過去中得到解脫。

事實上，放下過去的習慣是一種英雄行為，因為面對過去的傷痛、失去、憤怒與挫敗都需要無比的勇氣；唯有擁有

精神上的開放並非退回到某個想像國度或安全的洞穴。它不是逃脫，而是用智慧和善心去感受生活，並且不與之切割。
——傑克·康菲爾德
（Jack Kornfield）

我們最大的需求就是透過忠於深層中真實的自己來奉獻生命。我們的祈禱是為了那與生俱來，但卻長期被遺失、被遺忘的權力，儘管並非全部，但那記憶的味道就在那裡，召喚著我、提醒著我。
── 克里斯多福·弗里曼特爾
（Chirstopher Freemantle）

真正的慈悲憐憫之心，我們才不會逃避痛苦。此外，觀察到人格模式中世代相傳的本性也讓我們清楚知道，個人轉變所帶來的深遠影響是難以估計的。確切來說，當我們為自己而努力實踐時，代表我們正參與著人類意識的進化過程。

在今日的世界中，每個人都會意識到某些重大時刻的發生。所謂的重大時刻並不是像千禧年那般的時間里程碑，而是反映出某些更基本事情即將發生改變── 人類集體意識的覺醒。我們都知道，做為地球上的物種之一，我們已經無法再像過去那樣生活，而且也無法以此狀態繼續倖存。放棄的自我主義、隨意的消費行為、掠奪的個人主義時代都結束了。這些事情都已經發生過一輪，而我們也看到全球性的破壞後果。或許，九型人格學說正是這個時代能加速人類改變的工具，而當代全球的精神導師們也都在倡導意識轉變的必要性──這兩者之間或許息息相關。

人類將何去何從或許尚未可知，但如果九型人格學說能加速我們的覺醒，那麼它將產生巨大且深遠的影響。即便只有數百人覺醒、開始過著充分意識自覺的生活，他們無疑也將改變世界的歷史。

當我們日常的觀點發生變化，轉變也就出現了；而我們對於自己是誰，也會有全新的認識。不過，我們必須記住，對於「我們是誰」的意識以及所有備受恩典的時刻**都只會出現在當下**。總的來說，這就是九型人格學說的智慧。

實踐的過程

如果我們要真正觀察自己，應該意識到自己的緊繃和習慣。

如果我們要意識到自己的緊繃和習慣，應該要放手和放輕鬆。

如果我們要放手和放輕鬆，應該要意識到感覺。

如果我們要意識到感覺，應該要接受印象。

如果我們要接受印象，應該要清醒地面對當下。

如果我們要清醒地面對當下，應該要體驗事實。

如果我們要體驗事實，應該要看到我們與人格不同。

如果我們要看到我們與人格不同，應該要記住自己。

如果我們要記住自己，應該要放下恐懼與執著。

如果我們要放下恐懼與執著，應該被上帝所感動。

如果我們要被上帝所感動，應該尋求與上帝合而為一。

如果我們要尋求與上帝合而為一，應該要遵循上帝的意願。

如果我們要遵循上帝的意願，應該會得到改變。

如果我們要得到改變，世界應該也會被改變。

如果世界要得到改變，一切都將回歸上帝。

Future 034

九型人格全書：善用你的性格型態、微調人際關係，活出全方位生命力
The Wisdom of the Enneagram: The Complete Guide to Psychological and Spiritual Growth for the Nine Personality Types

作　　　者／唐・理查德・里索（Don Richard Riso）、拉斯・赫德森（Russ Hudson）
譯　　　者／張瓅文
企劃選書・責任編輯／韋孟岑
協 力 編 輯／連秋香
版　　　權／黃淑敏、翁靜如、邱珮芸
行 銷 業 務／莊英傑、黃崇華、周佑潔
總 編 輯／何宜珍
總 經 理／彭之琬
事業群總經理／黃淑貞
發 行 人／何飛鵬
法 律 顧 問／元禾法律事務所　王子文律師
出　　　版／商周出版
　　　　　　臺北市中山區民生東路二段141號9樓
　　　　　　電話：(02) 2500-7008　傳真：(02) 2500-7759　E-mail：bwp.service@cite.com.tw
發　　　行／英屬蓋曼群島商家庭傳媒股份有限公司城邦分公司
　　　　　　臺北市中山區民生東路二段141號2樓
　　　　　　讀者服務專線：0800-020-299　24小時傳真服務：(02)2517-0999
　　　　　　讀者服務信箱E-mail：cs@cite.com.tw
劃 撥 帳 號／19833503　戶名：英屬蓋曼群島商家庭傳媒股份有限公司城邦分公司
訂 購 服 務／書虫股份有限公司客服專線：(02)2500-7718；2500-7719
　　　　　　服務時間：週一至週五上午09:30-12:00；下午13:30-17:00
　　　　　　24小時傳真專線：(02)2500-1990；2500-1991
　　　　　　劃撥帳號：19863813　戶名：書虫股份有限公司　E-mail：service@readingclub.com.tw
香港發行所／城邦(香港)出版集團有限公司
　　　　　　香港 灣仔 駱克道193號東超商業中心1樓
　　　　　　電話：(852) 2508-6231　傳真：(852) 2578-9337
馬新發行所／城邦(馬新)出版集團【Cité (M) Sdn. Bhd】
　　　　　　41, Jalan Radin Anum, Bandar Baru Sri Petaling, 57000 Kuala Lumpur, Malaysia.
　　　　　　電話：(603)90578822　傳真：(603)90576622　E-mail：cite@cite.com.my
商周出版部落格／http://bwp25007008.pixnet.net/blog
行政院新聞局北市業字第913號

封 面 設 計／Copy
內頁設計編排／蔡惠如
印　　　刷／卡樂彩色製版印刷有限公司
經 銷 商／聯合發行股份有限公司　電話：(02)2917-8022　傳真：(02)2911-0053

2019年（民108）12月10日初版
2023年（民112）06月20日初版5刷
定價650元　Printed in Taiwan
著作權所有，翻印必究
ISBN 978-986-477-765-5

城邦讀書花園
www.cite.com.tw

國家圖書館出版品預行編目（CIP）資料

九型人格全書：善用你的性格型態、微調人際關係，活出全方位生命力 / 唐・理查德・里索（Don Richard Riso），拉斯・赫德森（Russ Hudson）著；張瓅文譯. -- 初版. -- 臺北市：商周出版：家庭傳媒城邦分公司發行, 民108.12
472面；17x23公分. -- (Future;34)
譯自：The wisdom of the enneagram : the complete guide to psychological and spiritual growth for the nine personality types
ISBN 978-986-477-765-5 (平裝)
1.人格心理學 2.人格特質 3.生活指導　173.75　108019972

FUTURE

FUTURE

FUTURE

FUTURE